普通高等教育"十二五"规划教材
21世纪电子商务专业核心课程系列教材
全国高等院校电子商务联编教材

新编电子商务概论

张万民　孙俊国　主　编
金发起　徐　彬　副主编

北京大学出版社
PEKING UNIVERSITY PRESS

内容简介

本书共分两篇，即理论篇和实践篇，其中理论篇共分10章，分别从不同的侧面介绍了电子商务的概念和运营模式，阐述了电子商务涉及的网络技术、安全技术、网上支付、网络营销、物流管理、供应链管理、客户管理、电子商务平台建设及相关法律问题等内容。实践篇包括电子商务基础实训、应用实训和德意通电子商务实验平台模拟实验。

本书的特点体现在两个方面。一方面是“新颖”，即紧跟电子商务的飞速发展形势，与时俱进，把截至2011年年底的有关电子商务的最新数据、内容涵盖其中，涉及的新技术有3G、物联网技术、Web2.0技术、WAP技术等；新的电子商务模式有团购、O2O、移动商务等；新的营销技术有微博营销、SEO营销、病毒营销等。另一方面是“实用”，即理论与实践相结合，本书分理论和实践上、下两篇，在课时安排上可对半开，建议一次理论课后跟一次实践课，理论联系实际，学以致用。

本书适合于电子商务专业以及想开展电子商务活动的相关专业学生的学习和实践，也可以作为如市场营销类、计算机类、经济管理类等专业学生学习电子商务的启蒙教材。

图书在版编目(CIP)数据

新编电子商务概论/张万民，孙俊国主编. —北京：北京大学出版社，2012.10
(21世纪电子商务专业核心课程系列教材)
ISBN 978-7-301-21306-3

Ⅰ.①新… Ⅱ.①张…②孙… Ⅲ.①电子商务—高等学校—教材 Ⅳ.①F713.36

中国版本图书馆CIP数据核字(2012)第230489号

书　　名：新编电子商务概论
著作责任者：张万民　孙俊国　主编
策 划 编 辑：周　伟
责 任 编 辑：周　伟
标 准 书 号：ISBN 978-7-301-21306-3/TP · 1250
出 版 发 行：北京大学出版社
地　　址：北京市海淀区成府路205号　100871
网　　址：http://www.pup.cn
电 子 信 箱：zyjy@pup.cn
电　　话：邮购部62752015　发行部62750672　编辑部62754934　出版部62754962
印　刷　者：北京鑫海金澳胶印有限公司
经　销　者：新华书店
787毫米×1092毫米　16开本　17.75印张　426千字
2012年10月第1版　2015年5月第3次印刷
定　　价：34.00元

前言

比尔·盖茨曾说过“21世纪要么是电子商务，要么是没有商务”。多年以来，随着上网网民的激增，由于网上购物具有方便快捷、价格便宜实惠等特点，使网上开展电子商务的人数和企业的数量越来越多，网上淘金热火朝天。据2012年1月16日中国互联网络信息中心(CNNIC)在北京发布的《第29次中国互联网络发展状况统计报告》显示，截至2011年12月底，中国网民规模达到5.13亿，互联网普及率达到38.3%，网络购物用户规模达到1.94亿人。据艾瑞网数据显示，中国电子商务市场规模达7万亿元，同比增长46.4%，预计未来3—5年内，中国电子商务市场仍将维持稳定的增长态势，平均增速超过35%，2015年将达到26.5万亿元。

这些数据预示着更多的经济活动将加速步入互联网时代。我们看到，在电子商务活动中不断涌现出许多新的商务运营模式、新的网络营销手段、新的安全措施，国家也出台了新的电子商务法律法规。基于互联网的电子商务正以超强的诱惑力，影响着以年轻人为代表的人们的从业方式、工作方式和生活方式，借助电子商务平台开店、创业的大学生比比皆是，层出不穷，电子商务呈现勃勃生机，其发展劲头势不可挡。

“新编电子商务概论”是青岛滨海学院从2004年开始建设的校级精品课程，为搞好课程建设，学院专门成立了课题组。课题组认真学习课程建设的有关文件和资料，认真研究课程教学大纲、教学方法，在各级领导、相关部门的支持下，参与课程建设的各位老师丰富完善了教学大纲、教学教案、教学课件、思考题、实验案例、题库、在线测试系统和主讲教师的讲课录像等各类教学文件和资料，建立了专门的网站，实现了全部教学资源上网。该课程于2006年被评为山东省省级精品课程。

本书编写组成员参与了李津发教授主持的2005年省级教改立项“网络营销RNMM角色定位教学法及其支撑系统研究”(项目编号C05101)工作，对电子商务的教学模式和教学内容进行了深入的研究，经过多年的探索和实践，在专业建设方面初步形成了具有自身特色的“基于真实、开放环境的电子商务营销技能培养模式”，创立了与社会接轨的电子商务技能培训滨海基地，成为进行学生网上实践活动、营销业绩监控的管理平台；将“职业道德”和“营销业绩”纳入学生技能培训考核体系，促进了学生的“角色转换”；实现了将学校和培训机构的人才培训平台，企业的营销、促销平台，学生就业与企业的招聘和人力资源培训平台“三台合一”的电子商务新模式。

2009年开始的山东省教改课题——“电子商务技能培养ROM模式内化工程的探索与实践”(项目编号2009451)的研究，力求通过环境工程、亮点工程、社会工程、双师工程和推广工程的深入实践与研究，建立一套电子商务人才培养方面成熟的、先进的、实用的、科学的新模式，为电子商务专业人才培养奠定坚实的基础。本书也是以上两个省级教改项目的研究成果之一。

电子商务的本质是商务，成败在营销，关键是人才。没有电子商务的经营人才，不可能实施真正的电子商务。基于电子商务新的发展形势和课题研究的成果，以往的教材内容已不适应当前经济、社会发展的需要，因此课题组成员根据多年的授课经验和教改实践，结合长期积累的课程建设资料，重新编写这本《新编电子商务概论》教材，以满足教学和实训的需要。

本书共分两篇，即理论篇和实践篇，其中理论篇共分10章，分别从不同的侧面介绍了电子商务的概念和运营模式，阐述了电子商务涉及的网络技术、安全技术、网上支付、网络营销、物流管理、供应链管理、客户管理、电子商务平台建设及相关法律问题等内容。实践篇包括电子商务基础实训、应用实训和德意通电子商务实验平台模拟实验。本书适合于电子商务专业以及想开展电子商务活动的相关专业学生的学习和实践，也可以作为如市场营销类、计算机类、经济管理类等专业学生学习电子商务的启蒙教材。

本书的特点体现在两个方面。一方面是“新颖”，即紧跟电子商务的飞速发展形势，与时俱进，把截至2011年年底的有关电子商务的最新数据、内容涵盖其中，涉及的新技术有3G、物联网技术、Web2.0技术、WAP技术等；新的电子商务模式有团购、O2O、移动商务等；新的营销技术有微博营销、SEO营销、病毒营销等。另一方面是“实用”，即理论与实践相结合，本书分理论和实践上、下两篇，在课时安排上可对半开，建议一次理论课后跟一次实践课，理论联系实际，学以致用。

本书的第1章、第4章、第5章和第7章由张万民执笔，第6章、第8章和第9章由孙俊国执笔，第3章和实践篇由金发起执笔，第2章和第10章由徐彬执笔。全书由张万民统稿。

本书对应的精品课程网站为 http://jpkc.qdbhu.edu.cn/dzsw/，通过该网站可下载课件、教案等相关资料。

由于时间仓促和能力所限，对文中存在的问题和不足，敬请读者批评指正。邮件地址：zh_w_m@hotmail.com，电话：0532-83150298。

《新编电子商务概论》编写组

2012年6月1日于青岛滨海学院

目录

理论篇

实 践 篇

理论篇

本篇介绍电子商务基础理论，通过本篇的学习，使同学们掌握：

◎ 电子商务的基本概念

◎ 网络营销的相关知识

◎ 电子商务的物流、供应链以及客户关系管理知识

◎ 电子商务的安全与支付技术

◎ 电子商务网站建设的相关技术

◎ 电子商务法律法规知识

第 1 章　电子商务导论

学习目标

1. 了解现实生活中的电子商务。
2. 熟悉 EDI 的概念和流程。
3. 掌握 Internet 的服务、特点和作用。
4. 掌握电子商务的概念以及产生和发展过程。
5. 了解中国电子商务的发展现状。

引导案例

老郭上网卖萝卜　生意越做越红火[①]

今天是 2012 年除夕，天津市西青区小沙窝村农民郭芝振累得连过年的鞭炮都来不及放。外地客户一大早就找上门来，让他应接不暇。

在龙年春节即将到来时，45 岁的老郭算了算账：入冬到春节，他大约销售了 60 万斤萝卜和 1.2 万箱其他蔬菜，其中九成客户是通过网站找到他的。

对他来说，互联网曾是个陌生而略带恐惧的空间。现在，他发现越来越红火的日子要感谢网络。

“老郭上网卖萝卜就是俺”，郭家的外墙上刷着一行字。这行字也在他的名片、货车上和手机铃音中出现。接到陌生来电，他还会习惯性地重复一遍。

可就在几年以前，他把电脑买回家，还只是因为儿子“哭着喊着”要买。那时他以为电脑等同于游戏机。

老郭是从 2005 年开始卖萝卜的。那时候，沙窝萝卜刚打响，“人们还不认”。老郭借了别人的空房存放萝卜，总也不见少。房里堆着萝卜，他就犯愁。

后来，一个当教师的亲戚对他说，要不你开个博客吧？发点信息，也不收费。老郭动了心思。

这个最高学历为初中的农民，开始用“一指禅”的手法打字。“电脑，什么也不会，都是孩子上学回来教的。”他打字的时候，要一边嘴里念着拼音，一边紧张地找键盘上对应的字母。

---

① 资料来源：《中国青年报》，张国。

2007 年，老郭开了个人博客。他在上面介绍了沙窝萝卜，当然也留了联系方式。极少有人注意到这个出现了不少错别字的博客。但它的出现，足以让老郭成了小沙窝村上网卖萝卜的第一人。

2008 年，老郭请人为自己的“天津市沙窝萝卜销售中心”建了网站。产地认证和商标注册证书都上了网。网络改变了老郭的生意。2006 年，他卖了 5 万斤萝卜，第二年 10 万斤，第三年 20 万斤，2009 年 40 万斤出头，2010 年是 70 万斤。

作为经纪人，老郭联合其他农民发起了一家农民合作社，注册了商标。看到广告里的大集团都公布了“400”免费电话，他也申请了一个号码，因为“这是能显示企业形象的”。尾号是“977568”，“就吃吃我萝卜”的谐音。他甚至把自己举着萝卜的相片印在包装纸箱上。

前些年，村里冬季储存萝卜靠的是地里掘出的萝卜坑子。现在，老郭在自家院里建了保鲜冷库。他再也不会因为夜里接到 500 箱订单就只能连夜喊人到地里现拔萝卜，“急得转悠”了。

他引领了小沙窝村的上网习惯。村里有人效仿他，开始了网民生涯。也有人固守传统，在冬天的冷风里，把萝卜摊摆在路边，吸引过往行人。学会上网之前，老郭也蹲过路边。在十八九岁的时候，他骑着自行车，驮着两只大筐，到 20 多公里外的城市卖过萝卜。他赶过大马车，又在村里第一个开上了拖拉机。他还先后开过双排小货车、“大发”、“福田”、“金杯”——运萝卜的交通工具一再升级。

而现在，天南海北很多人从网上认识老郭，直接打来电话，“不问价”。老郭说，有种“皇帝女儿不愁嫁”的感觉。甚至连日本留学生为了了解中国农民的情况都通过电子邮件向老郭发来调查问卷。

父辈们挑着担子坐船进城卖萝卜的经历成了他的记忆。这个农民的多数时间守在电脑前。他自己总结：“现在咱就动动鼠标，电话就都过来了，这就是一个飞跃。”

理论与实务

1.1　生活中的电子商务

现实生活中的电子商务异彩纷呈，它涉及计算机网络技术、商务活动等多个方面，具体的表现形式有网上购物、网上银行、网上旅游预订、网上销售、网上教育、网上娱乐、网上招聘与求职、电子政务等多方面。

1. 网上购物

李涛同学是大学计算机信息管理专业的学生，平常非常热爱网站建设，为了学习网站建设的技术，除经常上网查阅有关资料外，他还时常上当当网和卓越亚马逊网站，淘一些课外资料，原因是网上购书既方便又省钱，经常会买到四折、五折、六折，甚至是两折的书籍（如图1-1所示）。

图 1-1 卓越亚马逊网页

2. 网上银行

张老师在某大学工作,学校每月将工资直接存入他在中国工商银行的信用卡账户。由于他开通了网上银行业务,平时只需登录中国工商银行网站(如图 1-2 所示)。按照网站上的要求进行一番操作,便可知自己的工资账户收支情况。足不出户,在家里就可以实现账务查询,交住房贷款,交水费、电费、学习费、购物费等业务。目前,国内各大银行都开通了网上银行业务,办理信息咨询、银行转账、个人理财等多种业务。

图 1-2 中国工商银行网站首页

3. 网上订机票

刘老师和张老师要从青岛到大连出差，出差前听说网上订机票便宜，就登录到朋友推荐的携程网(如图1-3所示)进行查询，提前10天订票，竟然订到了270元的机票，比坐客车到烟台再转轮船到大连，既节省了时间也节省了金钱。他们品尝到了网上电子商务的快捷和实惠。

图1-3　携程网首页

4. 网上销售

山东寿光是蔬菜之乡，古城街道办事处前疃村是专门种植各类西红柿的专业村，张大伯一家建了两个百米大棚，每年每个大棚的西红柿产量在3万斤左右，年收入在10万元以上。为了保证丰产丰收，有一个好的收成，张大伯每天总要与来村头收西红柿的货主讨价还价，并且他的西红柿总能比别人的西红柿卖出好的价格。问及谈价秘籍，张大伯说他坚持每天

图1-4　中国寿光蔬菜网首页

上网到各个蔬菜网站上查看当地、全省乃至全国的西红柿行情信息，做到知己知彼，掌握谈价先机和主动权，有了这些信息作保障，谈出满意的成交价格就在情理之中了。图 1-4 是张大伯经常访问的中国寿光蔬菜网。

从以上实用案例可以看出，电子商务是借助于计算机网络进行的交易活动，它打破了时空界限，给交易双方带来了方便和利益。从企业的角度来看，可以更迅捷地完成各种问价询价、销售以及采购等商务活动，降低经营成本，增加商业价值，并创造新的商机；从消费者的角度来看，足不出户也能通过网站查询获取详细的信息，并轻松地完成消费活动。这就是现实生活中的电子商务。

1.2 传统商务及其运作过程

传统商务是开展电子商务的基础，本节主要介绍传统商务的有关概念、运作过程，以及商业模式的含义、特点和不足。

1. 商务与商务活动

(1) 商务是以实现商品或者服务的交易而开展的一系列的经营管理活动的总称。这一系列的经营管理活动就是商务活动。

(2) 商务活动包括采购、生产、销售、商贸磋商、价格比较、经营决策、营销策略、推销促销、公关宣传、售前/售后服务、客户关系、咨询服务等。

(3) 传统商务，是指采取面对面直接交易或者纸面单证往来传输信息的方式开展的商品交易活动。

2. 传统商务的一般运作过程

(1) 交易前的准备。

供方进行商品信息的发布、广告宣传，需方获取有效的商品信息，多数商品信息是通过广播、电视、订货会、展销会、口口相传等方式传播的。其实质是一个商品信息的发布、查询和匹配过程。

(2) 交易谈判和签订合同。

通过交易双方相互询价、砍价，达成交易意向，就合同标的、货物运输、货款支付方式、违约责任和处理等用合同的形式达成交易契约。这时的通信手段主要是书信、电话、传真等传统通信方式。

(3) 交易合同的履行。

商品交付给买方，一般是卖方送货，少数买方自提。买方支付货款给卖方，一般通过现金或者支票方式结算。

(4) 售后服务和索赔。

按照合同提供售后服务。执行合同过程出现的问题和纠纷通过约定的方式解决，直至走法律程序。

传统商务的运作流程如图 1-5 所示。

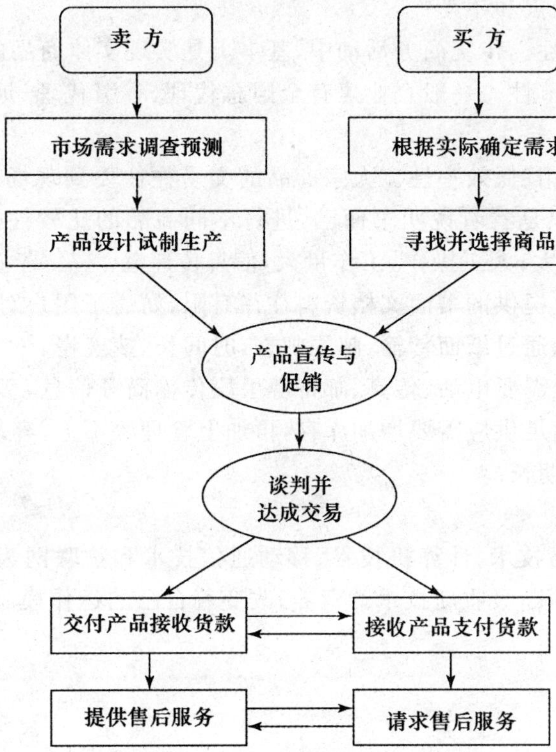

图 1-5　传统商务的运作流程

3. 与商务相关的概念

(1) 商业。

商业,是指专门从事商品流通的行业。商务概念的范畴比商业概念的范畴要大,商务的含义也更宽泛。

(2) 贸易。

贸易,是指商品买卖活动。商务包含贸易。

(3) 市场。

市场主要有两层含义:一是商品交换场所和领域;二是现实顾客和潜在顾客,即商品的消费群和潜在的消费群。本书指第二层含义。

(4) 市场营销。

市场营销,是指创造产品和价值,增加消费者购买欲望的一切行为,包括促销。商务包含市场营销。

(5) 经营。

经营是企业内部生产活动与外部关系协调的各种活动总称。经营包含商务。

4. 事务流、物流和现金流的概念

(1) 事务流,即交易过程中的所有单据和实务操作过程。

(2) 物流,即商品的流动。

(3) 现金流,即资金在双方单位(包括银行)中的流动过程。

5. 传统商务的运作特点和不足

(1) 交易活动的实体性。传统商务活动中,基本上是实现实体商品的所用权的转移。

(2) 交易活动的多环节性。一般企业建有全国总代理、省级代理、地区代理和县级代理等环节,中介多,时间长。

(3) 交易活动的高费用、低效率性。大宗商品的交易往往要到现场查看,对商品的内部属性了解往往不够透彻,只是看看说明书而已,进行不同商品的比较往往比较困难,造成了决策难;宣传范围小,投入大;人工操作,工作量大,信息传递慢。

(4) 信息不完善,企业提供的书面文档资料往往有限,妨碍了用户对商品的全面了解。

(5) 时间长,商业信函通过纸面传输、邮局邮寄,时间长,速度慢。

(6) 费用高,交易过程需要电话、传真、邮寄等手段传输商务信息,费用较高。

(7) 库存积压,为了满足供应需要增加库存,再加上管理跟不上,容易产生库存积压。

(8) 商品生产销售周期长。

(9) 客户服务有限。

随着以通信技术、网络技术、计算机技术、移动通信技术和物联网为代表的信息技术的不断发展,传统商务也在不断吸收新技术的营养,改变着自己的运作模式、营利模式,不断向前发展和进步。

1.3 EDI及其应用

电子数据交换(Electronic Data Interchange,EDI)是信息技术向商贸领域渗透的产物。EDI用于计算机之间商业信息的传递,包括日常咨询、计划、询价、合同等信息的交换,是在互联网出现之前进行国际贸易,实现商务信息传输无纸化的主要手段。目前,EDI已越过“无纸贸易”这一领域而广泛用于经济、行政等部门。EDI是最早开展电子商务活动的技术基础。

1.3.1 EDI的产生背景和发展过程

1. EDI的产生背景

20世纪60年代至70年代初,世界范围爆发石油危机,西欧北美工业发达国家结束了使用廉价石油发展工业的阶段,开始从工业社会向信息化社会过渡。以微电子技术、通信技术、计算机技术为核心的高新技术迅速发展,信息技术逐渐在各个领域普及应用。70年代中期,微处理器、微型机的出现和发展推动着计算机向社会各部门的推广应用,通信网络的发展,国际数据传输网及增值网的出现,为EDI的产生与发展奠定了技术基础。

工业、交通与通信的发展、生产社会化促进了经济全球化、产业结构调整,资本的大量转移,跨国公司的涌现,推动了国际贸易的发展。全球贸易额的增长率明显高于世界经济增长率,全球贸易额的上升带来了各种贸易与单证、纸面文件的激增,平均一笔生意需要30～40份纸面单证。人工处理单证、纸面文件劳动强度大、效率低、出错率高、速度慢、费用大,纸面文件成了阻碍贸易发展的一个突出因素。市场竞争的激烈化使生产和经济活动的组织发生重大变化,生产由大规模批量生产向柔性生产转变,要求小批量多品种,缩短产品上市时间以适应瞬息万变的市场行情。组织形态由大型纵向集中式向横向分散式、网络化发展,制造商、供应商、用户之间,跨国公司与各分公司之间要求提高商业文件传递和处理速度、空间跨度和正确度,追求商业贸易的“无纸化”成为所有贸易伙伴的共同需求。正是在这种背景下,以计算机网络通信和数据标准化为基础的EDI应运而生。20世纪60年代末，在美国和欧洲几乎同时出现了电子数据交换(EDI)并显示出强大的生命力。

2. EDI的发展过程

(1) 国外EDI的发展过程。

20世纪60年代末，美国在航运业首先使用EDI。1968年美国运输业的许多公司联合成立了一个运输业数据协调委员会，研究开发电子通信标准的可行性。早期EDI是点对点，靠计算机与计算机直接通信完成的。

20世纪70年代，随着数字通信网的出现加快了EDI技术的成熟和应用范围的扩大，出现了一些行业性数据传输标准并建立行业性EDI，如银行业发展的电子资金汇兑系统(SWIFT)。美国运输业数据协调委员会发展了一整套有关数据元目录、语法规则和报文格式，这就是ANSIX.12的前身；英国简化贸易程序委员会出版了第一部用于国际贸易的数据元目录(UN/TDED)和应用语法规则(UN/EDIFACT)，即EDIFACT标准体系。20世纪70年代EDI应用集中在银行业、运输业和零售业。

20世纪80年代，EDI应用迅速发展，美国ANSIX.12委员会与欧洲一些国家联合研究国际标准。1986年，欧洲和北美20多个国家代表开发了用于行政管理、商业以及运输业的EDI国际标准(Electronic Data Interchange for Administration, Commerce and Transport, EDIFACT)。增值网的出现和行业性标准逐步发展成通用标准，加快了EDI的应用和跨行业EDI的发展。

20世纪90年代，出现Internet EDI，使EDI从专用网扩大到互联网，降低了成本，满足了中小企业对EDI的需求。

20世纪90年代初，全球已有2.5万家大型企业采用EDI，美国100家最大企业中有97家采用EDI。20世纪90年代中期，美国有3万多家公司采用EDI，西欧有4万家EDI企业用户，包括化工、电子、汽车、零售业和银行。

(2) 我国EDI的发展。

我国自1990年开始，原国家计委、科委将EDI列入“八五”国家科技攻关项目。如原外经贸部国家外贸许可证EDI系统，中国对外贸易运输总公司、中国外运海运/空运管理EDI系统，中国化工进出口公司“中化财务、石油、橡胶贸易EDI系统”以及山东省抽纱进出口公司“EDI在出口贸易中的应用”等。1991年9月，由国务院电子信息系统推广应用办公室牵头会同原国家计委、科委、外经贸部、国内贸易部、交通部、邮电部、电子部、国家技术监督局、商检局、外汇管理局、海关总署、中国银行、人民银行、中国人民保险公司、税务局、贸促会等16个部委、局(行、公司)发起成立“中国促进EDI应用协调小组”。同年10月成立“中国EDIFACT委员会”并参加亚洲EDIFACT理事会。EDI已在国内外贸易、交通、银行等部门广泛应用。

1993年起实施“金关工程”，即对外贸易信息系统工程。它是EDI技术在外贸领域应用的试点，网络和服务中心建设已取得重要成果。

“九五”期间，海关、交通、商检及商业的EDI应用项目已被列为国家重点项目。

EDI技术现今还在不断发展和完善中，不过EDI的推广应用的确大幅度提高了商贸和相关行业(如报关、商检、税务、运输等)的运作效率。20世纪90年代以来，美国、日本、西欧、澳大利亚以及新加坡等许多国家已陆续宣布，对不采用EDI进行交易的商户，不予或者推迟其贸易文件的处理。这就给非EDI商户造成巨大压力，甚至会给其造成巨大的贸易损失。

由此可见，在未来的世界经贸格局中，不使用 EDI 者，只能受制于人，甚至可能被排斥在世界市场之外。

1.3.2 EDI 的定义

EDI 的中文意思是"电子数据交换"。国际标准化组织(ISO)将 EDI 描述成"将贸易(商业)或行政事务处理按照一个公认的标准变成结构化的事务处理或信息数据格式，从计算机到计算机的电子传输"。目前对 EDI 的定义还没有一个统一的规范，但有三个方面的内容是相同的：

(1) 交易双方传递的数据文件采用统一的报文标准；

(2) 交易双方拥有自己的计算机或者计算机管理信息系统；

(3) 交易双方的信息传输是通过计算机系统之间的网络通信系统实现的。

1.3.3 EDI 的构成要素和特点

1. EDI 的构成要素

构成 EDI 系统的三要素是数据标准化、EDI 软件及硬件和通信网络。

2. EDI 的特点

(1) EDI 的使用对象是具有固定格式的业务信息和具有经常性业务联系的单位。

(2) EDI 所传送的资料是一般业务资料，如发票、订单等，而不是指一般性的通知。

(3) 采用共同标准化的格式，如联合国 EDIFACT 标准。

(4) 信息收发双方的计算机系统自动传送和交换资料，尽量避免人工干预。

1.3.4 EDI 中商业信息的流通方式

EDI 中商业信息流通过程如图 1-6 所示。

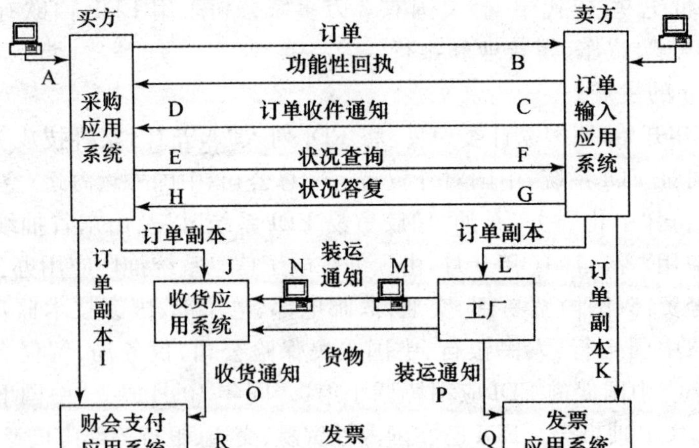

图 1-6 EDI 中商业信息流通过程

1.3.5 EDI标准

目前，国际上存在两大标准体系。一个是流行于欧洲和亚洲的，由联合国欧洲经济委员会(UN/ECE)制定的UN/EDIFACT标准；另一个是流行于北美的，由美国国家标准化委员会(ANSI)制定的ANSIX.12标准。

EDIFACT即用于行政管理、商业和运输业的电子数据互换标准，流行于欧洲和亚洲。由联合国欧洲经济委员会制定的UN/EDIFACT标准已被国际标准化组织接收为国际标准，编号为ISO9735。

ANSIX.12标准，流行于北美，由美国国家标准化委员会制定，20世纪90年代开始逐渐被EDIFACT替代。中国采用EDIFACT标准。

1.3.6 EDI系统

1. EDI系统的组成

EDI系统从功能的角度可分成三个层次，即所谓的三层结构模型，有EDI交换层、EDI代理服务层、EDI应用层(如图1-7所示)。

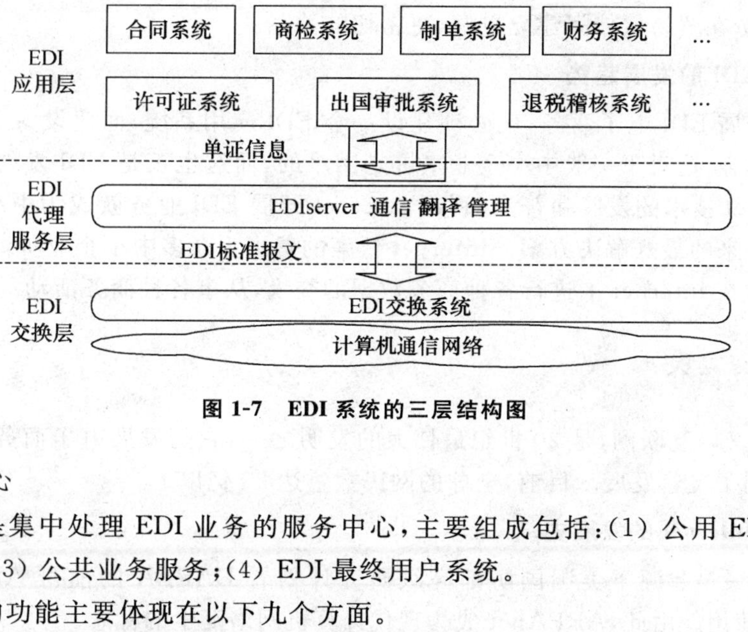

图1-7 EDI系统的三层结构图

2. EDI中心

EDI中心是集中处理EDI业务的服务中心，主要组成包括：(1) 公用EDI服务手段；(2) 通信接口；(3) 公共业务服务；(4) EDI最终用户系统。

EDI中心的功能主要体现在以下九个方面。

(1) 邮箱管理，如信件的收发管理和分送管理等功能。

(2) 回执响应功能，即返回信件被收件人收取，或者未在指定时间内收取等回应通知。

(3) 分类区件，由使用者选择，可依照信件的种类和送件人的地址等分类方式收、取件。

(4) 断点重发功能，因故障未完成发送的邮件，可以自动进行重发操作。

(5) 编制管理报表，客户的基本信息管理以及客户关系管理，如送件人清单、收件清单和回执清单等。

(6) 检查信件的正确性，帮助客户检查EDI文件的正确性，如检查商业文件进行EDI转换、格式的正确性等。

(7) EDI的翻译功能，实现不同标准的EDI文件的转换等。

(8) 安全控制能力,防止多次不正确的系统登录和跟踪核查对系统造成的威胁,如对密码的猜测性多次修改、使用者存取记录越权查看。

(9) 灾害恢复功能,即在灾害发生时,自动保存现行系统数据,启动备份系统,使系统的损失降到最小。

3. EDI 的经济效益和社会效益

据有关专家分析,使用 EDI 业务,可以提高商业文件传递速度 81%,降低文件成本 44%,减少由于错漏造成的商业损失 40%,提高竞争能力 34%。

(1) EDI 取代纸面贸易。

美国国际贸易单证委员会的调查表明,美国过去出口一批货物要打印编制 46 种单证,连同正副本一共要 360 份,制单需要 36 小时之多,单证费用一般占货物价值的 7.5%左右,降低纸张使用成本 25%。

(2) 减少错误,提高效率。

采用 EDI,在各种不同处理阶段,不需要重新输入信息(数据存储在直接读取的数据库中);降低或者减少了与书面相关联的任务、文档的发递和检验等行政管理工作;减少错误数据处理 30%,节省库存费用 23%,节省人员费用,信息传递快,可靠性强,提高工作效率和竞争能力;有利于在贸易伙伴间建立更好、更密切的关系。

1.3.7 EDI 的发展趋势

企业要开展 EDI 电子商务,就必须建设一个 EDI 应用系统,而建设一个 EDI 应用系统需要大量的资金,这对于一般中小企业来讲是困难的,而这也正是 EDI 发展中的瓶颈之一。伴随着 Internet 技术的发展和普及,利用 Internet 开展 EDI 业务就成为中小企业进行数据交换和贸易往来的最好解决方案。Internet 低廉的费用为众多中小企业所青睐,将来会有越来越多的用户在 Internet 上进行各种商务数据的交换,从事各种商务活动。

1.4 Internet 简介

Internet 又叫互联网,是 20 世纪最伟大的发明之一,它是发展电子商务的基石,自从其问世后便得到了飞速发展。目前,全球的网民数量达 20 亿以上。

1.4.1 Internet 的发展史

Internet 最早起源于美国国防部高级研究计划署 DARPA 的前身 ARPAnet,该网于 1969 年投入使用。由此,ARPAnet 成为现代计算机网络诞生的标志。

20 世纪 60 年代末,美军为了保证 4 台软、硬件结构不同的计算机有效地相互通信,在受到军事打击时,如果其中的一台或者几台计算机被破坏,其他的计算机仍能有效地通信和工作,于是产生了 ARPAnet。ARPAnet 还建立了一种使计算机在网络上能够正确交换的协议,只要计算机遵循该协议,那它连入网络就能和其他的计算机进行数据交换,这就是 TCP/IP(Transportation Control Protocol/Internet Protocol)网络协议。

TCP/IP 协议产生后,1986 年,美国国家科学基金会(National Science Found,NSF)将美国大学和研究机构的计算机网络连在一起,建立了 NSFnet——计算机科学网。1989 年,NSFnet 对外开放,公众可以自由进入该网络,这就是 Internet 的最初骨干网。

到了 20 世纪 90 年代初期,Internet 事实上已成为一个“网中网”——各个子网分别负责自己的架设和运作费用，而这些子网又通过 NSFnet 互联起来。由于 NSFnet 是由政府出资，因此，当时 Internet 最大的老板还是美国政府，只不过在一定程度上加入了一些私人小老板。Internet 在 80 年代的扩张不仅带来量的改变，同时亦带来质的某些改变。由于多种学术团体、企业研究机构，甚至个人用户的进入，Internet 的使用者不再限于电脑专业人员。新的使用者发觉加入 Internet 除了可共享 NSFnet 的巨型机外，还能进行相互间的通信，而这种相互间的通信对他们来讲更有吸引力。于是，他们逐步把 Internet 当做一种交流与通信的工具，而不仅仅是共享 NSFnet 巨型机的运算能力。

在 20 世纪 90 年代以前，Internet 的使用一直仅限于研究与学术领域。商业性机构进入 Internet 一直受到这样或者那样的法规或者传统问题的困扰。事实上，像美国国家科学基金会等曾经出资建造 Internet 的政府机构，对 Internet 上的商业活动并不感兴趣。

1991 年，美国的三家公司分别经营着自己的 CERFnet、PSInet 和 Alternet 网络，可以在一定程度上向客户提供 Internet 联网服务。它们组成了“商用 Internet 协会”(CIEA)，宣布用户可以把它们的 Internet 子网用于任何的商业用途。Internet 商业化服务提供商的出现，使工商企业终于可以堂堂正正地进入 Internet。商业机构一踏入 Internet 这一陌生的世界就发现了它在通信、资料检索、客户服务等方面的巨大潜力。于是，其势一发不可收拾。世界各地无数的企业和个人纷纷涌入 Internet，带来了 Internet 发展史上一次新的飞跃。

1.4.2　网络基本概念

1. 网络的概念

计算机网络，是指将若干地理位置不同并具有独立功能的多台计算机，通过通信设备和传输线路连接起来，实现信息交换和资源共享的系统。

2. 计算机网络的分类

计算机网络的分类方法很多，通常按照网络所覆盖的范围不同，将其分为局域网、城域网和广域网三类。

3. 互联网接入方式

计算机等上网设备连入互联网一般有专线方式和无线方式两种方式。宽带专线方式成为单位和家庭上网的首选，无线方式次之，但却是手机等移动上网方式的不二选择。窄带拨号上网方式已基本退出历史舞台。

1.4.3　常用的互联网服务

基于 Internet 的服务很多，与电子商务应用关系密切的服务包括以下几种。

1. WWW 信息服务

WWW(World Wide Web，也称 Web)译为“万维网”，是一种基于超级文本的多媒体信息发布、查询工具，是开展电子商务重要平台。

2. 电子邮件

电子邮件(E-mail)采用电子化的方式收发消息，是人与人之间进行信息交流的一种重要、快捷通道，是网上最基本，也是应用最早、使用最多的一种服务。

3. 信息搜索

网上信息浩如烟海，利用搜索工具就可以按照主题词快速找到相应网页，主要的搜索工具有百度、谷歌等。

4. 论坛、BBS(电子公告板)

论坛、BBS(电子公告板)是人们利用网络针对某一专题进行发言、讨论的工具,大部分网站都有此功能。

5. 即时通信

即时通信是人们进行即时聊天工具,如腾讯公司的QQ、微软公司的MSN等。

6. 博客和微博

博客实际上就是个人或者单位日志,个人和组织可以把每日的所思所想、所见所闻付诸于博客呈现给大家,记录内容可长可短,不受限制。而微博则是内容很短的博客,一般在140个汉字以内,特点是快捷、迅速。它逐渐演变为大众的网络新闻中心,当前许多新闻就是从微博里首先发表出来的,成为新闻的重要来源。各大门户网站(如新浪、搜狐、腾讯等)均提供博客、微博服务。

7. 文件传输

文件传输(FTP)的功能是在互联网上的两台计算机之间进行文件的传输,多为网站程序文件的上传、下载服务。

8. 其他

网上还有TELNET(远程登录)、新闻组服务等应用。

1.4.4 TCP/IP协议

1. 通信协议

物理网络只是一个起点,联网的所有电脑和网络互联设备需要一种公共的语言和规则才能彼此沟通和联系,这就是网络协议。Internet采用的是TCP/IP协议。

2. TCP/IP协议

TCP/IP(传输控制协议/网间协议)是一种网络通信协议,它规范了网络上的所有通信设备,尤其是一个主机与另一个主机之间的数据往来格式以及传送方式。TCP/IP协议是Internet的基础协议,也是一种计算机数据打包和寻址的标准方法。

TCP/IP协议是一组协议,其中最重要的两个协议是TCP协议和IP协议。IP协议负责数据的传输,而TCP协议负责数据的可靠传输。两协议可以联合使用,也可以与其他协议联合使用,保证将要传送的信息准确地输送到目的地。

3. TCP/IP协议的工作原理

TCP/IP协议所采用的通信方式是分组交换方式。所谓分组交换,就是数据在传输时分成若干段,每个数据段称为一个数据包。

首先由TCP协议把数据分成一定大小的若干数据包,并给每个数据包标上序号和一些说明信息(类似装箱单),使接收端接收到数据后,在还原数据时,按数据包序号把数据还原成原来的格式。

IP协议给每个数据包写上发送主机和接收主机的地址(类似将信装入了信封),一旦写上源地址和目的地址,数据包就可以在物理网上传送数据了。IP协议还具有利用路由算法进行路由选择的功能。

TCP/IP协议分层,基于TCP/IP的信息流示意图如图1-8所示。

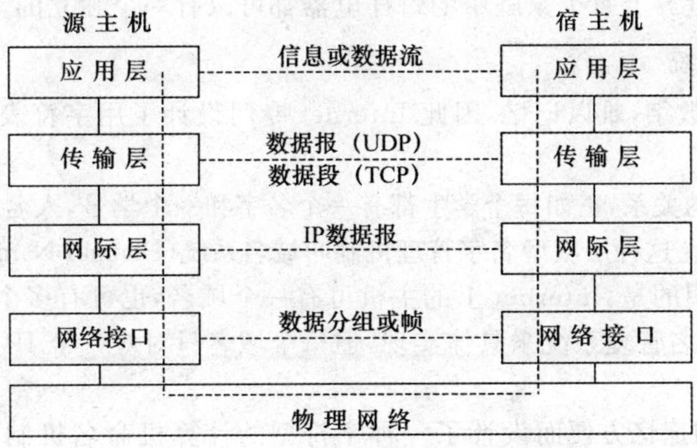

图 1-8　基于 TCP/IP 的信息流示意图

4. Internet 中的地址管理

(1) 什么是 IP 地址。

为了使连入 Internet 的众多计算机在通信时能够相互识别，Internet 中的每一台主机都分配有一个唯一的 32 位二进制地址，该地址称为 IP 地址，也称作网际地址，它是 Internet 主机的一种数字型标识。

每个 IP 地址都是由网络号和主机号两部分组成的。

IP 地址的 32 位的二进制数由四个字节组成，即通常称为的 IPv4。它分成四组，每组一个字节（8 位），各组之间用一个小圆点号“.”分开。如某计算机的 IP 地址可表示为 11001010.01100011.01100000.10001100。为了便于记忆，通常把每一组二进制数转换成相应的十进制数，上面这台主机的 IP 地址就是 202.99.96.140。

(2) IP 地址的分类。

IP 地址通常分为五类，即 A 类地址、B 类地址、C 类地址、D 类地址和 E 类地址。

	0	1	2	3	4　5　6　7　8 …… 16 …… 24 …… 31	
A类	0	网络标识(1～127)				主机标识
B类	1	0	网络标识(128～191)			主机标识
C类	1	1	0	网络标识(192～223)		主机标识
D类	1	1	1	0	网络标识(224～239)组播地址	
E类	1	1	1	1		网络标识(240～255)保留为今后使用

A 类地址用于规模较大的网络，主机可以达到 16 777 214 个。

B 类地址适用于中等规模的网络，全世界大约有 16 000 个 B 类网络，每个 B 类网络最多可以连接 65 534 台主机。

C 类地址用于规模较小的网络，最多只能有 254 个主机。

D 类地址和 E 类地址一般作为网络传输设备专用，一般的用户无法使用。

5. IPv6 协议

IPv6 是“Internet Protocol Version 6”的缩写，它是用于替代现行版本 IP 协议 IPv4 的下一代 IP 协议。IPv6 具有长达 128 位的地址空间，可以彻底解决 IPv4 地址不足的问题，施行 IPv6 协议以后，世界上每个家庭中的每样电器都可以有一个独立的 IP 地址。

1.4.5 域名系统

IP 地址是一串数字，难以记忆，因此 Internet 专门设计了用字符表示主机地址的方法，即域名地址。

IP 地址与域名的关系，正如每个学生都有一个名字和一个学号，人名比数字表示的学号更容易记忆。Internet 上这种层次型名字管理机制叫域名系统(Domain Name System，DNS)。

在这里还需说明的是，Internet 上的主机可有一个域名，也可有多个域名，这要根据使用者自己的需要，由域名管理系统来具体实现，但每个域名只对应一个 IP 地址。

1. 域名系统

TCP/IP 为人们记忆方便而设计了一种字符型的计算机命名机制，便形成了网络域名系统。

域名系统的结构是一种分层次结构。每个域名是由几个域组成的，域与域之间用小圆点"."分开，最末的域叫顶级域，其他域的叫子域。其一般格式为：主机名.商标名(企业名).单位性质或者地区代码.国家代码，如 www.qdbhu.edu.cn.

2. 顶级域名列表

(1).com：代表商业机构，任何人都可以注册。

(2).edu：代表教育机构。

(3).gov：代表政府部门。

(4).int：代表国际组织。

(5).mil：代表美国军事部门。

(6).net：代表网络组织。

(7).org：代表非营利组织。

(8).biz：代表商业机构。

(9).info：代表网络信息服务组织。

(10).pro：用于会计、律师和医生。

(11).name：用于个人。

(12).museum：用于博物馆。

(13).coop：用于商业合作团体。

(14).aero：用于航空工业。

(15).idv：用于个人。

3. 国家、地区的域名

(1).ac：代表亚森松岛。

(2).ad：代表安道尔。

(3).ae：代表阿拉伯联合酋长国。

(4).af：代表阿富汗。

(5).cn：代表中国大陆。

(6).hk：代表中国香港。

(7).mo：代表中国澳门。

(8).tw：代表中国台湾。

(9).us：代表美国。

2010 年 8 月，用纯中文标识的“. 中国”顶级域名正式投用。

4. 域名解析过程

域名解析就是域名到 IP 地址的转换过程，由域名服务器(DNS)完成域名解析工作。例如，清华大学域名(www. tsinghua. edu. cn/)解析过程如图 1-9 所示。

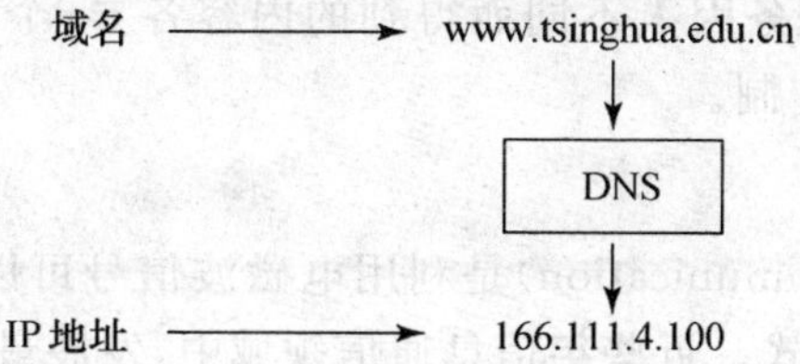

图 1-9 清华大学域名解析过程

域名解析详细过程如图 1-10 所示。

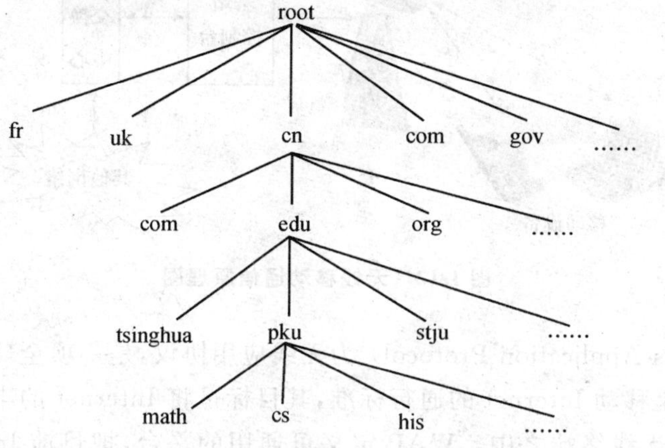

图 1-10 域名解析详细过程

5. 域名申请过程

域名申请过程如图 1-11 所示。

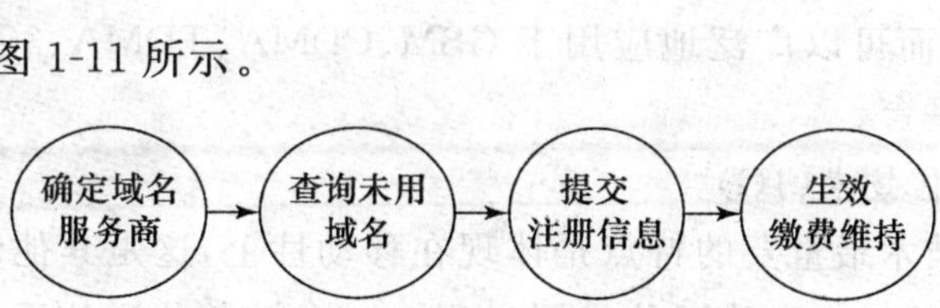

图 1-11 域名申请过程

1.4.6 Internet 的功能特征

(1) 跨时间，互联网 24 小时永不停息。只要用户想上网，就可以随时上网冲浪，不受时间限制。

(2) 跨区域，互联网连接的国家遍布全世界，联通了网络就联通了世界，随时随地可以上网。

(3) 只要符合网络协议的要求，就可以发布和接收信息。

(4) 内容丰富，网上的内容愈来愈丰富，可以说包罗万象，有文字，图像和视频等内容，号称第四媒体。

(5) 交互性好，这一点与传统媒体有着本质区别，在网上进行交流非常方便，且参与性强，各项活动都由网民自动完成。

(6) 信息密度高，网上信息全世界的人都在上传，文字、声音、图像和视频等应有尽有，包罗万象。

(7) 个性定制，网上的服务因人不同而得到的内容各异，个性鲜明，很多服务和内容是根据用户要求而定，即个性定制。

1.4.7 无线通信技术

无线通信(Wireless Communication)是利用电磁波信号可以在自由空间中传播的特性进行信息交换的一种通信方式。近些年信息通信领域中，发展最快、应用最广的就是无线通信技术。在移动中实现的无线通信又通称为移动通信，人们把两者合称为无线移动通信。

无线通信的原理如图 1-12 所示。

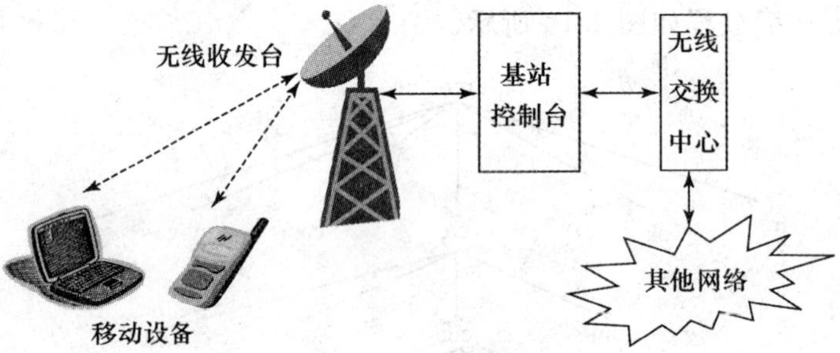

图 1-12 无线移动通信原理图

WAP(Wireless Application Protocol) 为无线应用协议，是一项全球性的无线移动网络通信协议。WAP 是移动 Internet 的通行标准，其目标是将 Internet 的丰富信息及先进的业务引入移动电话等无线终端之中。WAP 定义可通用的平台，把目前 Internet 网上 HTML 语言的信息转换成用 WML(Wireless Markup Language)描述的信息，显示在移动电话的显示屏上。WAP 只要求移动电话和 WAP 代理服务器的支持，而不要求现有的移动通信网络协议做任何的改动，因而可以广泛地应用于 GSM、CDMA、TDMA、3G 等多种网络。WAP 是移动商务的基础和平台。

1. 第一代移动通信技术(1G)

第一代移动通信技术最重要的特点是体现在移动性上，这是其他任何通信方式和系统不可替代的，从而结束了过去无线通信发展过程中时常被其他通信手段替代而处于辅助地位的历史。第一代移动通信技术的最大贡献是使用蜂窝网络结构，频带可重复利用，实现大区域覆盖；支持移动终端的漫游和越区切换，实现移动环境下不间断通信。

2. 第二代移动通信技术(2G)

(1) GSM。

全球移动通信系统(Global System of Mobile Communication，GSM)，是当前应用最为广泛的移动电话标准。GSM 较之它以前的标准最大的不同是它的信令和语音信道都是数字式的，因此 GSM 被看做是第二代 (2G)移动电话系统。这说明数字通信从很早就已经构建到系统中。

GSM由网络交换、基站和网络管理三个子系统构成。GSM实现了客户(SIM卡)与设备分离(即人机分离)。

GSM的最大不足是通信带宽太窄,其数据传输速率是9.6kb/s,这与当前互联网每秒几兆至几十兆字节的传输速率无法匹配,影响了与互联网的有效连接,难以实现多媒体信息的广泛应用。在3G标准还未建立之前,采用了一些过渡技术来拓展GSM的带宽,出现了所谓的2.5G、2.75G移动通信技术。

(2) 窄带CDMA。

CDMA即码分多址(Code Division Multiple Access),不同用户传输信息所用的信号不是依据频率不同或者时隙不同来区分,而是用各自不同的编码序列来区分。

CDMA是由美国Qualcomm公司首先提出的技术,其原理是基于扩频技术,即将需传送的具有一定信号带宽的信息数据,用一个带宽远大于信号带宽的高速伪随机码进行调制,使原数据信号的带宽被扩展,再经载波调制并发送出去,接收端由使用完全相同的伪随机码与接收的带宽信号做相关处理,以实现信息通信。

CDMA与GSM一样,也有2G、2.5G、2.75G和3G之分。

3. 第三代移动通信技术(3G)

第三代移动通信,是指将无线通信与互联网等多媒体通信结合的新一代移动通信系统。它能够处理图像、音乐、视频流等多种媒体形式,提供包括网页浏览、电话会议、电子商务等多种信息服务。为了提供这种服务,无线网络必须能够支持不同的数据传输速度,也就是说在室内、室外和行车的环境中能够分别支持至少2Mb/s、384kb/s以及144kb/s的传输速度。CDMA被认为是3G的首选技术,目前的标准有WCDMA、CDMA 2000、TD-SCDMA。

(1) WCDMA。

WCDMA主要由欧洲和日本标准化组织和厂商发起,它继承了GSM标准化程度高和开放性好的特点。WCDMA支持高速数据传输(慢速移动时384kb/s,室内走动时2Mb/s),支持可变速传输。WCDMA支持异步和同步的基站运行方式,组网方便、灵活;适应多种速率的传输,同时对多速率、多媒体的业务可通过改变扩频比和多码并行传送的方式来实现;上、下行快速、高效的功率控制大大减少了系统的多址干扰,提高了系统容量,同时也降低了传输的功率;核心网络基于GSM/GPRS网络的演进,并保持与GSM/GPRS网络的兼容性;切换方式有扇区间软切换、小区间软切换和载频间硬切换等。

(2) CDMA2000。

CDMA2000是IS-95标准向3G演进的技术体制方案,是一种宽带CDMA技术。CDMA2000 1X是指前向CDMA信道采用单载波形式的CDMA2000系统,可支持308kb/s的数据传输,网络部分引入了分组交换,可支持移动IP业务。而CDMA2000 3X是前向CDMA信道采用3载波方式的CDMA2000系统,其优势在于能提供更高的速率数据,但占用频谱资源也较宽,在较长时间内移动运营商未必会考虑CDMA2000 3X,而会考虑CDMA2000 1X增强型。

CDMA2000-1X/EV是一种提高CDMA2000-lX传输速率的增强体制,分为两种:一种是1X/EV-DO技术,主要对数据业务进行增强;另一种是1X/EV-DV技术,同时对数据业务和语音业务进行增强。CDMA2000标准主要在美国和韩国使用。

(3) TD-SCDMA。

TD-SCDMA是我国通信史上第一个具有完全自主知识产权的国际3G通信标准。它所基于的基本技术标准如下:

① TDD(时分双工)，允许上行和下行在同一频段上，而不需要成对的频段；

② TDMA(时分多址)，是一种数字技术，它将每个频率信道分割为许多时隙，从而允许传输信道在同一时间由数个用户使用；

③ CDMA(码分多址)，在每个蜂窝区使多个用户同时接入同一无线信道成为可能；

④ 联合检测，允许接收机为所有的信号同时设计无线信道和工作；

⑤ 动态信道分配，TD-SCDMA 空中接口充分利用了所有可提供的多址技术；

⑥ 终端互同步，通过精确地对每个终端传输时隙的调谐，TD-SCDMA 改善了手机的跟踪，降低了定位的计算时间，以及切换寻找的寻找时间；

⑦ 智能天线，是一种在蜂窝覆盖区通过蜂窝和分配功率可跟踪移动用户的波形控制天线。

4. 第四代移动通信技术(4G)

4G 的定义到目前为止依然有待明确，它的技术参数、国际标准、网络结构乃至业务内容均未有明确说法。不过关于 4G 仍然有不少描述，如 4G 是集 3G 与 WLAN 于一体，并能够传输高质量视频图像，它的图像传输质量与高清晰度电视不相上下。4G 系统能够以 100Mb/s 的速度下载，比目前的拨号上网快 2 000 倍，上传的速度也能够达到 20Mb/s，并能够满足几乎所有用户对于无线服务的要求。而在用户最为关注的价格方面，4G 与固定宽带网络的价格不相上下，而且计费方式更加灵活，用户完全可以根据自身的需求确定所需的服务。此外，4G 可以在 ADSL 和 CABLE MODEM 没有覆盖的地方部署，然后再扩展到整个地区。很明显，4G 有着不可比拟的优越性。

基于无线移动通信技术的电子商务，必定是商家现在或者今后争夺的热土。

1.4.8 物联网

物联网是通过射频识别、红外感应器、全球定位系统和激光扫描器等信息传感设备，按约定的协议，把任何物品与互联网连接起来，进行信息交换和通信，以实现智能化识别、定位、跟踪、监控和管理的一种网络。顾名思义，物联网就是“物物相连的互联网”(如图 1-13 所示)。

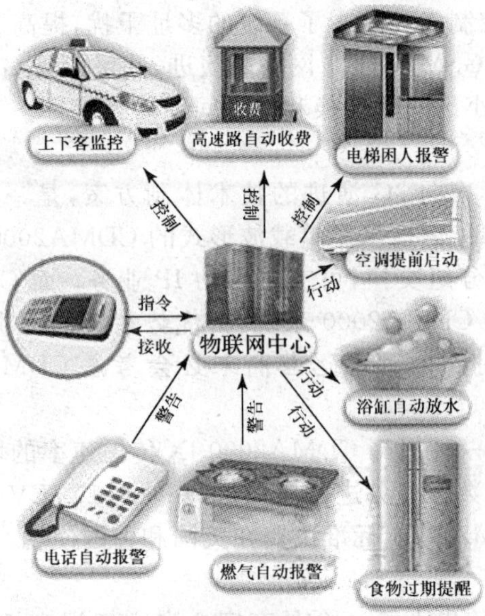

图 1-13 物联网应用示意图

物联网的应用领域非常广泛，在绿色农业、工业监控、公共安全、城市管理、远程医疗、智能家居、智能交通和环境监测等领域大有作为。

物联网技术架构通常分为感知层、网络层和应用层。

感知层由各种传感器以及传感器网关构成。感知层的作用相当于人的眼耳鼻喉和皮肤等神经末梢，它是物联网识别物体、采集信息的来源，其主要功能是识别物体、采集信息。

网络层由各种私有网络、互联网、有线和无线通信网、网络管理系统和云计算平台等组成，相当于人的神经中枢和大脑，负责传递和处理感知层获取的信息。

应用层是物联网和用户（包括人、组织和其他系统）的接口，它与行业需求结合，实现物联网的智能应用。

物联网一方面可以提高经济效益，大大节约成本；另一方面可以为全球经济的复苏提供技术动力。目前，美国、欧盟和中国等都在投入巨资深入研究探索物联网。

用于动物、植物和机器、物品的传感器与电子标签及配套的接口装置的数量将大大超过手机的数量。

要真正建立一个有效的物联网需要两个重要因素，一是规模性，二是流动性。上海移动目前已将超过 10 万个芯片装载在出租车、公交车上，形式多样的物联网应用在各行各业大显神通，确保城市的有序运作。在上海世博会期间，“车务通”全面运用于上海公共交通系统，以最先进的技术保障世博园区周边大流量交通的顺畅；面向物流企业运输管理的“e 物流”，将为用户提供实时准确的货况信息、车辆跟踪定位、运输路径选择、物流网络设计与优化等服务，从而大大提升物流企业综合竞争能力。

美国权威咨询机构 Forrester 预测，到 2020 年，世界上物物互联的业务，跟人与人通信的业务相比，将达到 30：1。因此，“物联网”被称为是下一个万亿级的通信业务。

1.5 电子商务的定义

电子商务的应用非常广泛，对电子商务的定义也各有特点，多是从“电子”和“商务”两个角度进行了论述。电子是手段，商务是本质，电子商务是传统商务的发展，其组成要素也与网络密不可分，对社会经济的影响会越来越大。

1.5.1 什么是电子商务

电子商务存在于现实生活中的方方面面，网上购物、网上娱乐、游戏、音乐、软件、网上银行、预订旅游、农产品销售、网上学习等，那究竟什么是电子商务？不同的组织、不同的国家对电子商务的定义各有千秋。

1. 国际化组织对电子商务的定义

(1) 世界电子商务会议认为：电子商务是指实现整个贸易活动的电子化。

(2) 联合国经济合作和发展组织认为：电子商务是发生在开放网络上的包括企业之间、企业和消费者之间的商业交易。

(3) 全球信息基础设施委员会电子商务工作组认为：电子商务是运用电子通信作为手段的经济活动，通过这种方式人们可以对带有经济价值的产品和服务进行宣传、购买和结算。

(4) 欧洲议会认为：电子商务是通过电子方式进行的商务活动。

(5) 美国《全球电子商务纲要》认为：电子商务是指通过互联网进行的各项商务活动，包括广告、交易、支付、服务等活动，全球电子商务将涉及世界各国。

我们看到，以上有关“电子商务”的定义涉及四个关键词：电子；网络；商务；商贸。

2. 世界著名的从事电子商务的企业对电子商务的定义

(1) IBM公司关于电子商务的定义：电子商务是在互联网的广阔联系与传统信息技术系统的丰富资源相互结合的背景下，应运而生的一种在互联网上展开的相互关联的动态商务活动。其包括三个实现层次，即企业内部网、企业外部网和电子商务。

(2) 通用电气公司关于电子商务的定义：电子商务是通过电子方式进行商业交易，包括企业间电子商务和企业与消费者之间的电子商务。

(3) 英特尔公司关于电子商务的定义：电子商务是基于网络连接的不同计算机间建立的商业运作体系，是利用 Internet/Intranet 网络来使商务运作电子化。电子交易是电子商务的一部分，是企业与企业之间或者企业与消费者之间使用互联网所进行的商业交易(如广告宣传、商品订购、付款、售后服务等)。

我们看到，以上有关“电子商务”的定义涉及四个关键词：电子；网络；商务；贸易。

3. 电子商务的定义

电子商务，从广义上说，是指以电子设备为媒介进行的商务活动；从狭义上说，是指以互联网为基础所进行的各类商务活动，包括商品和服务的提供者、广告商、消费者、中介商等有关各方行为的总和。广义的电子商务包括狭义的电子商务、电话购物、电视购物、电子政务等(如图 1-14 所示)。本书中的电子商务不作特别说明的，是指狭义上的电子商务。

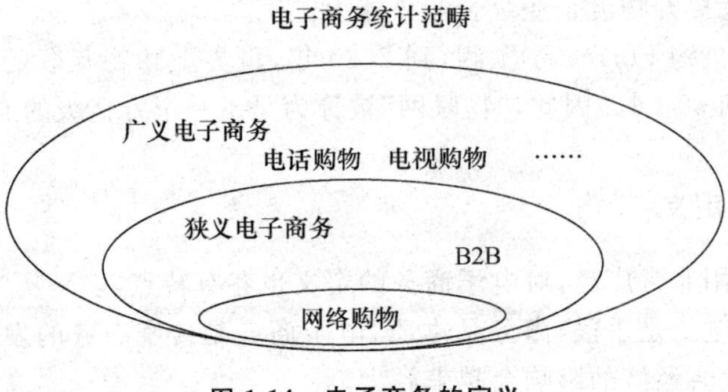

图 1-14　电子商务的定义

对电子商务的理解，应从“互联网”和“商务”两个层面考虑。一方面，“电子商务”概念所包括的“互联网”应涵盖各种使用电子信息技术为基础的通信方式。另一方面，对“商务”一词应作广义解释，使其包括各种商务活动，不仅仅指交易。电子商务所覆盖的范围应当是这两个方面所形成的交集(如图 1-15 所示)。简言之，电子商务是指利用互联网开展的商务活动的全称。

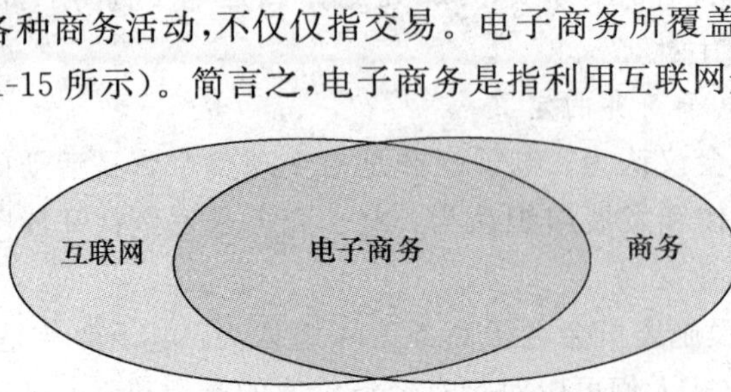

图 1-15　对电子商务的理解图示

1.5.2 电子商务和传统商务的关系

1. 传统商务的局限性

如前所述，由于传统商务活动大部分以面对面和书面单证往来传递为主，故使传统商务具有信息不完善、耗费时间长、花费高、库存占用大、生产周期长、客户服务不及时等局限性。

2. 电子商务是传统商务的发展

电子商务是在传统商务基础上发展起来的。电子商务与传统商务并不是截然分开的，两者有着密切的联系。电子商务的发展并不是要完全排除和取代传统的商务模式。如很多的电子商务网站都提供了传统的“货到付款”的支付方式，尤其是在宣传和推广网站时，电子商务也离不开传统的广告和促销模式。

电子商务具有巨大的融合性。电子商务把过去似乎不相干的很多概念、技术和工作融合在一起，也把传统商务模式和电子商务模式融合在一起。电子商务使一些传统的工作方式和岗位消失或者改变，并不断创造新的工作方式和工作内容、新的沟通方式和新的创业模式。

3. 电子商务的优势

电子商务与传统商务方式相比具有明显的优势，可归结为以下五点：(1) 消费者无须远行与久等；(2) 市场得到无限延伸与扩展；(3) 高度自由的市场环境；(4) 大众化与个性化相结合；(5) 虚拟化运作。

4. 电子商务的概念模型

电子商务概念模型如图 1-16 所示。

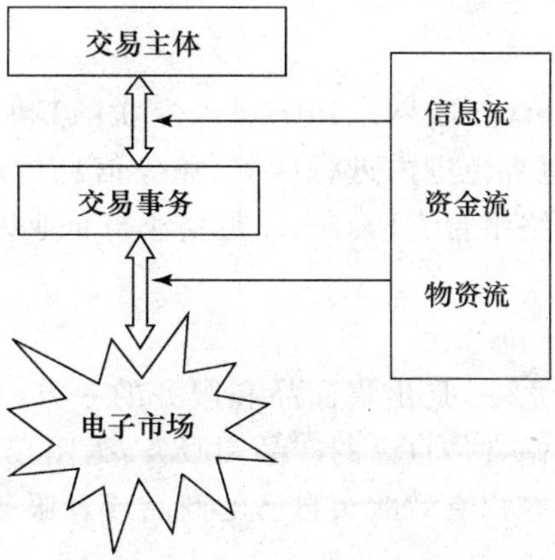

图 1-16 电子商务概念模型

交易主体，是指能够从事电子商务活动的客观对象，它可以是企业、银行、商店、政府机构、科研教育机构和个人等。

电子市场，是指电子商务实体从事商品和服务交换的场所，它由各种各样的商务活动参与者利用各种通信装置、通过网络连接成一个统一的经济整体。

交易事务，是指电子商务实体之间所从事的具体的商务活动的内容，如询价、报价、转账支付、广告宣传、商品运输等。

电子商务的任何一笔交易都包含以下三种基本“流”，即信息流、资金流和物资流。

信息流既包括商品信息的提供、促销营销、技术支持、售后服务等内容，也包括诸如询价单、报价单、付款通知单、转账通知单等商业贸易单证，还包括交易方的支付能力、支付信誉、中介信誉等。对于每个交易主体来说，所面对的是电子市场，必须通过电子市场选择交易的内容和对象。

资金流，是指资金的转移过程，包括付款、转账、兑换等过程。

物资流，是指商品和服务的配送和传输渠道。对于大多数商品和服务来说，物流可能仍然经由传统的经销渠道，然而对有些商品和服务来说，可以直接以网络传输的方式进行配送，如各种电子出版物、信息咨询服务等。

1.5.3 电子商务的组成要素和功能

由电子商务的运作过程可知，要开展安全、高效的电子商务活动，就必须由计算机网络、商家、电子商务用户、银行、物流配送中心、认证中心六大要素组成(如图 1-17 所示)。

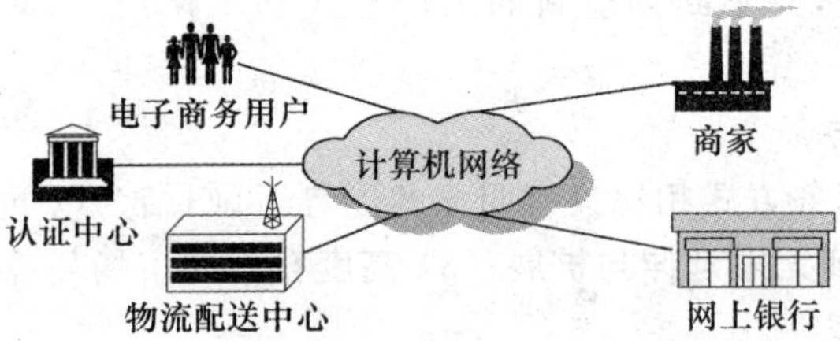

图 1-17 电子商务组成六要素

1. 电子商务的基本组成要素

(1) 计算机网络。

计算机网络包括 Internet(互联网)、Intranet(内联网)和 Extranet(外联网)。Internet 是电子商务的基础，是在全世界范围内进行商务、业务信息传送的载体。Intranet 是企业内部商务活动和经营管理的网络平台。Extranet 是企业与企业以及企业与客户进行商务活动的纽带。

(2) 商家。

商家是电子商务的主体之一，是出售商品和服务的一方，它需要借助于计算机网络，通过自己的网站或者他人的网站宣传自己的产品和服务，为用户提供产品搜索、订购、送货、在线结算、售后服务等信息，为客户有效购买自己的商品或者服务提供方便。

(3) 电子商务用户。

电子商务用户可分为个人用户和企业用户。个人用户使用浏览器、电视机顶盒、手机、个人数字助理、可视电话等接入 Internet。从商家提供的网站上，获取信息、购买商品。企业用户建立企业内联网、外联网和企业管理信息系统(MIS)，对人、财、物、产、供、销、存进行科学管理，并与商家的电子商务平台建立有效对接，实现在线下单、接单、供货和结算。

(4) 网上银行。

网上银行在 Internet 上实现传统银行的业务，为用户提供 24 小时实时资金服务；与信用卡公司和第三方支付平台合作，提供网上支付支持，为电子商务交易中的用户和商家服务。

(5) 物流配送中心。

物流配送中心接受商家的送货要求，组织运送无法从网上直接得到的商品，跟踪产品的流向，将商品送到消费者手中。

(6) 认证中心。

认证中心是法律承认的权威机构，负责发放和管理电子证书，使网上交易的各方能互相确认身份。电子证书是一个包含证书持有人个人信息、公开密钥、证书序号、有效期、发证单位的电子签名等内容的数字文件。

2. 电子商务的作用

电子商务的主要作用有广告宣传、咨询洽谈、网上订购、网上支付、电子账户、服务传递、意见征询、交易管理等，为实现网上商品和服务的交易提供全方位支持。

1.5.4 电子商务对社会经济的影响

1. 电子商务将改变商务活动的方式

传统的商务活动最典型的情景就是"推销员满天飞"、"采购员遍地跑"、"说破了嘴、跑断了腿"，消费者在商场中筋疲力尽地寻找自己所需要的商品。现在，通过互联网，消费者可以进入网上商场浏览、采购各类产品，而且还能得到在线服务；商家可以在网上与客户联系，利用网络进行货款结算服务；政府还可以方便地进行电子招标、政府采购等。

2. 电子商务正改变人们的消费方式

网上购物的最大特征是消费者的主导性，购物意愿掌握在消费者手中，同时消费者还能以一种轻松自由的自我服务的方式来完成交易，消费者主权可以在网络购物中得到充分体现。

3. 电子商务正改变企业的生产方式

由于电子商务是一种快捷、方便的购物手段，消费者的个性化、特殊化需要可以完全通过网络展示在生产商面前，为了取悦顾客，突出产品的设计风格，制造业中的许多企业纷纷发展和普及电子商务。

4. 电子商务正给传统行业带来一场革命

电子商务是在商务活动的全过程中，通过人与电子通信方式的结合，极大地提高商务活动的效率，减少不必要的中间环节。传统的制造业借此进入小批量、多品种的时代，"零库存"成为可能。同时，电子商务为传统的零售业和批发业开创了"无店铺"、"网上营销"的新模式，各种线上服务为传统服务业提供了全新的服务方式。

5. 电子商务正带来一个全新的金融业

由于在线电子支付是电子商务的关键环节，也是电子商务得以顺利发展的基础条件，随着电子商务在电子交易环节上的突破，网上银行、银行卡支付网络、银行电子支付系统以及电子支票、电子现金等服务将传统的金融业带入一个全新的领域。

6. 电子商务正转变政府的行为

政府承担着大量的社会、经济、文化的管理和服务的功能，在电子商务时代，当企业应用电子商务进行生产经营，银行金融电子化，以及消费者实现网上消费的同时，将同样对政府管理行为提出新的要求，电子政府或称网上政府，将随着电子商务发展而成为一个重要的社会角色。

7. 电子商务正超越国界

许多的电子商务企业，无论其是做实实在在的商品贸易还是提供无形的有偿服务，它们都盯上了国际市场的巨大潜在发展空间。许多政府和国际组织纷纷鼓励电子商务企业积极参与国际贸易竞争，以促进本国经济的发展和就业。尽管这种国际贸易面临高的运输成本、语言障碍和货款支付与结算等方面的问题，但全球经济一体化进程的提速以及电子商务法规的日趋完善，还有电子商务模式的创新，将会逐步扫清这些障碍。

总而言之，作为一种商务活动过程，电子商务正带来一场史无前例的革命，其对社会经济的影响远远超过商务的本身。除了上述这些影响外，电子商务还将对就业、法律制度以及文化教育等带来巨大的影响，它正将人类带入信息社会。

1.6 电子商务的产生和发展

电子商务是伴随着信息传输手段的发展而前进的，比传统商务有更多的优势和特点，其分类方法也有多种。

1.6.1 电子商务产生和发展的条件

电子商务产生和发展的条件包括：(1) 电子计算机的广泛应用；(2) 全球信息网络的建立；(3) 电子信用卡的普及应用；(4) 电子安全交易协议的制定；(5) 政府的支持与推动；(6) 企业的需求。

1.6.2 电子商务的产生

电子商务最初起源于计算机的电子数据处理技术。

字处理软件和电子表格软件的出现，为标准格式商务单证的电子数据交换 EDI 开发应用提供了强有力的工具。这些软件大大加快了企业商业文件的处理，使之从手工书面文件的准备和传递转变为电子文件的准备和传递。

随着网络技术的发展，电子数据资料的交换从磁带、软盘等物理载体的寄送转变为通过专用的通信网络的传送，近年来又转移到通过互联网进行传送。银行间的电子资金转账技术与企事业单位间电子数据交换技术相结合，产生了早期的电子商务。信用卡、自动柜员机、零售业销售终端和联机电子资金转账技术的发展，以及相应的网络通信技术和安全技术的发展，导致今天网上持卡购物与企业之间网上交易这两种模式的电子商务得到进一步完善。

1.6.3 电子商务的发展

1. 第一阶段：基于 EDI 的电子商务

EDI 在 20 世纪 70 年代产生于美国。当时的贸易商们在使用计算机处理各类商务文件的时候发现，由人工输入一台计算机中的数据的 70%来源于另一台计算机输出的文件。由于过多的人为因素影响了数据的准确性和工作效率的提高，人们开始尝试在贸易伙伴之间的计算机上使数据能够自动交换，EDI 应运而生。

EDI 是将业务文件按一个公认的标准从一台计算机传输到另一台计算机上去的电子传输方法。由于 EDI 大大减少了纸张票据，因此人们也形象地称之为“无纸贸易”或者“无纸交易”。

20 世纪 90 年代之前的大多数 EDI 都不是通过互联网，而是通过租用的电话线在专用网络上实现的，这类专用的网络被称为 VAN(增值网)，这样做的目的主要是出于安全问题的考虑。但随着互联网安全性的日益提高，作为一个费用更低、覆盖面更广、服务更好的系统，互联网已表现出替代 VAN 而成为 EDI 的硬件载体的趋势，因此有人把通过互联网实现的 EDI 直接称为 Internet EDI。

2. 第二阶段：基于 Internet 的电子商务

随着 20 世纪 90 年代互联网的兴起，电子商务逐渐走向成熟，且时至今日正呈现蓬勃发展之势，一些商家逐渐把眼光投向互联网，因为基于 Internet 的电子商务比基于 EDI 的电子商务具有明显的优势：(1) 费用低廉；(2) 覆盖面广；(3) 功能更全面；(4) 使用更灵活；(5) 平等共享。

3. 第三阶段：移动电子商务阶段

移动电子商务，是指通过个人移动设备来进行商务活动，它具有以下的优势：

(1) 通过个人移动设备来进行可靠的电子交易的能力被视为移动互联网业务最有活力的领域；

(2) 互联网与移动技术的结合为服务提供商创造了很多新的商机，使其能够提供更多种类的服务项目，并且能够根据客户的位置和要求，提供个性服务，从而建立和加强其客户关系；

(3) 由于移动电子商务本身固有的特点，移动电子商务非常适合大众化的应用；

(4) 通过移动电子商务，用户可随时随地获取所需的服务、应用、信息和娱乐；

(5) 服务费用可通过多种支付方式进行，以满足不同需求。

1.6.4　电子商务的特征与分类

从电子商务的含义及发展历程可以看出电子商务具有如下基本特征。

1. 普遍性

作为一种新型的交易方式，电子商务将生产企业、流通企业以及消费者和政府带入了一个网络经济、数字化生存的新天地。

2. 方便性

在电子商务环境中，人们不再受地域的限制，客户能以非常简捷的方式完成过去较为繁杂的商务活动，如通过网络银行能够全天候地存取账户资金、查询信息等，同时使企业对客户的服务质量得以大大提高。

3. 整体性

电子商务能够规范事务处理的工作流程，将人工操作和电子信息处理集成为一个不可分割的整体，这样不仅能提高人力和物力的利用，也可以提高系统运行的严密性。

4. 安全性

在电子商务中，安全性是一个至关重要的核心问题，它要求网络能提供一种端到端的安全解决方案，如加密机制、签名机制、安全管理、存取控制、防火墙、防病毒保护等，这与传统的商务活动有着很大的不同。

5. 协调性

商务活动本身是一种协调过程，它需要客户与企业内部、生产商、批发商、零售商间的协调。在电子商务环境中，它更要求银行、配送中心、通信部门、技术服务等多个部门的通力协作，电子商务的全过程往往是一气呵成的。

1.7　我国电子商务的发展状况

瑞典 IT 服务公司 Pingdom 最新公布的统计数据显示，截至 2011 年年底，全球网民数已超过21亿。中国电子商务的发展随着上网网民的快速增长，呈现越来越快的趋势，主要的用户群以年轻人、学生居多，虽然与发达国家相比还有距离，但增长的速度是喜人的，当然也有需要注意的问题。

1.7.1 互联网的发展

中国网民总数不断攀高。根据2012年1月发布的《第29次中国互联网络发展状况统计报告》显示(下同)，截至2011年12月底，中国网民数量突破5亿，达到5.13亿，全年新增网民5 580万。互联网普及率较上年底提升4个百分点，达到38.3%。总结过去五年中国网民增长情况，从2006年互联网普及率升至10.5%开始，网民规模迎来一轮快速增长，平均每年普及率提升约6个百分点(如图1-18所示)。

此外，中国手机网民规模达到3.56亿，占整体网民比例为69.3%。家庭电脑上网宽带网民规模为3.92亿，占家庭电脑上网网民比例为98.9%。农村网民规模为1.36亿，占整体网民比例为26.5%。网民中30—39岁人群占比明显提升，较2010年年底上升了2.3个百分点，达到25.7%。网民中初中学历人群占比继续保持增长，由32.8%上升至35.7%。使用台式电脑上网的网民比例为73.4%，比2010年年底降低5个百分点；手机则上升至69.3%，其使用率正不断逼近传统台式电脑。2011年，网民平均每周上网时长为18.7个小时，较2010年同期增加0.4小时。截至2011年12月底，中国域名总数为775万个，其中“.CN”域名总数为353万个。中国网站总数为230万个。

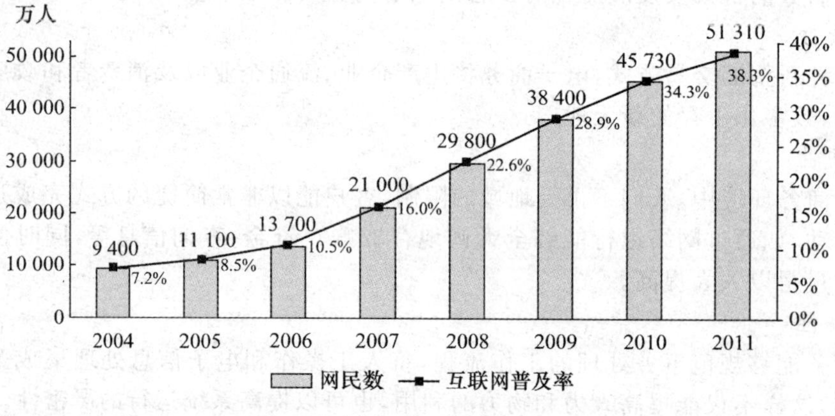

图1-18 中国网民规模、增长率与普及率

1.7.2 网络应用趋势与特点

据《第29次中国互联网络发展状况统计报告》[①]统计数据显示，2011年，我国网民的互联网应用习惯出现显著变化，包括新型即时通信、微博等在内的新兴互联网应用迅速扩散，与此同时一些传统的网络应用使用率明显下滑，显示了互联网发展创新速度之快。我国网民的互联网应用特征变化总结起来包括以下四点。

1. 网民的互联网沟通交流方式发生明显变化

2011年，中国网民即时通信使用率上升较快，增至80.9%。同时，许多传统交流沟通类应用的用户规模出现萎缩：电子邮件使用率从2010年的54.6%降至47.9%；论坛/BBS则

① 资料来源：中国互联网络信息中心。

由 32.4%降至 28.2%；社交网站使用率达到 47.6%。以上数据显示出网民通过互联网进行交流互动的习惯和方式与以往出现较大不同。

2. 网络新闻使用率快速下滑，微博成为网民重要的信息获取渠道

2011 年，微博快速崛起，目前有近半数网民在使用，比例达到 48.7%，成为网民获取新闻信息的重要渠道。相比之下，网络新闻用户规模增速仅为 3.9%，使用人数为 3.67 亿，使用率从上一年的 77.2%下降至 71.5%。网民通过互联网获取新闻信息的渠道正在发生转移。

3. 娱乐类应用普遍走低，但网络视频用户增幅明显

大部分网络娱乐类应用的使用率在 2011 年延续下降势头，网络音乐、网络游戏和网络文学用户规模在 2011 年增长幅度较小，使用率也分别下滑至 75.2%、63.2%和 39.5%。相比之下，网络视频行业的发展势头相对良好，用户规模同比增加 14.6%，达到 3.25 亿人，使用率提升至 63.4%。

4. 电子商务类应用使用率保持上升态势

电子商务类应用稳步发展，网络购物、网上支付、网上银行和在线旅行预订等应用的用户规模全面增长。与 2010 年相比，网购用户增长 3 344 万人，增长率达到 20.8%，网上支付、网上银行使用率也增长至 32.5%和 32.4%。另外，团购成为全年增长第二快的网络服务，用户年增速高达 244.8%，用户规模达到 6 465 万，使用率提升至 12.6%(参见表 1-1)。

表 1-1　2010—2011 年各类网络应用使用率

应　用	2011 年		2010 年		年增长率
	用户规模/万	使用率	用户规模/万	使用率	
即时通信	41 510	80.9%	35 258	77.1%	17.7%
搜索引擎	40 740	79.4%	37 453	81.9%	8.8%
网络音乐	38 535	75.2%	36218	79.2%	6.5%
网络新闻	36 637	71.5%	35 304	77.2%	3.9%
网络视频	32 531	63.4%	28 398	62.1%	14.6%
网络游戏	32 428	63.2%	30 110	66.5%	6.6%
博客/个人空间	31 864	62.1%	29 450	61.1%	8.2%
微　博	24 988	48.7%	6 311	13.8%	296.0%
电子邮件	24 577	47.9%	24 969	54.6%	−1.6%
社交网站	24 424	47.6%	23 505	51.4%	3.9%
网络文学	20 267	39.5%	19 481	42.6%	4.0%
网络购物	19 395	37.8%	16 051	35.1%	20.8%
网上支付	16 676	32.5%	13 719	30.0%	21.6%
网上银行	16 624	32.4%	13 948	30.5%	19.2%
论坛/BBS	14 469	28.2%	14 817	32.4%	−2.3%
团　购	6 465	12.6%	1 875	4.1%	244.8%
旅行预订	4 207	8.2%	3 613	7.9%	16.5%
网络炒股	4 002	7.8%	7 088	15.5%	−13.5%

1.7.3　中国电子商务的发展历程

20 世纪 60 年代，人们就开始了用电报报文发送商务文件。20 世纪 70 年代，人们又普遍采用方便、快捷的传真机来代替电报。后来，人们开始采用 EDI 作为企业间商务的应用技术，这也就是电子商务的雏形。

1990 年，联合国推出 EDI 标准(UN/EDIFACT)，由此在世界范围内拉开了一场电子商务的序幕。

中国的电子商务发展也开始于 1990 年，从 EDI 应用开始的。当时的原国家计委、原外经贸部、中国海关等部门组成了联合小组，研究 UN/EDIFACT 标准在中国的应用，并首先在国际贸易企业中加以应用。

1993 年起，我国政府相继实施了金桥、金卡、金关等一系列金字工程，为我国电子商务的发展奠定了良好的基础。

1998 年开始，中国进入互联网电子商务发展阶段。1998 年 3 月，我国第一笔互联网网上交易成功。

2004 年，中国电子商务市场获得了飞速的发展，国际、国内的风险投资机构也为此大力注资。

2005 年，中国的电子商务更是一片欣欣向荣，电子商务广告几乎随处可见，除了淘宝、易趣、卓越、当当、阿里巴巴等一直活跃在我们眼前的电子商务网站外，一些新的电子商务平台也粉墨登场，加入了竞争的行列。中国的电子商务呈现一派生机盎然的景象。

2007—2011 年，电子商务进入纵深发展阶段，这个阶段最明显的特征就是，电子商务已经不仅仅是互联网企业的天下。数不清的传统企业和资金流入电子商务领域，使得电子商务世界变得异彩纷呈。

1.7.4 中国电子商务的发展趋势

据艾瑞网发布的《2010—2011 年中国移动电子商务行业研究报告》称，未来中国电子商务行业将呈现如下发展趋势。

1. 趋势一：中国电子商务市场规模仍将保持快速增长，且逐渐走向成熟

艾瑞研究认为，中国电子商务正处于快速时期，2010 年该市场交易规模达到 4.8 万亿，增长 32.4%。2011 年全年中国电子商务市场整体规模将达到 7.0 万亿，预计 2014 年将达到 20.6 万亿。作出以上判断的依据有二：一是中国企业用户对于互联网的接受程度逐步提高，在线销售类活动不断增加；二是中国消费者将逐步习惯网上购物的便捷。近两年来，中国政府对电子商务的重视程度日益加大，两会《政府工作报告》中已明确提出“积极发展电子商务”，国家相关部门正在制定相关的产业发展指导意见，相关支持鼓励政策将陆续出台；同时，各地政府加快建设电子商务产业园区，酝酿区域电子商务发展的招商引资优惠政策。艾瑞咨询分析，随着电子商务行业相关的法律法规、基础设施建设、技术标准以及网络安全等环境和条件的不断完善，电子支付体系、物流配送体系、信用管理体系等各方面的建立健全，未来电子商务市场将会朝着稳健与成熟迈进。

2. 趋势二：中国电子商务服务向纵深细分化方向发展

跟踪中国电子商务市场的多年变化，电子商务各细分领域逐步呈现服务纵深细分化的趋势。首先，B2B 市场上，传统的 B2B 电子商务厂商正逐渐从传统的信息服务提供商，转变为综合的交易服务解决商，为用户提供物流配送、信用担保、金融融资、精准营销、行业咨询等综合的电子商务解决方案，服务内容不断细化。其次，网络购物市场上，服装、家电、鞋类、箱包等细分市场不断涌现新的企业；同时京东商城、当当网等综合型购物网站的服务细节也不断提升。最后，在线旅行预订市场上，用户预订行为从线下向线上转移速度加快，度假休闲居民增多，出境游升温，自助游、自驾游受年轻人追捧。消费者需求的多元化，推动运营商

的两极化发展：一方面综合型运营商的产品线将不断扩充，以期提供给用户一站式的预订体验；另一方面，垂直型运营商则专注于某一产品，做深、做专、作出特色。

3. 趋势三：传统行业进军电子商务，电子商务应用普及化、常态化

艾瑞研究发现，随着互联网的迅猛发展，电子商务正逐渐深入到各行各业中，从制造业领域到服务流通领域，从政府采购到企业、个人应用，从外贸服务到内贸服务，从基于互联网的电子商务到基于移动互联网的电子商务。越来越多的传统行业试水电子商务，包括服装、3C、家电、食品、药品等领域。传统商业企业有着良好的信誉及售后服务，线下渠道管理经验成熟等优势，将线上线下相结合，完善传统零售连锁企业的渠道整合，弥补渠道布局与区域覆盖空白。同时艾瑞了解到，商务部正在起草关于支持传统商业企业进军电子商务的相关文件，将对传统商业企业进军电子商务进行专项资金资助，以推动商业企业以网络销售带动门店销售，政府相关部门也提出出台优惠措施，加大传统商业企业进军电子商务。一个全新视角的电子商务服务业群正在形成，将成为未来国民经济新的增长点，电子商务的应用将会朝着普及化与常态化的趋势发展。

4. 趋势四：移动电子商务成为电子商务发展新驱动力

中国互联网络信息中心(CNNIC)发布的数据显示，2011年年底中国手机网民规模达到3.56亿，占整体网民比例为69.3%，较2010年年底增长5285万人，增长率为17.5%。手机网民规模的增加将推动移动电子商务市场需求的增长。同时，中国的电子商务企业也加大对移动电子商务市场的战略布局。2011年，淘宝网、当当网、京东商城、卓越亚马逊、凡客、乐淘等电子商务企业均已积极布局移动互联网，推出手机客户端和手机网站，进一步拓展和延伸用户，全面实现跨平台服务战略。艾瑞咨询分析认为，中国移动电子商务发展已步入快速发展时期，通信和硬件条件对市场的推进作用明显，随着移动电子商务平台建设的更加完善和手机网民电子商务意识的增强，未来两三年，移动电子商务市场将进入大规模爆发的阶段。

1.7.5 中国电子商务发展面临的主要问题①

电子商务目前面临的问题还有很多，如信用问题、企业信息化问题、环境问题、物流问题、法律问题等，值得引起我们的重视。

1. 企业信用体系落后

随着电子商务的影响不断扩大，网民对厂商信用的担忧也不断上升，信用缺失已成为当今电子商务被广泛接受的主要障碍。一方面，客户与电子商务企业通过计算机网络和相关信息平台进行交流，减少或者失去了面对面沟通的机会，这种虚拟性特征使电子商务比之传统贸易存在更大的信用风险。另一方面，由于信息的不对称，使处于弱势的消费者有充分理由怀疑企业会借此谋利，结果导致交易成本增加，甚至无法顺利完成交易。

2. 企业信息化水平较低

企业信息化是一个信息技术应用的过程，更是企业管理理论、方法和体制的更新和适应过程。目前我国企业信息化水平低下主要表现在：企业信息化基础参差不齐，从而导致企业内不同层次的信息化出现“断层”；企业推行电子商务的进程与计算机技术应用水平不同步，不同软件或者部门的数据信息不能共享，从而严重阻碍了企业电子商务进程。

① 资料来源：中国电子商务研究中心。

3. 电子商务应用环境的安全问题

由于互联网的开放性特点，使得电子商务对企业的信息安全技术提出了较高要求。目前，电子商务应用环境的安全问题主要有：交易信息泄漏、丢失或者被恶意篡改；因交易对象的信息被盗而导致非本人意愿的交易发生。

4. 物流因素

物流业作为电子商务领域中不可缺少的行业，是电子商务得以实施的重要保证。物流配送业的及时性、安全性和价格的高低都直接制约电子商务的发展。与发达国家相比，我国物流业目前主要存在以下问题：一是物流基础设施建设的滞后导致物流收费高、配送区域受限；二是物流的局限性导致电子商务商品的局限性，使得鲜活、易碎或者外形庞大商品的购买受限；三是物流企业业务流程重组力度不大，组织管理水平较低。

5. 易被人模仿

目前，电子商务企业拥有的差异化特色仅体现在服务上，难以在技术上给后来者筑起壁垒，被模仿的几率很高。这样不仅不利于企业形成核心竞争力，甚至出现模仿者凭借更为雄厚的资金实力，通过低价或者扩大宣传的方式在竞争中占据优势。

6. 受传统经销商和中间商的抵触

大多数电子商务企业采取与直销相结合的销售模式，从而大大节省了因中间商产生的渠道费用，避免了商铺租赁、库存等费用，降低了成本，最终商品价格比传统经销商优惠许多，因而压缩了传统经销商和中间商的利润空间。

本章小结

1. 本章重点讨论了什么是电子商务、电子商务和传统商务的关系、电子商务的产生和发展；简要介绍了电子商务的特征、主要功能及其应用领域。

2. 电子商务，从广义上说，是指以电子设备为媒介进行的商务活动；从狭义上说，是指以互联网为基础所进行的各种商务活动，包括商品和服务的提供者、广告商、消费者、中介商等有关各方行为的总和。

3. 电子商务与传统商务并不是截然分开的，两者有着密切的联系。电子商务使一些传统的工作方式和岗位消失或者改变，并不断创造新的工作方式和工作内容、新的沟通方式和新的创业模式。

4. EDI是早期进行商务信息交流的电子手段，它按照统一的标准实现商务信息的交流，通常分为交换层、代理服务层和应用层，是最初无纸办公的体现。

5. 互联网是当今实现电子商务必备的基础条件，它通过网络把商家和消费者联系在一起，提供WWW、FTP、电子邮件等的基础服务，通过网络协议保证网上信息的定向传播和正确传播，通过网络地址来区分不同的计算机，通过容易理解的域名来帮助记忆提供服务的服务器。根据网络覆盖范围不同可分为局域网、城域网和广域网。利用无线通信技术建立起来的无线移动网、物联网是电子商务发展的新的阵地。

6. 电子商务具有普遍性、方便性、整体性、安全性和协调性五大特征。电子商务的作用包括广告宣传、咨询洽谈、网上购物、网上支付、电子账户等多项功能。电子商务的应用领域涉及商贸服务、金融与证券、交通运输、工业企业生产制造等各个领域，发展潜力巨大。

7. 中国的电子商务从无到有、从小到大、从弱到强，发展速度惊人。目前，中国网民人数已突破 5 亿大关，呈现年轻化、在校生居多、有学历人群居多、非纳税人居多、在家中上网居多等特性。

8. 未来几年，中国电子商务市场规模仍将保持快速增长，且逐渐走向成熟；电子商务服务向纵深细分化方向发展；传统行业进军电子商务，电子商务应用普及化、常态化；移动电子商务成为电子商务发展新驱动力。同时，电子商务的发展仍存在信用问题、企业信息化问题、环境问题、物流问题、法律问题和安全问题等。

思考题

1. 什么是电子商务？
2. 简述电子商务和传统商务的关系。
3. 电子商务由哪些要素构成？
4. 简述电子商务的产生与发展过程。
5. 中国电子商务的发展趋势以及面临的主要问题是什么？
6. 简述电子商务的分类。
7. 电子商务有哪些功能？
8. 举出几个你身边电子商务运用的例子，说明电子商务是如何改变人们的生产和生活的。

第 2 章　电子商务商业模式

学习目标

1. 理解商业模式的定义和要素。
2. 熟悉电子商务模式的组成要素。
3. 掌握电子商务模式的分类。
4. 掌握 B2C、B2B、C2C、O2O 等主要电子商务模式。
5. 熟悉移动电子商务模式的内涵。

引导案例

阿里巴巴电子商务模式[1]

阿里巴巴是全球企业间(B2B)电子商务的著名品牌，是目前全球最大的网上交易市场和商务交流社区。阿里巴巴成立于 1999 年，总部设在杭州，其在大中华地区、印度、日本、韩国、欧洲和美国共设有 70 多个办事处，专门为规模较小、需要小批量货物快速付运的买家提供服务。所有交易市场形成一个拥有来自 240 多个国家和地区接近 7 630 万名注册用户的网上社区。

据艾瑞咨询统计数据显示[2]，2011 年中小企业 B2B 电子商务 TOP8 运营商合计营收份额为 74.8%，较去年同期下降了 8.7 个百分点；其中阿里巴巴仍然处于行业垄断地位，占 48.9%(如图 2-1 所示)，也是全球企业间电子商务的著名品牌，是目前全球最大的网上贸易市场。良好的定位，稳固的结构，优秀的服务使阿里巴巴成为全球商人网络推广的首选网站，被商人们评为“最受欢迎的 B2B 网站”。杰出的成绩使阿里巴巴受到各界人士的关注。WTO 首任总干事萨瑟兰出任阿里巴巴顾问，美国商务部、日本经济产业省、欧洲中小企业联合会等政府和民间机构均向本地企业推荐阿里巴巴。

---

① 资料来源：EC-PLAN 网和阿里巴巴网。

② 资料来源：艾瑞咨询集团网。

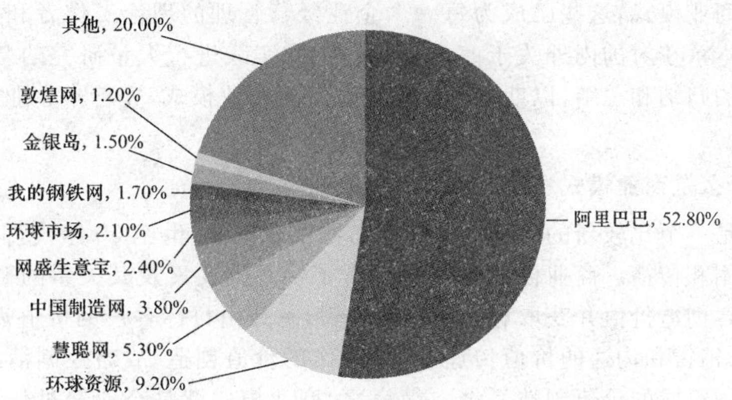

图 2-1　2011 年(上)中国电子商务 B2B 企业市场份额占有率

阿里巴巴在充分调研企业需求的基础上，将企业登录汇聚的信息整合分类，形成网站独具特色的栏目，使企业用户获得有效的信息和服务。阿里巴巴主要信息服务栏目如下。

(1) 商业机会，有 27 个行业 700 多个产品分类的商业机会供查阅，通常提供大约 50 万供求信息。

(2) 产品展示：按产品分类陈列展示阿里巴巴会员的各类图文并茂的产品信息库。

(3) 公司全库：公司网站大全，目前已经汇聚 4 万多家公司网页。用户可以通过搜索寻找贸易伙伴，了解公司详细资讯。会员也可以免费申请自己的公司加入到阿里巴巴"公司全库"中，并链接到公司全库的相关类目中方便会员有机会了解公司全貌。

(4) 行业资讯：按各类行业分类发布最新动态信息，会员还可以分类订阅最新信息，直接通过电子邮件接受。

(5) 价格行情：按行业提供企业最新报价和市场价格动态信息。

(6) 以商会友：商人俱乐部。在这里会员交流行业见解，谈天说地。其中，咖啡时间为会员每天提供新话题，为会员分析如何做网上营销等话题。

(7) 商业服务：航运、外币转换、信用调查、保险、税务、贸易代理等咨询和服务。这些栏目为用户提供了充满现代商业气息、丰富实用的信息，构成了网上交易市场的主体。

另外，阿里巴巴还分类开设了阿里巴巴化工网、服装网、电子网、商务服务网来进一步地细分客户群体，实现面向性的精确定位，确保电子商务交易执行效率的提高和便捷。

理论与实务

2.1　商业模式及其要素

对商业模式的关注源于互联网的兴起，由于大量互联网企业严重亏损，甚至看不到赚钱的"钱景"，才引起人们对新经济企业的商业模式进行思索和研究。实际上，不只是新经济需要研究和反思商业模式，既使是在拥有几百年历史的传统经济和传统产业中，每天也仍有大量的企业因商业模式不完善而倒闭。因而，商业模式是每个企业都要思考和研究的问题，没有商业模式或者商业模式不清晰、商业模式缺乏环境适应性，企业都将面临灭顶之灾。

既然商业模式如此重要，那么到底什么是商业模式，商业模式包括哪些要素，如何分析和完善企业的商业模式，这些已成为每一个企业经营管理的理论工作者和企业经营者急需破译的问题。本章在对国内外关于商业模式理论和实践进行大量研究的基础上，对商业模式进行了系统的归纳和总结，以期对人们认识和分析商业模式，完善本企业的商业模式有所帮助。

2.1.1 什么是商业模式

商业模式是一个比较新的名词。尽管它首次出现在20世纪50年代，但直到90年代才开始被广泛使用和传播。商业模式是一种包含了一系列要素及其关系的概念性工具，用以阐明企业为顾客创造价值并获取利润的内在逻辑，它是由目标客户的价值需求、产品或者服务的价值载体、销售和沟通的价值传递、业务运作的价值创造、战略控制活动的价值保护五大核心要素协同组成的价值创造系统。简言之，商业模式就是企业通过什么途径或者方式来赚钱。

商业模式分为自发的商业模式和自觉的商业模式两种。自发的商业模式是自发形成的，企业对如何营利、未来能否营利缺乏清醒的认识，企业虽然营利，但商业模式不明确、不清晰，其商业模式具有隐蔽性、模糊性、缺乏灵活性的特点。自觉的商业模式是企业通过对营利实践的总结，对商业模式加以自觉调整和设计而成的，它具有清晰性、针对性、相对稳定性、环境适应性和灵活性的特征。

在市场竞争的初期，企业处于成长的不成熟阶段，企业的商业模式大多是自发的。随着市场竞争的加剧和企业的不断成熟，企业开始重点研究市场竞争和自身商业模式的研究，即使如此，也并不是所有的企业都幸运地找到自己的商业模式。

2.1.2 企业商业模式五要素

研究企业商业模式，有必要借助有效的分析手段，人们在长期研究成功企业的商业模式时归纳和总结了企业营利模式分析和设计的五个要素，它们是：目标客户的价值需求；产品或者服务的价值载体；销售和沟通的价值传递；业务运作的价值创造；战略控制活动的价值保护。几乎所有企业的商业模式都是以某一两个要素为核心的各要素不同形式的组合。

1. 价值需求

价值需求，是指企业的客户群，即企业提供的商品或者服务的购买者和使用者群体，他们是企业利润的唯一源泉。客户群分为主要客户群、辅助客户群和潜在客户群。好的目标客户群：一是要有清晰的界定，没有清晰界定的客户群往往是不稳定的；二是要有足够的规模，没有足够的客户群规模，企业的业务规模必然受到局限；三是企业要对客户群的需求和偏好有比较深的认识和了解；四是企业在挖掘客户群时与竞争者比较而言有一定的竞争优势。

2. 价值载体

价值载体，是指企业可以获取利润的、目标客户购买的产品或者服务，好的产品或者服务是客户价值最大化与企业价值最大化的结合点，它要求一要针对目标客户的清晰的需求偏好，二要为目标客户创造价值，三要为企业创造价值。有些企业的产品和服务或者缺乏客户的针对性，或者根本不创造利润，故不能称为好的价值载体。价值载体反映的是企业的产出。

3. 价值创造

价值创造，是指企业生产、供应满足目标客户需要的产品或者服务的一系列业务活动及其成本结构。企业发现、界定目标客户、为目标客户生产产品或者服务，需要实施一系列业务活动，通过这些活动，企业和客户双方的需要才能得到满足。价值创造反映的是企业的主要投入。

4. 价值传递

价值传递是企业把产品或者服务传递给目标客户的分销和传播活动，目的是便于目标客户方便地购买和了解企业的产品或者服务。没有价值传递活动，价值创造活动所创造的价值，即产品和服务，就会“锁在深闺人未识”，不可能为客户和企业创造价值。

5. 价值保护

价值保护，是指企业为防止竞争者掠夺本企业的目标客户而采取的防范措施，它与价值创造同样表现为企业投入，但价值创造是撬动“奶酪”为我所有，价值保护活动是保护“奶酪”不为他人所动。

总之，商业模式的成功必须能够突出一个企业不同于其他企业的独特性。这种独特性表现在它怎样界定目标客户及其需求和偏好，界定产品和服务以满足目标客户需求，界定业务运作内容和价值传递、沟通渠道，以客户可以接受的价格创造和提供吸引客户的产品，界定竞争者以建立战略控制能力，保护价值不会很快流失。优秀的商业模式是丰富和细致的，并且它的各个部分要互相支持和互相促进；改变其中任何一个部分，它就会变成另外一种模式。

2.1.3　电子商务营利模式

电子商务营利模式是企业如何运作电子商务，创造价值的表现形式，并且可以总结出企业在电子商务中创造价值的规律。作为多数电子商务企业，其在线的业务活动至少可以通过以下五种方式实现收益：(1) 商务活动，即通过销售产品或者服务给客户以实现收益；(2) 广告，即把广告空间出售给有兴趣的客户以实现收益；(3) 收取费用，即向顾客收取提供信息或者服务等相关费用；(4) 出售用户信息，即把顾客的相关行为信息出售给感兴趣的个人和企业；(5) 信用担保，如支付宝，从消费者手中取得资金，等消费者收到货物后再把资金付给卖主，从中担任信用担保角色。

企业要实现收益，所构造的电子商务商业模式必须包含5种要素，表2-1详细描述了五种要素的相关问题和特点。

表2-1　电子商务商业模式的五要素分析

商业模式要素	关键问题
价值需求	寻找目标消费群体
价值载体	产品和服务
价值创造	企业投入
价值传递	分销和传播
价值保护	如何保持竞争优势

2.2　网络经济与电子商务商业模式

众所周知，知识经济是以现代信息技术和通信技术为基础，全球信息网络“爆炸性”发展的必然结果。在知识经济条件下，现实经济运行主要表现为信息化和全球化两大趋势。这两种趋势的出现无不与信息技术和信息网络的发展密切相关。现代信息技术的发展大大提高了人们处理信息的能力和利用信息的效率,加速了科技开发与创新的步伐,加快了科技成果向现实生产力转化的速度,从而使知识在经济增长中的贡献程度空前提高;全球信息网络的出现和发展,进一步加快了信息在全球范围内的传递和扩散,使传统的国家、民族界限变得日益模糊,使整个世界变成一个小小的"地球村",从而使世界经济发展呈现出明显的全球化趋势。因此,知识经济实质上是一种以现代信息技术为核心的全球网络经济。

电子商务商业模式根据参与方的不同有多种类型,每种类型都有其各自的特点和内涵。企业、政府、个人想开展电子商务活动,就必须遵循其中的规律,选择合适的营利模式,只有这样才能事半功倍、有利可图。

2.2.1 网络经济的定义

通常,我们可以把网络经济概括为一种建立在计算机网络(特别是互联网)基础之上,以现代信息技术为核心的新的经济形态。它不仅包括以计算机为核心的信息技术产业的兴起和快速增长,也包括以现代计算机技术为基础的整个高新技术产业的崛起和迅猛发展,更包括由于高新技术的推广和运用所引起的传统产业、传统经济部门的深刻的革命性变化和飞跃性发展。因此,我们绝不能把网络经济理解为一种独立于传统经济之外、与传统经济完全对立的纯粹的"虚拟"经济。它实际上是一种在传统经济基础上产生的,经过以计算机为核心的现代信息技术提升的高级经济发展形态。深化对知识经济的研究和认识,不难发现,尽管目前人们对网络经济的描述有多种说法,诸如知识经济、信息经济、后工业经济、新经济、注意力经济等,但它们的基础是相同的,这就是计算机与计算机网络,特别是国际互联网络。

2.2.2 网络经济的特点

网络经济是知识经济的一种具体形态,这种新的经济形态正以极快的速度影响着社会经济与人们的生活。与传统经济相比,网络经济具有快捷性、高渗透性、自我膨胀性、边际效益递增性、外部经济性、可持续性和直接性。

1. 快捷性

互联网使世界发生的根本性变化之一是消除时空差距。第一,互联网突破了传统的地理界限,被网络连为一体,使整个世界紧密联系在一起,把地球变成为一个"村落"。第二,网络经济是一种速度型经济。现代信息网络可用光速传输信息,而网络经济以接近于实时的速度收集、处理和应用信息,大大加快了节奏。第三,网络经济还是一种全球化经济。由于现代信息网络把整个世界变成了一个"地球村",使地理距离变得无关紧要,基于网络的经济活动对空间因素的要求越来越低,使得经济的全球化进程大大加快,世界各国的相互依存性空前加强。

2. 高渗透性

快速发展的信息技术和网络技术具有极高的渗透性功能,致使信息服务业迅速地向第一产业和第二产业扩张,使三大产业之间的界限变得日益模糊,出现了三大产业相互融合的趋势。三大产业分类法也受到了挑战。为此,学术界提出了"第四产业"的概念,用以涵盖广义的信息产业,信息产业已经广泛渗透到传统产业中去了。对于诸如商业、银行业、传媒业和制造业等传统产业来说,迅速利用信息技术和网络技术,实现产业内部的升级改造,以迎接网络经济带来的机遇和挑战是一种必然选择,也是各行业提高各自竞争力的必经之路。

3. 自我膨胀性

网络经济的自我膨胀性突出表现在四大定律上。

(1) 摩尔定律。

摩尔定律是以英特尔公司创始人之一的戈登·摩尔命名的。1965年,摩尔预测单片硅芯片的运算处理能力每18个月就会翻一番,而与此同时,价格则减半。实践证明,多年来,这一预测一直比较准确,预计在未来仍有较长时间的适用期。到2010年,一台普通电脑的运算能力是1975年时一台普通电脑的1 000万倍。

(2) 梅特卡夫法则。

按照梅特卡夫法则,网络经济的价值等于网络节点数的平方,这说明网络产生和带来的效益将随着网络用户的增加而呈指数形式增长。从目前的趋势来看,互联网的用户大约每隔半年就会增加1倍,而互联网的通信量每隔100天就会翻一番。目前,全世界的网络用户已达到20多亿。这种大爆炸性的持续增长必然会带来网络价值的飞涨。这正是凯文·凯利所说的"传真效应",即"在网络经济中,东西越充足,价值就越大"。

(3) 马太效应。

在网络经济中,由于人们的心理反应和行为惯性,在一定条件下,优势或者劣势一旦出现并达到一定程度,就会导致不断加剧而自行强化,出现"强者更强,弱者更弱"的垄断局面。马太效应反映了网络经济时代企业竞争中一个重要因素——主流化。"非摩擦的基本规律其实很简单——你占领的市场份额越大,你获利就越多,也就是说,富者越富。"Compuserve公司和美国在线(AOL)是美国的两家联机服务供应商,1995年之前,Compuserve公司占有市场较大份额,在相互竞争中占有优势。而从1995年开始,美国在线采取主流化策略,向消费者赠送数百万份PC机桌面软件,"闪电般地占领了市场",迅速赶超了Comuserve公司。

(4) 吉尔德定律。

根据美国激进的技术理论家乔治·吉尔德的预测,在可预见的未来(未来10年),通信系统的总带宽将以每年3倍的速度增长。随着通信能力的不断提高,吉尔德断言,每比特传输价格朝着免费的方向下降,费用的走势呈现"渐进曲线"的规律,价格点无限接近于零。

网络经济的四大定律不仅展示了网络经济自我膨胀的规模与速度,而且揭示了其内在的规律。

4. 边际效益递增性

边际效益随着生产规模的扩大会显现不同的增减趋势。在工业社会物质产品生产过程中,边际效益递减是普遍规律,因为传统的生产要素——土地、资本、劳动都具有边际成本递增和边际效益递减的特征。与此相反,网络经济却显现出明显的边际效益递增性。

5. 外部经济性

一般的市场交易是买卖双方根据各自独立的决策缔结的一种契约,这种契约只对缔约双方有约束力而并不涉及或者影响其他市场主体的利益。但是在某些情况下,契约履行产生的后果却往往会影响缔约双方以外的第三方(个体或者群体)。这些与契约无关却又受到影响的经济主体可统称为外部,它们所受到的影响就被称为外部效应。契约履行所产生的外部效应当可好可坏,分别称为外部经济性和外部非经济性。通常情况下,工业经济带来的主要是外部非经济性,如工业"三废",而网络经济则主要表现为外部经济性。正如凯文·凯利提出的"级数比加法重要"的法则一样,网络形成的是自我增强的虚拟循环。增加了成员就增加了价值,反过来又吸引更多的成员,形成螺旋形优势。"一个电话系统的总价值属于各个电话公司及其资产的内部总价值之和,属于外部更大的电话网络本身",网络成为"特别有效的外部价值资源"。

6. 可持续性

网络经济是一种特定信息网络经济或者信息网络经济学,它与信息经济或者信息经济学有着密切关系,这种关系是特殊与一般、局部与整体的关系。从这种意义上讲,网络经济是知识经济的一种具体形态,知识和信息同样是支撑网络经济的主要资源。正是知识与信息的特性使网络经济具有了可持续性。信息和知识具有可分享性,这一特点与实物显然不同。一般实物商品交易后,出售者就失去了实物,而信息和知识交易后,出售信息的人并没有失去信息,而是形成出售者和购买者共享信息与知识的局面。现在,特别是在录音、录像、复制、电子计算机、网络传统技术迅速发展的情况下,信息的再生能力很强,这就为信息资源的共享创造了更便利的条件。更为重要的是,在知识产品的生产过程中,作为主要资源的知识与信息具有零消耗的特点,正如托夫勒指出的:"土地、劳动、原材料,或许还有资本,可以看做是有限资源,而知识实际上是不可穷尽的","新信息技术把产品多样化的成本推向零,并且降低了曾经是至关重要的规模经济的重要性。"网络经济在很大程度上能有效杜绝传统工业生产对有形资源、能源的过度消耗以及造成的环境污染、生态恶化等危害,实现了社会经济的可持续发展。

7. 直接性

由于网络的发展,经济组织结构趋向扁平化,处于网络端点的生产者与消费者可直接联系,降低了传统的中间商层次存在的必要性,从而显著降低了交易成本,提高了经济效益。为解释网络经济带来的诸多传统经济理论不能解释的经济现象,专家提出了"直接经济"理论。该理论认为,如果说物物交换是最原始的直接经济,那么,当今的新经济则是建立在网络上的更高层次的直接经济,从经济发展的历史来看,它是经济形态的一次回归,即农业经济(直接经济)—工业经济(迂回经济)—网络经济(直接经济)。直接经济理论主张网络经济应当将工业经济中迂回曲折的各种路径重新拉直,缩短中间环节。信息网络化在发展过程中会不断突破传统流程模式,逐步完成对经济存量的重新分割和增量分配原则的初步构建,并对信息流、物流、资本流之间的关系进行历史性重构,压缩甚至取消不必要的中间环节。

2.2.3 电子商务商业模式及其分类

电子商务商业模式简称电子商务模式,是指在网络环境中基于一定技术基础的商务运作方式和营利模式。研究和分析电子商务模式的分类体系,有助于挖掘新的电子商务模式,为电子商务模式创新提供途径,也有助于企业制定特定的电子商务策略和实施步骤。电子商务模式可以从多个角度建立不同的分类框架,最简单的分类莫过于B2B、B2C和C2C这样的分类,但就各模式还可以再次细分。

当前,电子商务市场常见的电子商务模式可以分为以下六种类型。

1. 企业与消费者之间的电子商务

企业与消费者(Business to Customer,B2C)之间的电子商务是消费者利用互联网直接参与经济活动的形式,类同于商业电子化的零售商务。随着互联网的出现,网上销售迅速地发展起来。B2C的代表是亚马逊电子商务模式。

B2C就是企业透过网络销售产品或者服务给个人消费者。企业直接将产品或者服务推上网络，并提供充足的信息与便利的接口吸引消费者选购，这也是目前一般最常见的作业方式，如网络购物、证券公司网络下单作业、一般网站的资料查询作业等都是属于企业直接接触顾客的作业方式。

2. 企业与企业之间的电子商务

企业与企业(Business to Business，B2B)之间的电子商务是电子商务应用最多和最受企业重视的形式，企业可以使用互联网或者其他网络为每笔交易寻找最佳合作伙伴，完成从订购到结算的全部交易行为。B2B的代表是阿里巴巴电子商务模式。

B2B主要是针对企业内部以及企业与上下游协力厂商之间的信息整合，并在互联网上进行的企业与企业间交易。借由企业内部网(Intranet)建构信息流通的基础以及外部网络(Extranet)结合产业的上、中、下游厂商，达到供应链的整合。因此，透过B2B电子商务模式，不仅可以简化企业内部信息流通的成本，更可以使企业与企业之间的交易流程加快，减少成本的耗损。

3. 消费者与消费者之间的电子商务

消费者与消费者(Consumer to Consumer，C2C)之间的电子商务就是通过为买卖双方提供一个在线交易平台，使卖方可以主动提供商品上网拍卖，而买方可以自行选择商品进行竞价。C2C的代表是淘宝电子商务模式。

C2C这种交易方式是多变的，如消费者可同在某一竞标网站或者拍卖网站中，共同在线上出价而由价高者得标，或者由消费者自行在网络新闻论坛或者BBS上张贴布告以出售二手货品，甚至是新品，诸如此类因消费者间的互动而完成的交易就是C2C的交易。

4. 团购模式(消费者与企业之间的电子商务)

团购就是利用团购网的网络组织平台，将互不认识的消费者，借助互联网的“网聚人气的力量”来聚集资金，加大与商家的谈判能力，以求得最优的价格。根据薄利多销、量大价优的原理，企业可以给出低于零售价格的团购折扣和单独购买得不到的优质服务。

5. 线下商务与互联网之间的电子商务

线下商务与互联网(Online to Offline，O2O)之间的电子商务就可以用线上来揽客，消费者可以用线上来筛选服务，还有成交可以在线结算，很快达到规模。该模式最重要的特点是推广效果可查，每笔交易可跟踪。

6. 移动电子商务模式

移动电子商务模式是利用移动设备和移动通信技术，随时随地存储、传输和交流各种商业信息，进行商业活动的创新业务模式。目前，常见的移动设备有手机、掌上电脑、个人数字助理(PDA)、便携式电脑等。

2.3 B2C电子商务模式

B2C电子商务模式是以互联网为主要手段，由商家或者企业通过网站向客户提供商品和服务的一种商务模式。B2C是我国最早产生的电子商务模式。目前，在互联网上遍布了各种类型的B2C网站，以提供各种消费品和服务。由于各种因素的制约，目前以及未来比较长的一段时间内，这种模式的电子商务还只能占比较小的比重。从长远来看，企业对客户的电子商务将取得快速发展，并将最终在电子商务领域占据重要地位。

2.3.1 B2C 电子商务模式分析

从企业和客户买卖关系的角度分析,B2C 电子商务模式主要分为卖方企业-买方个人的电子商务和买方企业-卖方个人的电子商务两种模式。

1. 卖方企业-买方个人的电子商务

这是商家出售商品和服务给客户个人的电子商务模式。在这种模式中,商家首先在网站上开设网上商店,公布商品的品种、规格、价格和性能等,或者提供服务种类、价格和方式,由客户个人选购,下订单,在线或者离线付款,商家负责送货上门。这种网上购物方式可以使消费者获得更多的商品信息,虽足不出户却可货比千家,买到价格较低的商品,节省购物的时间。当然,这种电子商务模式的发展需要高效率和低成本的物流体系的配合。这种模式中比较典型的代表就是全球知名的亚马逊网上书店。

2. 买方企业-卖方个人的电子商务

这是企业在网上向个人求购商品或者服务的一种电子商务模式。这种模式应用最多的就是企业用于网上招聘人才。如许多的企业在各种人才招聘网上招聘各类人才。在这种模式中,企业首先在网上发布需求信息,然后由个人上网洽谈。这种模式在当今人才流动量大的社会中极为流行,因为它建立起了企业与个人之间的联系平台,使得人力资源得以充分利用。

2.3.2 B2C 电子商务模式的主要经营模式

B2C 电子商务模式分为无形商品和服务的电子商务模式、有形商品和服务的电子商务模式以及综合的电子商务模式三种。无形商品和服务的电子商务模式可以完整地通过网络进行,而有形商品和服务的电子商务模式则不能完全在网上实现,还要借助传统手段的配合以及多种模式的综合运用才能完成,即产生了综合的电子商务模式。

1. 无形商品和服务的电子商务模式

计算机网络本身具有信息传输和信息处理功能,无形商品和服务一般可以通过网络直接提供给消费者。无形商品和服务的电子商务模式主要有网上订阅模式、广告支持模式和网上赠予模式。

(1) 网上订阅模式。

消费者通过网络订阅企业提供的无形商品和服务,并在网上直接浏览或者消费。这种模式主要被一些商业在线企业用来销售报纸杂志、有线电视节目等。

(2) 广告支持模式。

在线服务商免费向消费者提供在线信息服务,其营业收入完全靠网站上的广告来获得。这种模式不直接向消费者收费,但却是目前最成功的电子商务模式之一。

(3) 网上赠予模式。

网上赠予模式经常被软件公司用来赠送软件产品,以扩大其知名度和市场份额。一些软件公司将测试版软件通过互联网向用户免费发送,用户自行下载试用,也可以将意见或者建议反馈给软件企业。采用这种模式,软件公司不仅可以降低成本,还可以扩大测试群体,改善测试效果,提高市场占有率。

2. 有形商品和服务的电子商务模式

有形商品,是指传统的实物商品。有形商品和服务的查询、订购、付款等活动虽然也可以在网上进行，但最终的交付不能通过网络实现，还是用传统的方法完成。这种电子商务模式也叫在线销售。目前，企业实现在线销售主要有两种方式：一种是在网上开设独立的虚拟商店；另一种是参与并成为网上购物中心的一部分。与传统的店铺销售相比，即使企业的规模很小，网上销售也可以将业务伸展到世界的各个角落。一位日本客户向坐落在美国纽约的食品公司购买食品，付出的运费相当于产品的价值。然而，客户却非常满意，因为从日本当地购买相同的产品的代价更昂贵。除此之外，虚拟商店需要较少的雇员。而且在零库存的基础上就可以销售。有些情况下虚拟商店可以直接从经销商处订货，省去了商品储存的环节。

3. 综合的电子商务模式

实际上，多数企业网上销售并不是仅仅采用一种电子商务模式，而往往采用综合模式，即将各种模式结合起来实施电子商务。如 Golf Web 就是一家有 3 500 页有关高尔夫球信息的黄页网站。这家网站采用的就是综合模式。其中 40％的收入来自于订阅费和服务费，35％的收入来自于广告，还有 25％的收入是该网址专业零售点的销售收入。该网址已经吸引了许多大公司的广告，如美洲银行、美国电报电话公司等。专业零售点开始两个月的收入就高达 10 万美元。

4. B2C 电子商务模式与 C2B 电子商务模式的比较

C2B 即 Customer to Business，是指消费者与企业之间的电子商务。传统的经济学概念认为，针对一个产品的需求越高，价格就会越高，但由消费者因议价或者购物需要形成的社群，透过社群的集体议价或者开发社群需求，只要购买同一个商品的消费者越多，购买的效率就越高，价格就越低，这就是 C2B 的主要特征。团购模式也是其中一种。

C2B 电子商务模式更具革命性，它将商品的主导权和先发权，由企业身上交给了消费者。C2B 电子商务模式强调用“汇聚需求”取代传统“汇聚供应商”的购物中心形态，被视为是一种接近完美的交易形式。B2C 电子商务模式与 C2B 电子商务模式的比较参见表 2-2。

表 2-2 B2C 电子商务模式与 C2B 电子商务模式比较

项 目	B2C 电子商务模式	C2B 电子商务模式
商品来源	商家提供	所有的网友、小商家
产品线	特定或者有限	多样化
产品线深度	不错	非常多样化
欺伪	不多	有时发生
商品运送	不错	品质不一
产品保证	不错	需要规则提升
服务品质	依商家性质	由卖方提供

2.3.3 B2C 电子商务模式的优势

与实体店比较，B2C 电子商务模式的优势表现在以下九个方面。

1. 成本优势

网上交易省去场地费、入住费和装修费，省去传统行业的销售人员费用；传统行业中商品种类受摆放场所限制，网上商店中的商品种类繁多，几乎不受限制；支付方式多样，也可以送货上门。

2. 商品搜索快捷

即客户可以快速搜索到商品，用同样的时间，客户通过电子商务可以选购更多的商品。

3. 更了解客户

企业可以通过动态监测商品的点击率、购买率、用户反馈，以便随时调整商品的进货计划，同样也可以减少积压情况的出现。

4. 不受地域限制

客户在任何地方都可以选购合适的产品，不受时间和空间的限制。只要有网络的地方，随时都可以进行网购。

5. 交易快捷

电子商务能在世界各地瞬间完成传递与计算机自动处理，而且无须人员干预，加快了交易速度。

6. 交易透明

在电子商务中，双方的洽谈、签约以及货款的支付、交货的通知等整个交易过程都在电子屏幕上显示，因此显得比较透明。

7. 交易连续化

国际互联网的网页可以实现24小时的服务。任何人都可以在任何时候向网上企业查询信息，寻找问题的答案。企业的网址成为永久性的地址，为全球的用户提供不间断的信息。

8. 客户群增加

较之传统行业，电子商务客户群更广泛，因网上商品物美价廉，会吸引相当一批消费者加入其中，尤其是年龄在30岁以下的年轻人和在校生尤为突出。

9. 及时、快捷、整体维护客户

利用网络快捷、覆盖面广的优势，企业可以及时地为用户提供在线服务，用户也可以随时上网查询订单执行过程、企业的新政策和服务条款，这样可以尽可能便捷地维护客户利益。

2.3.4 B2C电子商务模式的缺陷

虽然一些企业利用电子商务技术可以更有效地改进商务中的业务流程，但在很多情况下，一些业务流程使用传统的商务活动可以更好地完成，这些业务流程无法通过实施新技术得到改进。那些消费者愿意亲手触摸、仔细检查的产品就很难通过电子商务来销售。如果不能亲眼看到、触摸时装或者易腐食品（肉或者其他农产品），消费者是不愿购买的。

1. 业务流程的局限性

在创造良好的商店购物环境促使顾客购买方面，零售商已经积累了多年的工作经验。店面设计、布局和商品的摆放称为销售规划。零售人员也掌握了很多的销售技巧，可以发现顾客的需要并找到产品或者服务来满足这些需要。这些销售规划和人员的推销技术是很难通过电子链接来实现的。对于那些需要个人销售技巧的商品（如房地产销售）或者个人建议对估价影响很大的商品（如高档时装、古董或者易变质的食物）来说，更适合通过传统商业渠道销售。也就是说，在现有的技术条件下，有些商务中的业务流程是不能完全使用电子商务的。

2. 网上购物的体验感不强

消费者基于传统消费习惯更倾向于可见到实物的、体验式的消费，对于虚拟网络购物仍心存疑虑。因为在B2C电子商务网站购物时，消费者往往会有一些的不良体验感：对虚拟商店的不信任；交互界面的技术性太强。需要长时间才能找到需要的商品；提供的图像和文字信息并不能促使消费者下决心购物。另外，在实体世界中，通过各种展示方式，卖方可以塑造出商品的个性，在网上虽然能做到但是虚拟性太强。实体世界的优点会激发消费者冲动性购物的欲望，从而促使消费者直接买下商品。此外，消费者也不可能在虚拟商店里体验到任何购物氛围。

3. B2C电子商务网站互动性与个性化的客户服务较弱

目前，从B2C电子商务网站的服务功能来看，尤其是在客户服务方面，创新精神尤为缺乏。大多数B2C电子商务网站提供相似的服务功能，由于这样的网站在服务功能上缺少新意，其服务质量对顾客来说都是千篇一律，无非是在BBS上留言、发送电子邮件咨询、电话咨询等。所以，导致顾客越来越看重商品的价格，从而造成B2C电子商务网站经常靠打价格战的方式吸引人气，这样一来，顾客对这样的B2C电子商务网站黏度自然不高。事实也证明了这一点：全球最大的B2C电子商务网站亚马逊的会员中，交易活跃的消费者不到1/10。由此可见，缺乏互动性与个性化客户服务的B2C电子商务网站对顾客的吸引力不够，并在培养客户忠诚度方面并不具备比较优势。

4. 传统企业对B2C电子商务网站的利用率比较低

在中国从事B2C电子商务的购物网站中，近2/3是传统零售业务，这一情况正好与国外相反。如欧洲在线商店有2/3为纯粹的网上商店，仅有1/3为传统零售业务。这表明中国的传统零售业对于利用互联网开拓业务不甚积极。这样导致纯粹的B2C电子商务网站与传统零售商相比在商品价格上毫无竞争优势。

2.3.5　B2C电子商务模式的发展建议

B2C电子商务模式的发展是迅速的，同时也存在很多的问题，未来其发展的方向必须明确。总的来说，B2C电子商务模式应该从以下两个方面去考虑其发展。

1. B2C电子商务模式存在的缺陷

(1) B2C电子商务网站需要注意商品网上促销的顺序，逐步培养消费者对商品虚拟展示的信任度，因此有必要先推广廉价的和传统的商品，这些商品对消费者而言较常见、风险小。

(2) B2C电子商务网站还可以使消费者感到在虚拟商店购物的方便性与在实体商店中的舒适感觉是一致的，对男士而言，希望尽快找到自己希望的商品，然后离开；对女士而言，希望通过精挑细选掌握流行趋势，通过货比三家买到实惠的商品。因此，B2C电子商务网站需要提供快速查找技术以及同类商品对比技术，让消费者很方便地得到商品信息。

(3) B2C电子商务网站所发布的产品信息一定要真实可靠，同时尽可能详尽，并从消费者的需求角度出发，设身处地为消费者着想，若能同时配合一些图片介绍效果更好，毕竟图文并茂会给人一种真实、真诚的感觉。

对B2C电子商务网站而言，可以大量借助3D网络游戏、BBS、专题新闻、流行音乐等表现手法营造购物氛围，进一步提升人气。

2. B2C 电子商务模式的制约因素

中国发展 B2C 电子商务模式的瓶颈也是所有的电子商务企业面临的问题，而且凡是电子商务发展的瓶颈其实也是商务本身发展的瓶颈。中国发展市场经济面临的起步晚，商业环境、信誉体系、物流体系等不够成熟，市场规模小，中国当前群体信用及偿还贷款能力较弱，企业中型偏小等问题，这些在发展 B2C 电子商务模式的过程中都表现出来。

(1) 建立完善的信用机制。

国家立法机关和行政主管部门应加强有关电子商务立法方面的制度建设，通过制定具有前瞻性的网络经济政策法规，确立新型电子商务市场规则。对电子商务和互联网产业的发展应当给予政策上的优惠，鼓励电子商务在中西部地区和传统产业发展等。建议国家立法机关和行政主管部门抓紧组织制定电子交易、电子资金划拨、信息资源管理、电子商务中的消费者权益保护等方面的法律法规，为电子商务发展创造良好的法制环境并留有发展的空间。

(2) 推进支付体系建设。

制定在线支付业务规范和技术标准，研究风险防范措施，加强业务监督和风险控制；积极研究第三方支付服务的相关法规，引导商业银行、中国银联等机构建设安全、快捷、方便的在线支付平台，大力推广使用银行卡、网上银行等在线支付工具；进一步完善在线资金清算体系，推动在线支付业务规范化、标准化并与国际接轨。同时，最好统一企业、个人和信任第三方所使用的 VISA 卡，这样可以节约成本及时间，减少误差率。

(3) 发展物流体系。

物流问题是制约电子商务发展的重要环节，是能否真正体现电子商务优势的关键因素，从单纯的运输发展为完善物流系统也是当务之急。在我国，电子商务物流方面还几乎处于空白状态，故要在短时间内全面解决电子商务的物流问题是不现实的。但是，电子商务物流在我国具有巨大的发展空间，发展态势很好。首先，应当加强现代电子商务和物流理论的研究，吸收国外的先进的思想、理论和技术。向电子商务物流发达的国家学习，鼓励理论界研究电子商务物流中的难题，少走弯路，加快我国电子商务物流发展的步伐。其次，应当积极发展网络化、社会化的物流服务体系。从全球经济发展的趋势和为客户提供更完善服务的角度看，对物流服务的网络化、社会化要求越来越强烈。只要我们结合我国国情，制定可行措施和有力对策，加快我国电子商务物流的发展，缩小与发达国家物流业之间的差距。为此，必须制定可行措施与有力对策，以加快我国 B2C 电子商务模式的发展步伐。

虽然我国 B2C 电子商务模式起步较晚，但发展态势很好。如果能运用好“跟踪、迎头赶”战略，制定一套既先进又符合我国基本国情的发展政策，迅速启动作为 B2C 电子商务模式主力军的企业，加大传统企业参与其中的宣传力度，变革传统的商务观念，我们就能够逐渐缩小与先进国家的差距。随着 B2C 电子商务模式所处的经济环境、政策环境、法律环境和技术环境的不断改善，其必将取得快速发展，并在电子商务领域中占据重要地位。

2.4 B2B 电子商务模式

近年来，各电子商务企业的营业收入呈快速增长状态，特别是随着中小企业对电子商务的认识的提高，越来越多的中小企业开始使用第三方电子商务平台，加入电子商务的行列之中。据艾瑞研究报告显示，2011 年中小企业 B2B 电子商务模式的交易规模达 3.4 万亿，同比增长35.7%,营业收入规模为131亿,同比增长35.1%。

2.4.1 我国十大典型的B2B创新商业模式

我国的电子商务发展起步较晚,但是总的来说,其发展具有十个典型的B2B创新商业模式。

1. 以线上外贸服务为主的综合B2B模式

采用此类模式的企业以提供外贸线上的服务为主,主要收入来源主要为会员费、提供增值服务所带来的广告和搜索引擎排名费用,以及向认证供应商收取的企业信誉等认证费用。典型企业如阿里巴巴、中国制造网。

2. 以线下内贸服务为主的综合B2B模式

采用此类模式的企业以提供内贸线下服务为主,主要收入来源为线下会展、商情刊物、出售行业咨询报告等所带来的广告和所收取的增值服务费用。典型企业如慧聪网、环球资源网。

3. 以"行业门户+联盟"为主的综合B2B模式

采用此类模式的企业以联盟的方式对各行业B2B电子商务网站进行资源整合,提供"既综合、又专业"的B2B服务。其营利模式主要为网络基础服务、网络信息推广服务、广告发布服务行业门户加盟服务等。典型企业如生意宝网、中国网库网、中搜行业中国。

4. 以小宗外贸服务为主的综合B2B模式

采用此类模式的企业不仅提供信息服务,同时还整合了包括交易的支付、物流以及客户关系管理等,实现在线交易。其营利模式主要以收取企业交易佣金为主。典型企业如敦煌网、易唐网。

5. 以供求商机信息服务为主的行业B2B模式

采用此类模式的企业所涉行业比较广泛,涉及企业数量多,产品品种繁多且标准化,能形成很大的市场,因此必须做好电话营销。其营利模式来源于企业广告以及高质量的市场供需分析报告。典型企业如中国化工网、全球五金网、全球纺织网。

6. 以行业资讯服务为主的行业B2B门户模式

采用此类模式的企业一定要有精通行业、善于做市场分析调查的行业专家参与,只有这样才能作出高质量的市场分析报告,帮助企业正确决策、促进销售。其主要营利模式来源于收取的信息费,以及借助于快速得到的信息,形成高水平的市场分析报告等。典型企业如我的钢铁网、联讯纸业网。

7. 以招商加盟服务为主的行业B2B模式

采用此类模式的企业一般是以收品牌商的广告费和会员费来维持其运转,会员可在一级或者二级栏目上为自己的品牌做广告,也可以查看大量经销商的联系方式。在经营时一定要将网站的流量做大,尤其要关注网站的排名、访问量等可以量化的数据,销售一般是招聘大量的电话销售人员卖广告和招收会员。典型企业如中国服装网、中国医药网、小生意网。

8. 以在线交易服务为主的行业B2B模式

采用此类模式的企业运营时必须要建立好诚信机制,如买卖双方诚信审核、支付的安全性、物流的快捷等,可采用第三方合作伙伴来解决物流、资金流和诚信度审核的问题,交易的商品一般为大宗商品,其营利模式以收取企业佣金为主,目前比较成熟的模式是仓单交易。

典型企业如金银岛网交所、浙江塑料城网上交易市场。

9. 以技术社区服务为主的行业B2B门户模式

采用此类模式的企业一般不会独立出现，往往是几种模式结合起来，如招聘服务、项目外包服务、在线出版服务等需求。其营利模式以提取佣金为主。企业运营时需要的是服务好技术市场的两端，即行业技术新手和行业技术专家，让双方都能有所收获，这样企业才能健康发展下去。典型企业如中国机械专家网、程序员论坛、螺丝网。

10. 以项目外包服务为主的行业B2B模式

采用此类模式的企业的营利模式为收加工厂的钱，为加工厂寻找订单或者寻找更好的订单。企业运营时需要加强对客户的培育或者线下运作。典型企业如软件项目外包网、全球羊毛衫网。

2.4.2 B2B电子商务模式的优势

传统的企业间的交易往往要耗费企业大量的资源和时间，无论是销售、分销还是采购都要占用产品成本。通过B2B的交易方式，上下游企业能够在网上完成整个业务流程，从建立最初印象，到货比三家，再到讨价还价、签单和交货，最后到客户服务。B2B使企业之间的交易减少许多事务性的工作流程和管理费用，降低了企业经营成本。网络的便利性以及延伸性使企业扩大了活动范围，企业发展跨地区、跨国界更方便，成本更低廉。

B2B不仅仅是建立一个网上的买卖者群体，它也为企业之间的战略合作提供了基础。任何一家企业，不论其具有多强的技术实力或者多好的经营战略，要想单独实现B2B都是完全不可能的。单打独斗的时代已经过去，企业间建立合作联盟逐渐成为发展趋势。网络使得信息通行无阻，企业之间可以通过网络在市场、产品或者经营等方面建立互补互惠的合作，形成水平或者垂直形式的业务整合，以更大的规模、更强的实力、更经济的运作真正达到全球运筹管理的模式。

B2B是企业实现电子商务、推动企业业务发展的一个最佳切入点，企业获得最直接的利益就是降低成本和提高效率，从长远来看也能带来巨额的回报。跟以前相比，企业总体战略中越来越重视与信息技术的结合。信息技术对企业正日益变得生死攸关，新的信息技术投资能真正增强企业实力，而不仅局限于改善企业的日常运作。

2.4.3 B2B电子商务模式的缺陷

要使B2B电子商务真正活跃起来，还有许多客观的问题需要解决。最大的障碍其实并不是技术问题，而是企业与客户之间、企业上下级之间、不同业务类型企业之间对于B2B电子商务模式的支持问题。许多企业间电子化与电子商务模式存在着以下的缺陷。

1. 传统结构的产销机制有部分不可取代地沉入成本

在网上，大部分企业都会提供最有利的产品进行交易，此举对消费者的选择固然有利，但对众多的产品供给者而言却造成了竞争。影响之一就是除了价格因素外，企业必须提供其他的因素(如品质、生产时间等因素)来加强自身的竞争力。许多企业在近20年来致力于建立紧密而有策略性的客户关系管理，如企业加盟并联合参与产品设计、构建复杂的制造流程与管理机制、提供长期而稳定的服务协议等(特别是许多的制造业企业已经采纳了零库存系统，并利用精准的物流系统来传输产品和零部件)。然而，网络的电子交易如何克服无法面对面交易的问题，以往建立的机制也非一夜就能重新建构，这就形成了大量交易上的困难。

2. 利润结构无法支持企业的持续运营

近年来,电子商务泡沫化最大的原因在于没有坚强的利润来支持新的运营模式。如果营利无法抵消巨大的支出,企业将无法保持正常的、持续的运营。没有任何一个供货商愿意成为无情价格战中的竞争者,而部分高品质的供货商则完全视价格战为畏途。因此,在这种比价格的市场中,对所有的参与者和交易者来说都不能得到太多的利益。如果一直持续下去,那这些企业将长期处于低盈利状态。所以,从长远来看,若要让企业间电子商务继续存在,这个市场势必要提出对买卖双方都强而有利的诱因,这部分还有很大的创意空间。

3. 大部分企业间的电子商务模式都尚未成熟

因为急着要上网,所以,企业并未花太多的时间深入了解自己的顾客以提供不同的需求,甚至不知道如何因此对企业产生更大的利润。它们只是利用一个可能并不完善的软件快速建立一个简单的在线拍卖。因为这种软件已经可用,并且比较便宜,对企业的门槛较低,因此许多的企业都建立了粗糙的电子商务,但在一定程度上破坏了使用者的信心。这类问题常是许多的企业在进入相同类型的市场时首先要面对并需要解决的。

2.4.4　B2B电子商务模式发展建议

虽然B2B电子商务模式正在以惊人的速度增长,但是B2B电子商务模式的发展还存在着需要改进的地方。因此,我们对B2B电子商务模式的发展提出以下的建议。

1. 企业应大力地提高自身信息建设的程度

企业在发展B2B电子商务模式时应对网络信息的周期要有一定认识,上网前必须认真仔细地分析自身业务特点,建立起有自身特色的企业网站,进一步完善业务产品的具体介绍,设立网络咨询客服在线,随时回答网络客户的问题。订立合理的网站产品服务信息的更新周期,注重企业网站自身的安全性,充分利用网络信息技术,进行企业产品服务信息的宣传。

2. 建设正规的中介服务网站

B2B中介服务网站能进一步促进企业潜在客户的发掘,企业应该重视这类服务网站,通过这些网站更好地实现企业产品信息的推送。同时企业也应该及时地了解中介服务网站上的需求信息,通过了解其他同类企业的产品信息来了解和提高自身产品服务的市场定位,更有效地了解对手的信息情报,同时也能及时了解市场的动向和客户的需求。

3. 政府加强法律和制度的建设

为了保护和维护电子交易的良好环境,政府各相关部门应该加大力度,集中解决电子支付、安全保密、法律认证、网上交易等问题,逐步建立起适合我国电子商务长远发展的法律环境和政策环境。如果没有可靠的法律法规来约束电子商务的交易,则电子商务将无法在我国健康而有序的发展。

2.5　C2C电子商务模式

C2C电子商务模式是消费者通过网络与消费者之间进行个人交易的商业模式,如个人拍卖等形式。该模式可理解为:通过电子商务网站为买卖的用户双方提供一个在线交易平台,使卖方可以在上面发布待出售物品的信息,而买方可以从中选择进行购买;同时,为了便于买卖双方交易的顺利进行，交易平台会提供交易所需的一系列配套服务。这就需要 C2C 交易平台(网站)的提供者建立可行的、买卖双方信任的、可持续的商务模式。

2.5.1 C2C 电子商务交易平台的特征

1. 为买卖双方进行网上交易提供信息交流平台

电子商务将传统的交易搬到了网上，C2C 电子商务模式更是将传统的商业模式从 B2B 和 B2C 扩展到了 C2C，而 C2C 电子商务交易平台正是为了给上网进行物品买卖的人们提供了一个发布和获取信息的平台。提供信息交流平台，改变信息交流方式，扩大信息交流范围，正是 C2C 电子商务交易平台提供的最根本也是最基础的服务，可以说其扮演的角色类似于传统商务中交易的中介者。

2. 为买卖双方进行网上交易提供一系列的配套服务

众所周知，电子商务中最基本的三个要素是信息流、资金流和物流。C2C 电子商务交易平台除了向买卖双方提供信息交流的渠道外，还需要满足买卖双方资金和商品的交换，即 C2C 电子商务交易平台需要为买卖双方提供相应的支付平台和物流系统。除了提供相应的工具外，C2C 电子商务交易平台还需要在买卖双方出现交易纠纷时提供相应的客户服务，同时还要为买卖双方的交易行为在互联网上作信用记录等。

3. 用户数量多且身份复杂

由于 C2C 电子商务交易平台对于所有人都是开放且免费的。无论将来是否免费，但至少短时间内会保持目前这种状态。因此，任何人都可以注册成为网站的用户。如淘宝网 2010 年注册用户 3.7 亿，交易额近 4 000 亿。

除了数量众多，C2C 电子商务网站用户的身份也较为复杂。首先，很多的卖家同时又是买家，即不少用户同时具有买家和卖家的双重身份。其次，在 C2C 电子商务网站上开店的用户有些并不以赚钱为目的，而只是为了出售一些自己已经不需要的物品，甚至有些只是将其作为一种娱乐。

4. 商品信息多且商品质量参差不齐

既然有着数量众多的卖家，自然也就有着数量众多的待出售的物品。C2C 电子商务网站上不仅有人们日常生活中的常用物品，也有各种各样的新鲜玩意。此外，商品的质量也是参差不齐：既有全新的，也有二手的；既有正品，也有仿冒品；既有大工厂统一生产的，也有小作坊个人制作的。总之，C2C 电子商务网站就像把我们传统的大商场、特色小店、地摊和跳蚤市场统统融合在了一起，因此，商品信息也是相当庞杂。

5. 交易次数多，但每次交易的成交额较小

由于 C2C 电子商务模式中参加交易的双方(尤其是买家)往往是个人，其购买的物品往往又都是单件或者少量的。因此，和 B2B 完全不一样，C2C 命中注定就是“本小利薄”，数量小、批次多是目前绝大部分中国 C2C 卖家所面临的现实。

2.5.2 C2C 电子商务交易平台现有营利模式

1. 会员费

会员费也就是会员制服务收费，是指 C2C 电子商务网站为会员提供网上店铺出租、公司认证、产品信息推荐等多种服务组合而收取的费用。

2. 交易提成

按照交易额的多少，根据达成的协议提成比例获取一定的利润。

3. 广告费

企业将网站上有价值的位置用于放置各类型广告，根据网站流量和网站人群精度标定广告位价格，然后再通过各种形式向客户出售。

4. 搜索排名竞价

用户可以为某关键字提出自己认为合适的价格，最终由出价最高者竞得，在有效时间内该用户的商品可获得竞得的排位。只有让卖家认识到竞价能给他们带来潜在收益，他们才愿意花钱使用。

5. 支付环节收费

支付问题一向就是制约电子商务发展的瓶颈，直到阿里巴巴推出了支付宝才在一定程度上促进了网上在线支付业务的开展。买家可以先把预付款通过网上银行打到支付公司的个人专用账户，待收到卖家发出的货物后，再通知支付公司把货款打入卖家的账户，这样买家不用担心收不到货还要付款，卖家也不用担心发了货而收不到款。而支付公司就按成交额的一定比例收取手续费。

2.5.3 C2C 电子商务交易平台营利模式展望

从经济学的角度讲，“天底下没有免费的午餐”，C2C 电子商务交易平台不可能永远免费。但是网站要收费，就必须要探索出消费者可以接受的营利模式。

交易平台提供商的利润主要来自于购买平台服务的消费者。对于 C2C 电子商务网站来说，要想生存和发展，必须为会员提供更加完善和更具个性化的服务，即提供独特的价值，最大限度地提高会员的忠诚度，以促进收费模式的展开。收费模式要立足于以下三点。

1. 为用户提供独特的价值

有时候这个独特的价值可能是新的思想，而更多的时候它往往是产品和服务独特性的组合。这种组合要么可以向用户提供额外的价值，要么使用户能用更低的价格获得同样的利益或者用同样的价格获得更多的利益。

2. 胜人一筹的营利模式是难以模仿的

企业通过确立自己的与众不同(如对客户的悉心照顾、无与伦比的实施能力等)来建立利润屏障，提高行业的进入门槛，从而保证利润来源不受侵犯。

3. 成功的营利模式是脚踏实地的

脚踏实地就是实事求是，就是把营利模式建立在对用户行为的准确理解和假定上。比如说，企业要做到量入为出、收支平衡。

总之，成功的营利模式必须能够突出一个企业不同于其他企业的独特性。这种独特性表现在企业怎样界定顾客、界定客户需求和偏好、界定竞争者、界定产品和服务、界定业务内容吸引客户以创造利润。优秀的营利模式是丰富和细致的，并且它的各个部分要相互支持和相互促进，改变其中任何一个部分，它就会变成另外一种模式。

2.6 O2O 模式

O2O 模式是 Online To Offline 或者 Offline To Online 的缩写，即将线下商务的机会与互联网结合在一起，让互联网成为线下交易的前台。这样线下服务就可以用线上来揽客，消费者可以在线上筛选服务，成交后可以在线结算，很快达到规模。

随着互联网上本地化电子商务的发展，信息和实物之间、线上与线下之间的联系变得更加愈加紧密。O2O模式让电子商务网站进入新的一个阶段。

2.6.1 O2O模式强调个性化

电子商务业内人士表示，整体来看O2O模式运行得好将会达成"三赢"的效果。对本地企业来说，O2O模式要求消费者通过网站进行支付，支付信息会成为商家了解消费者购物信息的渠道，方便企业对消费者购买数据的收集，进而达成精准营销的目的，更好地维护并拓展客户。通过线上资源增加的顾客并不会给企业带来太多的成本，反而带来更多的利润。此外，O2O模式在一定程度上降低了企业对店铺地理位置的依赖，减少了租金方面的支出。对消费者而言，O2O模式提供丰富的、全面的、及时的商家折扣信息，能够快捷筛选并订购适宜的商品或者服务，且价格实惠。对服务提供商来说，O2O模式可以带来大规模高黏度的消费者，进而能争取到更多的企业资源。掌握庞大的消费者数据资源且本地化程度较高的垂直网站借助O2O模式，还能为企业提供其他增值服务。

这种"三赢"通过一个例子便可以看出。据空间网的CEO庄帅介绍，作为家居产品类O2O模式的空间网采用的是"线上销售＋线下实体店体验"模式。该模式背后是与曲美等既有品牌又有实体店的企业合作来保证整条供给链的畅通。空间网与曲美合作，采用扣点分成或者是给出底价由空间网自由定价的方式分配营利，曲美线下实体店为空间网提供体验、配送和售后服务。这种合作模式下的O2O运营，空间网既为服务商家提高了销售额，也为购买家具产品等需要体验的用户提供了线上支付、线下体验的购物便捷，同时也为自己带来了利润。

显然，这些仅仅是O2O模式的开始。随着智能手机的普及，在用户的消费半径中还会爆发出很多基于用户个性化需求的潜在市场。

2.6.2 O2O模式的潜在风险

O2O模式解决了传统服务行业的电子商务化问题。但是，O2O模式并非简单的互联网模式，此模式的实施对企业的线下能力提出了挑战。可以说，线下能力的高低在很大程度上决定了这个模式能否成功。而线下能力的高低又是因为线上的用户黏度决定的，故拥有大量优势用户资源、本地化程度较高的垂直网站将借助O2O模式，成为角逐未来电子商务市场的生力军。

O2O模式的关键是平台通过在线的方式吸引消费者，但真正消费的服务或者产品必须由消费者去线下体验，这就对线下服务提出更高的要求。而这些线上迅速崛起的创业型企业能否掌控稳定的服务体系也是一个很大的问题，如美国发展迅速的短期租房网站Airbnb就因为线下的问题遭到很多人的质疑，曾有一名房客"洗劫"了房东的房间。Airbnb团队对线下风险把控不足的同时也显示了这种模式的短处。而多数O2O模式的企业并不能掌握线下服务的质量，只相当于一个第三方中介，在中间起到协调作用，这样就很难掌控全局，使自己立于不败之地。

O2O模式的在线支付、线下体验很容易造成"付款前是上帝，付款后是乞丐"的窘境。如定制类实体商品与消费者预定不符，一旦质量低于预期，甚至极为低劣，消费者会处于非常被动的境地。而体验式服务没有好的口碑和信誉也很难获得规模化的发展。对于O2O模式而言，线下的主体多半是服务类型的企业，而国内服务存在各种不规范的运营，虽然团购已经进行了先期教育，但是距离稳定完善的服务仍相去甚远，因此如何保障线上信息与线下商家服务对称将会成为挑战O2O模式能否真正发展起来的一个关键节点。

此外，O2O模式若以价格优势吸引消费者，企业如何权衡线上价格和线下价格的差异，同时保证两方消费者的利益，或者更重视哪方的消费者才能吸引最大的客流量也是个难题。

2.6.3　O2O模式和B2C模式的区别

O2O模式与B2C模式都是一种服务形式。如果从消费零售服务角度来分，那么最大的范围是零售，其中包括传统的各种零售业态(如大型超市、标准超市、便利店、专卖店、品牌店、品类店以及有交叉分类，如连锁店、购物中心等)；从早期的零售服务方式分，可以有店铺销售、无店铺销售(包括电视、电话、目录、互联网等)。

随着互联网市场越来越大，互联网上的零售服务业都称为B2C，也就是大家所讲的面向消费者的电子商务，在过去十多年，电子商务在商品购物上发展迅猛，出现淘宝，京东等与传统零售类似的网上零售业态。然而，面对比购物更大市场的生活服务类，传统的B2C(C2C)模式显然无法满足消费者的需求，特别是随着移动技术的成熟，智能手机已经成为个人身体的延伸，不仅是信息载体，也是身份识别的终端。在此需求成熟和可行的背景下，人们开始尝试如何把网上生活与线下服务对接，这就引出了线上到线下的服务，事实上也会出现线下到线上的消费。

概括起来，O2O模式与B2C模式的区别如下。

(1) O2O模式更侧重服务性消费(包括餐饮、电影、美容、SPA、旅游、健身、租车、租房等)，B2C模式更侧重实物商品的购买(如电器、服饰等)。

(2) O2O模式的消费者到现场获得服务，涉及客流，B2C模式的消费者待在办公室或者家里，等货上门，涉及物流。

(3) O2O模式中库存是服务，B2C模式中库存是商品。

O2O模式和B2C模式的相同点包括：

(1) 消费者与服务者第一交互面在网上(特别包括手机)；

(2) 主流程是闭合的，且都是网上，如网上支付、客户服务等；

(3) 需求预测管理在后台，供需链管理是O2O户服务和B2C户服务成功的核心。

O2O模式的未来发展一定是为消费者服务提供跨界无缝的、良好体验的服务，而不是为了O2O模式而O2O模式，这意味着零售服务的融合，也就是互联网服务者、生活服务商都会采用O2O模式来实现服务，其中在线上这个“O”(Online)会涉及不同的数字终端，如手机、电视、PC、PDA、特定场合手持机，甚至游戏机等。

2.7　团购模式

团购就是团体购物，是指认识或者不认识的消费者联合起来，加大与企业的谈判能力，以求得最优价格的一种购物方式。根据薄利多销的原理，企业可以给出低于零售价格的团购折扣和单独购买得不到的优质服务。团购作为一种新兴的电子商务模式，通过消费者自行组团、专业团购网站、企业组织团购等形式，提升用户与企业的议价能力，并极大限度地获得商品让利，引起消费者及业内厂商，甚至是资本市场关注。团购的商品价格更为优惠，尽管团购还不是主流消费模式，但它所具有的爆炸力已逐渐显露出来。

2.7.1 团购形式及产品特点

目前,主要的团购形式有以下四种:(1) 自发团购;(2) 职业团购;(3) 销售商自己组织的团购;(4) 通过组建“消费者联盟”建立持续、稳定、重复团购渠道来创业的“个人特许加盟型团购”。

而这四种形式的共同点就是参与者能够在保证正品的情况下让自己的消费资产获得增值。怎样才能使团购的商品最划算?参加团购前要先做好市场调查,并且要了解自己想购买的商品的价格、品牌以及性能,只有心中有数了才不会被所谓的“团购优惠”弄糊涂。

实践证明,适合团购的商品或者服务应具有以下特点:

(1) 具有较高的品牌知名度;

(2) 占有较大的市场份额;

(3) 一般都曾经多次获得各类奖项;

(4) 属于行业龙头或者业内领先者;

(5) 服务体系完善,售后服务好;

(6) 产品质量稳定,经得起时间检验;

(7) 能提供完整的企业和产品信息,包括执照、准产证、合格证、检验报告、获奖证明等。

2.7.2 团购网站的经营与管理

1. 团购网站的商业特征

(1) 成交数量限制。

团购网站通常会对销售商品的数量进行限制。以餐饮企业为例,企业通常出于促销和打广告的原则出发,提供一定数量的超低价格的就餐机会。而对于实物商品而言,由于生产、配送等方面的问题,通常也会设置数量上限。

(2) 价格折扣低。

团购网站作为一个组织性的平台,目的就是通过集体购买,获得较低的价格折扣。通常都会出现一些比较夸张的折扣,如 2～3 折,有的甚至低至 1 折。

(3) 时间限制。

团购网站组织企业搞活动,由于广告、活动费等费用的限制,一般都有时间期限。

(4) 付款方式。

在团购网站上购买产品的消费者一般有两种付款方式。第一种为传统的付款方式,即由团购网站工作人员组织消费者到商铺或者工厂直接购买,享受低额商品,进行现场支付。第二种方式为在线支付货款,一个成熟的团购网站一般包含网上银行支付、支付宝支付、财付通支付以及手机支付等支付模式。

2. 团购流程

第一,团购网站先去找那些当地消费者感兴趣、利润较高的企业,就某一项产品或者服务,跟他们谈一个超大的折扣,并且商量好合作的企业在某一个折扣上能够接受最低成团人数用来做团购。

第二,在团购网站发布团购活动信息,如项目名称、折扣、价格、最低成团人数、倒计时、商家联系信息。

第三,网站要有一个客服人员甚至更多的客服人员回答会员实时的对于当天团购商品的提问。

第四，某个会员在线参加团购购买后，有需要邮寄快递的商品可填写快递信息，当团购成功后则发送邮件或者短信告诉已参加会员团购券的号码和密码；团购失败，则发送邮件或者短信通知已参加会员团购失败并且手动退款。

第五，若当天的团购成功了，则第2天上班时与企业进行结算，把收取的商品团购款扣除本站的提成后提交给企业。企业可以开始根据团购网站发送到企业手里的优惠券或者订单进行销售或者快递邮寄。如果当天的团购没有成功，则手动退款给原先参加团购购买的会员，并且邮件通知。

3. 团购网站企业合作模式及问题

目前，在团购类型网站中，和企业相对成熟的合作模式主要有以下三种。

(1) 活动返利。

团购网站作为一个交易平台，组织消费者集体向企业购买商品。事后企业按之前合同商定的比例将报酬返还给团购网站。

(2) 广告推广服务。

团购网站负责将企业所要团购的商品信息发布到网站上去。在一定期限时间内对企业和产品进行线上或者线下的推广。在该模式下，不论推广效果如何，企业一次性将推广费支付给团购网站。

(3) 销售会员卡。

团购网站在本地市场集合一定的商户资源，并将团购网站所发行的卡片进行销售。当购买会员卡的消费者在团购网站指定的商户消费时，可以直接进行打折优惠。

目前的三种合作模式应该是运用得比较广泛。但是，团购网站的性质决定了其与企业的合作会出现一定的问题。据研究发现，团购网站给企业和用户带来的价值有限。一般情况下，企业通过团购网站有两个目的：一是销售积压商品或者是推广新产品；二是出于宣传需要。在团购网站中，尽管采用的方式是用户先付钱再消费的模式，企业的产品推广风险并不大。但是，问题在于团购网站上推广产品具有一定的时效性。更多的消费者是奔着商品的低折扣而来的，都为一次性消费，并不是企业希望长期拥有的回头客。基于此，在设计团购网站的时候就应该做好相应的网页设计，可以在团购活动完之后，刊登商家的信息，以此帮助企业的宣传。如淘宝网的"聚划算"就具备此项功能。

4. 团购网站的目标客户及推广方式

团购网站的目标客户为年龄在18—40岁的中青年人。这群人有公司白领、高校学生、Office一族或是自主创业者。他们追求时尚、简洁，注重流行元素和生活的品质，对网购接受程度高，希望通过实惠的价格购买到需要的商品。

因此，团购网站推广的目的就在于让尽可能多的目标客户了解并且访问网站，通过网站获取相关产品和服务。在网站推广时，我们可以采取以下方式。

(1) 线上推广。

线上推广有多种方式，如网站通过策划，组织和利用名人效应，挖掘有价值的新闻，以此吸引媒体、社会团体和消费者的关注，以求提高网站的知名度，树立良好的形象。或者是通过百度竞价、签约合作联盟网站以及通过知名门户网站打广告方式。

(2) 媒体广告方式。

即通过报纸杂志、公交车车身广告、站台广告、写字楼推广、名片发放以及电视媒体等。

2.7.3 团购的风险

作为一种新兴的消费方式,网络团购目前还没有相关的规则来进行约束,因此,诈骗案也屡见不鲜。对此,网络团购作为一种消费方式,消费者在选择网络团购以博取价格优惠的同时更应该全面考虑,要小心谨慎进行交易活动。

网络团购目前存在着一些陷阱,如建材、家具等行业的产品价格缺乏透明度,有的企业暗地里拉高标价再打折,这样消费者就处于被动地位,容易上当受骗。现在有的网络团购很多是由隐藏在背后的企业发起的,这样的团购其实就是促销。

此外,网络团购还存在售后服务不完善等问题。因此,消费者在参与网络团购,尤其是购买一些大件商品时,一定要咨询律师或者其他相关人士,以避免不必要的麻烦。消费者还要关注企业的专业水平、售后服务等信息。参加团购时,尽可能不要将钱款交付给代购者。

网络团购毕竟只是出于购买某一特定商品为目的而临时组织的松散团体。现实中,团购者交易成功后就分散了,售后一旦出现纠纷,往往难以再组织起来,这给消费者日后的维权行动带来困难。因此,网络团购的参与者还应该想办法签订团购协议来规避各种风险。

为了确保购物安全,消费者在选择团购博取优惠价格的同时,对团购平台的选择也应该谨慎小心。选择专业、信誉高的平台发起团购或者参加团购,既可以提高网购安全系数,团购产品的质量及售后服务也能有所保障。

2.7.4 团购的未来发展趋势

未来将出现自助式的团购服务,允许本地企业创建一个类似于 Facebook 的商店账户,用户可以关注这些账户并完成交易。这些商户可以添加自己的交易,绕过团购网站,从而避免在每个城市团购交易的长时间排队等候。可以发现,现在做团购平台的,很多都是做实体餐饮、娱乐等服务的团购,平台审核过程提交时间比较长,很多企业得不到推广,而自助平台的开放类似淘宝商城一样,百花齐放,各显神通。以淘宝的"聚划算"平台等团购案例为例,对于制造业发达的城市和企业来说非常有利,只需要有好的产品利用成熟的平台为消费者服务。未来十年选购网上商品将成为主流消费习惯,一方面提高制造业的利润,另一方面降低商品附加值,让产品更值钱、物有所值。

2.8 移动电子商务模式

移动电子商务就是利用手机、PDA 和掌上电脑等无线终端进行的 B2B、B2C、C2C 等的电子商务。它将互联网、移动通信技术、短距离通信技术及其他信息处理技术完美结合,使人们可以在任何时间、任何地点进行各种商贸活动,实现随时随地、线上线下的购物与交易、在线电子支付以及各种交易活动、商务活动、金融活动和相关的综合服务活动等。

艾瑞咨询根据整理 eMarketer 研究数据发现,2011 年美国移动电子商务零售市场规模达到 67 亿美元,相比 2010 年增长率高达 91.4%,强劲的增长势头预计将一直持续到 2015 年,移动电子商务市场销售额将达到 310 亿美元。

2.8.1 移动电子商务模式的发展

随着移动通信技术和计算机的发展,移动电子商务的发展已经经历了三代。

1. 第一代移动电子商务

第一代移动电子商务系统是以短讯为基础的访问技术。这种技术存在着许多严重的缺陷,其中最严重的问题是实时性较差,查询请求不会立即得到回答。此外,由于短讯信息长度的限制也使得一些查询无法得到一个完整的答案。这些令用户无法忍受的严重问题也导致了一些早期使用基于短讯的移动商务系统的部门纷纷要求升级和改造现有的系统。

2. 第二代移动电子商务

第二代移动电子商务系统采用基于 WAP 技术的方式,手机主要通过浏览器的方式来访问 WAP 网页,以实现信息的查询,部分地解决了第一代移动访问技术的问题。第二代的移动访问技术的缺陷主要表现在 WAP 网页访问的交互能力极差,因此极大地限制了移动电子商务系统的灵活性和方便性。此外,WAP 网页访问的安全问题对于安全性要求极为严格的政务系统来说也是一个严重的问题。这些问题也使得第二代移动访问技术难以满足用户的要求。

3. 第三代移动电子商务

第三代移动电子商务系统采用了基于面向服务的体系结构(SOA)、智能移动终端和移动虚拟专用网(VPN)技术相结合的第三代移动访问和处理技术,从而使系统的安全性和交互能力得到了极大的提高。第三代移动电子商务系统同时融合了 3G 移动技术、智能移动终端、VPN、数据库同步、身份认证等多种移动通信、信息处理和计算机网络的最新前沿技术,以专网和无线通信技术为依托,为电子商务人员提供了一种安全、快速的现代化移动商务办公机制。

2.8.2 移动电子商务模式提供的服务

1. 银行业务

移动电子商务使用户能随时随地在网上安全地进行个人财务管理,进一步完善互联网银行体系。用户可以使用移动终端核查自己的账户、支付账单、进行转账以及接收付款通知等(即目前已经投入应用的手机银行)。

2. 交易

移动电子商务具有即时性,因此非常适用于股票等交易应用。移动设备可以用于接收实时财务新闻和信息,也可以确认订单并安全地在线管理股票交易。

3. 订票

通过互联网预订机票、车票或者入场券已经发展成为一项主要业务,其规模还在继续扩大。互联网有助于方便核查票证的有无,并进行购票和确认。移动电子商务使用户能在票价优惠或者航班取消时立即得到通知,也可支付票费或者在旅行途中临时更改航班或者车次。借助移动设备,用户可以浏览电影剪辑、阅读评论,然后订购邻近电影院的电影票。

4. 购物

借助移动电子商务,用户能够通过其移动通信设备进行网上购物。即兴购物会是一大增长点,如订购鲜花、礼物、食品或者快餐等。传统购物也可以通过移动电子商务得到改进。如用户可以使用“无线电子钱包”等具有安全支付功能的移动设备,在商店里或者自动售货机上进行购物。随着智能手机的普及,移动电子商务通过移动通信设备进行手机购物,让顾客感到购物更随意、更方便。如今比较流行的手机购物软件(如掌店商城等)已实现了手机下单、手机支付,同时也支持货到付款,不用担心没有 PC 就会错过限时抢购等促销活动,用户尽享购物便利。

5. 娱乐

移动电子商务将带来一系列娱乐服务。用户不仅可以从它们的移动设备上收听音乐，还可以订购、下载或者支付特定的曲目，并且可以在网上与朋友们玩交互式游戏，还可以游戏付费，并进行快速、安全的博彩和游戏。

6. 无线医疗

医疗产业的显著特点是每一秒钟对病人都非常关键，在这一行业十分适合于移动电子商务的开展。在紧急情况下，救护车可以作为进行治疗的场所，而借助无线技术，救护车可以在移动的情况下同医疗中心和病人家属建立快速、动态、实时的数据交换，这对每一秒钟都很宝贵的紧急情况来说至关重要。在无线医疗的商业模式中，病人、医生和保险公司都可以获益，也会愿意为这项服务付费。这种服务是在时间紧迫的情形下，向专业医疗人员提供关键的医疗信息。由于医疗市场的空间非常巨大，并且提供这种服务的企业为社会创造了价值，同时，这项服务又非常容易扩展到全国乃至世界，因此我们相信在这整个流程中存在着巨大的商机。

7. 移动应用服务提供商

一些行业需要经常派遣工程师或者工人到现场作业。在这些行业中，移动应用服务提供商(Mobile Application Service Provider，MASP)将会有巨大的应用空间。MASP 结合定位服务技术、短信息服务、WAP 技术以及呼叫中心技术，为用户提供及时的服务，提高用户的工作效率。

2.8.3 中国移动电子商务呈现四大发展模式

艾瑞咨询将当前中国移动电子商务服务模式总结为四类，分别是电信运营商主导的移动电子商务、传统电子商务提供商主导的移动电子商务、软件提供商主导的移动电子商务和新兴移动电子商务提供商主导的移动电子商务(如图 2-2 所示)。

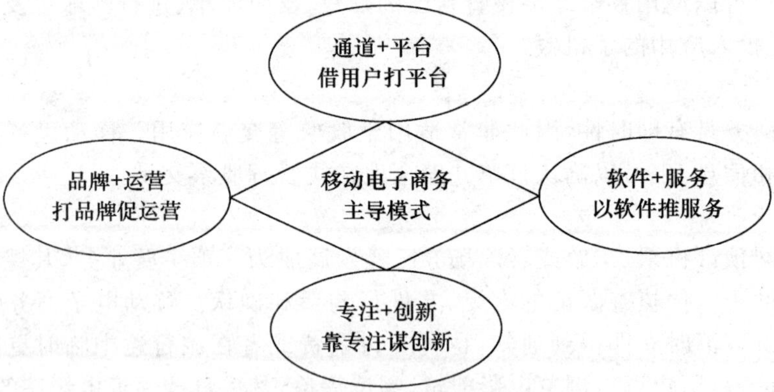

图 2-2 中国移动电子商务的四种主导模式

在由电信运营商主导的“通道＋平台”的移动电子商务服务模式中，电信运营商在产业链中信息传递的核心位置，使其拥有规模庞大的潜在用户基数，凭借用户信息通道的巨大优势，电信运营商搭建移动商务平台水到渠成。市场中最突出的代表是中国移动旗下的广东移动商城。

在由传统电子商务提供商主导的“品牌＋运营”的移动电子商务服务模式中，传统电子商务提供商依靠其在PC端电子商务运营、管理经验的积累,以及商品渠道、物流仓储的实力储备,尤其是多年以来在广大网民中形成的品牌形象,仅凭手机作为一个全新的用户接入通道就能为自身带来源源不断的客户和订单。目前,在市场上已经运营成熟的平台包括手机淘宝和手机当当。

移动电子商务活动中,商家资源是决定服务模式能否为市场认可的一个重要因素。由软件提供商主导的"软件+服务"的移动电子商务服务模式,注重企业管理软件在移动电子商务活动中的重要作用,并力图为企业提供全程的移动电子商务软件服务,以用友软件旗下的移动商街为代表的服务模式,正在为中小企业开展移动电子商务,提供了一个良好的市场进入机遇。

在移动电子商务发展的过程中,移动互联网本身诞生了一批专注于移动电子商务的新兴商务平台,这些移动电子商务平台主导的模式以"专注+创新"为主要特色。移动电子商务服务模式本身具有区别于传统电子商务的特点,新兴的移动电子商务提供商摆脱传统电子商务发展的僵硬思路,专注于对移动电子商务专有服务模式的创新。

2.8.4 移动电子商务发展趋势

1. 企业应用将成为移动电子商务领域的热点

移动电子商务的快速发展必须基于企业应用的成熟。企业应用的稳定性强、消费力大,这些特点个人用户无法与之比拟。而移动电子商务的业务范畴中有许多业务类型可以让企业用户在提高收入和工作效率上得到很大的帮助。企业应用的快速发展将会成为推动移动电子商务的最主要力量之一。

2. 获取信息将成为移动电子商务的主要应用

在移动电子商务中,虽然主要目的是交易,但是实际上在业务使用过程中,信息的获取对于带动交易的发生或是间接引起交易是有非常大的作用的。如用户可以利用手机,通过信息、邮件、标签读取等方式,获取股票行情、天气、旅行路线、电影、航班、音乐、游戏等各种内容业务的信息,而在这些信息的引导下,有助于诱导客户进行电子商务的业务交易活动。

3. 移动电子商务中的安全问题

由于移动电子商务依赖于安全性较差的无线通信网络,因此安全性是移动电子商务中需要重点考虑的因素。和基于PC终端的电子商务相比,移动电子商务终端的运算能力和存储容量更加不足,如何保证电子交易过程的安全成为大家最为关心的问题。

在这样的大环境下,有关安全性的标准制定和相应法律出台也成为趋势。同时,相关的供应商和服务商也就大行其道。

4. 移动终端的机会

移动电子商务中的信息获取、交易等问题都和终端密切相关。终端的发展机会在于不仅要带动移动电子商务上的新风尚,还对价值链上的各方合作是否顺利,对业务开展有着至关重要的影响。随着终端技术的发展,终端的功能越来越多,而且考虑人性化设计的方面也越来越全面。如显示屏比过去有了很大的进步,而一些网上交易涉及商品图片信息显示的,可以实现更加接近传统PC互联网上的界面显示。又如,智能终端的逐渐普及或成为主流终端,如此一来,手机更升级成为小型PC,虽然两者不会完全一致,也不会被替代,但是手机可以实现的功能越来越多,对于一些移动电子商务业务的进行也更加便利而又不失随身携带的特点。以后,终端产品融合趋势会愈加明显,用户很难清楚界定手上这个机器是手机、电子书还是 MP4，在用户的手上它就是一个有应用价值的终端，就看消费者的需求方向。

5. 移动电子商务将与无线广告捆绑前进

移动电子商务与无线广告在过去的发展过程中有些割裂，其实这是两条腿走路的事情，两者相辅相成，任何一方的发展都离不开另一方的发展。两者的完美结合就是无线营销的康庄大道。

6. 移动终端决定购物行为

据 Group SJR 和 Liz Claiborne Inc 的调查报告显示：47%的智能手机和 56%的平板电脑用户计划利用他们的移动终端购买更多的物品，接近一半的智能手机用户和平板电脑用户觉得使用移动购物是方便的，如果企业能提供一些简便易用的移动应用或者移动网站则更加有用。三分之一的智能手机用户利用手机进行购物，而只有 10%的功能机用户利用他们的手机进行购物。

7. 虚拟电子钱包正流行

20%的智能手机用户曾经使用他们的手机当做虚拟钱包（如调查中有很多都在星巴克消费时都使用过），28%的智能手机用户期望能利用手机当虚拟钱包做更多的事情，25%的平板电脑用户非常希望能使用一些新技术，如在一个店铺消费的时候将他们的电脑桌面当成虚拟钱包。

8. 移动优惠券和条形码非常受欢迎

尽管虚拟电子钱包受欢迎，但更多的智能手机用户和平板电脑用户仍希望通过手机查看更多的产品信息（55%～57%），或者使用移动优惠券（53%～54%），几乎有一半的智能手机和平板电脑用户说他们计划会扫描商品条形码以获得更多的产品信息，这也显示条形码的使用将在接下去几年渐成主流。

9. 用户体验急需改进

54%的智能手机用户和 61%的平板电脑用户认为目前企业品牌提供的移动购物应用和网站用户体验非常不友好，更别说使用它们购物了，因此，用户的体验需要引起相关方面的关注。

本章小结

1. 电子商务的参与者很多，包括企业、个人、政府、接入服务的提供者、在线信息服务的提供者、配送和支付服务的提供者等。根据这些参与者的性质不同，可以归结为企业或者商户、消费者、政府。

2. 本章简要介绍了网络经济和常用电子商务商业模式的分类方法，重点掌握按照参与者属性分类的电子商务模式及其内涵，特别是 B2C、B2B、C2C、O2O、团购、移动电子商务等电子商务模式，这些模式是目前应用最广泛的电子商务模式。

3. 基于线上和线下的 O2O 模式、团购模式，以及移动电子商务模式是新兴的电子商务模式，在国内外得到了广泛的应用，发展非常迅速。同时我们也看到，电子商务自从诞生之日起，新模式不断涌现，呈现蓬勃发展之势，希望引起大家的关注，并进行积极尝试。

思考题

1. 什么是商业模式？
2. 简述企业商业模式的五要素。
3. 简述电子商务的五种营利模式。
4. 简述网络经济的定义。
5. 浅析网络经济的特征。
6. 主要的电子商务模式有哪些？
7. 简述 B2C 电子商务模式及其缺陷。
8. 分析我国典型的十大 B2B 创新商业模式。
9. 在 C2C 电子商务模式中，什么商品或者服务适合在网上销售？
10. O2O 模式、团购模式、移动电子商务模式各自有什么特点？如何进行应用？

第3章 网络营销与管理

学习目标

1. 掌握市场营销与网络营销的基本概念。
2. 理解网络营销的特点以及对传统营销的冲击。
3. 掌握网络营销的基本理论以及网络营销技术。
4. 掌握网络营销的基本策略。
5. 掌握网络营销的常用方法。

引导案例

浪兄与天仙妹妹[①]

浪兄,真名杨军,旅居海外,走遍世界各地,1990年定居瑞士。在德国弗莱堡大学攻读过经济,一年后辍学,后从事过出口贸易。

自2005年起,浪兄策划了一系列影响至今的轰动性网络事件和网络人物,被媒体称为"全球首席网络推手"、"中国网络营销第一人"。其策划的"天仙妹妹"、"非常真人"、"封杀王老吉"等网络热门事件,成功服务于中国电信、中国移动、联想、立顿红茶、王老吉等国内外顶级品牌客户。因为他在网络互动营销策划领域的杰出成就和众多经典案例,所以被《时代周刊》、CNN、德国之声、CCTV、新浪网等中外上千家媒体广泛采访和专题报道。

2005年8月初,一个ID叫"浪迹天涯何处家"的成都网友(本名杨军)独自驱车在四川阿坝州旅游时深入羌寨,路上偶遇天仙妹妹。这个清纯美丽的羌族姑娘让杨军眼前一亮,便征得她同意拍下了一组照片。回成都后,以《单车川藏自驾游之:惊见天仙MM?》在TOM网站的一个汽车论坛上发表了其惊遇天仙妹妹的故事,将天仙妹妹的照片一一上传,引起论坛热烈讨论,"天仙妹妹"这一名字由此叫开。

随后,天仙妹妹的身影出现在各大BBS社区里,由此引来了激烈的评论,怀疑的观点也为数不少,不少人都认为从照片上看该女子与周围当地农家人在气质外貌都不尽相同,由此认为这是专业模特特地深入当地着当地服饰拍摄的;但同样也有相当多赞不绝口的评论,如此一来,天仙妹妹的人气直线飙升,有些网站上相关帖子的点击数在一天内竟超过了10万次,而最初贴出天仙妹妹的TOM汽车论坛,此帖一个月来高居论坛人气排行榜榜首。随后

① 资料来源:百度百科、中国青年网。

又有新闻报导南京网友“快马”痴迷天仙妹妹，自掏30万为其出画册的消息，更助长了天仙妹妹的人气。为方便网友参与讨论，某网站还专门为天仙妹妹建立了一个论坛，腾讯公司还特地为天仙妹妹提供了两个新QQ号，作为她与网友直接交流的一个专用平台。专门为天仙妹妹做介绍的各类网站、网站专版、论坛、论坛专版曾经一度多达700多个，百度搜索的相关网页也曾高达121项，谷歌上也达到了72万项，并同时长期在百度十大风云人物榜占据第一的宝座。2005年12月，天仙妹妹参加了门户网站的年终人物评选，在搜狐的《2005年新生代偶像评选》中，力压李宇春、刘翔、言承旭等偶像明星，以44%的高得票率获得冠军。在网易的“2005年网络人气王”大赛中，从150名著名网络人气中脱颖而出，战胜李宇春、周星驰等获得亚军！并先后接受了四川线上、TOM、搜狐、网易、腾讯、深圳新闻网等国内著名网站的采访和视频网络现场直播，成为名副其实的2005年的网络人气王。

理论与实务

3.1 市场营销与网络营销概述

3.1.1 市场营销的概念

市场营销又称市场学、市场行销或者行销学，简称营销，是指个人或者集体通过交易其创造的产品或者价值，以获得所需之物，实现双赢或者多赢的过程。市场营销包含两种含义：一种是动词理解，指企业的具体活动或者行为，称为市场营销或者市场经营；另一种是名词理解，指研究企业的市场营销活动或者行为的学科，称为市场营销学、营销学或者市场学等①。

3.1.2 网络营销的概念

网络营销就是以国际互联网为基础，利用数字化的信息和网络媒体的交互性来辅助营销目标实现的一种新型的市场营销方式。

1. 广义的网络营销

笼统地说，网络营销就是以互联网为主要手段(包括企业内部网、EDI行业系统专线网和国际互联网)开展的营销活动。

2. 狭义的网络营销

狭义的网络营销，是指组织或者个人基于开放便捷的互联网络，对产品、服务所做的一系列经营活动，从而达到满足组织或者个人需求的全过程。

3. 整合网络营销

2002年，资深网络营销实践者敖春华提出“整合网络营销”概念：网络营销是为实现企业总体经营目标开展的，以互联网为基本手段营造网上经营环境的各种活动，它是企业整体营销战略的一个组成部分。

① 资料来源：百度百科。

3.1.3 网络营销的特点

1. 跨时空

互联网可以超越时间约束和空间限制进行信息交换，使得营销可以脱离时空限制进行交易，企业有了更多的时间和更大的空间进行营销，随时随地地提供全球性营销服务。

2. 交互式

互联网可以通过展示商品图像和商品信息资料库提供有关的查询，以此来实现供需互动与双向沟通。互联网还可以进行产品测试与消费者满意调查等活动。互联网为产品联合设计、商品信息发布以及各项技术服务提供最佳工具。

3. 个性化

互联网上的促销是一对一的、理性的、消费者主导的、非强迫性的、循序渐进式的，而且是一种低成本与人性化的促销，避免了营销人员强势推销的干扰，并通过信息提供与交互式交谈，与消费者建立长期的、良好的关系。

4. 成长性

互联网使用者的数量快速成长并遍及全球，其使用者多属年轻的中产阶级，教育水准高，由于这部分群体的购买力强而且具有很强的市场影响力，因此是一项极具开发潜力的市场渠道。

5. 多媒体

互联网被设计成可以传输多种媒体的信息，如文字、声音和图像等信息，使得为达成交易进行的信息交换能以多种形式存在和交换，可以充分发挥营销人员的创造性和能动性。

6. 超前性

互联网是功能最强大的营销工具，它同时兼具渠道、促销、电子交易和互动顾客服务，以及市场信息分析与提供的多种功能。它所具备的一对一营销能力正符合定制营销与直复营销的未来趋势。

7. 高效性

计算机可以储存大量的信息，代消费者进行查询，可传送的信息数量与精确度远超过其他的媒体，并能根据市场需求及时地更新产品或者调整价格，因此能及时有效地了解并满足顾客的需求。

8. 经济性

以互联网为基础，一方面可以降低传统的印刷与快递成本，实现无店面销售，免交租金，节约水电与人工成本，另一方面可以减少由于迂回多次交换带来的损耗。

3.1.4 网络营销对传统营销的冲击

网络营销是一种全新的营销方式，它与传统营销有着很大的联系，但同时它们又存在明显的区别，在营销手段、营销工具和营销渠道等都有着本质的区别。

1. 网络营销对传统营销策略的冲击

传统营销致力于建立并维持和依赖层层严密的渠道，在市场上投入大量的人力、物力和广告，这一切在网络时代将被看成无法负担的奢侈和摆设。在网络时代，人员推销、市场调查、广告促销和经销代理等传统营销手法将与网络相结合，并充分运用互联网上的各项资源，形成以最低成本投入，获得最大市场销售量的新型营销模式。

(1) 对标准化产品的冲击。

作为一种新型媒体,互联网可以在全球范围内进行市场调研。通过互联网,企业可以迅速地获得关于产品概念和广告效果测试的反馈信息,也可以测试顾客的不同认同水平,从而更加容易地对消费者行为方式和偏好进行跟踪。因此,在互联网大量使用的情况下,对不同的消费者提供不同的商品将很容易实现。

(2) 对品牌全球化管理的冲击。

与现实企业的单一品牌与多品牌的决策相同,开展网络营销的企业面临的一个主要挑战就是如何对全球品牌和共同的名称或者标志识别进行管理。在实际执行时,对企业的品牌管理采取不同的方法会产生不同的情况。

(3) 对定价策略的冲击。

互联网的便利性使得客户很容易认识到企业某种产品的价格标准不统一或者经常改变,并因此对企业产生不满。所以,相对于目前的各种传统媒体来说,互联网先进的网络浏览功能会使变化不定的且存在差异的价格水平趋于一致。

(4) 对营销渠道的冲击。

在网络的环境下,生产商可以通过互联网与最终用户直接联系,因此,中间商的重要性将有所降低。对于目前直接通过互联网进行产品销售的生产商来说,其售后服务工作是由各分销商承担,但随着他们代理销售利润的消失,分销商将很有可能不再承担这些工作。所以,在不破坏现存营销渠道的情况下,如何提供这些售后服务将是网上企业不得不面对的又一问题。

2. 对传统营销方式的冲击

随着网络技术迅速向宽带化、智能化和个人化方向发展,用户可以在更广阔的领域内方便地实现声音、图像、动画和文字一体化的多维信息共享和人机互动功能。这种发展将使得传统的营销方式发生革命性的变化,其结果将可能导致大众市场的逐步终结,并逐步体现市场的个性化,最终将会以每一个用户的需求来组织生产和销售。

(1) 重新营造顾客关系。

网络营销的企业竞争是一种以顾客为焦点的竞争形态,争取新的顾客、留住老顾客、扩大顾客群、建立亲密的顾客关系、分析顾客需求、创造顾客需求等都是最关键的营销课题。因此,在网络环境下,企业如何与散布在全球各地的顾客群保持紧密的关系,并能正确掌握顾客的特性,再通过对顾客的教育和对本企业形象的塑造,建立顾客对于虚拟企业与网络营销的信任感,这些都是网络营销成功的关键。基于网络时代的目标市场、顾客形态、产品种类与以前传统的一切会有很大的差异,如何进行跨越地域、文化和时空的差距重新营造企业与顾客的关系将需要许多创新的营销行为。

(2) 对营销战略的影响。

互联网所具有的平等性、自由性和开放性等特征使得网络时代企业的市场竞争是透明的,人人都能掌握竞争对手的产品信息与营销战略。因此,胜负的关键在于如何适时地获取、分析、运用这些在网络上获得的信息来研究并采用具有优势的竞争策略。从这一点来分析,可以使小企业更易于在全球范围内参与竞争。

(3) 对跨国经营的影响。

互联网所具有的跨越时空连贯全球功能,使得进行全球营销的成本低于进行地区营销的成本,因此企业将不得不进入跨国经营的时代。网络时代的企业,不但要熟悉不同国度的市场顾客的特性以争取他们的信任，并满足他们的需求，还要安排跨国生产、运输与售后服务等工作，并且这些跨国业务都是经由网络来联系与执行的。

(4) 企业组织的重整。

互联网的发展带动了企业内部网的蓬勃发展，网络已经成为企业进行内外沟通与经营管理主要的渠道与信息源。其结果对企业所带来的影响包括：业务人员与直销人员减少；组织层次减少；经销代理与分店门市数量减少；营销渠道缩短；虚拟经销商、虚拟门市、虚拟部门等企业内外部的虚拟组织盛行。这些影响与变化都将促使企业对于组织再造工程的需要变得更加迫切。

3.1.5 网络营销的基本理论

1. 网络直复营销理论

网络直复营销理论是20世纪80年代引入的概念。美国直复营销协会为“直复营销”下的定义为：“直复营销是一种为了在任何地方产生可度量的反应和(或)达成交易而使用一种或者多种广告媒体的相互作用的市场营销体系。”

网络直复营销主要由以下三个特点。

第一，企业通过网络直接面向终端消费者销售产品。网络直复营销强调企业和用户凭借网络的优势，在任何时间、任何地点都能进行一对一、双向的信息交流。

第二，网络直复营销降低了企业的经营成本。企业通过网络直接面向终端消费者销售产品，降低了产品的中间分销成本。另外，网络推广的广泛应用也极大降低了传统营销模式的成本。

第三，网络直复营销可以精确地掌握营销数据。通过数据库技术和网络技术，企业可以保存、分析与客户间的所有交互信息，进而为决策提供依据。

2. 网络软营销理论

网络软营销理论是针对工业经济时代的以大规模生产为主要特征的“强势营销”提出的新理论，它强调企业在进行市场营销活动的同时必须尊重消费者的感受和体会，让消费者能舒服地、主动地接收企业的营销活动。

在互联网上，由于信息交流是自由、平等、开放和交互，强调的是相互尊重和相互沟通，网上使用者比较注重个人体验和隐私保护。因此，企业采用传统的强势营销手段在互联网上展开营销活动势必适得其反。网络软营销恰好是从消费者的体验和需求出发，采取拉式策略吸引消费者关注企业来达到营销效果。

在传统的营销活动中，最能体现强势营销活动特征的是两种常见的促销手段：传统广告和人员推销。在传统广告中，消费者往往是被动地接受广告信息，目标是通过不断的信息灌输，达到在消费者的心目中留下深刻印象的目的，至于消费者是否愿意接受则不考虑；而在人员推销中，推销人员根本就不考虑被推销对象是否需要，只是根据推销人员自己的判断，强行展开推销活动。但传统的强势营销和网络软营销并不是完全对立的，两者的巧妙结合往往会收到意想不到的效果。

3. 网络关系营销理论

关系营销是1990年以来受到重视的营销理论，主要包括两个基本点：在宏观上，认识到市场营销会对范围很广的一系列领域产生影响，包括顾客市场、供应市场、内部市场、相关者市场以及影响者市场(政府、金融市场)；在微观上，认识到企业与顾客的联系不断变化，市场营销的核心应从过去的简单的一次性交易关系转变到注重保持长期的关系上来。企业是这个经济大系统中的一个子系统，企业的营销目标要受到众多外在因素的影响，企业的营销活动是一个与消费者、竞争者、供应商、分销商、政府机构和社会组织发生相互作用的过程，正确理解这些人与组织的关系是企业营销的核心，也是企业成败的关键。

关系营销的核心是保持顾客，为顾客提供满意的产品和服务价值，通过加强与顾客的联系，提供有效的顾客服务，保持与顾客的长期关系，并在与顾客保持长期关系的基础上开展营销活动，实现企业的营销目标。实施关系营销并不是以损害为代价的。根据研究可知，争取一个新顾客的营销费用是保持老顾客费用的5倍。因此，加强与顾客的联系并建立顾客的忠诚度是可以为企业带来长远利益的。它提倡的是企业与顾客双赢策略。互联网作为一种有效的双向沟通渠道，使企业与顾客之间可以实现低成本的沟通和交流，是企业与顾客建立长期关系的有效保障。首先，利用互联网企业可以直接接受顾客的订单，顾客可以直接提出自己的个性化的需求，从而为顾客在消费产品和服务时创造更多的价值。企业也可以从顾客的需求中了解市场、细分市场和锁定市场，最大限度地降低营销费用，提高对市场反应速度。其次，利用互联网企业可以更好地为顾客提供服务和与顾客保持联系。互联网的不受时间和空间限制的特性能最大限度地方便顾客与企业进行沟通，顾客可以借助互联网在最短时间内获得企业的服务。同时，通过互联网交易方式可以实现对产品质量、服务质量和交易、服务过程的全程质量控制。

4. 网络整合营销理论

网络整合营销理论包括以下要点：首先，网络营销要求将消费者整合到整个营销过程中，从消费者的需求出发开始整个营销过程；其次，网络营销要求企业的分销渠道以及各利益相关者更紧密的结合，从而将企业利益和消费者利益整合起来。

互联网对市场营销的作用，可以通过对"4P'S"(产品/服务、价格、分销、促销)和与顾客为中心的"4C'S"(顾客、成本、方便、沟通)相结合，发挥更重要的作用。

(1) 产品和服务以顾客为中心。

一方面，由于互联网具有很好的互动性和引导性，用户可以通过互联网在企业的引导下对产品或者服务进行选择或者提出具体要求，企业可以根据顾客的选择和要求及时进行生产并提供服务，从而使顾客跨时空得到满足其要求的产品和服务。另一方面，企业还可以及时了解顾客需求，并根据顾客要求及时组织生产销售，提高企业的生产效益和营销效率。

(2) 产品的分销以方便顾客为主。

网络凭借互联网，其产品分销是跨时空进行销售的，顾客可以随时随地利用互联网来订货和购买产品。近年来，国内外电子商务企业都在为顾客提供购买的便利性方面不断探索，以使顾客能用尽量短的时间、最便利的方式购买商品。

(3) 以顾客能接受的成本定价。

在网络营销中，产品的价格是以顾客能接受的成本来确定，并依据该成本来组织生产和销售的。

(4) 压迫式促销转向加强与顾客沟通和联系。

传统的促销是以企业为主体，通过一定的媒体或者工具对顾客进行压迫式的灌输，以加强顾客对企业和产品的接受度和忠诚度。但是这种方式是被动的，企业缺乏与顾客的沟通和联系，同时企业的促销成本很高。网络营销是一对一和交互式的，顾客可以参与到企业的营销活动中来,因此借助互联网企业更能加强与顾客的沟通和联系,更能了解顾客和需求,更容易引起顾客的认同。

3.2 网络营销的基本策略

营销是企业经营和运作的重要内容,如何结合实际制定合理的营销策略是企业实现其经营价值和利润的核心工作。

在从事网络营销的过程中,可以通过市场调研对网络消费者购买行为的内在心理因素和外在影响因素进行详尽的分析,并对目标市场进行细分,在细分的基础上准确定位网络营销的目标市场,据此制定并实施营销组合策略。

3.2.1 网络营销策略组合

1. 网络营销的"STP"策略

STP,是指市场细分(Segmenting)、目标市场营销(Targeting)和市场定位(Positioning),是网络营销开始有效交换的起点。

(1) 市场细分和目标市场营销。

市场细分和目标市场营销,是指企业根据目标顾客需要的差异性,在按一定标准把市场划分为两个以上的细分市场后,选择一个或者几个细分市场进行目标营销的活动。由于网上买方市场的全面形成,市场需求的差异性比传统营销更为多样复杂,使得网络营销更加强调市场细分和目标营销,以便确定相应的营销模式。

(2) 目标市场定位。

市场定位,是指企业确定特定品牌在目标顾客心目中的地位,树立品牌的特定形象以区别于竞争者的活动。市场定位需要分析竞争者品牌的市场地位和市场份额,了解竞争者产品的质量、功能、广告形式和价格水平等有何特点,确定现有品牌之间的竞争关系以及对顾客需要的满足程度。品牌间相似的程度越大,竞争越激烈。

传统营销的市场定位是单向的,即企业可以到市场上找顾客,也可以选定顾客群后再找产品。而网络营销的市场定位是双向的,营销人员既需要了解网上顾客的情况,又需要了解经营的产品是否适合网络营销。为使经营的产品具有特色,适合目标顾客的需要与偏好并区别于竞争对手,需要企业准备充足的营销策略,使产品做到既有特色又满足顾客的需要。

2. 网络营销策略组合

网络营销策略组合,是指企业的网络综合营销方案,是企业根据目标市场需要和市场定位,对企业内部可控制的营销要素"4P",即产品(Product)、价格(Price)、渠道(Place)、促销(Promotion)进行优化组合和综合运用,使之协调配合,为企业取得良好的经济效益和社会效益。因为这四个组合要素的英文名称都以"P"开头,所以简称为"4P"组合。

"4P"组合是从企业的角度提出的营销策略,是网络营销理论的基础。20世纪90年代,以舒乐兹教授为代表的营销学者从消费者的角度切入提出了"4C"理论,从四个方面分析消费者购买需求,它包括消费者需求(Consumer's Wants and Needs)、成本(Cost)、便利(Convenience)和沟通(Communication)四大因素,简称"4C"策略。

网络是企业营销更为高效的工具,促使企业不断调整"4P"组合去满足顾客变化中的"4C"需求。那么,在网络营销环境下如何制定营销策略呢?我们认为,"4P"仍是影响网络营销的基本因素,"4C"是与"4P"相对应的营销目标。可以这样说,网络营销的实施就是运用网络营销的基本理论思想,在进行充分的网络市场调研基础上,通过确定与调整"4P",实施以实现"4C"为目标的营销组合策略,在满足消费者需求的同时实现企业的经济效益。

3.2.2 产品策略

一个企业的生存和发展,关键在于它所生产的产品能否满足消费者的需求。任何企业制定产品策略都必须适应消费者的需求及其发展的趋势。

1. 产品整体概念

(1) 传统营销产品整体概念。

按照传统观念,产品就是指某种有形的劳动产物,如服装、家具、电视机等。但从市场营销学观点来看,市场营销过程不仅是推销产品的过程,而且首先是一个满足顾客需要的过程。而顾客的需要是多方面的,不但有生理方面和物质方面的需要,而且还有心理方面和精神方面的需要,所以,营销产品应当是一个产品整体,包含核心产品(实质层)、有形产品(实体层)和附加产品(延伸产品)三个层次(如图 3-1 所示)。

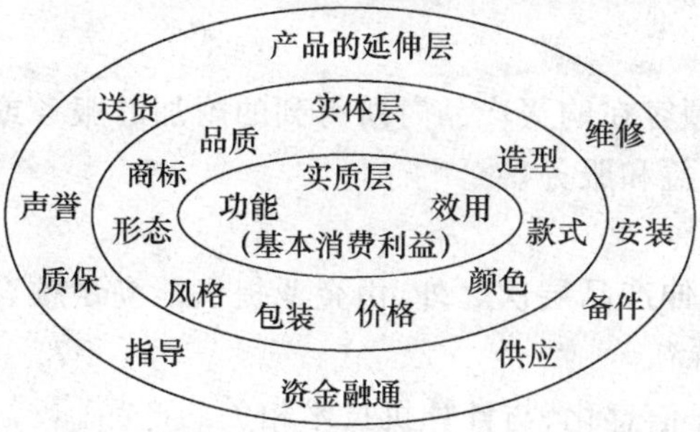

图 3-1 传统整体产品的三个层次

(2) 网络营销产品的整体概念。

由于网络营销是在网上虚拟市场开展营销活动实现企业营销目标,所以面对与传统市场有差异的网上虚拟市场,必须要满足网上消费者一些特有的需求特征。所以,网络营销产品的内涵与传统产品的内涵有一定的差异性,主要是网络营销产品的层次比传统营销产品的层次大大扩展了(如图 3-2 所示)。

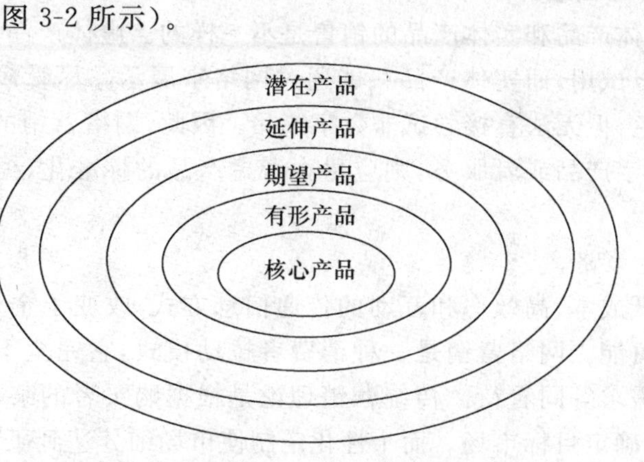

图 3-2 网络营销整体产品概念的五个层次

在传统营销中，产品满足的主要是消费者的一般性需求，因此产品相应地分成了三个层次。虽然传统产品中的三个层次在网络营销产品中仍然起着重要作用，但产品的设计和开发的主体地位已经从企业转向顾客，企业在设计和开发产品时还必须满足顾客的个性化需求，因此网络营销产品在原产品层次上还要增加两个层次，即期望产品层次和潜在产品层次，以满足顾客的个性化需求的特征。

① 核心利益或者服务层次。

这是产品最基本的层次，是满足顾客需要的核心内容，是顾客要购买的实质性的东西。

② 有形产品层次。

有形产品层次，是指产品的基本形式，包括产品的质量水平、功能、款式、特色、品牌和包装等。

③ 期望产品层次。

在网络营销中，顾客处于主导地位，消费呈现个性化的特征，不同的消费者可以根据自己的爱好对产品提出不同的要求，因此产品的设计和开发也必须满足顾客的个性化消费需求。

④ 延伸产品层次。

延伸产品层次，是指顾客在购买产品时所得到的附加的服务或者利益，主要是帮助消费者如何更好地使用核心利益和服务。

⑤ 潜在产品层次。

潜在产品层次是在延伸产品层次之外，由企业提供能满足顾客潜在需求的产品层次。

2. 网络营销产品的特征

(1) 产品形式，适用于信息化、与计算机技术相关的产品。

(2) 产品分销渠道，适用于不容易设实体店的特殊产品。

(3) 产品市场容量，适用于市场容量较大的产品。

(4) 产品品牌，适用于名牌产品。

(5) 产品价格，适用于相比线下市场更有低价优势的产品。

3. 电子商务对产品策略的影响

(1) 产品形态与定位选择策略。

在互联网上，虚体产品和实体产品的销售是不一样的。虚体产品可以提供在线销售，而且软件产品一般可以试用，而实体产品只能通过网络来展示。尽管多媒体技术可以充分生动地展示产品的特色，但无法直接尝试非数字产品。因此，网络营销的产品和服务应尽量是数字化的，对于非数字产品或者服务，则应尽力考虑产品的标准化，提高消费者对产品与服务的认识和信心。

(2) 产品定制化策略。

网络所带来的低成本、高效率和互动的传递信息方式，改变了企业传统的运作模式，使大规模的定制成为可能。网络营销是一种消费者拉动模式，它完全不同于传统营销中将客户看成具有相近的需求等同看待。传统营销理论是根据购买者的某些特性，将市场区分为若干个相关群体，以确定目标市场。而个性化定制使市场细分达到了极限，每一个客户都被看成了一个微型市场，目标市场更加明确化。企业必须具有根据每一个客户的特别要求定制产品或者服务的能力，即所谓的“一对一”(One-to-One)定制化服务。

（3）产品的品牌策略。

电子商务状况下的顾客是文化质量较高、购买欲较强的文化人与年轻人，他们愿意购买信誉度较高的名牌产品、新产品，而且能够比较容易地买到这些产品，为此产品中的品牌要素一定比传统情况下更加重要。在这种情况下会出现某企业产品的质量和竞争对手相当，甚至比对手还要好，但仅仅因为“原产地”原因而不受消费者欢迎的现象。解决这一问题的基本对策是实施名牌战略以及与有美誉的知名企业进行生产上与销售上的合作。

（4）产品的服务策略。

同传统工业相比，后工业社会中系统的服务正占据越来越重要的地位。而电子商务的出现使这越来越重要的服务得到了真正的履行。在这种情况下，新的竞争不在于工厂制造的产品，而在于能否给产品加上包装、服务、广告、咨询、融资、送货、保管或者顾客认为有价值的其他东西。

（5）新产品开发策略。

由于互联网体现的信息对称性，企业和顾客可以随时随地进行信息交换。在产品开发中，企业可以迅速向顾客提供新产品的结构、性能等各方面的资料，并进行市场调查，顾客可以及时地将意见反馈给企业，从而大大地提高企业开发新产品的速度，也降低了开发新产品的成本。通过互联网，企业还可以迅速建立和更改产品项目，并应用互联网对产品项目进行虚拟推广，从而以高速度、低成本实现对产品项目和营销方案的调研和改进，并使企业的产品设计、生产、销售和服务等各个营销环节能共享信息、互相交流，促使产品开发从各方面满足顾客需要，以最大限度地实现顾客满意。这里特别强调的是，在为顾客服务的过程中捕捉新产品开发的创意，包括：注重消费者感到不满、不快、不平、不便、不洁等方面的研究与利用；注重消费者盼望、希望等方面的研究与利用；着眼于在发达国家、发达地区或者其他有关地区畅销过产品的研究与利用；着眼于国内外流行现象的观察与利用。

3.2.3　价格策略

企业的定价目标一般包括企业生存，获取当前最高利润，获取当前最高收入，销售额增长最大量，最大市场占有率和最优异产品质量。企业的定价目标一般与企业的战略目标、市场定位和产品特性相关。企业在制定供给价格时，从企业内部考虑，主要是依据产品的生产成本；从市场全局考虑，取决于需求方的需求强弱程度和价值接受程度，以及来自其他同类产品或者替代性产品的竞争压力程度；需求方接受价格的依据则是商品的使用价值和商品的稀缺程度，以及可替代品的机会成本。

1. 低价定价策略

低价定价策略就是由于定价时大多采用成本加一定利润，有的甚至是零利润，因此这种定价在公开价格时就比同类产品要低。它一般是制造业企业在网上进行直销时采用的定价方式。采用低价策略的基础就是通过互联网，企业可以节省大量的成本费用。

折扣策略是在原价基础上进行折扣来定价的。这种定价方式可以让客户直接了解产品的降价幅度以促进客户的购买。这类价格策略主要用在一些网上商店，它一般按照市面上的流行价格进行折扣定价。

如果企业是为了拓展网上市场，但产品价格又不具有竞争优势时，则可以采用网上促销定价策略。促销定价除了前面提到的折扣策略外，比较常用的是有奖销售和附带赠品销售。

采用低价定价策略应当注意以下问题。

(1) 由于互联网是从免费共享资源发展而来的，用户一般认为网上商品比从一般渠道购买商品便宜，因此在网上不宜销售那些客户对价格敏感而企业又难以降价的产品，如黄金首饰。

(2) 在网上公布价格时要针对一般消费者、零售商、批发商和合作伙伴等不同的客户对象，分别提供不同的价格信息发布渠道，以免因低价策略混乱而导致营销渠道混乱。

(3) 由于消费者可以通过搜索功能很容易在网上找到最便宜的商品，因此网上发布价格时要注意比较同类站点公布的价格，否则价格信息公布将起到反作用。

2. 定制定价策略

定制定价策略是在企业能实行定制生产的基础上，利用网络技术和辅助设计软件，帮助消费者选择配置或者自行设计能满足自己需求的个性化产品，同时承担自己愿意付出的价格成本。

3. 许可使用定价策略

所谓许可使用定价，就是客户通过互联网注册后可以直接使用某企业的产品，客户根据使用次数付费，而不需要将产品完全购买，即仅购买产品的使用许可权。

对企业方面而言，减少了为完全出售产品而进行的不必要的大量生产以及包装，同时还可以吸引那些只想使用而不想拥有该产品的客户，扩大了市场份额。

对客户方面而言，节省了购买产品、包装和处置产品的麻烦，且节省了不必要的开销。

采用许可使用定价策略，一般要考虑产品是否适合通过互联网进行传输，是否可以实现远程调用。图书、软件、音乐和电影等易数字化的产品比较适合采用该策略。

4. 拍卖竞价策略

网上拍卖，是指通过互联网实施的价格谈判交易活动，即利用互联网在网站上公开发布将要招标的物品或者服务的信息，通过竞争投标的方式将它出售给出价最高或者最低的投票者。目前，网上拍卖发展较快，是一种市场化、合理化的方式。

5. 免费价格策略

免费价格策略就是将企业的产品和服务以零价格形式提供给客户使用，以满足客户的需求。

免费价格策略是市场营销中常用的营销策略，它主要用于促销和推广产品，这种策略一般是短期和临时性的。

在网络营销中，免费价格不仅仅是一种促销策略，而且还是一种非常有效的产品和服务定价策略，其目标是迅速占领市场，以期获取或者发掘后续的商业价值。

免费价格策略主要有以下四类形式。

(1) 产品和服务完全免费，即产品和服务从购买、使用和售后服务的所有环节都实行免费服务。

(2) 对产品和服务实行限制免费，即产品和服务可以被有限次使用，超过一定期限或者次数后，取消这种免费服务。

(3) 对产品和服务实行部分免费，如一些著名研究企业的网站公布部分研究成果，如果要获取全部成果必须付款作为企业客户。

(4) 对产品和服务实行捆绑式免费，即购买某产品或者服务时赠送其他的产品和服务。

在网络营销中，并不是所有的产品和服务都适合于免费策略。一般来说，免费产品具有易数字化、无形化、“零”制造成本、成长性、冲击性、存在间接收益等特点。

3.2.4 渠道策略

网络营销渠道的选择是整个市场营销组合策略的重要组成部分。合理的网络营销渠道，一方面可以最有效地把产品及时提供给消费者，满足用户的需要；另一方面也有利于扩大销售，加速物资和资金的流转速度，降低营销费用。有些企业的产品质量不错，价格也合理，但缺乏适合的营销渠道或者营销渠道不畅，无法扩大销售，这种例子是很常见的。网络营销的渠道可分为直接营销渠道和间接营销渠道。

与之相对应的网络营销的渠道策略可分为直接渠道策略、间接渠道策略，以及直销渠道和间接渠道并用的双道策略。

1. 网络直销策略

网络直销策略简称网络直销，是指生产企业利用互联网，不借助于其他的分销渠道所开展的直接销售活动。这种买卖交易的最大特点是供需直接见面、环节少、速度快、费用低。

目前，网络直销主要分成两种：(1) 企业自建独立站点，由网络管理员专门处理有关产品销售事务；(2) 委托信息服务商在其站点发布信息，企业利用有效信息与客户联系，直接销售产品。

2. 网络间接分销策略

由于网络是一个虚拟市场，在进行网络直销时，交易双方都会考虑对方的信誉，担心出现对方“拿钱不给货”或者“拿货不给钱”的问题，因而影响交易进行。为了克服网络直销的缺点，网络商品交易中介机构（即网络中间商）应运而生。这类机构成为连接买卖双方的枢纽，使得网络间接销售成为可能。

网络商品交易中介机构的存在主要基于以下两个方面的原因。

(1) 网络商品交易中介机构降低了买卖双方的风险。

网络间接销售克服了网络直销的缺点，使网络商品交易中介机构成为网络时代连接买卖双方的枢纽。首先是因为这些专业的网络中介机构知名度高、信誉好，并且可以解决“拿钱不给货”或者“拿货不给钱”的问题，从而降低买卖双方的风险，确保了双方的利益。

(2) 降低买卖双方的风险，简化了市场交易过程。

网络商品交易中介机构汇集了大量的产品信息，消费者进入一个网站（中介机构）就可以获得不同企业的同类产品的信息，生产者只要通过同一个中间环节就可以和消费者发生交易关系，这大大简化了交易过程，加快了交易速度，使生产者和消费者都感到方便。

3. 网络营销渠道的双道策略

网络营销渠道的双道策略又称双道法，是指企业同时使用网络直销渠道和网络间接销售渠道，以达到销售量最大的目的。在西方众多企业的网络营销活动中，双道法是最常见的方法，也是企业网络营销渠道的最佳策略。在买方市场条件下，通过两条渠道推销产品比通过单一渠道更容易实现“市场渗透”。

3.2.5 促销策略

新型网络营销，促销策略有以下四种方式。

1. 网上折价促销

折价亦称打折、折扣，是目前网上最常用的一种促销方式。因为目前网民在网上购物的热情远低于在商场超市等传统购物场所购物，因此网上商品的价格一般都要比传统方式销售时要低，以吸引人们购买。由于网上销售商品不能给人全面、直观的印象，也不可试用、触摸等原因，再加上配送成本和付款方式的复杂性，造成网上购物和订货的积极性下降。而幅度比较大的折扣可以促使消费者进行网上购物时尝试并作出购买决定。目前，大部分网上销售商品都有不同程度的价格折扣。

2. 网上赠品促销

赠品促销目前在网上的应用不算太多，在一般情况下，在新产品推出试用、产品更新、对抗竞争品牌、开辟新市场情况下利用赠品促销可以达到比较好的促销效果。赠品促销的优点包括：可以提升品牌和网站的知名度；鼓励人们经常访问网站以获得更多的优惠信息；能根据消费者索取赠品的热情程度来总结分析营销效果和对产品本身的反应情况。

3. 网上抽奖促销

抽奖促销是网上应用较广泛的促销形式之一，是大部分网站乐意采用的促销方式。抽奖促销是以一个人或者数人获得超出参加活动成本的奖品为手段进行商品或者服务的促销，网上抽奖活动主要附加于调查、产品销售、扩大用户群、庆典和推广某项活动等。消费者或者访问者通过填写问卷、注册、购买产品或者参加网上活动等方式获得抽奖机会。

4. 积分促销

积分促销在网络上的应用比起传统营销方式要简单和易操作。网上积分活动很容易通过编程和数据库等来实现，并且结果可信度很高，操作起来相对较为简便。积分促销一般设置价值较高的奖品，消费者通过多次购买或者多次参加某项活动来增加积分以获得奖品。积分促销可以增加上网者访问网站和参加某项活动的次数，可以增加上网者对网站的忠诚度，可以提高活动的知名度。

3.3 网络营销常用方法

作为一种新生事物，网络营销到底是什么？是论坛营销、博客营销、微博营销，还是数据库营销？或是搜索引擎优化(Search Engine Optimization，SEO)？以下将对这些方法逐一介绍。

3.3.1 网络新闻营销

随着互联网在全球范围内的高速发展，网络媒体如雨后春笋般涌现，网络新闻已成为越来越多的网民获取新闻的一种重要形式。据中国互联网络信息中心(CNNIC)调查显示，截至2011年12月底，网络新闻用户规模达到3.67亿人，网络新闻使用率为71.5%，在网络应用中排名第四位。

网络新闻，顾名思义，就是基于网络的新闻。网络新闻的本质有两个方面：一方面是基于互联网，以互联网为传播介质；另一方面它属于新闻范畴，是新闻的一种表现形式。新闻软文是营销以新闻形式的表现，新闻是形式，营销是本质。如今，高水平的新闻软文应运而生，为企业创立品牌、获取高知名度、降低营销成本、销售突破性增长起到了不可替代的作用。

网络新闻作为新闻的一种表现形式，自然遵守新闻写作的基本原则，即把握好新闻的“5W”——时间(When)、地点(Where)、人物(Who)、事件(What)和原因(Why)。但由于传播介质的不同，因此网络新闻与传播新闻相比，在写作要求上还是有一定的差异。

1. 精心制作标题

标题的重要性在网络新闻中尤为突出，在网络传播中，标题和正文一般是分别安排在不同层级的网页上；网民想看哪条消息，只有点击后才能看到。传统媒体(如报纸)则是标题和正文排在一起，一眼全部可以看到。从某种意义上说，网页标题有点像书籍目录，网民对标题文字的介绍有着很强的依赖性。好的标题会吸引、刺激、引导网民去点击阅读；反之，如果新闻标题不吸引人，就不会引发点击，传播过程也就不能继续。那么如何制作新闻标题，一般可以从以下七个方面着手：

(1) 直接点出新闻中的新奇事实或重要意义；

(2) 尽量迎合社会热点；

(3) 从网民最为关心的问题出发；

(4) 紧扣新闻时间的最新动态；

(5) 披露网民虽熟悉却并不详知的事情细节或者内幕；

(6) 标题宜实勿虚，虚的标题往往使网民难以理解，甚至产生荒诞的感觉，从而放弃点击；

(7) 标题长度适中，网页版面的整体布局是相对固定的，标题字数受到行宽的限制，既不宜折行，也不宜空半行。标题过短，往往不能很好地反映新闻的"亮点"。

2. 突出重点新闻要素

网民浏览网页通常采用扫描式阅读，在这种阅读方式下，要想让网民清晰、准确地捕捉到新闻的核心信息，在写作时就要力求做到：高度简洁、清晰地表述最为重要的事实；合理排列新闻要素，将最重要的新闻要素置于文章最前面，这样就能够让网民在最短的时间内准确、完整地了解最为重要的新闻要素。由此看来，网络新闻的第一段写作至关重要，因为它关系能否吸引人继续往下浏览；即使后面不被浏览，也已将最重要的信息准确无误地传递。

一般来说，在写第一段时，先用较为简练的语言对事件做概括性的描述，通常只要说清事件的主体、客体、时间和地点即可，再以一句话简单概括出事件的意义。从某种意义上说，第一段就是整篇新闻的"浓缩"，这种"浓缩"的好处在于方便网民的阅读，掌握信息，同时也便于网民决定是否继续往下阅读。此外，还有一个重要的原因就是，现在有越来越多的网民习惯于通过搜索引擎来寻找相关信息，而搜索引擎中的信息内容描述一般是从网络新闻的第一段中摘取的。网民一般也是通过阅读内容描述来决定是否阅读全文。

3.3.2 论坛营销

1. 什么是论坛营销

网络的普及推动了论坛的迅猛发展。据最新数据显示，中国互联网的舆论平台已经十分发达，几乎每个用户网站都设有 BBS 论坛(Bulletin Board System，电子公告栏)，论坛总数已达到 130 万个，位居全球第一。相对于商业媒体而言，论坛可以说是网民心目中的一片"净土"——一群共同爱好、共同需求的网友坦诚相见、推心置腹、互通有无。

论坛营销，就其实质来说，就是品牌基于网络论坛所进行的口碑性营销。在网络社区上，网友们的观点成了网民实施购买行为的重要参考依据。但论坛营销绝不只是发布企业产品信息那么简单，一则论坛管理员会删除带有明显广告色彩的帖子，二则网友对广告帖也非常反感。因此，如何不漏痕迹地抓住网民的心是论坛营销的关键。

论坛营销强调的是互动，通过与消费者进行充分的信息交互，满足消费者的愿望与需求。在信息交互中，企业的品牌得到了传播，形象得到了提升，最终达到了促进市场销售的目的。

2. 论坛营销的优点

网络的普及推动了网络营销的发展，作为网络营销重要方式之一的论坛营销也正被越来越多的企业所采用。企业为什么会青睐论坛营销呢？

(1) 论坛的"人气"以及所聚集的核心受众是企业所看重的重要因素之一。互联网用户中40岁以下的年轻网民比例为83.9%，其中，19岁以下占28.4%，20—29岁的为29.8%，30—39岁的为25.7%，41—49岁的为11.4%，50岁以上的为4.8%。年轻的上班族成为论坛注册用户的中坚力量。论坛已成为他们交流、解决生活问题和工作问题不可或缺的工具。这些人群正是营销的核心受众，他们普遍收入较高，购买力强，消费需求旺盛。论坛注册会员从量的积累到质的飞跃，注定了论坛成为商家的必争之地。

(2) 论坛营销与传统营销相比，成本低廉且信息发布迅速、覆盖面广。在论坛营销中，参与其中的每个人不仅是信息的接收者，更是进一步传递信息的节点，也就是人们常说的"一传十，十传百"，呈几何级数地传递信息。而网民与企业的良性互动，也大大增加了网民对企业的好感，良好的印象自然有助于网民的购买行为。此外，企业还可以根据目标用户的不同特质，如行业、爱好、性别和年龄等，对"大众"论坛的受众进行"窄众"细分，从而大大地提高了营销推广的精准性。

3. 成功论坛营销的步骤

论坛营销成本低、传播效力大的特点吸引了众多企业的目光，不少的企业纷纷拿起论坛营销这一网络营销的利器。然而从实际操作情况来看，一些企业的论坛营销效果并不佳。难道是论坛营销失效了？其实，论坛营销作为一种网络营销方式，本身并没有失效，之所以营销效果不佳，主要原因就在于实施论坛营销时，没有走好关键的"三步"。

(1) 选择合适的论坛。

企业在实施论坛营销时，一定要根据企业产品的特点，选择合适的论坛，最好是能够直击目标客户的论坛。如一些时尚品牌的目标受众是白领，那么在选择营销论坛时，就要选择白领们常去的论坛及板块，比较常见的有新浪的资讯生活、时尚生活、网易的白领丽人、搜狐的小资生活等，直接说给目标用户"听"，这样营销就更有针对性。

有的企业在实施论坛营销时，片面追求论坛的人气，而不去考虑所发布的信息与论坛板块是否相符，以为人气越高，关注企业信息的人就越多。其实这是误区。一则人气太旺，企业所发布的帖子很快就被淹没了，二则帖子的内容与论坛板块不符，很难引起网民关注，有时甚至会令网友反感。因为论坛是不同人群围绕同一主题而展开的话题，如育儿板块，谈的自然是与育儿相关的话题，如果去谈化妆美容显然是不适合的。

(2) 巧妙设计帖子。

作为传递产品信息的载体，信息传达的成功与否主要取决于帖子的标题、主帖与跟帖三部分。如果一个帖子能够吸引网民点击，又巧妙地传递了企业产品的信息，同时让网民感受不到广告帖的嫌隙，那么可以说这个帖子是非常成功的。

① 标题。

网民浏览论坛的时候，首先接触到的是帖子的标题，标题"诱人"与否直接决定了帖子是否会被点击浏览。因此在策划标题时,可以从引发产品使用的场景入手,选定一个能引发争议的产品使用场景,以争议点作为标题内容,吸引网民的眼球,引导其点击进入。

② 主帖。

当网友被一个诱人的标题吸引并进入帖子后,主帖内容的优劣直接决定了回复是否被浏览,因此在撰写主帖时,可以把标题中有争议的场景展开,在一个完整的产品使用场景下,传达产品对于消费者的重要性,并在主帖的结尾为回复设置悬念。由于产品信息传达也可以发生在回复中,因此建议主帖只要将产品使用场景叙述清楚即可,不需要加入过多的产品信息,以免引起网民反感。

③ 回帖。

回复内容一般为网民对于产品的"主观"评论,当网民被标题、主帖吸引,查看回复的时候,就是帖子"真实身份"曝光的时刻。拙劣的回复会令网民一眼察觉整个帖子的意图,影响产品的传达效果。因此在撰写回复时,要采取发散性思维,声东击西,为产品信息做掩护,将网民可能产生的负面情绪降到最低。

(3) 及时跟踪维护帖子。

帖子发出后,如果不去进行后期跟踪维护,那么可能很快就沉下去了,尤其是人气很旺的论坛,沉下去的帖子显然是难以起到营销作用的,因此帖子的后期维护就显得尤为重要。

及时地顶帖可以使帖子始终处于论坛(板块)的首页,进而让更多的网民看到企业所传递的信息。从实际操作来看,维护帖子时,最好不要一味地从正面角度去回复,适当从反面角度去辩驳,挑起争论,可以把帖子"炒热",从而吸引更多的网民关注。

3.3.3 博客营销

所谓博客营销,也称拜访式营销,它是基于博客这种网络应用形式的营销推广。企业通过博客这种平台向目标群体传递有价值的信息,最终实现营销目标的传播推广过程。博客作为一种新的营销平台,其核心是互动、身份识别和精准。博客的优点在于:针对性强;性价比高;更容易抓住目标群体的眼球。

博客自 2002 年引入中国以来,发展迅猛。据中国互联网络信息中心(CNNIC)数据显示,截至 2010 年 12 月,博客应用在网民中的用户规模达到 29 450 万人,使用率为 64.4%,较 2009 年年底增长 7 310 万人,使用率提升了 6.7 个百分点。活跃博客的规模进一步扩大,在半年内更新过博客空间的博客用户规模达到 1.45 亿,增长率为 37.9%。博客不仅是网民参与互联网互动的重要体现,也是网络媒体信息渠道之一。博客以其真实性与交互性成为越来越多的网民获取信息的主要方式之一。博客的巨大影响力也使越来越多的企业意识到博客的重要性,并逐渐参与到博客营销的热潮中来,通过博客来树立企业在网民心目中的形象。

从某种意义上说,企业博客营销是站在"巨人"肩膀上进行的营销。因为博客一般都是建在新浪、搜狐、网易、TOM、腾讯等大型门户网站的平台上或者博客网、中国博客网等专业的博客平台上。首先,这些平台本身就增加了网民对企业博客的信赖感。其次,一旦企业博客的内容被推荐到网站首页或者博客频道的首页,企业就会被更多的网民所关注。

3.3.4 微博营销

微博营销是刚刚推出的一种网络营销方式,因为随着微博的火热,催生了有关的营销方式，就是微博营销。每一个人都可以在新浪、网易等注册一个微博，然后更新自己的微型博客。每天更新的内容就可以跟大家交流，或者有大家所感兴趣的话题，这样就可以达到营销的目的，这样的方式就是新兴推出的微博营销。

1. 微博的概念

国内知名新媒体领域研究学者陈永东在国内率先给出了“微博”的定义：微博是一种通过关注机制分享简短信息的广播式的社交网络平台。其中有四方面的理解：(1) 关注机制，可单向可双向；(2) 简短内容，通常为 140 字；(3) 广播式，公开的信息，谁都可以浏览；(4) 社交网络平台，把微博归为社交网络。

“微博是地球的脉搏”，美国《时代》周刊如此评价微博强大的信息传播功能。而在企业层面，微博公关与营销作为网络营销的新配工具之一，愈加受到重视。根据中国互联网络信息中心(CNNIC)最新统计，截至 2011 年 12 月底，我国微博用户数达到 2.5 亿，较上一年底增长了 296.0%，网民使用率为 48.7%。微博用一年时间发展成为近一半中国网民使用的重要互联网应用。

2. 微博营销的营销技巧

利用微博可以进行个人微博营销和企业微博营销。微博营销的营销技巧体现在以下十个方面。

(1) 微博的数量不在于多而在于精。

做微博时要讲究专注，因为一个人的精力是有限的，杂乱无章的内容只会浪费时间和精力，所以我们要做精，重拳出击才会取得好的效果。今天一个主题，明天一个主题，换来换去结果一个也做不成功。

(2) 个性化的名称。

一个好的微博名称不仅便于用户记忆，也可以取得不错的搜索流量。这跟我们给网站取名类似，好的网站名称都是简洁、易记的。当然，企业如果准备建立微博，在微博上进行营销，那么可以取为企业名称、产品名称或者个性名称来作为微博的用户名称。

(3) 巧妙地利用模板。

一般的微博平台都会提供一些模板给用户，企业可以选择与行业特色相符合的风格，这样更贴切微博的内容。当然，如果企业有能力自己设计一套有自己特色的模板风格也是不错的选择。

(4) 使用搜索检索，查看与自己相关的内容。

每个微博平台都会有自己的搜索功能，我们可以利用该功能对自己已经发布的话题进行搜索，查看一下自己内容的排名榜，与别人微博的内容进行对比。企业可以看到微博的评论数量、转发次数，以及关键词的提到次数，这样可以了解微博带来的营销效果。

(5) 定期更新微博信息。

微博平台一般对发布信息的频率没有限制，但对于营销来说，微博的热度和关注度来自于微博的可持续话题，所以要不断制造新的话题，发布与企业相关信息，这样才可以吸引目标客户的关注。因为刚发的信息可能很快被后面的信息覆盖，所以要想长期吸引客户的注意，必须要对微博定期进行更新，这样才能保证微博的可持续发展。

(6) 善于回复客户的评论。

企业要及时查看并回复微博上客户的评论，在自身被关注的同时也去关注客户的动态。

既然是互动,那就得相互动起来,才会有来有往。如果企业想获取更多的评论,就要以积极的态度去对待评论,回复评论也是对客户的一种尊重。

(7) 灵活运用#与@符号。

微博中发布内容时,两个"#"间的文字是话题的内容,企业可以在后面加入自己的见解。如果要把某个活跃用户引入,可以使用"@"符号,意思是"向某人说"。如"@微博用户欢迎您的参与"。在微博菜单中点击"@我的",就能查看提到自己的话题。

(8) 学会使用私信。

与微博的文字限制相比较,私信可以容纳更多的文字。只要对方是企业的客户,企业就可以通过发私信的方式将更多的内容通知对方。因为私信可以保护收信人和发信人的隐私,所以当活动展开时,发私信的方法会显得更尊重客户一些。

(9) 确保信息真实与透明。

在搞一些优惠活动和促销活动时,当以企业的形式发布,要即时兑现,并公开得奖情况,获得客户的信任。微博上发布的信息要与网站上面一致,并且在微博上及时对活动进行跟踪报道,确保活动的持续开展,以吸引更多客户的加入。

(10) 不能只发产品企业或广告内容。

有的微博很直接,天天发布大量的产品信息或者广告宣传等内容,基本没有自己的特色。这种微博虽然别人知道企业是做什么的,但是绝不会加以关注。微博不是单纯广告平台,微博的意义在于信息分享,没兴趣是不会产品互动的。企业应当注意话题的娱乐性、趣味性和幽默感等。

3.3.5 搜索引擎营销

搜索引擎营销分为SEO和PPC(Pay Per Click,点击付费广告)两种。SEO是搜索引擎优化的英文缩写,是较为流行的网络营销方式,它通过对网站结构、高质量的网站主题内容、丰富而有价值的相关性外部链接进行优化而使网站对搜索引擎及用户更加友好,以获得在搜索引擎上的优势排名。搜索引擎营销的主要目的是增加特定关键字的曝光率以增加网站的能见度,进而增加销售的机会。通俗的理解是:通过总结搜索引擎的排名规律,对网站进行合理优化,使企业的网站在百度和谷歌的排名提高,让搜索引擎给企业带来客户。PPC,是指购买搜索结果页面的广告位来实现营销目的,各大搜索引擎都推出了自己的广告体系。搜索引擎广告的优势是相关性,由于广告只出现在相关搜索结果或者相关主题网页中,搜索引擎广告比传统广告更加有效,客户转化率更高。

3.3.6 病毒式营销

1. 什么是病毒式营销

病毒式营销又称病毒性营销,是一种常用的网络营销方法,是指发起人发出产品的最初信息到用户,再依靠用户自发的口碑宣传,常用于进行网站推广和品牌推广等。病毒式营销利用的是用户口碑传播的原理,在互联网上,这种"口碑传播"更为方便,可以像病毒一样迅速蔓延,因此病毒式营销成为一种高效的信息传播方式,而且,由于这种传播是用户之间自发进行的,因此几乎是不需要费用的网络营销手段。

2. 怎样使用病毒

病毒式营销在国外已经有了大范围的应用。而在中国,虽然网络广告越来越多、越来越受重视，但除了当年腾讯公司运用病毒式营销一炮走红以后，还没有哪家中国企业能好好地运用这一巧妙的营销方法，其主要原因包括以下四个方面。

(1) 没有花心思制造好的病毒按钮。

病毒按钮是启动消费者转化为传播者的入口，用来触发受众的某种情绪，使之转化为自愿传播者，是营销成功的关键。企业可以设计以下按钮：爱情按钮，如戴比尔斯的广告语“钻石恒久远，一颗永流传”，被公众广泛地口头传播；娱乐按钮，如 Flash、游戏以及喜剧小品的娱乐元素；价值按钮，为受众提供一些折扣券、代金券、资料情报等，将传播转化为现实的购买力；语言按钮，可能没有实际的语意，却能够为不同国家、地区、民族、文化的消费者认可与接受的发音词或者形体动作，如百威啤酒创造的“Wanuo”；符号按钮，如奥运会的北京印、腾讯的小企鹅等。

(2) 制造出的信息一定要是成品。

企业提供给消费者的必须是不需要他们进行再加工的信息成品，如编辑好的短信、制作好的 Flash 等。最好的效果就是人们一看就会喜欢，马上就能下载或者转发。

(3) 找准易感人群。

第一批接受者必须是最有可能的产品使用者，因为需要依靠他们进行后续的传播活动。如腾讯在 QQ 品牌推广时就非常注重对低免疫力人群的寻找和锁定。腾讯 QQ 的用户平均年龄为 20.6 岁，他们追逐时尚，对新潮流、新趋势、新事物的感觉非常敏锐。这些特点注定了他们是低免疫力人群，他们对腾讯 QQ 病毒没有任何抵御能力，能很快接受并且适应腾讯提供的有别于 ICQ 的中文界面即时通信工具，并且还会积极地将这一病毒通过鼠标和口头语言向其他人传播。

(4) 适时的进行病毒更新。

由于病毒更新速度快，病毒式营销的传播力会衰减，故要吸引公众继续参与传播就要及时地更新“病毒”，不断植入新的“病毒按钮”。

3.3.7 数据库营销

1. 数据库营销的概念

所谓数据库营销，就是企业通过收集和积累会员(用户或者消费者)的信息，经过分析筛选后针对性地使用电子邮件、短信、电话、信件等方式进行客户深度挖掘与关系维护的营销方式。数据库营销就是以与顾客建立一对一的互动沟通关系为目标，并依赖庞大的顾客信息库进行长期促销活动的一种全新的销售手段，是一套内容涵盖现有顾客和潜在顾客，可以随时更新的动态数据库管理系统。数据库营销的核心是数据挖掘。

作为一种市场营销推广手段，数据库营销缩短了企业与顾客之间的距离，有利于培养和识别顾客的忠诚度，与顾客建立长期关系，为开发关系营销和“一对一”营销创造了条件。

数据库营销不仅仅是一种营销方法、工具、技术和平台，更重要的是一种企业经营理念，它改变了企业的市场营销模式与服务模式。

2. 数据库营销走好关键的两步

要真正实施数据库营销并非是一件简单的事，数据库营销是一项系统工程，需要在各个部门、环节的配合之下进行。

数据库营销的实施一般有两种方式：一种是外包给运营商；另一种是企业独立运营。独立运营方式具有运营成本低，用户数据安全、可继承、可维护，强大的用户行为分析和数据库管理功能等特征。与独立运营相比,外包运营的优势在于拥有更多的潜在目标客户列表;其缺点是运营成本较高,缺少核心的数据库管理、用户行为分析等核心功能。

至于选择何种实施方式,企业应当根据自己的营销目标和企业现有的数据库资源而定。下面就以企业独立运营为例,对数据库营销的实施进行说明。

(1) 深入挖掘数据信息。

数据库必须精确才能提升营销的精确性。因此,在收集数据时要借助各种渠道,使用多种收集方法,广泛收集对企业有价值的信息,并不断地更新,建立最新、最完备的数据库中心。

① 常见的信息类型。

消费者信息,包括消费者的基本情况、消费偏好、个性特征、以往的业务交易等。

产品信息,包括产品的基本情况、供销存情况、产品服务情况、消费者意见等。

竞争对手信息,包括竞争对手的数量、经营规模,经营商品的品种、价格、营利能力、市场份额等。

② 获取信息的主要途径。

获取信息的主要途径包括:印有通信地址的优惠券、读者服务卡、免费样品;有奖问卷调查;在销售产品时,收集并记录信息;某些内部发行材料和行业杂志;在线数据库服务商;目录数据库,如 Sunnex 企事业数据库;网络调查;网站会员注册。

必须指出的是,很多的企业在数据库的建立上花费了巨大的精力,但数据的利用率却极低,既浪费了企业的人力、财力和物力,又浪费了得之不易的数据库资源。之所以出现这种情况,主要有两方面的原因:一是数据针对性不强;二是数据挖掘深度不够。面对信息的海洋,如何挖掘数据中隐含的信息直接反映一个企业数据库营销的实力。企业不能只停留在数据的表层挖掘上,而应当利用更加先进的计算机、信息管理和人工智能等高科技深入挖掘对企业有用的资源。

(2) 采取个性化的营销策略。

建立了比较完善的数据库营销系统后,企业在具体实施时,还要根据顾客的不同特点进行市场细分,把顾客和准顾客区分为若干具有相同特征的群体,然后根据每个顾客群的地区、行业和规模等因素,分别使用针对性强的广告、电话推销和邮件等促销手段。

在企业的客户群中,有些客户群是更有价值的,有些客户是毫无价值的。为最高端10%的高价值客户群提供更好的服务,提高他们的忠诚度,确保这些客户能够长期地保留下来,这是企业成功的根本所在。对于中端的客户群,可以设计客户关怀项目,通过服务的交叉销售来激励客户的价值提升。最低端的客户群往往给企业带来负利润,投入的服务成本与客户给企业带来的收益不对等,企业应当采取措施降低服务成本,或者是通过一些营销门槛,对这些客户进行淘汰。

"一对一"个性化的信息沟通是数据库营销取得成功的重要保证。以 EDM(E-mail Direct Marketing,电子邮件营销)为例,企业在实施 EDM 时,需要注意以下三点。

① 标题中要包含吸引收件人的关键词。

电子邮件是可选方式,要吸引客户打开邮件,这时邮件的主题就变得非常重要。因此,企业要仔细分析客户群的兴趣与关注点,从满足客户需要的角度出发,制定有吸引力的标题。

一般来说,如果广告的目的是促销或者活动,那么标题最好带"免费"、"大奖"等字眼;如果广告的目的是品牌维护或者新品推出，那么标题最好突出企业或者产品的名称，使用户可以不打开邮件仅看到标题即完成了信息的传达。

② 内容要迎合客户的喜好。

邮件内容只有迎合客户的喜好才能实现“一对一”的沟通，反之，邮件就会被列入垃圾邮件的行列。因此，企业在传递信息时要细心寻找客户的关注点和喜好，在信息发布上尽可能迎合客户当前的消费需求，或者是能够引导客户潜在的消费需求。

③ 核心要素优先出现。

企业所发布的主要信息和诉求重点应当安排在第一屏可以看到的范围内，邮件内容最好带有图片，这样可以从视觉上刺激客户，引导客户点击。但电子邮件不宜过大，以免用户接收时出现问题。

此外，在发送邮件时，要让客户觉得这封邮件是专门为他而发的，而不是群发，让客户有一种被尊重与重视的感觉。

3.3.8 网络事件营销

1. 网络事件营销的概念

网络事件营销，是指企业通过策划、组织或者利用具有名人效应、新闻价值以及社会影响的人物或者事件，通过网站发布，吸引媒体和公众的兴趣与关注，从而提高企业或者产品的知名度和美誉度，树立良好的品牌形象，最终达到促进企业销售的目的。

网络事件营销的本质是将企业新闻变成社会新闻，在引起社会广泛关注的同时，将企业或者产品的信息传递给目标受众。在互联网时代，不管企业有意还是无意，任何一起营销事件都必然会在网络媒体上再次传播，网络媒体的广泛传播也推动着事件进一步聚焦成为公众关注的热点。因此，从某种意义上说，互联网时代几乎所有的事件营销都属于网络事件营销。

网络事件营销的最大特点是成本低、见效快，相当于“花小钱办大事”。随着市场竞争的升级，充分利用网络事件营销已成为企业较为流行的一种公关传播与市场推广手段。

2. 网络事件营销的两种模式

网络事件营销的操作方法一般有“借势”和“造势”两种。借势，就是参与大众关注的焦点话题，将企业带入话题的中心，由此引起媒体和大众的关注。造势，就是企业通过自身策划富有创意的活动，引起媒体或者大众的关注。两者殊途同归，都是为了提高企业的形象或者销售产品。

(1) 借势。

企业在借助重大事件或者社会热点进行营销时必须把握好以下三个要点。

① 反应迅速，第一时间介入。

企业争取第一时间，在人们对事件的关注处于高潮的时候进入，所取得的营销效果无疑是最大的。如海尔借助“申奥成功”那一激动人心的时刻，成功地进行了事件营销。2001 年 7 月 13 日夜，一个非常紧张的时刻，争办 2008 年奥运会的结果即将揭晓，亿万中国人都守在电视机前观看现场直播。当萨马兰奇念出“北京”之时，全世界的华人都沸腾了。就在申奥成功的第一时间，“海尔祝伟大祖国申奥成功”的祝贺广告便紧随其后在中央台播出，与全球炎黄子孙共享这一世纪之荣。当夜，海尔集团的热线电话被消费者打爆，很多的消费者致电只是为了与海尔分享胜利的喜悦。从事件本身来看，海尔虽然没有取得直接的效益，但是申奥成功的纪念价值和象征意义对于海尔品牌形象的提升，以及增强海尔品牌与消费者的沟通方面，价值是不可估量的。

② 找准关键点，巧妙切入。

企业从公益角度切入，能够树立企业的良好形象，增强消费者对企业品牌的认知度和美誉度。如2003年“非典”期间，素有“国药传人”美誉的正大青春宝药业集团向杭州市第六人民医院捐赠其青春宝片和双宝素产品，用于临危受命的医护人员提高免疫力，凭借其一直以来就存在的良好口碑传播，青春宝短期内销量大增。

③ 与大事件联系，引发公众联想。

在这一点上，值得一提的是邦迪创可贴。2000年夏季，对峙半个世纪的朝韩终于握手言和，朝韩峰会成为全球关注的焦点。邦迪创可贴敏感地抓住了这个时机，推出广告《朝韩峰会篇》。在朝韩领导人金正日与金大中历史性地激情碰杯时，在经典画面之外传来旁白：“邦迪坚信，世界上没有愈合不了的伤口！”这则广告把人们对和平的期盼，通过“伤口愈合”巧妙地传达出来，引起消费者的强烈共鸣，也使邦迪品牌形象得到极好的提升。

(2) 造势。

借势虽然不失为企业扬名的一个好办法，但有时“势”并非是企业想借就借的，当企业扬名迫在眉睫而又无势可借时，制造热点事件(造势)则是另一个办法。企业在造势时，需要注意以下三点。

① 合理定位。

在“制造”新闻事件前，要进行四个方面的定位：一是事件定位，要找到品牌与事件的关联，事件营销不能脱离品牌的核心理念，必须和公众的关注点、事件的核心点、企业的诉求点重合起来，做到三位一体，才能击中目标；二是卖点定位，产品的卖点和事件应当有机结合在一起，切不可将事件与产品同时堆砌；三是消费者定位，不同的消费者会关注不同的事件；四是推广定位，事件营销成功的关键是事件与其他传播手段的协同作战，包括网络传播、电视广告、户外广告等，形成围绕“事件”的一个整合传播。

② 巧妙“制造”新闻事件。

企业制造新闻事件的方法大致有以下六种：媒体做典型报道，宣传企业的成功经验；领导同志到企业视察或者调查研究，称赞企业，为企业扬名；策划社会公益活动，双向互动，博得公众好感及社会关注；策划奇特的、反常的行为，引起轰动效应；抓住一些非常规事件或者突发事件，借势造势；抓住新问题、新话题，特别是抓住一些动态的事件，策划一些动感很强、让媒体和社会感到很有新意的新闻。

③ 建立风险防范机制。

事件营销本身是一把“双刃剑”，它以短、平、快的方式为企业带来巨大的关注度，但也可能起到反作用。也就是说，可能企业或者产品的知名度虽然扩大了，但不是美誉度的提高而是负面的评价。

媒体的不可控制和新闻接受者对新闻的理解程度决定了事件营销的风险性。任何事件炒作过头，一旦受众得知了事情的真相或者被媒体误导，就极有可能对企业产生反感，最终损害企业的利益。如四川秦池酒业连续几年获央视广告标王，给秦池这一品牌注入了无限的活力，但一则关于“秦池白酒是用川酒勾兑”的新闻报道，使秦池彻底地退出了历史舞台。正所谓“成也萧何，败也萧何”，过度的炒作和造势也可能是一颗定时炸弹，随时有可能给企业带来灭顶之灾。

事件营销中利益与风险并存，因此企业既要学会取其利，又要知道避其害。对于风险项目，首先要做的是风险评估，这是进行风险控制的基础。风险评估后，应当根据风险等级建立相应的防范机制。事件营销展开后还要依据实际情况，不断进行调整和修正原先的风险评估，补充风险检测内容，并采取措施化解风险，直到整个事件结束。

3.4 网络广告的形式与特点

3.4.1 网络广告的定义

简单地说，网络广告就是在网络上做的广告。通俗地讲，网络广告是指广告主利用一些受众密集或者有特征的网站发布商业信息，并设置链接到某目的网页的过程。

3.4.2 网络广告的特点

网络广告是新生代的广告媒介，它是随着互联网的发展而逐步兴起的，既具有传统媒介广告的所有优点，又具有传统媒介所无法比拟的优势。网络广告可以分为广义和狭义两种，广义的网络广告是指企业在互联网上发布的一切信息，包括企业的互联网域名、网站和网页等；狭义的网络广告一般是指建立一个含广告内容的 WWW 节点，目前多为标题广告，用户通过点击这一含超链接的标题，将被带至广告主的 WWW 节点。

网络广告具有以下三个特点。

(1) 传播对象面广。

网络广告的传播范围极其广泛，不受时间和空间的限制，可以通过互联网把广告信息 24 小时不间断地传播到世界各地。

(2) 表现手段丰富多彩。

网络广告采用文字介绍、声音、影像、图像、颜色和音乐等于一体的丰富表现手段，具有报纸、电视的各种优点，更加吸引受众。网络广告制作成本低、时效长以及高科技形象将使越来越多的企业选择网络广告作为重要国际广告媒体之一。

(3) 交互性强。

在网络上，受众是广告的主人，在当其对某一产品产生兴趣时，可以通过键击进入该产品的主页，详细了解产品的信息。而企业也可以随时得到宝贵的用户反馈信息。

3.4.3 网络广告的形式

1. 网幅广告

网幅广告(包含 Banner、按钮、通栏、竖边、巨幅等)是以 GIF、JPG、Flash 等格式建立的图像文件，定位在网页中大多用来表现广告内容，同时还可使用 Java 等语言使其产生交互性，用 Shockwave 等插件工具增强表现力(如图 3-3 所示)。

图 3-3　网络广告形式

2. 文本链接广告

文本链接广告是以一排文字作为一个广告，点击可以进入相应的广告页面。这是一种对浏览者干扰最少，但却较为有效果的网络广告形式。有时候，最简单的广告形式效果却最好。

3. 电子邮件广告

电子邮件广告具有针对性强(除非企业肆意滥发)、费用低廉的特点，且广告内容不受限制。电子邮件广告具有针对性强的特点，它可以针对具体的某一个人发送特定的广告，这一点为其他的网上广告方式所不及。

4. 赞助式广告

赞助式广告多种多样，与传统的网络广告相比它给予广告主更多的选择。

5. 与内容相结合的广告

广告与内容的结合可以说是赞助式广告的一种，从表面上看起来它们更像网页上的内容而并非广告。在传统的印刷媒体上，这类广告都会有明显的标示，指出这是广告，而在网页上通常没有清楚的界限。

6. 插播式广告(弹出式广告)

插播式广告，是指访客在请求登录网页时强制插入一个广告页面或者弹出广告窗口。它们有点类似于电视广告，都是打断正常节目的播放，强迫观看。插播式广告有各种尺寸，有全屏的也有小窗口的，而且互动的程度也不同，从静态的到全部动态的都有。浏览者可以通过关闭窗口不看广告(这点电视广告是无法做到的)，但是它们的出现没有任何征兆，而且肯定会被浏览者看到。

3.5　网络营销业绩评估

网络营销业绩评估也指网络广告效果评估。2009 年 6 月 18 日，中国互联网协会网络营销工作委员会成员大会在北京隆重召开，在大会上发布了由 99click 发起，联合奥美世纪、易观国际、天极传媒和金山软件共同起草的《中国网络营销(广告)效果评估准则》意见稿，推荐给会员单位参考，这也是该委员会首次以行业准则的方式来规范、引导日益复杂的网络营销市场，和会员单位一起推动网络广告市场的科学健康发展。

《中国网络营销(广告)效果评估准则》意见稿的出台，可以引发网络营销行业的讨论和思考，帮助网络营销领域网络媒体和广告主之间建立的“互信机制”，从而促进网络营销行业长期健康发展。

3.5.1 中国网络广告营销效果数据分析指标

中国网络广告营销效果数据分析指标包括广告展示量、广告点击量、广告到达率、广告二跳率和广告转化率共五个，每个指标的定义如下。

1. 广告展示量

(1) 指标定义。

广告每一次显示，称一次展示。

(2) 指标说明。

广告展示量的统计周期通常有小时、天、周和月等，也可以按需设定。

被统计对象包括 Flash 广告，图片广告，文字链广告，软文、邮件广告，视频广告和富媒体广告等多种广告形式。

展示量一般为广告投放页面的浏览量。广告展示量的统计是 CPM 付费的基础。

(3) 指标应用。

广告展示量通常反映广告所在媒体的访问热度。

2. 广告点击量

(1) 指标定义。

网民点击广告的次数称为广告点击量。

(2) 指标说明。

广告点击量的统计周期通常有小时、天、周和月等，也可以按需设定。

被统计对象包括 Flash 广告，图片广告，文字链广告，软文、邮件广告，视频广告和富媒体广告等多种广告形式。

广告点击量与产生点击的用户数(多以 Cookie 为统计依据)之比，可以初步反映广告是否含有虚假点击。

广告点击量与广告展示量之比称为广告点击率，该值可以反映广告对网民的吸引程度。

广告点击量统计是 CPC 付费的基础。

(3) 指标应用。

广告点击量通常反映广告的投放量。

3. 广告到达率

(1) 指标定义。

广告到达率，是指网民通过点击广告进入被推广网站的比例。

(2) 指标说明。

广告到达率的统计周期通常有小时、天、周和月等，也可以按需设定。

被统计对象包括 Flash 广告，图片广告，文字链广告，软文、邮件广告，视频广告和富媒体广告等多种广告形式。

广告到达量与广告点击量的比值称为广告到达率，广告到达量是指网民通过点击广告进入推广网站的次数。

(3) 指标应用。

广告到达率通常反映广告点击量的质量，是判断广告是否存在虚假点击的指标之一。

广告到达率也能反映广告着陆页的加载效率。

4. 广告二跳率

(1) 指标定义。

广告二跳率，是指通过点击广告进入推广网站的网民，在网站上产生了有效点击的比例。

(2) 指标说明。

广告二跳率的统计周期通常有小时、天、周和月等，也可以按需设定。

被统计对象包括 Flash 广告，图片广告，文字链广告，软文、邮件广告，视频广告和富媒体广告等多种广告形式。

广告带来的用户在着陆页面上产生的第一次有效点击称为二跳，二跳的次数即为二跳量。广告二跳量与广告到达量的比值称为二跳率。

(3) 指标应用。

广告二跳率通常反映广告带来的流量是否有效，是判断广告是否存在虚假点击的指标之一。广告二跳率也能反映着陆页面对广告用户的吸引程度。

5. 广告转化率

(1) 指标定义。

广告转化率，是指通过点击广告进入推广网站的网民形成转化的比例。

(2) 指标说明。

广告转化率的统计周期通常有小时、天、周和月等，也可以按需设定。

被统计对象包括 Flash 广告，图片广告，文字链广告，软文、邮件广告，视频广告和富媒体广告等多种广告形式。

转化是指网民的身份产生转变的标志，如网民从普通浏览者升级为注册用户或者购买用户等。转化标志一般指某些特定页面，如注册成功页、购买成功页、下载成功页等，这些页面的浏览量称为转化量。广告用户的转化量与广告到达量的比值称为广告转化率。

广告转化量的统计是进行 CPA、CPS 付费的基础。

(3) 指标应用。

广告转化率通常反映广告的直接收益。

3.5.2　广告术语和技术统计方法

1. 术语

(1) CPM(Cost per Thousand Impressions)，即每千次展示费用，根据每 1 000 个广告展示量收费。

(2) CPC (Cost per Click)，即每次点击的费用，根据广告点击量收费。

(3) CPA (Cost per Action)，即每次行动的费用，根据广告转化收费，如按每张订单、每个注册用户收费。

(4) CPS(Cost per Sale)，即按广告带来的销售额收费。

2. 技术统计方法

(1) Web 日志分析模式。

Web 日志分析模式，是指通过分析 Web 服务器日志来获取流量的来源，从而判断用户是否来自广告，并追踪广告用户在网站上进行的操作。当互联网用户在浏览器中打开某一网页时，Web服务器接受请求，在Web日志中为这个请求创建一条记录(数据一般包括页面的名称、IP地址、客户的浏览器以及日期时间戳)。

该模式采用Web日志分析，不需要额外在网站上添加代码，不易造成数据缺失。但该模式主要以服务器端数据为分析依据，而不管客户端的情况如何，容易造成数据不准确。而且当数据量较大时，很难实时分析数据。

(2) JavaScript标记模式。

JavaScript标记模式，是指通过在被统计对象网站的网页上(包括静态页面、动态页面和基于浏览器的视频播放窗口等)嵌入JavaScript监测代码的方式获取互联网用户访问被统计对象网站的信息。互联网用户使用浏览器访问被统计页面时会同时向监测服务器发送统计信息，监测服务器汇总接收到的浏览器请求数量统计被监测网站或者广告的流量数据。

JavaScript标记模式有利于获取被统计对象网站的全样本(所有被用户访问过的网页和用户在被统计对象网站上的所有访问行为)细节数据。当被统计对象网站数量和行业分布具有一定的规模后，此种模式获取的数据也可以反映互联网行业中微观状况和宏观状况。

本章小结

1. 网络营销的主要内容包括网上市场调研、网络营销策略制定、网上产品和服务策略、网上价格营销策略、网上渠道选择与直销、网上促销与网络广告等。

2. 网络营销具有跨时空、交互式、个性化、成长性、多媒体、超前性、高效性和经济性等特点。

3. 网络营销策略组合具体包括：产品策略；价格策略；渠道策略；促销策略等。

4. 网络营销常用的方法包括：网络新闻营销；论坛营销；博客营销；微博营销；搜索引擎营销；病毒式营销；数据库营销和网络事件营销等。

5. 掌握网络营销业绩的评估方法。

思考题

1. 简述网络营销的概念和特点。

2. 网络营销对传统营销的冲击体现在哪些方面?

3. 网络营销整体产品概念的五个层次是什么?

4. 简述网络新闻营销、论坛营销、博客营销、微博营销、搜索引擎营销、病毒式营销、数据库营销和网络事件营销的含义。

5. 在产品策略中哪些产品适合在网上销售?为什么?

6. 简述网络广告的形式。

7. 从中国互联网络信息中心(CNNIC)上查找文章，分析中国网民的状况。

8. 简述网络营销与市场营销的关系。

9. 上网搜索本校阳光招生网的相关资料，结合本书相关内容为阳光招生网设计一组拟发到各大论坛进行网络营销的帖子，以吸引考生访问阳光招生网，查看学院的招生资料。

第 4 章　电子商务物流管理

学习目标

1. 理解物流的概念和分类。
2. 熟悉电子商务物流的作用和特点。
3. 掌握电子商务物流的特点、运作模式和电子商务物流管理的主要内容。
4. 理解电子商务物流配送中心的管理。
5. 了解绿色物流。
6. 了解我国企业物流存在的问题。

引导案例

沃尔玛物流配送管理模式①

一、沃尔玛简介

沃尔玛百货有限公司由美国零售业的传奇人物山姆·沃尔顿先生于 1962 年在阿肯色州成立。沃尔玛是一家美国的世界性连锁企业，以营业额计算为全球最大的公司，沃尔玛主要涉足零售业，经过 40 多年的发展，沃尔玛已经成为美国最大的私人雇主和世界上最大的连锁零售商，是世界上雇员最多的企业，连续三年在美国《财富》杂志全球 500 强企业中居首。目前，沃尔玛在全球 15 个国家开设了超过 8 000 家商场，下设 53 个品牌，员工总数 210 多万人，每周光临沃尔玛的顾客 2 亿人次。随着连锁店铺数量的增加和销售额的增长，物流配送逐渐成为企业发展的"瓶颈"。1970 年沃尔玛公司在公司总部所在地——阿肯色州的班顿威尔镇建立了第一个配送中心。目前，该公司已建立 62 个配送中心为全球 4 000 多个店铺提供配送服务。沃尔玛作为世界上最大的商业零售企业，2010 年 4 月 15 日《财富》杂志公布了美国五百强企业新榜单，全球最大零售商沃尔玛取代石油巨头埃克森美孚登上榜首。

1. 物流配送中心

目前，物流的配送模式主要有商流、物流一体化的配送模式，商流、物流相分离的配送模式。而沃尔玛是属于第二个模式。位于班顿威尔的配送中心，该中心占地 81 万平方米，建

---

① 资料来源：百度文库。

筑面积11万平方米，相当于24个足球场的大小，室内净高12.5米，各种传送带总长度21千米，共有264个进货和发货用的汽车装卸口，24小时连续作业。这个配送中心主要用于生鲜食品以外的日用商品的进货、分装、储存和配送，为500千米半径内的沃尔玛购物广场和折扣店服务。

2. 配送中心的基本流程

配送中心的基本流程是供应商将商品送到配送中心后经过核对采购计划、进行商品检验等程序分别送到货架的不同位置存放。商店提出要货计划后，电脑系统立即将所需商品的存放位置查出并打出印有商店代号的标签。整包装的商品直接由货架上送往传送带，零散的商品由工作人员取出后也送到传送带上。站在传送带的上方看到各种各样的商品从四面八方汇集到一起，就像是一条商品的"河流"，经传感器对标签进行识别后自动分送到不同商店的汽车装卸口。一般情况下，商店要货的当天就可以将商品送出。

3. 配送中心的六种形式

沃尔玛共有六种形式的配送中心。第一种是"干货"配送中心，主要用于生鲜食品以外的日用商品的进货、分装、储存和配送，该公司目前这种形式的配送中心的数量很多。第二种是食品中心，包括不易变质的饮料等食品，以及易变质的生鲜食品等，需要有专门的冷藏仓储和运输设施，直接送货到店。第三种是山姆会员店配送中心，这种业态批零结合，有1/3的会员是小零售商，配送商品的内容和方式同其他业态不同，使用独立的配送中心。由于第三方配送中心的服务费用较高，沃尔玛已决定在合同期满后，用自行建立的山姆会员店配送中心取代。第四种是服装配送中心，不直接送货到店，而是分送到其他的配送中心。第五种是进口商品配送中心，为整个公司服务，主要作用是大量进口以降低进价，再根据要货情况送往其他的配送中心。第六种是退货配送中心，接收店铺因各种原因退回的商品，其中一部分退给供应商，一部分送往折扣商店，一部分就地处理，其收益主要来自出售包装箱的收入和供应商支付的手续费。

二、沃尔玛物流配送中心的运作特点

为了满足美国国内3 000多个连锁店的配送需要，沃尔玛在国内共有近3万个大型集装箱挂车，5 500辆大型货运卡车，24小时昼夜不停地作业。每年的运输总量达到77.5亿箱，总行程6.5亿公里。合理调度如此规模的商品采购、库存、物流和销售管理离不开高科技的手段。沃尔玛建立了专门的电脑管理系统、卫星定位系统和电视调度系统，拥有世界第一流的先进技术。沃尔玛总部只是一座普通的平房，但与其相连的计算机控制中心却是一座外貌形同体育馆的庞然大物，公司的计算机系统规模在美国仅次于五角大楼（美国国防部）甚至超过了联邦航天局。全球4 000多个店铺的销售、订货、库存情况可以随时调出查阅。公司同休斯敦公司合作发射了专用卫星用于全球店铺的信息传送与运输车辆的定位及联络。公司5 500辆运输卡车，全部装备了卫星定位系统，每辆车在什么位置、装载什么货物、目的地是什么地方，总部一目了然，可以合理安排运量和路程，最大限度地发挥运输潜力，避免浪费，降低成本，提高效率。

1. 沃尔玛配送中心采用的作业方式

配送中心的一端是装货的月台，另外一端是卸货的月台，两项作业分开。看似与装卸一起的方式没有什么区别，但是运作效率由此提高很多。配送中心就是一个大型的仓库，但是概念上与仓库有所区别。

商品在配送中心停留不超过48小时，沃尔玛要卖的产品有几万个品种，吃、穿、住、用、行各方面都有。尤其像食品、快速消费品这些商品的停留时间直接影响到使用。

每家店每天送1次货(竞争对手每5天1次)，至少一天送货一次意味着可以减少商店或者零售店里的库存。这就使得零售场地和人力管理成本都大大降低。要达到这样的目标就要通过不断的完善组织结构，使得建立一种运作模式能够满足这样的需求。

2. 与供应商共赢

沃尔玛降低配送成本的另外一个方法就是与供应商一起来分担。供货商可以送货到沃尔玛的配送中心，也可以直接送到商店当中，这两者进行比较，如果供货商采用集中式的配送方式，就可以节省很多钱，而供货商就可以把省下来的这部分利润让利于消费者。而且这样做，这些供货商可以为沃尔玛分担一些建立配送中心的费用。所有这些做法的最终目的都是为向消费者进行让利。通过这样的方法，沃尔玛就从整个供应链中将这笔配送中心的成本费用节省下来，实现了低投入、高产出。

3. 沃尔玛完善的补货系统

沃尔玛为每一个商店都建有一个补货系统。它使得沃尔玛在任何一个时间点都可以知道现在这个商店当中有多少货品、有多少货品正在运输过程当中、有多少货品是在配送中心等。同时它也使沃尔玛可以了解某种货品前一周卖了多少、去年卖了多少，而且可以预测沃尔玛将来可以卖多少这种货品。商店当中所有的产品都要有一个统一的产品代码，这是非常重要的，因为可以对它进行扫描，可以对它进行阅读。在沃尔玛所有的商店当中，都不需要用纸张来处理订单，实现了无纸办公。

4. 建立开放式的平台

沃尔玛每一个星期可以处理120万箱的产品。由于沃尔玛的商店众多，每个商店的需求各不相同，这个商店也许需要这样，那个商店可能又需要另一样。沃尔玛的配送中心能够根据商店的需要，自动把产品分类放入不同的箱子当中。沃尔玛所有的系统都是基于Unix系统的一个配送系统，这是一个非常大的开放式的平台，不但采用传送带，还采用产品代码，以及自动补货系统和激光识别系统，这样，员工可以在传送带上就取到自己所负责的商店所需的商品。由于供应链中的各个环节都可以使用这个平台，因此节省了拣选成本。

三、沃尔玛配送管理的经验和启示

沃尔玛给人们留下印象最深刻的是它的一整套先进、高效的物流和供应链管理系统。沃尔玛在全球各地的配送中心、连锁店、仓储库房、货物运输车辆和合作伙伴(如供应商等)，都被这一系统集中、有效地管理和优化，形成了一个灵活、高效的产品生产、配送和销售网络。为此，沃尔玛甚至不惜重金，专门购置物流卫星来保证这一网络的信息传递。

我国企业在构建全国范围内的供应链管理系统时，同样会遇到经验、人员、资金上的困难，更多的情况是面临着国内企业基础管理较弱、整体信息化程度不高的问题。在“沃尔玛现象”而引发的全球物流与供应链管理建设潮流中，我国逐步成为世界的制造中心，正在迎来一个物流管理与供应链管理发展的好机遇。

理论与实务

4.1 物流概述

纵观当今人类社会，它主要由政治、经济和文化三部分架构而成，而构成经济的要素就是生产和消费，或者叫供应和需求，这也是经济学研究的主要问题，而连接供需的是商品流通，有了商品流通才有了经济的发展，才有了市场的繁荣，才有了人民群众丰富多彩的物质文化生活。支撑商品流通的主要技术和系统就是物流。如图 4-1 所示展示了物流在国民经济中的地位。

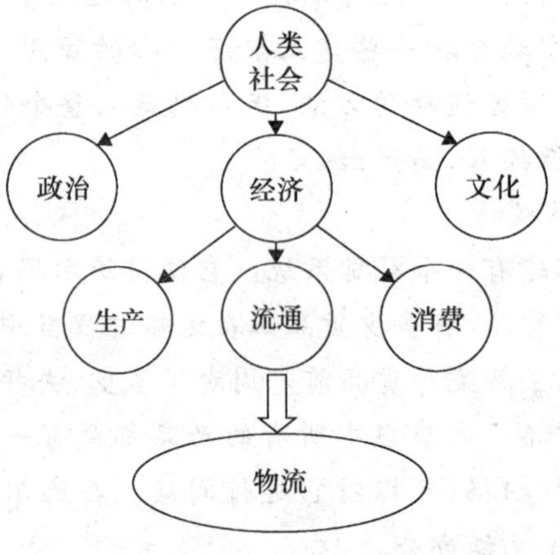

图 4-1　物流在国民经济中的地位

4.1.1　物流的概念、产生与演变

1. “物流”一词的起源

在第二次世界大战期间，围绕战争供应，美国军队研究并应用后勤管理理论，实现对军火等战争物资的运输、补给、屯驻等的全面管理，取得了很好的效果。“二战”后，后勤管理逐渐形成了单独的管理科学，“后勤”一词在企业中广泛应用。人们注意到，这时后勤（Logistics）一词已经不仅仅是军事上的含义了，它包含了生产过程和流通过程的物的流动，因而是一个包含范围广泛的物流概念。

2. 物流的定义

关于“物流”的概念，不同的国家、不同的机构、不同的时期有所不同。

美国物流管理协会关于“物流”的定义是：物流是对货物、服务及相关信息从供应地到消费地的有效率、有效益的流动和储存进行计划、执行和控制，以满足客户需求的过程。

我国 2001 年颁布的《中华人民共和国国家标准物流术语》中对“物流”的定义是：物品从供应地向接收地的实体流动过程。根据实际需要，将运输、储存、装卸、搬运、包装、流通加工、配送、信息处理等基本功能实现有机结合。

3. 物流的功能

一般认为，物流活动由物资运输、仓储、装卸、包装、流通加工、配送、物流信息处理等项工作构成。上述构成也常被称为“物流活动的基本功能”。

4. 增值性的物流服务功能

除了传统的物流服务外，电子商务还具有增值性的物流服务。增值性的物流服务功能包括以下四层含义和内容：(1) 增加便利性的服务功能，如代办；(2) 加快反应速度的服务功能，如渠道整合；(3) 降低成本的服务功能，如第三方物流；(4) 延伸服务功能，如调查、培训。

4.1.2　物流的分类

1. 按照物流活动的范围分

按照物流活动涉及的空间和范围的不同，物流可分为国际物流和区域物流。

(1) 国际物流。

国际物流是现代物流系统发展快、规模大的一个物流领域，国际物流是伴随和支撑国际经济交往、贸易活动和其他国际交流所发生的物流活动。

(2) 区域物流。

相对于国际物流而言，一个国家范围内的物流、一个城市的物流和一个经济区域的物流称为区域物流。

2. 按照物流系统性质分

按照物流系统的性质，物流可分为社会物流、行业物流和企业物流三大类。

(1) 社会物流。

社会物流，是指超越一家一户的以一个社会为范畴面向社会为目的的物流。

(2) 行业物流。

顾名思义，在一个行业内部发生的物流活动被称为行业物流。

(3) 企业物流。

企业物流是从企业角度研究与之有关的物流活动，是具体的、微观的物流。企业物流可细分为企业生产物流、企业供应物流、企业销售物流、企业回收物流、企业废弃物物流。

3. 按照在企业生产过程中的作用分

按照在企业生产过程的不同阶段中物流所起的作用，物流可分为以下五种类型。

(1) 供应物流。

供应物流，是指企业生产过程中专管生产物资供应的物流。

(2) 销售物流。

销售物流，是指专门负责企业产品销售的物流。

(3) 生产物流。

生产物流，是指企业生产过程中需要的物资运输的物流。例如，一个企业由若干个分布在不同地区的分厂组成，每个分厂只生产一个或者几个配件或者组件，这些分厂生产的组件运输到一个指定的生产总厂组装成一个完整的产品，总厂和分厂之间的物流就是生产物流。

(4) 回收物流。

回收物流，是指专门从事企业物品回收的物流，这些物品在企业生产过程中还会作为原料重复使用。

(5) 废弃物流。

废弃物流，是指专门从事企业废弃不用的物品回收的物流。

4. 按照实际物流承担方的不同分

按照实际物流承担方的不同，物流可分为第一方物流、第二方物流、第三方物流、第四方物流和第五方物流。

(1) 第一方物流。

第一方物流(the First Party Logistics, 1PL),是指由物资提供方自己承担向物资需求方送货的任务,以实现物资的空间位移的过程。

(2) 第二方物流。

第二方物流(the Second Party Logistics, 2PL),是指由物资需求方自己解决所需物资的物流问题,以实现物资的空间位移。

(3) 第三方物流。

第三方物流(the Third Party Logistics, 3PL),是指由物资流动的提供方和需求方之外的第三方去完成物流服务的运作方式。第三方物流是物流专业化分工的产物。独立的第三方物流至少占到社会的50%左右。

采用第三方物流的好处体现在以下七个方面。

① 企业可以集中精力处理其熟悉的核心业务。

② 企业可以取回从前在物流活动中的固定资产的投入。

③ 从事第三方物流的企业能够提供更多相关服务,如环保、搬运包装物的多次利用等。

④ 企业可以节省费用,由于第三方物流企业处理的物流量大,有能力投资大型的物流设施,且保持较低的物流费用。

⑤ 企业可以增加管理自己核心业务的灵活性。

⑥ 第三方物流企业在从事物流业务中拥有丰富的经验,并能够承担相应的责任。

⑦ 物流的服务质量因专业化分工而得到极大的提高。

(4) 第四方物流。

随着信息技术和计算机网络技术的发展,在物流行业中必然会出现凭借对物流信息和知识的拥有而从事物流服务的行业,这就是所谓的“第四方物流”(the Forth Party Logistics, 4PL)。现在人们所说的第四方物流,是指从事物流服务业务的社会组织不需要自己直接具备承担物资物理移动的能力,而是借助于自己所拥有的信息技术和实现物流的充分的需求和供给信息,并加上对于物流运作胜人一筹的理解所开展的物流服务。这种业务与现有的货运代理业务十分相像,故也可以称为物流代理业务。

物流业务代理企业根据其业务范围,分为综合性物流代理企业和功能性物流代理企业。功能性物流代理企业包括运输代理企业(即货代公司)、仓储代理企业(即仓代公司)和流通加工代理企业等。青岛开发区保税区中的大部分物流企业就是以货物进出口代理服务为主的物流企业。

(5) 第五方物流的提法。

关于“第五方物流”(the Fifth Party Logistics, 5PL)的提法目前还不多,还没能形成完整而系统的认识。有人认为它是从事物流人才培训的一方,也有人认为它应该是专门为其余四方提供信息支持的一方,是为供应链物流系统优化、供应链资本运作等提供全程物流解决方案服务的一方。

5. 按照物流对象的特殊性分

按照物流对象的特殊性,物流可分为一般物流和特殊物流。

（1）一般物流。

一般物流，是指从事一般商品运输的物流，所以又可以称为大众物流。

（2）特殊物流。

特殊物流，是指带有特殊制约因素、应用领域、管理方式、劳动对象、机械装备特点的物流。如危险品、易燃、易爆、易腐蚀、剧毒、易变质物品物流，或是对速度、条件有特殊要求的物流，如文件、贵重物品、动植物运输等。

4.2　电子商务物流

电子商务物流，是指物流配送企业采用网络化的计算机技术、现代化的硬件设备和软件系统，以及先进的管理手段，严格守信地按照用户的订货要求进行一系列分类、编配、整理、分工、配货等工作，定时、定点、定量地将货物交付给没有范围限制的各类用户的过程。

4.2.1　物流与电子商务的关系

在电子商务与物流管理的关系中，是电子商务改变物流，还是物流影响电子商务的发展？从辩证的角度看，物流将会影响电子商务的发展，但最终将会是电子商务改变物流，而物流管理体系的完善将会进一步推动电子商务的发展。换言之，电子商务是信息传播的保证，而物流则是执行的保证，没有物流，电子商务只是一张空头支票，同时，电子商务的发展也对物流产生积极的推动作用。

1. 物流管理在电子商务的全过程中占据越来越重要的地位

电子商务是20世纪信息化、网络化的产物，由于其自身的特点已广泛引起了人们的注意，但是人们对电子商务所涵盖的范围却没有统一的、规范的认识。和传统的商务过程一样，电子商务中的任何一笔交易都包含着四种基本“流”，即信息流、商流、资金流和物流。在电子商务条件下，前面三种“流”的管理过程都可以通过计算机和网络通信设备实现。物流作为四“流”中最为特殊的一种，是指物质实体（商品或者服务）的流动过程，包含运输、储存、配送、装卸、保管、物流信息管理等各种活动，而实体流的过程必然涉及渠道的物流管理。

2. 现代化的物流是实施电子商务的根本保证

长期以来，我国电子商务的最大障碍，从根本上讲，就是一个物流与信息流、商流、资金流严重脱节的问题。目前的电子商务只能是靠网络订货，靠物流体系送货。而将商品及时地配送到用户手中，完成商品的空间转移（物流）才标志着电子商务过程的结束。因此，物流系统的效率高低是电子商务成功与否的关键，建立现代化物流是实施电子商务的根本保证。

第一，物流保障生产，生产保障产品，商品保障电子商务。无论是在传统的贸易方式下，还是在电子商务下，生产都是商品流通之本，而生产的顺利进行需要各类物流活动的支持。生产的全过程从原材料的采购开始，就要求有相应的供应物流活动来保障采购材料及时到位，生产才能顺利进行，有了足够的产品才能保障电子商务的开展。相反，现代化物流的发展滞后，现代生产的全过程将难以顺利进行，便捷的电子商务贸易形式也将是无米之炊。

第二，物流是实现“以顾客为中心”理念的根本保证。电子商务的出现，最大程度上方便了最终消费者，在电子商务环境下，顾客只要坐在家里，便可以在互联网上搜索、查看、挑选，完成购物的过程。物流是电子商务中实现以“以顾客为中心”理念的最终保证，缺少了现代化的物流技术，消费者所购的商品迟迟不能送到，或者所送的商品并非自己所购，消费者必然会回复到传统的购物方式，那么网上购物就难以发展。

第三，物流服务于商流。在商流活动中，商品所有权在购销合同签订的那一刻起便由供方转移到需方，而商品实体并没有因此而移动。在电子商务下，消费者通过上网购物，完成了商品所有权的交割过程，即商流过程。但电子商务的活动并未结束，只有商品和服务真正转移到消费者手中，商务活动才算终结。在整个电子商务的交易过程中，物流实际上是以商流的后续者和服务者的身份出现的。没有现代化的物流，商流活动仍将是传统的买卖方式。

综上所述，物流是电子商务的重要组成部分和根本保证。我们必须大力发展现代化物流，以进一步推广电子商务。

3. 电子商务促进物流技术的大发展

所谓物流技术，是指完成物流任务所必须采用的最有效的方式方法。也就是说，物流技术是各种流通物资从生产者转移给消费者时，实现各种流通形态的停顿与流动功能所需要的材料、机械、设施等硬件环境，以及计划、运用、评价等软件技术。

随着商品库存的积压带来巨大的商业风险，零库存物流技术也就应运而生了。零库存商业系统的实施必须依托以下三个条件。首先必须有一个能够准确、快速反映市场需求的信息系统。其次必须有一个能够根据所获得的市场信息进行生产调节或者采购的快速柔性生产系统。最后，还必须有一个货物快速配送系统。零库存概念的提出似乎使物流技术的发展遇到了难以解决的矛盾，但电子商务的出现使这个矛盾得到解决，使物流技术进入一个崭新的时代。

电子商务是一种新型的基于互联网技术的商业活动的形式。电子商务实现了在全世界范围内用互联网技术以电子方式进行物品与服务的交换。电子商务所完成的功能不仅仅是订货和支付，实际上，电子商务扩展了从生产到消费的整个商务过程。电子商务包括企业内部网、企业内部网同互联网的连接应用系统。电子商务应用系统是客户访问的入口，用户通过互联网，可以在这个系统上查看产品目录，翻阅产品资料，还可以通过电子订单系统下单和通过电子支付系统结算。

随着电子商务的发展，企业不必再花费巨资进行产品信息采集，企业决策层根据这些信息适时调整生产计划，适时生产适销对路的产品，客户就可以通过电子商务系统订货，即时反馈到企业，企业立即组织生产，最后通过配送系统即时送到用户手中。这样，企业就以少的投入实现了产品的零库存生产过程。

随着计算机技术的不断普及，网络技术的不断完善，电子商务势必取得长足的发展和应用，物流管理也将实现真正意义上的"货畅其流"。

4. 电子商务促使企业重新认识物流过程，明确物流管理目标，进一步形成供应链管理

有了完善的网络技术和电子商务长足发展等前提条件，企业建立竞争优势的关键已经由节约原材料的"第一利润源泉"和提高劳动生产率的"第二利润源泉"，转向建立高效的物流一体化的"第三利润源泉"。此时的物流管理应是以生产企业为起点，经由物流企业、销售企业直至消费者的整个供应链系统化的一体化物流过程，其管理目标是通过各个环节的密切配合，对产品进行适时适地的递送，实现最佳客户服务与最低配送成本的组合。因此，物流管理的内涵得到了延伸。

4.2.2 电子商务物流的特点

电子商务物流是电子商务条件下的物流，也是电子化、网络化、信息化的物流。与传统物流相比，电子商务物流具有以下特点。

1. 信息化

(1) 物流信息收集的数据库化和代码化。

(2) 物流信息处理的电子化和计算机化。

(3) 物流信息传递的标准化和实时化。

(4) 物流信息存储的数字化。

(5) 物流信息自身的商品化。

2. 自动化

(1) 自动化的基础是信息化。

(2) 自动化的核心是机电一体化。

(3) 自动化的外在表现是无人化。

(4) 自动化的效果是扩大物流作业能力,提高劳动生产率,减少物流作业的差错等。

3. 网络化

(1) 外部网络化。

物流系统的计算机网络包括物流中心与上游供应商或者制造商联系的计算机网络,与下游顾客之间联系的计算机网络。

(2) 内部网络化。

即建立物流组织的内部网。管理电子化、网络化,整合企业内部流程。更重要的是,通过内部网的建设,实现物流实体的网络化布局与管理。

4. 智能化

智能化是物流信息化、自动化的一种高层次应用,物流作业过程大量的运筹和决策都需要知识决策系统,即物流的智能化。

5. 柔性化

柔性化表现在物流装载工具的可调节性、伸缩性、适应性,具体体现在:

(1) 工装夹具设计的可调节性;

(2) 托盘与包装箱设计统一和标准化;

(3) 生产线节拍无级变化;

(4) 柔性拼盘管理,即实现装载货物的柔性拼装。

6. 虚拟化

(1) 虚拟物流又称仿真物流,是虚拟制造系统的组成部分。如在建设生产流水线之前,总要在计算机上先模拟运行,这时就需要虚拟物流的配合,以测试生产流水线各部分协调运转的情况,使生产流水线建设方案达到最优。

(2) 通过对物流调度方案的在线虚拟运作,寻找最优的配送方案,借助全球定位系统,实现社会大物流的动态调度、动态储存、动态运输,达到降低运输成本的目的。

4.2.3 电子商务物流模式

1. 企业自营物流模式

电子商务企业自身经营物流,称为自营物流。以下三种情况适合企业自己建立和运营物流。

(1) 业务集中在企业所在城市,送货方式比较单一。由于业务范围不广,企业独立组织配送所耗费的人力不是很大,所涉及的配送设备也仅仅限于汽车以及人力而已,故如果交由其他的企业处理，反而浪费时间，增加配送成本。

(2) 拥有覆盖面很广的代理店、分销店、连锁店，而企业业务又集中在其覆盖范围内。这样的企业一般是从传统产业转型或者依然拥有传统产业经营业务的企业，如电脑生产商、家电企业等。

(3) 对于一些规模比较大、资金比较雄厚、货物配送量巨大的企业来说，投入资金建立自己的配送系统、掌握物流配送的主动权也是一种战略选择。如亚马逊网站已经斥巨资建立遍布美国重要城市的配送中心，准备将主动权牢牢地掌握在自己手中。

2. 借助传统流通渠道

对于已经开展传统商务的企业，可以建立基于网络的电子商务销售系统，同时也可以利用原有的物流渠道承担电子商务的物流业务。传统流通渠道在电子商务环境下依然有其不可替代的优势，首先是传统商业历史悠久，有良好的顾客基础，已经形成的品牌效应在很大程度上是配送信用的保证。其次是那些具有一定规模的连锁店、加盟经营店使准确及时在全国范围内配送成为可能。另外，由于传统渠道本身也存在商品配送的任务，如果网站把商品配送任务交给传统流通渠道来解决，可以充分利用一些闲置的仓储、运输资源，相对于使用全新的系统，其成本降低了。

3. 物流企业联盟模式

物流企业联盟，是指在物流方面通过签署合同形成优势互补、要素双向或者多向流动、相互信任、共担风险、共享收益的物流伙伴关系。企业之间不完全采取导致自身利益最大化的行为，也不完全采取导致共同利益最大化的行为。一般来说，组成物流联盟的企业之间具有很强的依赖性，物流联盟的各个组成企业明确自身在整个物流企业联盟中的优势以及担当的角色，内部的对抗和冲突减少，分工明晰，使供应商把注意力集中在提供客户指定的服务上，最终提高了企业的竞争能力和竞争效率，满足企业跨地区、全方位物流服务的要求。

4. 第三方物流模式

第三方物流是20世纪80年代中期欧美提出的。在1988年美国物流管理委员会的面向客户服务调查中，首次提到“第三方服务提供者”一词。第三方，是指提供部分或者全部物流功能服务的一个外部提供者，是物流专业化和社会化的一种形式。

5. 第四方物流

第四方物流相当于第三方物流的管理中心，通过第四方物流这一中心，将第三方物流和技术服务供应商结合起来，充当了管理和指导多个第三方物流的角色。也就是说，第四方物流是在第三方物流的基础上对管理和技术等物流资源进行进一步整合，为客户提供全面意义上的供应链物流解决方案。

4.3 电子商务物流管理的主要内容

电子商务物流管理涉及的主要内容有物流系统、物流过程、物流技术、物流管理系统，目的在于降低物流成本，提高物流质量和物流标准化程度。

4.3.1 电子商务物流系统

1. 电子商务物流系统的概念

电子商务物流系统，是指在一定的空间内，由所有需位移的物资与包装设备、装运搬运机械、运输工具、仓储设备、人员和通信联系设施等若干相互制约的动态要素所构成的具有特定功能的有机整体。

2. 电子商务物流系统的构成

电子商务物流系统的构成包括：(1) 物流配送中心；(2) 物流信息网络；(3) 物流运输网络；(4) 物流仓储；(5) 客户服务和管理系统。

3. 电子商务物流系统的组织和管理

电子商务物流系统管理的内容十分广泛，根据电子商务物流系统管理的特点，可分为物流业务管理和物流技术管理两大方面。

(1) 物流业务管理，包括物流的计划管理、物流经济活动管理、物流的人才管理和物流过程管理。

(2) 物流技术管理，包括物流硬技术及其管理、物流软技术及其管理。

4.3.2 电子商务物流过程

电子商务物流过程包括运输、保管、装卸、包装与流通加工以及与其相联系的物流信息处理。它们相互联系，构成物流系统的功能组成要素。我们可以分别把这五个过程称为：(1) 电子商务的起点——商品包装；(2) 电子商务的动脉——商品运输；(3) 电子商务的中心——商品保管；(4) 电子商务的接点——商品装卸；(5) 电子商务的中枢神经——物流信息。

4.3.3 电子商务物流技术

电子商务物流技术，是指与物流要素活动有关的所有专业技术的总称。电子商务物流技术主要包括以下五项技术。

1. 条码技术及应用

条码技术及应用的目的在于使物品管理标准化、物品识别自动化。条码标准包括：通用商品条码(EAN-13)，适用于单个大件商品标准箱上；交叉二五码条码，适用于定量储运单元包装箱上；贸易单元128条码，适用于标识贸易单元信息，如产品批号、数量、规格、生产日期、有效期、交货地等。

2. EDI技术及应用

EDI技术，是指各种商业文件按照规定的、统一的标准格式进行书写，利用计算机软件、硬件、通信设施进行传输，实现商家之间的商务信息交流，俗称无纸贸易，最早用于进出口业务。

3. 射频技术及应用

射频技术的原理是电磁理论，是一种新的商品或者包装的识别技术，其最大特点是通过非接触式实现数据采集和交换，适用于商品或者运载工具的跟踪服务技术。

4. GIS技术及应用

GIS技术是GIS地理信息系统的简称，主要用于基于地图系统的物流管理，如与GPS结合可以随时知道车辆或者商品的所在地理位置。

5. GPS技术及应用

GPS是全球定位系统的简称，主要用于运输工具的定位和跟踪。

4.3.4 电子商务物流管理及其核心内容

1. 电子商务物流管理的含义

电子商务物流管理，是指为了以最低的物流成本达到客户满意的服务水平，对物流活动进行的计划、组织、协调与控制，即物流管理是对原材料、半成品和成品等物料在企业内外流动的全过程所进行的计划、实施、控制等活动。

2. 电子商务物流管理信息系统

电子商务物流管理信息系统是一个由人和计算机网络等组成的能进行物流相关信息的收集、传送、储存、加工、维护和使用的系统。由于电子商务物流是信息网络和传统物流的有机结合，物流企业本身正以崭新的模块化方式进行要素重组，所以，电子商务不仅是一个管理系统，更是一个网络化、智能化和社会化的系统。

3. 电子商务物流管理的核心内容

(1) 电子商务物流成本管理。

电子商务物流成本管理是对物流相关费用进行的计划、协调与控制。电子商务物流成本管理是通过成本去管理物流，即管理的对象是物流而不是成本。电子商务物流成本管理可以说是以成本为手段的物流管理方法。

(2) 电子商务物流质量管理。

电子商务物流质量管理，是指科学运用先进的质量管理方法、手段，以质量为中心，对物流全过程进行系统管理，包括保证和提高物流产品质量和工作质量而进行的计划、组织、控制等各项工作。

电子商务物流质量的概念既包含物流对象的质量，又包含物流手段、物流方法的质量，还包含工作质量，因而是一种全面的质量观。

(3) 电子商务物流库存管理。

电子商务物流库存管理，是指在物流过程中商品数量的管理。过去认为仓库里的商品多，表明企业发达、兴隆，现在则认为零库存是最好的库存管理。库存多，占用资金多，利息负担加重。但是如果过分降低库存，则会出现断档。

(4) 电子商务物流信息管理。

电子商务物流信息管理，是指运用计划、组织、指挥、协调、控制等基本职能对物流信息收集、检索、研究、报道、交流和提供服务的过程，并有效地运用人力、物力和财力等基本要素以期达到物流管理的总体目标的活动。

(5) 物流标准化。

物流标准化，是指以物流为一个大系统，制定系统内部设施、机械装备(包括专用工具)等的技术标准，包装、仓储、装卸、运输等各类作业标准，以及作为现代物流突出特征的物流信息标准，并形成全国以及和国际接轨的标准化体系。

4.4 电子商务物流配送中心

配送中心是实现物流管理的重要环节，本节主要介绍配送中心的概念、类型、流程、库存控制，以及配送中心的电子化管理等内容。

4.4.1 物流配送中心的概念

1. 物流配送中心的定义

2001 年颁布的《中华人民共和国国家标准物流术语》中对“物流配送中心”的定义是：“从事物流活动的场所或组织，应基本符合以下要求：主要面向社会服务；物流功能健全；完善的信息网络；辐射范围大；少品种、大批量；存储、吞吐能力强；物流业务统一经营、管理。”

2. 一般物流配送中心的功能

一般物流配送中心应当具备以下功能。

(1) 仓储保管功能，即对待售商品、已售商品具有临时储存的能力。

(2) 配送功能，即对售出商品实施配送服务，送到客户手中。

(3) 流通加工功能，即对大宗商品具备简单的加工能力，如把大包装换成小包装等。

(4) 信息提供功能，即对库存商品、在途商品、运输工具、中心人员等状况提供即时信息服务，保证客户及时了解所购商品的动态。

3. 电子商务物流配送中心的特点

电子商务物流配送中心不同于一般的物流配送中心，对它的要求更高，其表现出的特点更鲜明。

(1) 配送反应速度快，以适应电子商务速度快的特性。

(2) 配送功能集成化，要完成物流配送的全过程，实行一站式服务。

(3) 配送服务系列化，配送服务分系列进行规范化运作。

(4) 配送作业规模化，配送作业实施规模化运作，以保证有好的效益。

(5) 配送目标系统化，从订货、采购、仓储、配送和客户服务采用系统化服务，全方位满足用户需求。

(6) 配送手段现代化，一是采用现代化的运输工具，二是采用现代信息技术，提高配送手段的现代化水平，满足管理和客户服务的需要。

(7) 配送组织网络化，配送地点和配送机构的设置采用网络化布局，满足快速、高效配送的目标。

(8) 配送经营市场化，用市场化方式进行配送经营管理，经济效益与付出的劳动挂钩，提高各方面人员的积极性。

(9) 配送流程自动化，尽可能采用自动化、无人化的配送管理，提高配送效率，如仓储管理全自动化、立体化管理，只需一条指令就可以实现物品的存储或者出仓。

(10) 配送管理法制化，坚持依法办事，在法律允许的范围内从事配送管理，尽可能避免出现法律纠纷。

4.4.2 电子商务物流配送中心的类型

1. 电子商务物流配送中心的运作类型

电子商务物流配送中心按照运营主体的不同，大致有以下四种类型。

(1) 以制造商为主体的配送中心，如海尔集团公司自建的配送中心。

(2) 以批发商为主体的配送中心，如山东省青岛开发区前湾港的矿石批发商自建的配送中心。

(3) 以零售商为主体的配送中心，如沃尔玛的配送中心。

(4) 以仓储运输业者为主体的配送中心，如一些大型港口专门从事进出口商品服务的物流公司。

2. 电子商务物流配送中心的运作模式

从物流配送采用的模式上来看有以下三种主要类型。

(1) 集货型配送模式，其特点是一批货装若干车来运输。

(2) 散货型配送模式,其特点是一车装若干种商品。

(3) 混合型配送模式,含有以上两种模式。

4.4.3 电子商务物流配送中心的流程

电子商务物流配送中心的流程一般分为以下五步。

(1) 订单处理,即收取订单、查询库存、确认供货、了解资信。收到订单后,检查库存是否有足够的商品发给客户,同时还要对客户的资质进行确认,除列在企业黑名单的客户以外,均可供货。

(2) 进货,检查库存缺货时需要采购补货,对采购的商品进行验收、分拣、存储,以备向客户供货。

(3) 理货与配货,对要发出的货物,按目的地进行配货,按需包装。同时要考虑尽可能把送货车辆装满,以节省运输成本。

(4) 出货,商品装车,并配送到客户手中。

(5) 会计作业,进行财务结算,结清货款。

具体的电子商务物流配送中心的流程如图 4-2 所示。

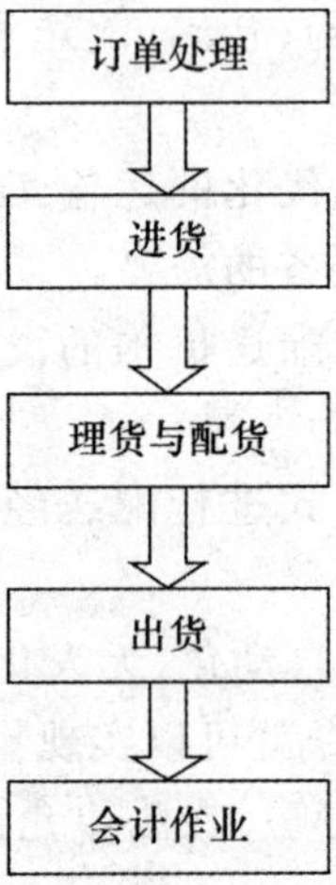

图 4-2 电子商务物流配送中心的流程

4.4.4 电子商务物流配送中心的库存控制

1. 电子商务物流配送中心库存的重要性

电子商务物流配送中心的库存是配送中心费用的主要来源,同时也是其提高服务水平的保证。电子商务物流配送中心进行物流活动时,库存管理是重要的环节和要素。库存管理的任务是把库存控制到最佳数量,尽量少用人力、物力、财力的耗费。同时,还要把库存管理好,为客户提供最大的供给保证。

2. 电子商务物流配送中心库存管理的任务

库存管理的主要任务可以概括为以下三点:(1) 降低成本;(2) 提高库存保证程度;(3) 快速供应。

3. 电子商务物流配送中心库存控制的内容与方法

库存控制要解决两个问题。一是合理库存的确定。库存商品太多,占用资金太多,企业付出的成本就高。反之,库存商品太少,必然会影响响应客户订货的速度,降低服务质量,影响企业的信誉。所以,确定合理的库存显得尤为重要,既要满足客户需求又不占用过多的企业资金,确定合理的库存需要考虑每日的商品需求量、商品价值、库存能力、运输距离和成本等因素。二是经济订货批量的确定。一次订货量太少,不能装满运输车辆,必然会增加运输成本。如果一次订货量太多,车辆装满了,因不能及时销售出去会造成库存积压,长期占用资金,也同样造成损失。确定合理的订货批量,可以减少企业的损失,提高经济效益。合理的订货批量数据可以用专用的数学工具来计算所得,这里不再赘述。

4. 电子商务物流配送中心的库存管理制度

(1) 定量订货管理制度。

(2) 定期订货管理制度。

(3) 准时制和看板管理。

4.4.5 电子商务物流配送中心的管理

电子商务物流配送中心的管理是通过物流配送中心管理组织,应用管理的基本原理和科学方法,对其整体经营活动进行计划、组织、指挥、协调、控制和监督,使各项活动实现最佳的协调和配合,以降低企业物流成本,提高物流效率和经济效益。

1. 电子商务物流配送中心管理的内容

(1) 收货管理,即订货、验货管理。

(2) 存货管理,即库存管理。

(3) 发货管理,即出货、配货、理货和装货管理。

(4) 信息管理,即货物收、发、存以及财务信息管理。

(5) 财务管理,即进出账务处理。

2. 电子商务物流配送中心管理的目标

(1) 服务性目标,即不断货、无货损。

(2) 速送性目标,即快速送达,信守承诺。

(3) 空间节约利用目标,即有效地利用土地,合理地安排储存。

(4) 规模优化目标,即集中与分散相结合,保证运输设备得到充分利用。

3. 电子商务物流配送中心的岗位设置

(1) 采购或者进货管理组,专门负责采购、进货、验货管理。

(2) 储存管理组,专门负责出入库和库存管理。

(3) 加工管理组,负责流通加工,如大包装换成小包装等。

(4) 运输组,专门负责运输车辆、司机和任务调度的管理。

(5) 配货组,根据用户订单和目的地进行车辆配货管理。

(6) 业务管理组或者服务组,为各业务组提供后勤保障和服务。

(7) 账务管理组,专门处理来往账务管理。

(8) 退货与坏货作业组,专门负责售后服务。

4. 订单处理

电子商务物流配送中心收到客户的订单后,进行处理的主要工作内容如下。

(1) 检查订单是否全部有效,即信息是否完全、准确。

(2) 信用部门审查顾客的信誉。

(3) 市场销售部门把销售额计入有关销售人员的账目。

(4) 会计部门记录有关的账目。

(5) 库存管理部门选择和通知距离顾客最近的仓库，分拣顾客的订单，包装备运，并及时登记企业的库存控制总账，扣减库存，同时将货物以及搬运单交运输商。

(6) 运输部门安排货物运输，将货物从仓库发运到发货地点，并完成收货确认（即签收）。

5. 送货与退货处理

(1) 送货。

电子商务物流配送中心在拣选工作完成后，对货物进行出货检查，然后交给本企业的配送部门或者第三方物流企业，送货上门，由用户签收后完成送货任务。

(2) 退货。

退货处理是配送服务中的一项任务。凡同意用户退货处理的事务，均可以按照退货程序进行退货的处理。

6. 电子商务物流配送中心的成本控制

(1) 电子商务物流配送中心尽可能减少各个环节，以节省配送成本。

(2) 采购成本控制，严格控制成本是降低商品价格的基础，电子商务物流配送中心可以通过批量订货、批量运输等手段来降低采购成本。

(3) 配送成本的控制：① 加强配送的计划性；② 确定合理的配送路线；③ 进行合理的车辆配载。

7. 设备管理

(1) 基础硬件设备管理，包括仓库、运输设备、加工设备、建筑物和水电暖设施等。

(2) 信息设备管理，包括机房、各类数据库服务器、网站服务器、网络设备和空调设备等。

(3) 全面实现计算机管理。

① 计算机应用应当覆盖电子商务物流配送中心的主要业务。计算机管理要配套，应当覆盖储运业务的主要环节。

② 计算机是辅助决策的有效工具。由于计算机的运算速度快、信息容量大，加上信息可在网络上传输，所以在经济管理中的作用越来越大，被广泛运用于各种业务的管理，也可以进行网上交易。

4.5 绿色物流和我国企业物流存在的问题

可持续发展是我国的基本国策，做任何工作都要考虑节能、环保问题，电子商务物流环节也要考虑可持续发展问题，勤俭节约，避免浪费。

4.5.1 绿色物流

1. 绿色物流的理论基础

(1) 可持续发展理论。

按照世界环境和发展委员会在《我们共同的未来》中的表述，即可持续发展“既满足当代人的需要，又对后代人满足其需要的能力不构成危害的发展”。具体来说，就是谋求经济、社会与自然环境的协调发展，维持新的平衡，制衡出现的环境恶化和环境污染，控制重大自然灾害的发生。

(2) 生态经济学理论。

生态经济学是通过对生态系统中的自然再生产过程的解析，同时研究经济系统中经济再生产的作用机理和运动规律，亦即从复合成生态经济系统的各种因素(条件)的解析，以及对该系统的综合性研究这两方面出发，探索持续提高人类社会发展的途径，并用于具体指导经济发展的一门科学。

简言之，生态经济学就是研究生态经济复合系统的运行机制，从而寻求提高整个社会经济可持续发展原理和方法的科学。

(3) 生态伦理学理论。

有专家认为，生态伦理学一种新的发展理论与规范。生态伦理学是20世纪70年代以来兴起的一门具有跨学科性、综合性的哲学学科。它以现代生态科学和伦理学为理论基础，以系统科学和社会学等为研究方法，以人和自然复杂的相互作用、价值关系以及人类对自然的道德态度为基本内容，研究并阐明协调人与自然关系的行为规范和价值准则。生态价值观是生态伦理学思想的核心。生态伦理学确立生态价值在决策的价值准则中的重要地位。生态伦理学思想的重大价值是一切决策、工程项目均从经济、社会和生态三大效益统一为基本出发点。

2. 绿色物流管理措施

(1) 绿色运输管理。

绿色运输主要考虑减少空驶率，提高运输工具的利用率，节约能源，减少污染。

① 开展共同配送。

共同配送，是指由多个企业联合组织实施的配送活动，节约配送车辆成本，减少污染和能源消耗，实施绿色运输。

② 采取复合一贯制运输方式。

复合一贯制运输，是指吸取铁路、汽车、船舶和飞机等基本运输方式的长处，将其有机地结合起来，实行多环节、多区段、多运输工具相互衔接进行商品运输的一种方式。采取复合一贯制运输方式的目的是节约成本和无谓的能源消耗。

③ 大力发展第三方物流。

第一方物流和第二方物流经常会出现因生产急需而“半车跑”的现象，空驶率较高。采用第三方物流可以有效地避免空驶现象的发生，节约能源，减少污染。

(2) 绿色包装管理。

绿色包装，是指采用节约资源、保护环境的包装。

① 包装模数化，确定包装基础尺寸的标准，方便货物装卸的标准化作业。

② 包装的大型化和集装化，大型化运输往往节省能源。

③ 包装多次、反复使用包装材料，对废弃包装实行无害化处理，可以提高废物利用率。

④ 开发新的包装材料和包装器具，既考虑标准化，又考虑重用性。

(3) 绿色流通加工。

绿色流通加工，是指在流通加工的过程中，尽可能实施规模化运作，减少个体作业带来的资源浪费。

① 变消费者加工为专业集中加工，以规模作业方式提高资源利用效率，减少环境污染。

② 集中处理消费品加工中产生的边角废料，减少消费者分散加工所造成的废弃物的污染。

(4) 废弃物物流的管理。

废弃物，是指经济活动中失去原有的使用价值的物品。降低废弃物物流，需要实现资源的再使用、再利用，应当建立一个包括生产、流通、消费的废弃物回收利用系统。

4.5.2 我国企业物流存在的问题

1. 抵制变化

许多的企业不愿意通过物流外包的方式来改变现在的经营模式。尤其是一些国有企业，物流业务外包还将意味着解雇大批员工，这对于国有企业的管理者来说意味着一个非常大的风险。

2. 缺乏认识

企业对于第三方物流企业的认识程度普遍还很低。有些企业为了方便，不愿雇用第三方物流企业来承担本企业的物流业务。企业没有认识到供应链管理在市场竞争中的巨大作用。

3. 害怕失去控制

由于供应链的实施在提高企业竞争力方面起着举足轻重的作用，如果过度依赖物流企业来承担企业物流，长此以往，会存在与客户交往和其他方面过度依赖第三方物流企业的情况，进而会失去企业内部物流的控制力，甚至因为物流企业的水平不高、服务质量差等原因造成对企业的负面影响。

4. 物流业务外包本身有其复杂性

供应链物流业务通常和企业的其他业务集成在一起，物流业务外包本身就具有复杂性。企业内部信息系统的高度集成性特点也使得企业把物流业务交给第三方物流企业来运作变得很困难。

5. 衡量物流外包的效果受诸多因素的影响

企业要想准确地衡量物流成本对信息技术和人力资源的依赖程度比较困难。物流业务外包比自营物流到底能够给企业带来多少潜在的成本好处也是不好精确计量的，所以准确地衡量物流外包的效果是比较困难的。

本章小结

1. 电子商务作为一个新兴的商务活动，离不开物流的支撑，同时电子商务又对物流业的发展起到了推进作用，为物流创造了一个虚拟和现实的运动空间。

2. 本章简要介绍了物流的含义和分类，重点掌握按照实际物流承担方分类方法，即第一方物流、第二方物流、第三方物流和第四方物流的内涵。

3. 掌握电子商务物流的作用和特点，理解电子商务物流的特点和运作模式，以及电子商务物流配送中心及其管理方法。

4. 电子商务物流配送中心根据其不同功能可以有多种类型，不同的物流配送中心的规模、系统组成和配置都会有很大的区别，电子商务物流配送中心与其他相关系统的有效对接是一项很重要的工作，这会影响其效率和效益。

5. 在物流管理过程中实现运输管理、包装管理、流通加工、废弃物物流等方面绿色管理，减少污染，保护环境，还要正视我国企业物流存在的问题。

思考题

1. 简述物流的含义。按照实际物流承担方划分，物流是如何分类的？
2. 简述电子商务物流的作用和特点。
3. 电子商务物流管理的主要内容有哪些？
4. 为何说电子商务物流系统是一个复杂的系统工程？
5. 什么是电子商务物流配送中心？它有什么作用？
6. 电子商务物流配送中心的类型有哪些？
7. 电子商务下的物流配送服务功能有哪些？
8. 何谓绿色物流？
9. 简述物流与电子商务的关系。
10. 进行网上购物实践，请你谈一下网上购物的过程和体会。
11. 建立物流企业应当考虑哪些问题？

第5章　电子商务供应链管理

学习目标

1. 掌握供应链、供应链流程、供应链管理的基本概念。

2. 掌握电子商务供应链管理的策略，理解准时制、快速响应、有效客户响应、企业资源计划、电子订货系统的含义及作用。

3. 理解电子商务企业的业务流程再造的内涵。

4. 了解供应链管理存在的问题。

引导案例

海尔：从供应链最前端开始①

作为中国家电行业的龙头企业，海尔很早就认识到供应链竞争的重要性。1998年9月，海尔开始在集团范围内进行以订单信息流为中心的业务流程再造，把原来金字塔式的企业组织结构转变为面向流程、面向客户的组织结构。流程再造后，海尔梳理出几大主要流程，包括商流、物流和资金流，而设计这些流程的目的主要就是为了加快全球供应链的响应速度。经过多年的建设，海尔供应链日臻成熟。

海尔流程整合完成后，物流推进本部进行的第一项工作是统一采购。在此之前，海尔各产品线一直是分散采购，整个采购网络相对薄弱，供应商大部分是分散在青岛周边的一些小企业。实现统一采购后，海尔供应商网络不断优化，那些竞争力较弱的供应商80%以上遭到淘汰，供应商数量也从最初的2 330余家一度降至2002年的700余家(随着企业规模的不断扩大，现在海尔的供应商数量保持在1 000家左右)。供应商质量也得到了质的改变，现在，国际化供应商占到海尔供应商总数的70%左右，这其中，包括85家世界500强供应商。

海尔认为，供应链上所有企业都必须明白，对消费终端需求的有效了解与及时反应并不是海尔这样的终端产品生产企业的“专利”，需要整个供应链都应对消费需求作出共同反应。不断降低成本、提高响应速度的压力需要供应链上所有环节共同承担。

为了与供应商共同应对终端市场激烈竞争的考验，海尔首先邀请有实力的供应商参与产品的前端设计与开发中。对于供应商而言，通过提前参与海尔产品设计，也能够更好地判断产品未来销量，有助于提前进行生产预测，减少预测的盲目性和被动性，不仅使自身的响

① 资料来源：沈阳物流公共信息平台。

应速度大为提高，而且有助于有效控制供应商库存。

海尔加快供应链响应速度的另一大策略是实现产业集群。目前海尔在全国有10个工业园，这些工业园周围又聚集着大量供应商自己的工业园区，而供应商之所以踊跃在海尔周边建厂，主要是由于海尔的制造规模很大，整机产量基本都在千万级以上，大规模稳定的订单来源足以对供应商构成足够的吸引力。而大型供应商又会引来供应商的供应商。目前，海尔在青岛及周边地区累计引进配套企业86家，其中部件配套企业15家、零部件配套企业63家、原材料配套企业8家。据调查，青岛海尔制造基地的产业链条能够垂直整合5层的上下游供应商。

与供应商"近距离接触"的一个最大好处是：由于距离缩短，供应商可以按订单、根据海尔生产线的节拍从自己的生产线直接配送到海尔生产线，实现"线到线"(Line to Line)供货。在这种供应链方式下，物料可以经由工装车从供应商的工位直接运送到海尔的工位，既大大加快了响应速度，又大量节省了包装和运输费用，同时也减少了装卸、运输过程中可能造成的零部件损坏。

当然，海尔的供应链纽带离不开IT支撑，在海尔，专门为供应商建立了ihaier网站，通过该网站，供应商可以实时查询采购订单、交货时间、海尔对后三个月生产的预期，以及库存和应付账款等信息。

以库存为例，海尔实施供应商管理库存，一方面，通过ihaier网站，供应商可以实时了解海尔对自己库存的使用情况，提前进行生产准备；另一方面，一旦供应商库存被使用，海尔后台的SAP ERP系统就会立即对供应商生成应付账款。

对于供应商，海尔还定期进行优化与评级，并根据评级结果调整供应商配额。通过ihaier网站，供应商可以动态地了解自己的配额变化情况，并与其他供应商展开网上竞价。由于所有这些过程全部都是公开的、透明的，因此最大限度地防止了人为因素对供应链公平性的非正常干预。

供应商管理库存有不同的模式，有供应商将库存放在自己的仓库(或者租用的仓库)里的，也有将库存放在整机制造厂的仓库里的，这两种供应商管理库存模式在海尔都存在。有些供应商认为自己的仓库管理水平不够好，而且租仓库的成本又太高，就会把库存放到海尔工业园的公用立体仓库中，由海尔根据生产线看板的拉动，直接进行配送。

海尔并不硬性要求供应商建立"完善"的信息系统，海尔认为，信息化建设是一个循序渐进的过程，完善的信息系统建设与应用肯定是建立在相对完备的企业基础管理条件之上的，如果供应商本身并未真正意识到IT的重要性，对它进行硬性要求，只能是事倍功半。因此，对于信息系统建设相对完善、信息化程度相对较高的供应商，海尔采取信息联网模式，与供应商内部的ERP等管理系统进行交互，实现高度的信息集成。而对于那些信息化程度较低的供应商，海尔的要求是：必须能上网；能够登录到ihaier网站；及时查看海尔的指令信息并执行。

海尔认为，供应链整体质量的保障不能建立在货品交付时的检验上，而应该建立在对供应商质量保证体系的严格管理与控制之上，为此，海尔专门设立了质量检测公司，对供应商质量保障体系进行严格认证，这种认证甚至包括供应商对其上游供应商的采购过程是否足够规范与安全。质量检测公司还经常派出驻厂检验工程师，实地对供应商的质保体系进行全过程监控。

海尔认为，公平、互动、双赢的合作伙伴关系绝不是空洞的口号，战略合作伙伴关系实质上体现的是企业双方或者多方为共同规避风险达成的一种合作策略，海尔与诸多核心供应商之间建立的正是这样一种战略合作关系。举例来说，宝钢是海尔最大的钢板供应商，在当年国内钢材供应最为紧张，许多企业因钢板供应不足不得不减产、停产的情况下，宝钢优先保证了对海尔的供应，使海尔的家电生产没有因钢材供应紧张而受到丝毫影响。当然，双赢关系总是互利的，在钢材市场需求不景气的情况下，海尔也会给予作为战略合作伙伴的供应商以更加优厚的采购政策。

在外向物流方面，海尔制造基地周边并没有成品仓库，成品下线后，立即直接发送。除了直发到客户，海尔还在全国设立了42个配送中心进行直发中转。通过尽量减少任何一次多余的搬运、装卸与存储，海尔的供应链速度获得了进一步的提升。

目前，海尔正在对供应链管理系统进行更加深入的优化，原来供应商能够了解“到天”的信息就已经感觉很及时了，而现在海尔正力图通过看单管理，使供应商实时了解海尔生产线每分每秒的节拍，并进而使供应链响应速度提高“到分”、“到秒”，这对海尔的IT系统业务流程再造提出了更高的要求。

理论与实务

5.1 供应链的概念及其内容

供应链是现代企业，特别是基于电子商务的企业进行原材料供应、产品生产和销售的链条，是控制生产成本的重要途径，处在供应链上的节点企业必须实现信息共享、利益共享、风险共担，最终达到共赢才能够维持正常运转。

5.1.1 供应链的基本概念

1. 什么是供应链

供应链，是指围绕核心企业，通过对信息流、物流和资金流的控制，从采购原材料开始，制成中间产品及最终产品，最后由销售网络把产品送到消费者手中这一过程涉及的供应商、生产制造商、分销商、零售商直至最终用户组成的一个供需网络。

2. 供应链的流程

首先，由消费者传递需求信息，经销售商传递给核心企业，核心企业根据需求信息采购原料，安排生产。

其次，从上游传递价值、质量、创新等信息到下游，方便了供应链上各环节选择利己的服务和产品。

最后，从下游反馈变化了的真实信息给各环节，有利于改进服务或者产品的质量以及降低成本，进而增强整条供应链的市场的竞争力。

3. 供应链的组成(结构模型)

供应链由供应商的供应商、供应商、核心企业、用户、用户的用户等组成(如图5-1所示)。

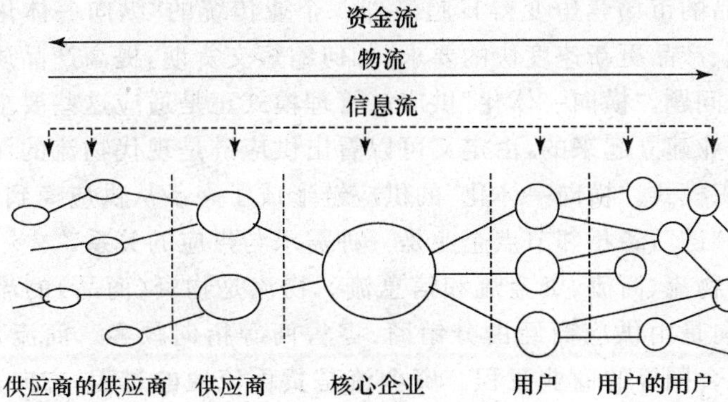

图 5-1　供应链结构模型

4. 供应链的基本特征

(1) 增值性。

供应链运营模式的主要优势是可以实现企业内外部资源的集成，每个企业都与外部环境之间存在着信息、物质或者能量的交换，从而形成一个复杂的开放型供应链系统。构成供应链系统的基础就是各个企业之间的利益的最大化，就是多赢，处在供应链中的节点企业都会追求成本最低、效益最大，即具有增值的特性。

(2) 竞争性。

参与供应链的节点企业都会追求成本最低、效益最大，这样就必然会对上下游企业形成竞争，谁给的中间材料的价格越高，供应商就会加入到谁的供应链中，这表现了供应链的不稳定性的一面。

(3) 复杂性。

因为供应链节点企业组成的跨度(层次)不同，供应链往往由多个、多类型甚至多国企业构成，所以，供应链结构模式比一般单个企业的结构模式更为复杂。

(4) 动态性。

供应链管理(Supply Chain Management，SCM)因企业战略和适应市场需求变化的需要，其中节点企业需要动态地更新，这就使得供应链具有明显的动态性。

(5) 面向客户需求。

供应链的形成、存在和重构都是基于一定的市场需求而发生，并且在供应链的运作过程中，用户的需求拉动是供应链中信息流、产品/服务流、资金流运作的驱动源。

(6) 交叉性。

节点企业可以是这个供应链的成员，同时又是另一个供应链的成员，众多的供应链形成交叉结构，增加了协调管理的难度。

5. 供应链中的信息传递

供应链的信息流，是指整个供应链上信息的流动。它是一种虚拟形态，包括了供应链上的供需信息和管理信息，它伴随着物流的运作而不断产生。因此，有效的供应链管理作为信息流的管理主要作用，在于及时在供应链中传递需求信息和供给信息，提供准确的管理信息，从而使供应链成员都能得到实时信息，以形成统一的计划与执行，为最终顾客更好地服务。

21世纪，科学技术的不断进步和经济的不断发展，带来了全球化的信息网络和全球化的市场，围绕着新产品的市场竞争变得日趋激烈。企业传统的“纵向一体化”管理模式越来越不适合需求多样化、产品更新速度快的要求，如何缩短交货期，提高产品质量，改进服务成为企业须迫切解决的问题。“横向一体化”供应链管理模式正是适应这些要求而发展起来的。供应链是围绕核心企业建立起来的，由定义可以看出供应链是现代物流的深入发展，是一种更先进、更综合的组织模式。“横向一体化”的供应链形成了一条从供应商到制造商再到分销商的贯穿所有企业的“链”，各相邻节点企业是一种需求与供应的关系。

供应链中主要有物流、商流、资金流和信息流。物流是物资（商品）的流通过程，是一个发送货物的程序，方向是由供应商经由分销商、零售商等指向顾客。商流是买卖的流通过程，是接受订货、签订合同等的商业流程。资金流是货币流通的过程，方向是由顾客经由零售商、分销商等指向供应商。信息流是商品和交易信息的流程，方向是在供应商与顾客之间双向流动。而商流主要是商业文件（合同、订单等）的流动过程，目前也主要集中在网络上流通，通过网络来传递这些信息，因此商流可归结到信息流之中。因此说供应链中只有信息流、物流和资金流共三种流的流动也是正确的。

6. 供应链运作方式（模式）

(1) “Push”模式。

“Push”模式又称产品驱动模式、推方式供应链，在这种模式下，制造商是主体，零售商根据制造商制造的产品进行销售，企业生产什么，消费者使用什么。

这时企业重视的是物流和企业内部资源的管理，即如何更快更好地生产出产品并把其推向市场，这是一种“推式”的供应链管理，管理的出发点是从原材料推到产成品、市场，一直推至客户端。

在这种模式下，供应链各节点企业比较松散，不了解客户需求的变化，造成库存成本高，对市场反应迟钝。

(2) “Pull”模式。

“Pull”模式又称需求驱动模式、拉方式供应链，在这种模式下，消费者是主体，制造商根据消费者的需求来组织生产。

随着市场竞争的加剧，为了赢得客户、赢得市场，企业管理进入了以客户为中心的管理，供应链运营规则随即由“推式”供应链管理转变为以客户需求为原动力的“拉式”供应链管理。

7. 对供应链的理解

供应链是一个范围更广的企业结构模式。它不仅是一条连接从供应商到用户的物料链、信息链和资金链，而且是一条价值链，物料在供应链上因加工、包装、运输等过程而增值。

供应链是一个业务过程。供应链是围绕核心企业，将供应商、制造商、零售商及至最终客户连成一个整体的功能网链。在供应链中，每一个企业是一个节点，节点企业之间是一种需求与供应关系。

供应链是一种集成的管理思想和管理方法。供应链由来已久，但供应链的整合却是信息时代的产物，电子商务使得整个供应链的整合、集成成为可能。

5.1.2 供应链的构建

1. 供应链构建的基本原则

(1) 自上而下（全局到局部）和自下而上（局部到全局）相结合的原则。

在系统建模设计方法中，存在两种设计方法，即自上而下和自下而上的方法。自上而下的方法是从全局走向局部的方法，自下而上的方法是从局部走向全局的方法；自上而下是系统分解的过程，而自下而上则是一种集成的过程。在设计一个供应链系统时，往往是先由主管高层作出战略规划与决策，战略规划与决策的依据来自市场需求和企业发展规划，然后由下层部门实施决策，因此供应链的设计是自上而下和自下而上的综合。

(2) 简洁性原则。

简洁性是供应链的一个重要原则，为了能使供应链具有灵活快速响应市场的能力，供应链的每个节点都应当是简洁的、具有活力的，能实现业务流程的快速组合。如供应商的选择就应当遵循少而精的原则，通过和少数的供应商建立战略伙伴关系，以减少采购成本，推动实施JIT采购法和准时生产。生产系统的设计更是应当以精细思想为指导，努力实现从精细的制造模式到精细的供应链这一目标。

(3) 集优化原则(互补性原则)。

供应链的各个节点企业的选择应当遵循强-强联合的原则，达到实现资源外用的目的，每个节点企业只集中精力致力于各自核心的业务过程，就像一个独立的制造单元(独立制造岛)，这些所谓单元化企业具有自我组织、自我优化、面向目标、动态运行和充满活力的特点，能够实现供应链业务的快速重组。

(4) 协调性原则。

供应链业绩得好坏取决于供应链合作伙伴的关系是否和谐，因此建立战略伙伴关系的合作企业关系模型是实现供应链最佳效能的保证。有专家认为，和谐是描述系统是否形成了充分发挥系统成员和子系统的能动性、创造性以及系统与环境的总体协调性。只有和谐而协调的系统才能发挥最佳的效能。

(5) 不确定性原则。

不确定性在供应链中随处可见，许多的学者在研究供应链运作效率时都提到不确定性问题。由于不确定性的存在，导致需求信息的扭曲。因此，要预见各种不确定因素对供应链运作的影响，减少信息传递过程中的信息延迟和信息失真。降低安全库存总是和服务水平的提高相矛盾。增加透明性，减少不必要的中间环节，提高预测的精度和时效性对降低不确定性的影响都是极为重要的。

(6) 创新性原则。

创新设计是系统设计的重要原则，没有创新性思维，就不可能有创新的管理模式，因此在供应链的设计过程中，创新性是很重要的一个原则。要创建一个创新的系统，就要敢于打破各种陈旧的思维框框，用新的角度、新的视野审视原有的管理模式和管理体系，进行大胆的创新设计。进行创新设计，要注意四点：一是创新必须在企业总体目标和战略的指导下进行，并与战略目标保持一致；二是要从市场需求的角度出发，综合运用企业的能力和优势；三是发挥企业各类人员的创造性，集思广益，并与其他的企业共同协作，发挥供应链整体优势；四是建立科学的供应链和项目评价体系以及组织管理系统，进行技术经济分析和可行性论证。

(7) 战略性原则。

供应链的建模应当有战略性观点，通过战略性观点考虑减少不确定影响。从供应链的战略管理的角度考虑，我们认为供应链建模的战略性原则还体现在供应链发展的长远规划和预见性，供应链的系统结构发展应当和企业的战略规划保持一致，并在企业的战略规划的指导下进行。

(8)坚持客户优先的原则。

服务客户是供应链建设的终极目标，客户是供应链中唯一的资金流入点，因此供应链上的节点企业必须坚持客户优先原则来建设供应链，否则会使商品价格过高而不能满足客户需要，最终会使供应链断裂。

2. 供应链的构建过程

(1) 市场调查分析。

(2) 分析企业现状。

(3) 供应链的战略设计。

(4) 供应链系统分析。

(5) 供应链设计的可行性分析。

(6) 供应链的详细设计。

(7) 供应链的配置和实施。

(8) 供应链性能评价以及再设计。

5.1.3 供应链管理的基本概念

1. 供应链管理的含义

供应链管理，是指通过前馈的信息流和反馈的物料流以及信息流，将供应商、分销商、零售商，直到最终用户连成的一个整体的营销模式。供应链管理主要包含供应、生产计划、物流和需求四个领域。供应链管理主要计划、合作、控制从供应商到用户的物料流和信息流。

供应链管理是一种策略，是企业交易伙伴共同承诺一起紧密合作，并有效率地管理供应链中的信息流、物流和资金流，以期在付出最少整体供应成本的情况下，为消费者或者顾客带来更大的价值。

供应链管理的最终目标是缩短产品从设计构思到消费者手中的时间，降低产品成本，满足消费者多样化的需要。

供应链管理是在科技发达、产品极其丰富的条件下发展起来的管理理念，它涉及各类企业以及企业管理的各个方面，是一种跨企业、跨行业的管理，企业之间作为贸易伙伴，要为追求共同经济利益的最大化而共同努力。

2. 供应链管理的原则

(1) 以客户为中心。

(2) 相关企业间共享信息、共享利益、共担风险。

(3) 应用信息技术，实现管理目标。

3. 供应链管理的发展趋势

趋势之一是建立电子供应链管理(e-SCM)系统，即指把电子商务技术应用于供应链管理的全过程，提高供应链管理的效率和效益。

趋势之二是建立集成供应链管理系统，即建立具有跨越供应链多个节点企业，能协调各节点企业安排生产计划的内在机制，达到快传信息、准确决策、共同受益的目标。

4. 供应链管理对物流配送环节的要求

供应链物流系统要从现代科技角度出发，系统考虑供应链物流的全过程，发挥系统优势，提高整体经济效益。供应链物流配送地域跨度大、时间跨度大，对信息依赖程度高。供应链物流系统连接多个生产企业、运输企业、经销企业以及消费用户，随需求、供应的变化而变化，因此要求系统管理必须有足够的灵活性与可变性。

5. 供应链管理的效益

在企业内部，供应链的优化加快了企业对市场的反应速度，由于信息技术的应用，供应链过程的可见度明显增加，物流过程中库存积压、延期交货、送货不及时、库存与运输不可控等风险大大降低，从而为企业增加了效益。

在企业外部，通过供应链协调管理，利用现代科技手段，准确及时地获取信息，并依靠供应链的整体优势，迅速沟通生产企业、客户、分公司、市场的信息，共享信息资源，降低应收账款，获得第三利润。

高效的供应链管理最直接的效益就是降低企业的营运成本并提升净资产回报率。

6. 供应链管理与传统管理模式的区别

供应链管理把供应链中所有的节点企业看做一个整体，供应链管理涵盖整个物流过程，从供应商到最终用户的采购、制造、分销、零售等职能领域过程。

供应链管理强调和依赖于战略管理，供应链管理最关键的是需要采用集成的思想和方法，而不仅仅是节点企业、技术方法等资源简单的连接。

供应链管理具有更高的目标，即通过管理库存和合作关系来达到高水平的服务，而不是仅仅完成一定的市场目标。

7. 供应链管理的本质

供应链管理更强调供应链整体的集成和协调，要求各节点企业围绕物流、信息流、资金流以及商流进行信息共享与经营协调，实现柔性的与稳定的供应关系，主要表现在以下方面：(1) 供应链管理是一种基于流程的集成化管理模式；(2) 供应链管理是全过程的战略管理；(3) 供应链管理提出了全新的库存观；(4) 供应链管理以最终客户为中心；(5) 供应链竞争的理念体现了现代企业间既竞争又合作的新型关系。

麦肯锡咨询顾问乔尔·布利和戴维·厄恩斯认为，“对多数全球性企业来说，完全损人利己的竞争时代已经结束。”“为了竞争必须协作，以此取代损人利己的行为。这需要以与以往传统竞争不同的标准来衡量成功。”

5.2 电子商务供应链管理体系

电子商务使供应链管理成为可能的理由如下。

1. 传统经济条件下无法实现真正的供应链管理

供应链管理强调的是节点企业之间的协调与合作，它将链上的其他节点企业看做是一个携手的联盟成员，可以共同去击败真正的竞争者——其他的供应链，而不是将其他的节点企业视为竞争者。为了实现这种协调与合作，最关键的是供应链各成员之间应当进行充分的交流，达到相当程度的信息共享。

但在传统的经济条件下，供应链管理并不能真正得以实施。由于信息技术的落后，容易出现信息失真，致使供应链管理无法得到真正的实施。由于缺乏信息共享意识，供应链的成员之间各自为政，彼此之间基本上处于一种利益冲突的关系，认为没有必要与其他的成员共享那些敏感信息。

2. 基于信息技术的电子商务使建立供应链管理体系成为可能

计算机技术和电子商务的兴起为供应链管理提供了技术上的支持，并促进了企业关于信息共享意识的培养，从而保证了供应链管理的真正实现。

电子商务时代出现的标志就是信息通信技术的飞速发展和互联网的广泛运用。先进的信息技术使得信息获取和传递成本非常低廉，从而解决了信息共享的技术问题。

电子商务条件下的竞争将不再是企业单打独斗式的竞争，而是供应链之间的竞争。为了适应电子商务环境下生存的需要，提高整个供应链的竞争优势，企业应当在供应链的范围内增加信息共享的意识。

3. 电子商务助力物流的供应链管理

一方面，电子商务在客观上要求对物流实施供应链管理；另一方面，电子商务也为实施物流的供应链管理提供了条件。

电子商务时代供应链的特征包括：(1) 企业价值链的虚拟化；(2) 市场的趋同性；(3) 产销关系的变化；(4) 客户订单管理的网络化；(5) 物料采购的电子化；(6) 生产的电子化；(7) 后勤以及分销的网络化。

5.2.1 基于电子商务的供应链体系结构构建

电子商务企业的供应链利用互联网技术实现企业内部和企业之间的信息集成和信息协作，在这些信息技术的全力支持下，要求其供应链上各成员围绕物流和资金流进行信息共享和经营协调，实现柔性的和稳定的供需关系。

供应链管理主要由信息流管理、资金流管理和物流管理三部分组成。

电子商务的出现和广泛使用可以在很大程度上改善供应链管理中信息流管理和资金流管理两部分，使信息和资金都能迅速、准确地在供应链各节点企业之间传递。

电子商务只有进一步做好物流管理，大量缩减供应链中物流所需的时间，使物流管理符合信息流和资金流管理的要求，才能真正建立起一个强大的、快速反应的供应链管理体系。

供应链管理包括外部供应链管理和内部供应链管理两部分，因此要做好物流管理、缩短物流时间也就必须从这两部分，从企业外部和企业内部共同努力。

改善电子商务供应链管理体系的具体措施包括以下三个方面。

(1) 采用第三方物流方式改善企业外部物流情况。

(2) 改革企业内部供应链管理模式，缩短企业内部物流时间，这又包括：① 进行业务流程重组，实施 ERP(Enterprise Resource Planning，企业资源计划)系统；② 采用JIT生产方式；③ 做好客户关系管理。

(3) 建立战略合作伙伴关系。

5.2.2 供应链管理与物流管理

1. 供应链管理与物流管理的关系

供应链管理的思想产生于对物流管理的研究，但已经超越了传统的物流管理，它同时还包括对资金流和信息流的管理。

供应链管理超越个别企业，对整个供应链的所有企业的物流实施一体化管理，由供应链中的节点企业共同对供应链的物流活动进行管理和优化。供应链管理所创造的效益也不是单个节点企业的物流管理所能比拟的。

供应链管理与物流管理的根本性的区别是物流管理强调单个企业物流系统的优化，即对物流要素实施一体化管理。而供应链管理的目的是实现供应链所有节点企业的共赢。

2. 供应链环境下物流管理的特点

(1) 信息-共享，即供应链中的物流信息可以供供应链上的节点企业共享，及时了解信息可以使上下游企业的生产过程早安排、早准备，提高速度。

(2) 过程-同步，即物流过程可以与下游企业的生产过程实现同步。

(3) 合作-互利，即供应链中的物流是上下游企业连接的纽带，在供货价额和供货时限方面只有合作才能实现共赢、利益共享。

(4) 交货-准时，即供应链上节点企业之间的物流，由于关系密切，可以实现在需要的时间、需要的地点，供应必要的物料，达到准时生产的要求。

(5) 响应-敏捷，即由于供应链上的节点企业建立了有效的供应链管理一体化系统，实现了信息同步共享，所以供应企业可以快速响应生产企业的要求，快速安排生产，快速使生产物料物流到位。

(6) 服务-满意，即供应链上的节点企业的目标和利益是一致的，因此会很顺利地将产品生产出来送到客户手中，用最好的服务，尽最大可能来满足客户的需求。

5.3　电子商务供应链管理的策略

如何使供应链高效运行，电子商务企业如何提高供应链管理效率，本节介绍五种供应链管理策略和方法。

5.3.1　准时制

1. 准时制的含义

准时制，是指将必要的原材料、零部件以必要的数量在必要的时间送到特定的生产线生产必要的产品。简言之，就是按必要的时间、按必要的数量来生产必要的产品。

2. 准时制的作用

(1) 零库存生产，使用准时制生产，要求在必要的时候供应必要的原料进行生产，用多少供多少，因此，可以实现零库存生产。

(2) 降低物流成本，一般生产企业会均衡生产，每天的原料用量相对稳定，因此每天可以用最合适的运输工具进行物料运输，同时也节省了原料的库存管理成本、减少了物料的周转次数和装卸次数，所以，物流总成本会降低。

3. 实现准时制(零库存)的形式

(1) 准时供应方式，即供应商向核心企业，在必要的时间，提供必要数量的原料，核心企业不留库存。

(2) 看板方式，即逆生产流程向前推供应时间、供应量。

(3) 轮动方式，即各环节同步、轮动生产，不留库存。

(4) 水龙头方式，即随需随购，用多少购多少。

(5) 协作分包方式，即产品组件分包给若干上游企业，进行柔性生产准时供应，使核心企业的库存为零。

(6) 委托保管方式，即接受客户的委托，由受托方代存代管所有权属于客户的物资，从而使客户不再保有库存,甚至可不再保有保险储备库存,从而实现零库存。

4. 实施准时制的条件

首先,供应链各节点企业必须建立联动机制,保证企业间信息畅通,快速反应。

其次,核心企业应当具备较高的生产能力和灵活的应变能力,以保证有意外事情发生时,能迅速采取有效应对措施,不会打乱整个计划。

最后,供应链上各节点企业必须齐心协力,通过网络整合成一体,合理配置供应链上的资源,从而最大限度地发挥供应链的优势。

5.3.2 快速响应

1. 快速响应的含义

快速响应(Quick Response,QR)是在准时制思想的影响下产生的,是为了在以时间为基础的竞争中占据优势,建立起来的一整套对环境反应敏捷和迅速的系统。

快速响应的策略目标在于减少原材料到消费者的时间和整个供应链上的库存,最大限度地提高供应链的运作效率,并对客户的需求作出最快响应。

2. 快速响应系统的产生及发展

(1) 快速响应系统产生的背景。

快速响应系统最早是美国零售商、服装生产制造商以及纺织品供应商开发的整体业务概念。20 世纪 70—80 年代,面对国外进口商品的激烈竞争,美国纺织业和服装业在寻求法律保护的同时,也加大现代化设备的投资;到 80 年代中期,上述两个行业是通过进口配额系统保护最大的行业,纺织业也成为美国制造业生产率增长最快的行业。1984 年,美国纺织、化纤以及服装行业成立了一个委员会,该委员会的目标是研究如何保持美国纺织与服装行业的长期竞争力。1985 年 Kurt Salmon 委员会开始对供应链进行分析。

(2) 快速响应系统的新发展。

目前,快速响应系统的发展已跨入实施联合计划、预测和补货阶段。这一阶段应用的一系列技术模型具有开放、安全、适应于各行业以及支持多种需求的特点。快速响应系统研究的重点是供应商、生产制造商、承运商和销售商之间协调一致的伙伴关系,保证了供应链整体计划的可行性和先进性。快速响应作为一种全新的供应链管理理念,发挥了显著功效,它的不断发展为供应链上的各节点企业以及消费者带来更大的利益。

3. 快速响应系统的作用

(1) 缩短前置期,降低物流成本。

(2) 缩短周转期,加快物流速度。

(3) 缩短调整时间,满足客户需求。

5.3.3 有效客户响应

1. 有效客户响应的含义

有效客户响应(Efficient Consumer Response,ECR),是指在商品分销系统中,为消除不必要的成本和费用,给客户带来更大效益而进行密切合作的一种供应链管理策略。

有效客户响应起源于 20 世纪 90 年代后期的美国食品业,其基本思想是:企业为顾客提供更多价值的前提是理解顾客的需求和愿望,然后通过供应链上供销方的协同努力,高效满足这些需求和愿望。

2. 有效客户响应的核心内容

(1) 以较少的成本为供应链上的客户提供更好的产品、更好的库存服务和更多的便利服务。

(2) 采用标准的工作措施和回报系统，该系统标识潜在的回报，促进公平分享回报，达到整个系统的有效性。

(3) 利用准确、及时的信息支持有效的市场生产以及后勤政策，这些信息以 EDI 的方式在贸易伙伴间自由流动。

(4) 确保客户能随时获得所需商品。

3. 如何实施有效客户响应

(1) 谨慎选择合作伙伴。

(2) 创造变革氛围。

(3) 增加信息技术投资。

4. 有效客户响应的策略

(1) 计算机辅助订货。

(2) 连续补货程序。

(3) 交接运输。

(4) 建立产品、价格和促销数据库。

5.3.4　企业资源计划

1. 企业资源计划的含义及实施原因

企业资源计划是一种基于企业内外部供应链管理思想的系统。

面对激烈竞争的市场局面，企业经营进入了微利时代，在这种情况下，企业之间的竞争已经超越了产品、价格和服务，达到知识管理层次，而实施信息化管理是全面提升企业管理水平的最好方式。

2. 企业资源计划的产生

企业资源计划经历了从订货点法到 MRP、MRPII，再到 ERPII 的发展过程。

订货点法也称安全库存法，是指对于某种物料或者产品，由于生产或者销售的原因而逐渐减少，当库存量降低到某一预先设定的点时，即开始发出订货单(采购单或者加工单)来补充库存，直至库存量降低到安全库存时，发出的订单所订购的物料(产品)刚好到达仓库，补充前一时期的消耗，此一订货的数值点即称为订货点。

物料需求计划(Material Requirement Planning，MRP)，是指依据主生产计划、物料清单、库存记录和已订未交订单等资料，经由计算而得到各种相关需求物料的需求状况，同时提出各种新订单补充的建议，以及修正各种已开出订单的一种实用技术。

制造资源计划(Manufacture Resource Planning，MRPⅡ)，是指在 MRP 管理系统的基础上，增加了对企业生产中心、加工工时、生产能力等方面的管理，同时将财务的功能囊括进来，在企业中形成以计算机应用系统为核心的闭环管理系统，这种管理系统已经能够动态监察产、供、销的全部生产过程。

企业资源计划是以计算机网络为核心的企业级的管理系统。该系统增加了包括财务预测、生产能力、调整资源调度等方面的功能。配合企业实现 JIT 管理、全面质量管理、生产资源调度管理以及辅助决策的功能，成为企业进行生产管理和决策的平台工具。

随着供应链的建立，企业需要管理供应链的 ERP 系统，ERPⅡ应运而生。ERPⅡ是通过支持和优化企业内部和企业之间的协同运作和财务过程，以创造客户和股东价值的一种商务战略，是一套面向具体行业领域的应用系统，被希望进行供应链有效管理的企业广泛选用。

3. 企业资源计划的作用

(1) 提高企业的应变能力。

(2) 降低企业综合经营成本。

(3) 加强监督力度，提高市场占有率。

(4) 相关部门以及伙伴之间可共享信息，赢得客户和市场。

5.3.5 电子订货系统

1. 电子订货系统的含义和流程

(1) 电子订货系统的含义。

电子订货系统(Electronic Ordering System，EOS)，是指将批发商、零售商需要的订货数据输入计算机，通过商业增值网络中心将资料传递至总公司、批发商、商品供货商或者生产制造商，后者根据收到的信息及时安排出货的一整套系统。电子订货系统涵盖了整个商务过程，它能处理从商品信息获取到会计结算等整个交易过程。

(2) 电子订货系统的流程。

① 传递采购指令。

② 商业增值网络中心(Management Information System，MIS)的管理系统在核实传递者的身份和单证格式后，将标准订单传给供应商。

③ 供应商备货、发货并核实传递者的身份和单证格式后，将确认单传给批发商和零售商。

④ 商业增值网络中心传递发货信息。

2. 电子订货系统的作用及其发展前景

(1) 电子订货系统的作用。

对于零售业来说，电子订货系统的作用表现为：① 降低库存量；② 减少交货失误；③ 改善订货业务；④ 完善交货体系。

对于批发业来说，电子订货系统的作用表现为：① 提高了服务质量；② 建立了高效的物流体系；③ 提高了工作效率，运用电子订货系统可以减轻体力劳动，减少事务性工作。

(2) 电子订货系统的前景。

电子订货系统给合作伙伴带来了显著的经济效益。地区网络和专门网络在逐步扩大和完善，传递的信息内容和交换的服务项目都在不断增加。电子订货系统正向系统化、社会化、标准化和国际化迈进。计算机和网络通信技术是支持电子订货系统的硬件基础，而统一的企业代码和商品标识是支持电子订货系统的软件基础。建立电子订货系统，必须软件与硬件并重，同时注意企业间的协作和合作，如此才能取得事半功倍的效果，充分发挥电子订货系统的优越性。

5.4 电子商务企业的业务流程再造

业务流程再造又叫业务流程重组，其目的就是在企业实行信息化管理之后，或者进行电子商务改造之后，原来的企业组织结构、管理体系、管理职能、人员配备等都因工作流程的变化而随之改变，要保证企业高效率、低成本运作就必须进行企业旧工作流程的重新调整和规范，以确保企业在激烈的市场竞争中立于不败之地。

5.4.1　企业流程再造的含义和内容

1. 企业流程再造的含义

企业流程再造（Business Process Reengineering，BPR）是对企业的业务流程作根本性的思考和彻底重建，其目的是在成本、质量、服务和速度等方面取得显著的改善，使得企业能最大限度地适应以顾客、竞争、变化为特征的现代企业经营环境。

2. 组织流程的含义

流程，是指一个或者一系列跨越时间、占有空间的连续有规律的活动。组织流程由一系列单独的任务组成，有开始、结束、输入、输出，输入经过流程后变成输出。

3. BPR 的特点

(1) 组织结构扁平化。

组织结构扁平化体现在压缩管理层级，缩短高层管理者与员工、顾客的距离，提高工作效率。

(2) 管理机制过程化。

管理机制过程化体现在面向流程管理，建立以流程为主的运营机制，以顾客为导向，重新设计业务流程，实现全局最优。

(3) 信息系统集约化。

信息系统集约化体现在利用信息化系统实现企业信息的一体化管理，充分实现信息共享，减少内耗，调整业务流程，提高工作效率。

(4) 生产管理团队化。

生产管理团队化体现在流程再造提倡团队合作精神，重视发挥每个成员在整个流程中的作用，做到人尽其才。人员是按照流程需要来安排，不是按照职能来安排，实施团队集体管理。

4. BPR 的工作重点

(1) 识别企业的核心业务流程，按照经过优化的核心物流流程组织业务工作，这一核心流程必须能最大限度地给企业创造利益。

(2) 简化或者合并非增值部分的流程，剔除重复出现和不需要的步骤所带来的浪费。

(3) 全体员工必须以顾客为中心，所有的工作必须以满足顾客需求为导向。

5. BPR 的成功要素

实施 BRP 的成功因素包括：核心管理层的优先关注；企业的战略引导；可以量度的重组目标；可行的实施方法；把业务流程重组作为一个过程来看待；提升业务流程的过程应得到资金的持续支持；组织为流程而定，而不是流程为组织而定；将客户与供应商纳入业务流程的重组范围；重组的一致性优先于完善性等。

6. BPR 的作用

(1) 使企业更贴近市场。

(2) 使生产成本大幅度减少。

(3) 使产品质量得到全面提升。

(4) 服务质量提高。

5.4.2 运用 BPR 原理改造企业

1. 运用 BPR 原理改造企业的程序

为了实现企业运营状态数字化的要求,必须按照以下步骤进行。

第一,必须进行业务流程的再造(从技术的角度来说这是一个模拟的、综合的过程),即根据各种约束条件规范业务流程。

第二,对连续的业务流程进行功能的模块化分解(这是一个"数字"的过程、"微分"的过程、"分析"的过程),即根据各个环节的功能要求进行岗位职能分析;然后是用一系列的数字组合,即用评价指标体系来反映这些功能模块的运行状态和彼此间的联系。

第三,将企业的运行状态与设定的标准状态进行比较分析并得出管理信息。

第四,运用电子化手段对企业的运行状态进行调整。

2. 企业 BPR 的目标及其监控

(1) 提高顾客满意程度是 BPR 改造的基本指导思想:① 培养以顾客为导向的服务意识;② 确定适宜的客户服务标准。

(2) 对服务过程进行有效的监测和控制:① 选择适宜的监控指标;② 选择适当的监控手段。

5.4.3 BPR 的技术手段

1. 流程图的设计与分析

(1) 流程图实用性强,使用的符号简单,流程清晰容易理解,是目前通用的流程描述方法。

(2) 绘制流程图时,可以借助绘制过程,认真研究存在的问题,进一步对业务流程进行有效梳理、思考、优化,从产品、服务、成本和经营各方面,改进业务流程,提高服务质量。

2. 标杆瞄准法

标杆瞄准法也称基准比较、基准评价,是指企业将自己的产品、服务、成本和经营实践,与那些在相应方面表现最优秀、最先进的企业(并不局限于同一行业)进行比较,在竞争者或者非竞争者之间寻找学习的榜样,进而确定数量化的评定标准,以此为目标展开系统再造活动,以改进本企业经营业绩和业务表现的这样一个不间断的向领先者看齐的过程。

5.5 供应链管理存在的问题

供应链上的节点企业众多,层次不一,处于不同的利益集团,都会在追求自身利益的同时,或多或少地伤害到链上其他节点企业的利益。在市场经济条件下,全心全意为他人着想的企业是不存在的,因此就必然会出现这样那样的问题,但只要大家求同存异,学会换位会思考,多为对方着想,本着共赢的原则思考处理问题,那么一切问题都可以解决。

1. 企业联盟中的信任问题

即彼此相信对方总是关心自己的利益,在没有考虑彼此的影响之前谁也不会贸然行动。

2. 供应链上节点企业的沟通问题

从表面上看通过 Internet/Intranet 供应链联盟成员获得了相互有用的信息资源,为信息交流提供了保证,问题是谁也不能保证为了个体利益而隐瞒私有信息的存在。

3. 交易成本问题

交易成本包括达成协议的成本、实施协议的成本、协议中没有预计的突发事件的成本以及中止协议的成本。问题是如何在合作伙伴间合理分担这些交易成本和费用。

本章小结

1. 本章介绍了供应链、供应链流程和供应链管理的基本概念，供应链管理的原则和本质。

2. 本章阐述了供应链的流程，企业流程再造的内涵和程序，讲解了提高电子商务供应链管理效率的策略——准时制、快速响应、有效客户响应、企业资源计划等的含义及作用。

3. 本章提出了供应链管理存在的问题，以及如何解决这些问题的原则。

4. 本章阐述了企业流程再造的意义和步骤。

思考题

1. 简述供应链的含义。

2. 简述供应链的基本组成并绘制结构模型。

3. 简述供应链管理的含义。

4. 简述准时制、有效客户响应、快速响应和企业资源计划的含义及其作用。

5. 阅读引导案例"海尔：从供应链最前端开始"，回答以下五个问题：

(1) 案例中介绍的海尔供应链，包括了理论供应链的哪些部分？

(2) 海尔采用了哪些供应链管理策略？这些策略是如何体现的？

(3) 案例中叙述的海尔供应链采用了什么供应链运作模式？为什么？

(4) 你认为海尔在进行供应链管理过程中有哪些创新之举？

(5) 案例中提到的海尔业务流程再造体现在哪几个方面？

第6章　电子商务客户关系管理

学习目标

1. 了解客户关系管理的含义。
2. 掌握客户关系管理的核心思想及其作用。
3. 了解CRM系统的基本功能。

引导案例

忠诚顾客靠培养[①]

日本的一家化妆品公司坐落在人口百万的大都市里，而这座城市每年的高中毕业生相当多，该公司的老板灵机一动，想出了一个好点子，从此，他们的生意蒸蒸日上，成功地掌握了事业的命脉。

在这座城市中的学校，每年都送出许多即将步入黄金时代的少女。这些刚毕业的女学生，无论是选择就业或者深造，都将开始一个崭新的生活，她们脱掉学生制服，开始学习修饰和装扮自己。这家公司的老板了解了这个情况后，于是每一年都为这些女学生们举办一次服装表演会，并聘请知名度较高的明星或者模特儿现身说法，教她们一些美容的技巧与方法。在教会她们欣赏、学习与管理的同时，老板自己也利用这一机会宣传自己公司的产品，表演会结束后他还不失时机地向女学生们赠送一份精美的礼物。这些应邀参加的少女，除了可以观赏到精彩的服装表演外，还可以学到不少美容的知识，又能个个中奖，人人有份，满载而归，真是皆大欢喜。因此许多人都对这家化妆品公司颇有好感。

这些女学生事先都收到化妆品公司寄来的请柬。该请柬设计得相当精巧有趣，令人一看就目眩神迷，哪有不去的道理？因而大部分人都会寄回报名单，化妆品公司根据这些报名单做好一切准备。据说每年参加的人数，约占全市女性应届毕业生的90%以上。

在她们所得的纪念品中，附有一张申请表。上面写着：如果您愿意成为本公司产品的使用者，请填好申请表，亲自交回本公司的服务台，您就可以享受到公司的许多优待。其中包括各种表演会和联欢会，以及购买产品时的优惠价等。大部分女学生都会响应这个活动，纷纷填表交回，该公司管理员就把这些申请表一一加以登记装订，以便事后联系或者提供服务。事实上，她们在交回申请表时，或多或少都会买些化妆品回去。如此一来，对该公司而

---

① 根据百度文库编辑整理。

言，真是一举多得。不仅吸收了新顾客，也实现了把顾客忠诚化的理想。

根据国外的一项客户关系管理案例调查研究表明，一个企业总销售额的80%来自于占企业顾客总数20%的忠诚顾客。因此，企业拥有的忠诚顾客对企业的发展是十分关键的。但是，企业获得忠诚顾客并非是一朝一夕的事。近年来，我国许多企业都已经意识到忠诚顾客与企业的经济效益有直接联系，但是大多数却并不清楚怎样才能获得忠诚顾客。从本客户关系管理案例中，或许我们可以得到一些启示。

启示一："攻心为上，攻城为下"。

孙子兵法说："上兵伐谋。""善用兵者，屈人之兵而非战也，拔人之城而非攻也。"未战而屈人之兵，未战而投人之城，正是"攻心为上"的形象说明。

日本这家化妆品公司的老板正是一位高明的"攻心为上"术的使用者。他牢牢抓住了那些即将毕业的女学生们的心理：脱掉学生制服之后，希望通过装扮和修饰自己能创造一个不同于以往的形象，能更漂亮、更出众，但却不会装扮又不知该向哪儿咨询。化妆品公司老板的服装展示会和美容教学进一步激发这些少女的爱美的欲望，并使她们摆脱了"弄巧成拙"的忧虑，让她们在学习的同时，也熟悉并接受本公司的产品。

启示二：优秀的策划可以事半功倍。

一流策划创造潮流，二流策划领导潮流，三流策划顺应潮流。企业如果通过一流策划创造出使用本企业产品和服务的潮流，这样做的结果必然事半功倍。日本的这家化妆品公司将即将毕业的少女受邀参加服装展示会变成一种少女们趋之若鹜的潮流，使得"每个人都认为不应邀参加展示会的人，是天大的傻瓜"。于是，公司的服装展示会不但得到大多数应届毕业女生的青睐，还影响了以后的每一届毕业生们。当然，只有优秀的策划是不够的，要想真正形成潮流，要想新顾客成为企业的忠诚顾客，企业管理所提供的产品和服务还必须要能给顾客带来实际的价值，否则就会像当年的"呼啦圈热"一样，热一阵马上就销声匿迹了。

启示三：企业要想更高效地获得忠诚顾客，应改被动"等待"为主动"培养"。

为了获得忠诚顾客，企业大多通过广告等手段将自己的产品和服务特点宣传给广大消费者，然后就是静等新顾客的上门，当新顾客在使用了企业的产品和服务之后感到满意，他就会一次一次的购买，最终成为企业的忠诚顾客。显然，这是一种被动"等待"过程。由于企业并没有对新顾客进行选择，也没有采取什么主动措施将新顾客牢牢"锁住"，因此，新顾客中可成长为忠诚顾客的比例极低。为了能够更高效地获得忠诚顾客，企业应将传统的被动"吸引"和"等待"改为主动"拉拢"和"培养"。正如这家日本化妆品公司所做的，它先是针对即将毕业的少女这个目标顾客群，通过服装展示会和美容教学等方法主动将其拉向自己，然后利用申请表收集新顾客的信息以便提供更优质的产品和服务，通过公司的各种优待将顾客牢牢"锁住"，最终将其培养成为企业的忠诚顾客。

理论与实务

6.1 客户关系管理概述

客户关系管理(Customer Relationship Management，CRM)最早由美国高德纳咨询公司提出，自1997年开始，经过几年的发展，全球的CRM市场一直处于爆炸性的快速增长之中。

6.1.1 客户关系管理的起步与发展状况

1999年全球的CRM市场收益约为76亿美元。当前，我国的CRM市场也已开始启动。像以往的ERP、电子商务等新理念一样，CRM在国内的发展经历了从概念传入到市场启动这样一个过程，而这些新理念对推动我国信息化建设将发挥积极的作用。

那么，CRM的基础是什么？它是一种以“客户关系一对一理论”为基础，旨在改善企业与客户之间关系的新型管理机制。“客户关系一对一理论”认为，每个客户的需求是不同的，只有尽可能地满足每个客户的特殊需求，企业才能提高竞争力。每个客户对企业的价值也是不同的，通过满足每个客户的特殊需求，特别是满足重要客户的特殊需求，企业可与每个客户建立起长期稳定的客户关系，客户同企业之间的每一次交易都使得这种关系更加稳固，从而使企业在同客户的长期交往中获得更多的利润。

CRM系统的宗旨是：为了满足每个客户的特殊需求，同每个客户建立联系，通过同客户的联系来了解客户的不同需求，并在此基础上进行“一对一”个性化服务。

从行业结构角度来看，大多数CRM方案供应商并没有把其产品局限在单一的行业市场，其客户遍布于众多的行业，如制造业、保险业、金融业以及高技术行业。

目前，国内流行的CRM产品主要包括知客CRM、TurboCRM、MyCRM三款有代表性的CRM产品，对于微软、Siebel、SAP等国外巨头而言也是主流产品。

6.1.2 客户关系管理的含义

最早提出CRM概念的高德纳咨询公司将“客户关系管理”定义为：为企业提供全方位的客户视角，赋予企业更完善的客户交流能力和最大化的客户收益率所采取的方法。客户关系管理的目的在于建立一个系统，使企业在客户服务、市场竞争、销售以及售后支持等方面形成彼此协调的全新的关系。而IBM公司则认为：客户关系管理包括企业识别、挑选、获取、发展和保持客户的整个商业过程。IBM公司把客户关系管理分为关系管理、流程管理和接入管理三类。

从管理科学的角度来考察，客户关系管理源于市场营销理论；从解决方案的角度考察，客户关系管理是将市场营销的科学管理理念通过信息技术的手段集成在软件上面，得以在全球大规模的普及和应用。

作为解决方案的客户关系管理，它集合了当今最新的信息技术，包括互联网和电子商务、多媒体技术、数据仓库和数据挖掘、专家系统和人工智能、呼叫中心等。作为一个应用软件的客户关系管理，凝聚了市场营销的管理理念。市场营销、销售管理、客户关怀、服务和支持构成了客户关系管理软件的基石。

综上所述，客户关系管理是指建立一种使企业在客户服务、市场竞争、销售以及服务支持方面彼此协调的关系系统，帮助企业确立长久的竞争优势。客户关系管理有三层含义：(1) 现代经营管理理念；(2) 创新的企业管理模式和运营机制；(3) 企业管理中信息技术，软、硬件系统集成的管理方法和应用解决方案的总和。

6.1.3 客户关系管理的核心理念

客户关系管理的核心理念是把客户资源作为企业发展最重要的资源之一，全面管理企业与客户发生的各种关系，进一步延伸企业供应链管理。

1. 把客户资源作为企业发展最重要的资源之一

美国在线花费100亿美元，亏损10年，所得到的财富就是拥有1 700万的用户。在企业从“产品”导向时代转变为“客户”导向时代的今天，客户的选择决定一个企业的命运，而且企业在市场中获胜所需要的要素组合，客户资源是最难以为竞争对手所复制的，所以容易形成竞争优势。因而，客户资源已成为当今企业最重要的资源之一。CRM 系统中对客户信息的整合集中管理体现了将客户作为企业重要资源之一的管理思想。

2. 全面管理企业与客户发生的各种关系

企业与客户之间发生的关系，不仅包括单纯的销售过程中所发生的业务关系，如合同签订、订单处理、发货、收款等，而且还包括在企业营销以及售后服务过程中发生的关系，如在企业市场活动、市场推广过程中与潜在客户发生的关系；在与目标客户接触过程中，内部销售人员的行为、各项活动及其与客户接触全过程所发生的多对多的关系；还包括售后服务过程中，企业服务人员对客户提供的关怀活动、各种服务活动、服务内容、服务效果的记录等，也是企业与客户的关系。对企业与客户之间可能发生的各种关系进行全面管理，有助于提升企业的销售能力、降低销售成本，有效控制销售过程中可能导致的各种客户负面行为。

3. 进一步延伸企业供应链管理

ERP 系统原本是为了满足企业的供应链管理需求，但 ERP 系统的实际应用并没有达到企业供应链管理的目标，这既有 ERP 系统本身功能方面的局限性，也有 IT 技术发展阶段的局限性，最终 ERP 系统又退回帮助企业实现内部资金流、物流与信息流一体化管理的系统。CRM 技术作为 ERP 系统中销售管理的延伸，借助互联网技术，突破了供应链上企业之间的地域边界和不同企业之间信息交流的组织边界，建立起企业自己的 B2B 网络营销模式。CRM 与 ERP 的集成运行才真正解决了企业供应链中的下游链管理的问题，将客户、经销商和企业销售全部整合到一起，实现企业对客户个性化需求的快速响应，同时也帮助企业减少营销体系中的中间环节，通过新的扁平化营销体系，缩短响应时间，降低销售成本。

4. 客户关系管理在于提高企业经营、管理和效益三种能力

客户关系管理具有三种能提高企业经营水平、为企业带来的收益的能力。

(1) 客户价值能力。

客户价值能力即客户为企业带来的价值，含终身价值管理、风险管理、产品管理、渠道转变和客户服务。

(2) 客户交往能力。

客户交往能力即与客户建立一对一的关系，提供个性化服务，以此吸引新客户、留住老客户。

(3) 客户洞察能力。

客户洞察能力即识别有价值的客户，以决定交流方式。客户洞察能力是客户价值能力和客户交往能力的基础。

不同的企业，因其性质不同、情况不同，发展哪种能力的顺序有所区别。

6.1.4　客户关系管理与传统客户服务的区别

与传统客户服务相比，客户关系管理在主动性、对待客户的态度和营销关系等几个方面都存在较大差异。

1. 主动性不同

在传统客户服务中，客户没有问题，就没有客户服务，顶多逢年过节寄张卡片问候一下。客户关系管理则是主动的，不但要时刻询问跟踪客户对于企业产品的使用情况，积极解决客

户关于产品的种种问题，还要主动与客户联络，促使客户再度上门，欢迎客户来提问，问得越多，说明客户对企业的产品越感兴趣，就代表有后续的购买行为。客户关系管理认为，主动与被动的差别，就是客户忠诚与疏离的差别，也就是生死存亡的差别。

2. 对待客户的态度不同

传统客户服务视客户打电话来问事情或者打电话给客户都是额外的麻烦，因为客户打电话来，不是产品有问题，就是客户对产品的使用有疑问，客户或抱怨或解决问题；打电话给客户，不是客户的货款没缴清，就是有事情要主动通知说明。但是在客户关系管理观念下，客户的没反应、不联络、不响应是疏离的表现，比抱怨还可怕，抱怨代表客户还有意向继续使用企业的产品，疏离则代表产品的销路将要堵死，寿命将要告终。客户关系管理强调的是，不但要在客户抱怨阶段就尽力化解客户的不满与失望，更要在不断接触联络的过程中，同时提升客户对新产品的兴趣，创造客户对新产品的期望值，最终构成客户对新产品的购买行为。

3. 营销的关系不同

传统客户服务与营销是分开的，营销单靠拥有说服技巧的业务人员，客户服务多依赖于维修工程师或者总机。客户关系管理则是将营销与客户服务合为一体，将客户服务视为另一种营销通路，自身也变成了一种行销工具。把新产品推销给老客户或者依照老客户的不同需求创造新产品，这些都可以透过客户服务中心处理，因此称为后端营销。以客户关系管理观念建立的客户服务中心，透过网络、电话等低成本操作，本身就成为企业的协调中心，新产品的开发中心、试卖点，与前端营销和客户形成合作无间的三角回路。

从以上客户关系管理与传统客户服务的比较来看，以往企业都将客户服务视为一种不必要的负担，但在新时代，客户关系管理已成为另一种获利来源。如今以服务客户为主体的营销环境中，售后客户仍旧上门询问问题被视为一种商机，因此，从传统的客户服务进步到系统化的客户关系管理，涉及观念、技术、人力和体系上的改变。

客户关系管理与传统客户服务的比较参见表 6-1。

表 6-1　客户关系管理与传统客户服务比较

<table>
<tr><th>对比项目</th><th>客户关系管理</th><th>传统客户服务</th></tr>
<tr><td>管理内容</td><td>市场管理、销售管理、服务管理、客户关怀、分析决策、销售机会挖掘、客户管理、合作伙伴管理、竞争对手管理、产品管理和员工管理等</td><td>客户档案管理</td></tr>
<tr><td>管理工具</td><td>客户关系管理系统、ASP 应用服务</td><td>手工记录、电子记事本、Excel、Word 等</td></tr>
<tr><td>分布式管理</td><td>建立共享信息平台、跨区域管理、移动办公</td><td rowspan="6">难以实现</td></tr>
<tr><td>工作流管理</td><td>随时了解和监控业务进程、实现协同工作</td></tr>
<tr><td>价值客户和关注</td><td>价值客户的服务与关怀、满足个性化需求</td></tr>
<tr><td>电子商务应用</td><td>网上客户自助、电子促销、电子催账等</td></tr>
<tr><td>提升核心竞争力</td><td>通过对客户、产品、员工、合作伙伴、竞争对手的追踪以及对市场、销售、服务等工作的统计分析，帮助企业科学决策，全面提升核心竞争力</td></tr>
</table>

6.1.5　电子商务环境下的客户关系管理

1. e-CRM 的概念

电子商务环境下的客户关系管理(e-CRM)，是指企业借助网络环境下信息获取和交流的便利，充分利用数据仓库和数据挖掘等先进的智能化信息处理技术，把大量客户资料加工成信息和知识，用来辅助企业经营决策，以提高客户满意度和企业竞争力的一种过程或者系统解决方案。

2. e-CRM 的驱动因素

在当今全球处于激烈竞争的环境下，客户对产品与服务的种类、获得的时间、地点以及方式具有了完全支配的权利。随着竞争压力的不断加剧，企业必须以互联网的速度听到客户的心声并作出及时的回应，从而才能保持好与客户原来的关系。

在这样的背景下，我们可以看到应用 e-CRM 主要的驱动因素包括以下三个方面。

(1) 通过网络提升客户体验。

(2) 实施自助系统用以提升服务质量，从而能在增加客户满意度和客户忠诚度的同时降低营销成本、销售成本以及客户服务成本。

(3) 建立协作型服务质量管理数据库。整合各个渠道客户交互的每一个方方面面，其中包括电子化渠道或者其他的一些传统渠道，将这些整合的信息汇总到一个集中的数据库产生一个完整的客户观察数据库。

3. e-CRM 的二种应用程序结构

(1) C/S 程序在客户端，数据集中存放在服务器上。

(2) B/S 程序和数据集中存放在服务器上，客户端只有一个通用的浏览器。

6.2　客户关系管理的内容

客户关系管理通过对客户价值的量化评估，能够帮助企业找到价值客户，将更多的关注投向价值客户。

6.2.1　客户关系管理的核心

按照菲利普·科特勒的定义，提供给客户的价值是指整体客户价值与整体客户成本之间的差额部分。客户关系管理的核心是客户价值管理。对企业来讲，客户的价值是不同的。企业 80%的利润来自于 20%的价值客户，已是众所周知的实践真理。

在网络时代，所谓整体客户价值是指互联网用户在上网过程中期待得到的所有利益，而整体客户成本是指用户在上网过程中必须付出的所有代价。整体客户价值包括信息价值、沟通价值、休闲价值、服务价值和经济价值；整体客户成本包括上网费用、时间成本、机会成本和精神成本。网络时代的客户价值概念为企业经营者提供了一个指导原则，即在增加整体客户价值的同时，提高客户忠诚度和保有率，缩短销售周期，降低销售成本，增加收入，扩展市场，从而全面提升企业的营利能力和竞争力，同时降低整体客户成本。只有这样，在提供从市场营销到客户服务与关怀的全程业务管理的同时，对客户购买行为和价值取向进行深入分析，为企业挖掘新的销售机会，并对未来产品的发展方向提供科学的、量化的指导依据，使企业在快速变化的市场环境中保持持续发展能力。

6.2.2　客户关系的类型

菲利普·科特勒曾经区分了企业与客户之间的五种不同程度的关系水平(参见表 6-2)。

表 6-2　客户关系的类型

名　称	描　述
基本型	销售人员把产品销售出去就不再与顾客接触
被动型	销售人员把产品销售出去并鼓励顾客在遇到问题或者有意见的时候和企业联系
负责型	销售人员在产品售出以后联系客户，询问产品是否符合顾客的要求；销售人员根据实际需求提出有关产品改进的各种建议，以及任何特殊的缺陷和不足，以帮助企业不断地改进产品使其更加符合客户需求
能动型	销售人员不断联系客户，提供有关改进产品用途的建议以及新产品的信息
伙伴型	企业不断地和客户共同努力，帮助客户解决问题，支持客户的成功，实现共同发展

需要指出的是，这五种程度的客户关系的类型并不是一个简单的从优到劣的顺序，企业所能采用的客户关系的类型一般是由它的产品以及客户决定的，如宝洁公司生产的洗发水、洗衣粉与客户之间是一种被动型的关系，宝洁公司设立客户抱怨处理机构，处理客户投诉，改进产品；但是宝洁和沃尔玛特之间却可以建立互惠互利的伙伴型关系。科特勒根据企业的客户数量以及企业产品的边际利润水平提供了一个表格帮助企业选择自己合适的客户关系类型（参见表 6-3）。

表 6-3　客户数量与对应的客户关系类型

客户数量 \ 边际利润水平	高		低
多	责任型	被动型	基本型
	能动型	责任型	被动型
少	伙伴型	能动型	责任型

企业的客户关系类型或者说企业客户关系管理的水平并不是固定不变的，企业客户关系管理应该积极地在横方向上向左推动。现在已经有越来越多的企业正在这样做，效果明显。如生产塑胶的道化学公司在 20 世纪 80 年代末在竞争中并不占有优势，道化学公司所作的调查表明，在客户偏好方面道化学公司落后于杜邦和通用橡胶，处在第三位；不过，调查还表明客户对于这三家公司的服务均不满意。这个发现促使道化学公司改变其经营策略，不再局限于提供优质产品和按时交货以及服务，道化学公司开始需要和客户建立更加密切的伙伴型关系，道化学公司不仅出售产品和服务，还出售“成功”给客户。道化学公司的一位高级经理说过，“不论他们使用道的塑胶去做安全套还是复杂的飞机设备，我们都要去帮助他们在市场上取得成功”。这种基于“双赢”的伙伴型关系策略很快使道橡胶成为行业的领先者。

建立和维系与客户的关系，其基础是企业提供给客户的价值。价值，是指客户从拥有和使用某种产品、服务中所获得的收益与取得该产品所付出的成本之差。较高价值的体现是多方面的，如优秀的产品、服务质量，良好的客户满意度和口碑等，这些措施是吸引新顾客的重要手段，同时对于增进老客户的关系也非常有效。

6.2.3　客户保持管理

客户被企业所重视已经由来已久，在关系营销里面客户关系作为核心，其重要性又一次被强调，强调同客户建立长期的稳定关系。关系营销的目的在于和客户结成长期的、相互依存的关系，发展顾客与企业及其产品之间的交往，以提高品牌知名度并巩固市场，促进产品的持续销售。因此保持已有的客户关系对一个企业而言非常重要，可是大多数企业却把绝大部分的精力放在寻找新客户上。当然寻找新客户对于企业的重要性也是非常明显的。相关研究表明：一个企业如果将其客户流失率降低5%，其利润就能增加25%～85%。因此客户关系管理首先提倡的是保持现有客户，实现现有客户的重复购买是企业追求的首要目标；其次才是开拓新市场，吸引新客户。

美国的丹尼尔·查密考尔曾经用漏桶来形象地比喻企业的这种行为：有一只桶，在桶上有许多的洞，这些洞的名字是粗鲁、没有存货、劣质服务、未经训练的员工、质量低劣、选择性差等，洞中流出的水犹如顾客，企业为了保住原有的营业额，必须从桶顶不断注入“新顾客”来补充流失的顾客，这是一个昂贵的、没有尽头的过程。

越来越多的企业认识到维持现有客户的重要性，现有客户代表着最佳的利润增长机会。因为堵住漏桶，带来的远不是顾客数量的维持和提高，留下来的顾客同时意味着“顾客质量”的提高。营销学中有一条著名的“二八定律”，即80%的业绩来自20%的经常惠顾的顾客，图6-1所示为该定律作用下的标准客户金字塔。

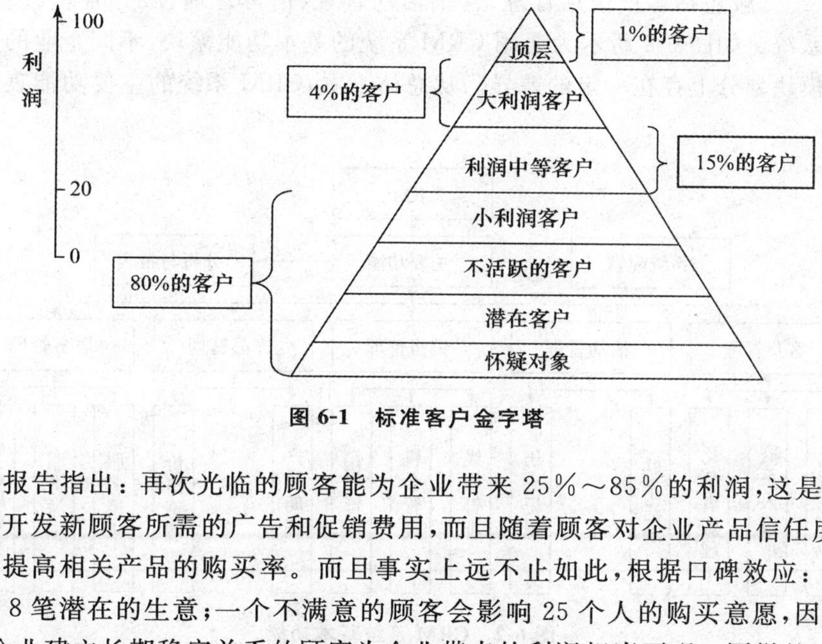

图6-1　标准客户金字塔

有研究报告指出：再次光临的顾客能为企业带来25%～85%的利润，这是因为一方面企业节省了开发新顾客所需的广告和促销费用，而且随着顾客对企业产品信任度的增加，可以诱发顾客提高相关产品的购买率。而且事实上远不止如此，根据口碑效应：一个满意的顾客会引发8笔潜在的生意；一个不满意的顾客会影响25个人的购买意愿，因此一个满意的、愿意与企业建立长期稳定关系的顾客为企业带来的利润相当可观。同样的道理，失去一个顾客，给企业带来的远远不止是“一个”顾客的损失。因此，客户保持管理成为关系管理理论和实践的重要内容之一。

由倍恩公司的雷切德和哈佛商学院的萨塞尔所做的关于客户保持的研究反映了客户保持率提高对于企业的重要影响。他们计算了在目前的客户保持率情况下客户平均生命周期内给企业带来的利润流量的净现值，计算了在客户保持率降低5%的情况下平均客户生命周期内给企业带来的利润流量的净现值。两者比较，得出客户保持率对企业利润的影响(参见表6-4)。

表 6-4　客户保持率对企业利润的影响

行　业	利润增长(%)
邮　购	20
汽车维修连锁店	30
软　件	35
保险经纪	50
信用卡	125

美国联邦快运的做法就是一个很有说服力的例子。在联邦快运看来，虽然公司的一个客户只带来 1 500 美元/月的收入，但是如果着眼于长远，假如客户的生命周期是 10 年，那么这个客户可以为公司带来 1 500×12×10＝180 000(美元)的收入。如果考虑口碑效应，一个满意的、愿意和公司建立长期稳定关系的客户给公司带来的收益还要更多。

6.3　CRM 系统的基本功能

CRM 系统一般包括客户信息管理、营销活动管理、销售管理、服务管理、产品管理和系统管理等子系统。如图 6-2 所示为通用 CRM 系统的基本功能模块，不同企业的产品在功能模块名称和模块划分上存在一定的差异。从总体上看，CRM 系统的主要功能表现为以下十二个方面。

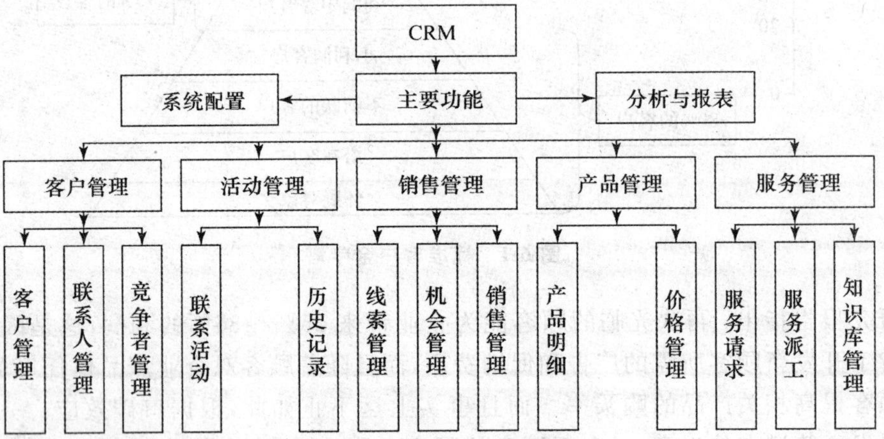

图 6-2　CRM 系统基本功能

1. 客户、联系人管理功能

客户、联系人管理功能主要包括客户方联系人基本概况的记录，存储和检索，跟踪同客户的联系时间、联系经过与结果描述等，并可以把相关的文件作为附件以备检索；客户方各个职能部门的设置及其关系，客户方各职能部门关键人物在决策中的角色等信息。

2. 销售人员时间管理功能

销售人员时间管理功能主要包括：日历功能，设计约会和访问活动计划，当这些活动之间有冲突时，系统会自动进行提示；进行事件安排，如洽谈、拜访、电话、信函、电子邮件和传真；查看客户关系管理团队中其他人的安排，把事件的安排通知相关的人，以免发生冲突。

3. 客户信息管理功能

客户信息管理功能主要包括：客户基本信息、交易历史的记录；客户联系人的信息与变更情况；客户订单的输入和跟踪；销售建议书和销售合同的最后生成。

4. 潜在客户管理功能

潜在客户管理功能主要包括：曾有的业务线索（访问、联系、意见征询或者接入的咨询电话等）的记录、升级，以及这些业务线索的分配；销售机会的评估、升级和分配；潜在客户的跟踪。

5. 客户服务功能

客户服务功能主要包括：服务协议和合同；服务项目的快速录入、调度和重新分配；搜索和跟踪与某一业务相关的事件；生成服务事件报告和服务事件的升级；订单管理和跟踪；问题及其解决方法的数据库。

6. 电话营销和电话销售功能

电话营销和电话销售功能主要包括：生成电话列表，并把它们与客户、联系人和业务建立关联；把电话号码分配到销售人员；记录电话细节，并安排回电；电话录音，同时给出书写器，用户可作记录；通话统计和报告；自动拨号。

7. 呼叫中心功能

呼叫中心功能主要包括：呼入和呼出调度管理和电话处理；Internet 回呼；电话转移和路路选择；报表统计分析；管理分析工具；通过传真、电话、电子邮件、打印机等自动进行资料发送。

8. 综合销售管理功能

综合销售管理功能主要包括：组织和浏览销售信息，如客户概况、业务描述、联系人、交易时间、销售阶段、销售额、可能结束时间等；产生各销售业务的阶段报告，并根据企业所设计的标准评估业务所处阶段、交易成功的可能性、历史销售状况评价等信息，从而对销售业务进行指导；有些销售地域的重新设置和销售权限重新分配，但同时保持对地域信息（省市、邮编、行业、相关客户、联系人等）的维护；根据利润、领域、优先级、时间、状态等标准（这些标准的具体数值由使用系统的企业制定），定制关于将要进行的销售活动方面的报告；提供类似 BBS 的功能，用户可把销售秘诀贴在系统上，还可以进行某一方面销售技能的查询；销售费用管理；销售佣金管理。

9. 整合传播管理功能

整合传播管理功能主要包括：提供类似公告板的功能，可张贴、查找、更新营销资料，从而实现营销文件、分析报告等共享；在进行营销活动（如广告、邮件、研讨会、网站、展览会等）时，能获得预先定制的信息支持；把营销活动与业务、客户、联系人建立关联；显示任务完成进度；跟踪特定公关事件，并安排新事件，如研讨会、会议等；关系营销的相关工作，如客户信息储存、信函书写、批量邮件，并将这些信函或者邮件与合同、客户、联系人、业务等建立关联。

10. 合作伙伴关系管理功能

合作伙伴关系管理功能主要包括：对企业数据库信息设置存取权限，合作伙伴通过标准的 Web 浏览器以密码登录的方式对客户信息、企业数据库、与渠道活动相关的文档进行存取和更新；合作伙伴通过浏览器使用销售管理工具和销售机会管理工具，如销售方法、销售流程等，并使用预定义和自定义的报告；产品和价格浏览。

11. 系统运营信息管理功能

系统运营信息管理功能主要包括：在站点上显示个性化信息；把一些文件作为附件贴到联系人、客户、事件概况上；根据要求对竞争对手的 Web 站点进行监测，如果发现变化，会向用户报告；根据用户定义的关键词对 Web 站点的变化进行监视。

12. 智能化图表管理功能

智能化图表管理功能主要包括：预定义查询和报告；用户定制查询和报告；以报告或者图表形式查看潜在客户和业务可能带来的收入；通过预定义的图表工具进行潜在客户和业务的传递途径分析；将数据转移到第三方的预测和计划工具；系统运行状态显示。

6.4 客户关系的挖掘

客户获取的传统方式一般是通过大量的媒体广告、散发传单等方式吸引新客户。这种方式涉及面过广，不能做到有的放矢而且企业投入太大。数据挖掘技术可以依据以往的市场活动中收集到的有用数据(主要是指潜在客户反应模式分类)建立起数据挖掘模型。企业因此能够了解真正的潜在客户的特征分类，从而在以后的市场活动中做到有的放矢而不是传统地凭经验的猜想。

6.4.1 数据挖掘

数据挖掘就是从存放在数据库、数据仓库或者其他信息库中的大量的数据中获取有效的、新颖的、潜在有用的、最终可理解知识的过程。

1. 数据挖掘的含义

(1) 数据挖掘的含义。

从商业角度看，数据挖掘是一种新的商业信息处理技术，其主要特点是对商业数据库中的大量业务数据进行抽取、转换、分析和其他模型化处理，从中提取辅助商业决策的关键性数据。数据挖掘就是从海量的数据中筛选出隐含的、可信的、新颖的、有效的信息的高级处理过程。

例如，沃尔玛的数据仓库里集中了其各门店详细的原始交易数据。在这些原始交易数据的基础上，沃尔玛利用数据挖掘方法对这些数据进行分析和挖掘。一个令人意外的发现是“跟尿布一起购买最多的商品竟是啤酒！”经过大量的实际调查和分析，揭示了一个隐藏在“尿布与啤酒”背后的美国人的一种行为模式：在美国，一些年轻的父亲下班后经常要到超市去买婴儿尿布，而他们中有 30%～40%的人同时也为自己买一些啤酒。产生这一现象的原因是：美国的太太们常叮嘱她们的丈夫下班后为小孩买尿布，而丈夫们在买尿布后又随手带回了他们喜欢的啤酒。随后沃尔玛在超市摆放商品时，就把这两样商品相邻摆放，以方便年轻父母们购买。

(2) 数据挖掘与传统分析方法的区别。

数据挖掘是在没有明确假设的前提下去挖掘信息、发现知识的过程。数据挖掘所得到的信息应当具有预先未知、有效和可实用三个特征。上述“尿布与啤酒”的故事体现了这三个特征。

2. 数据挖掘的功能

数据挖掘通过预测未来趋势以及行为，帮助企业作出前瞻性的、基于知识的决策。数据挖掘的目标是从数据库中发现隐含的、有意义的知识，主要有以下五类功能。

(1) 自动预测趋势和行为。

数据挖掘自动在大型数据库中寻找预测性信息,以往需要进行大量手工分析的问题如今可以迅速直接地由数据本身得出结论。一个典型的例子是市场预测问题,如寻找销量随时间变化的规律模型,根据模型可预测未来某时段的销量,根据销量变化制定应对预案,提高对未来销售趋势的把握程度,防患于未然。

(2) 关联分析。

数据关联是数据库中存在的一类重要的可被发现的知识。若两个或者多个变量的取值之间存在某种规律性,就称为关联。如在一家超市里,有一个有趣的现象:尿布和啤酒赫然摆在一起出售。但是这个奇怪的举措却使尿布和啤酒的销量双双增加了。这不是一个笑话,而是发生在美国沃尔玛连锁超市的真实案例,并一直为商家所津津乐道。沃尔玛拥有世界上最大的数据仓库系统,为了能够准确地了解顾客在其门店的购买习惯,沃尔玛对其顾客的购物行为进行购物篮分析,想知道顾客经常一起购买的商品有哪些。经过数据挖掘就发现了"尿布与啤酒"的关系,按照常规思维,尿布与啤酒风马牛不相及,若不是借助数据挖掘技术对大量的交易数据进行挖掘分析,沃尔玛就不可能发现数据内存在这一有价值的规律。

(3) 聚类。

数据库中的记录可被分解为一系列有意义的子集,即聚类。聚类增强了人们对客观现实的认识,是概念描述和偏差分析的先决条件。聚类技术主要包括传统的模式识别方法和数学分类学。如按照消费者的性别属性,通过聚类分析,可以找出同一性别消费者的消费嗜好,针对这一特定人群开展有针对性的营销活动,提高服务质量。

(4) 概念描述。

概念描述就是对某类对象的内涵进行描述,并概括这类对象的有关特征。概念描述分为特征性描述和区别性描述,前者描述某类对象的共同特征,后者描述不同类对象之间的区别。生成一个类的特征性描述只涉及该类对象中所有对象的共性。生成区别性描述的方法很多,如决策树方法、遗传算法等。

(5) 偏差检测。

数据库中的数据常有一些异常记录,从数据库中检测这些偏差很有意义。偏差包括很多潜在的知识,如分类中的反常实例、不满足规则的特例、观测结果与模型预测值的偏差、量值随时间的变化等。偏差检测的基本方法是寻找观测结果与参照值之间有意义的差别。

3. 数据挖掘的过程

图 6-3 描述了数据挖掘的基本过程和主要步骤。

(1) 确定业务对象。

清晰地确定要研究的业务问题,认清数据挖掘的目标,挖掘的最后结果虽然不可预测,但要探索的问题应当是可预见的,不宜为了数据挖掘而数据挖掘,这是不会成功的。

(2) 数据的选择。

搜索所有与业务对象相关的内外部数据,并从中选择出适用于数据挖掘应用的数据。

(3) 数据的预处理。

研究数据的质量,为进一步的分析作准备,还要确定将要进行的挖掘操作的类型,进一步确定挖掘算法。

(4) 数据的转换。

将数据转换到一个分析模型之中,这个分析模型是针对挖掘算法建立的,它是数据挖掘成功的关键。

(5) 数据挖掘。

执行数据挖掘程序,抽取出有用的信息。

(6) 结果分析。

解释、评估挖掘结果,去伪存真,剔出不合理的结论,保留能得到合理解释的信息。

(7) 知识的同化。

就是将分析所得到的知识、信息和结论集成到业务信息系统之中,或者在现实系统中推广应用,使其发挥独有的作用。

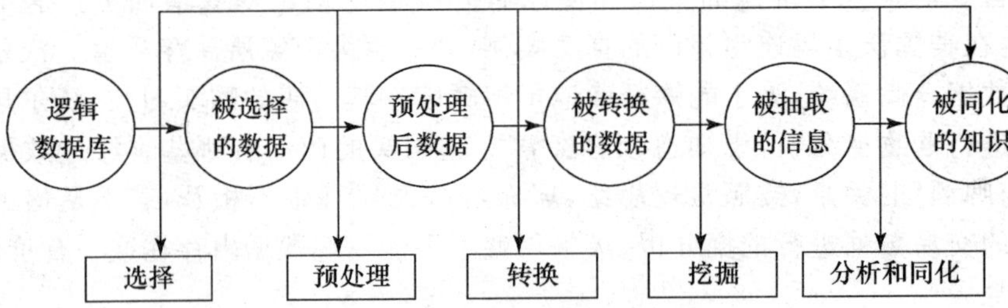

图 6-3 数据挖掘示意图

6.4.2 数据仓库

1. 数据仓库的概念

数据仓库是一个面向主题的、集成的、相对稳定的、反映历史变化的数据集合,用于支持管理决策。

2. 数据仓库的主要特点

(1) 数据仓库是面向主题的。

(2) 数据仓库是集成的。

(3) 数据仓库的时间相关性。

(4) 数据仓库的数据是相对稳定的。

3. 数据集市

数据集市相当于数据仓库的一个子集,也叫做小数据仓库,是一个针对某个主题的经过预统计处理的部门级分析数据库,如销售数据集市、营销数据集市、库存集市和财务集市等。

数据集市可以分为两种类型:(1) 独立型数据集市,直接从操作型环境获取数据;(2) 从属型数据集市,从企业级数据仓库获取数据。

本章小结

1. 客户关系管理的核心思想是客户资源作为企业发展最重要的资源之一,全面管理企业与客户发生的各种关系,进一步延伸企业供应链管理。

2. 客户关系管理是企业为提高核心竞争力,贯彻“以客户为中心”的发展理念,利用现代通信技术和先进的计算机网络信息技术,通过优化企业组织结构和业务流程,开展系统的客户研究和分析,进行富有意义的交流和沟通,最终实现提高客户获得、客户驻留、客户忠诚、客户满意和客户创利的目的而进行的一整套管理活动和过程。

3. 数据挖掘就是从存放在数据库、数据仓库或者其他信息库中的大量的数据中获取有效的、新颖的、潜在有用的、最终可理解的模式的非平凡过程。数据挖掘的目标是从数据库中发现隐含的、有意义的知识。通过数据挖掘通过预测未来趋势以及行为,帮助企业作出前瞻性的、基于知识的决策。

思考题

1. 简述客户关系管理的含义。

2. 简述客户关系管理中“客户”、“关系”以及“管理”的含义。

3. 客户关系有哪些类型?试加以说明。

4. 简述呼叫中心功能。

5. 什么是数据挖掘?它在把数据加工成有用信息的过程中起什么作用?

6. 数据仓库有哪些特点?试加以说明。

7. 举例分析一个企业开展客户关系管理的成败得失。

8. “客户是上帝”,请你列举客户保持管理的具体措施。

9. 请登录阿里巴巴客户关系管理系统,根据设定的资料,在自己的CRM系统中增加新的客户和供应商。

第7章　电子商务安全技术

学习目标

1. 了解电子商务面临的安全问题。
2. 熟悉电子商务对安全的基本要求。
3. 掌握电子商务常用的数据加密与信息安全技术。
4. 理解电子商务的认证体系。
5. 理解SSL和SET安全协议的流程和工作原理。

引导案例

网民支付0.1元被骗20 581元①

2009年6月30日网上一篇文章说，眼下不少人通过网银付账买东西，可被骗钱的经历也不少。在近日查到的钓鱼网站中，尤其以淘宝、支付宝、阿里巴巴等知名电子商务网站成为仿冒"重灾区"。

越来越多的钓鱼案例发生在电子商务的各个环节，那些不同的伎俩、不同的借口、不同的许诺的背后都是黑色的诈骗计划。昨天，支付宝官方透露了一系列的网络诈骗银行账号、密码等"钓鱼"案例，提醒消费者莫再上当。

网民小香想在淘宝网上购买一张价值50元的手机充值卡，拍下之后付款到卖家的支付宝，卖家叫小香登录某网站，用网银汇款0.10元到他的账户里，说是用来提取单号，通过单号来提取充值卡密码。小香心想：既然都付了40多元钱到支付宝上了，也不在乎那0.10元了。于是按提示支付，可多次出现超时问题，当初以为是电脑浏览器问题，于是和淘宝上那位卖充值卡的卖家说了，他说让他的"技术人员"加小香的QQ，加了后，一番交谈，进入了"技术人员"所提供的支付网站，登录网站后，在付款的前一刻，支付金额清清楚楚写着"0.10元"，按了付款后，一分钟内，手机收到银行的短信，内容说"银行支出20 581元"！

其实与小香联系的这两个人提供的网站都是钓鱼网站，第一个应该是网站出现了问题没有成功，于是又让小香联系所谓的"技术人员"，以此再次蒙蔽小香的防范意识，发送了新的钓鱼网站进行行骗。支付宝安全专家提醒说，网民不要随意打开聊天工具中发送过来的陌生网址，也可以加强支付宝账户的安全系数，绑定手机，申请数字证书，开通手机动态口令服务，这些服务都是完全免费的。

---

① 资料来源：摘自网民徐晓风的同名文章。

理论与实务

7.1　电子商务安全问题概述

电子商务安全涉及网络和交易两个方面，它是由网络的开放性和网民地位的平等性造成的，可以从技术层面、管理层面和法律层面加以解决。只有安全的交易环境才能得到网民的信任，才能使电子商务健康、有序地成长起来。

7.1.1　电子商务面临的安全问题

从整体上看，电子商务安全包括计算机网络安全和商务交易安全两大部分。

1. 计算机网络安全问题

国际标准化委员会对"计算机安全"的定义是"为数据处理系统和采取的技术的和管理的安全保护，保护计算机硬件、软件、数据不因偶然的或恶意的原因而遭到破坏、更改、显露。"我国公安部计算机管理监察司的定义是"计算机安全是指计算机资产安全，即计算机信息系统资源和信息资源不受自然和人为有害因素的威胁和危害。"

从安全类型方面看，造成计算机中存储数据丢失的主要问题是病毒侵蚀、人为窃取、计算机电磁辐射、计算机存储器硬件损坏等。

(1) 恶性病毒可使整个计算机软件系统崩溃，数据全毁。这样的病毒也有上百种。计算机病毒是附在计算机软件中的隐蔽的小程序，它和计算机的其他工作程序一样，但总的功能会破坏正常的程序和数据文件。

(2) 人为窃取，是指盗用者以合法身份，进入计算机系统，私自提取计算机中的数据或者进行修改转移、复制等。

(3) 由于计算机硬件本身就是向空间辐射的强大的脉冲源，和一个小电台差不多，频率在几十千周到上百兆周。盗窃者可以接收计算机辐射出来的电磁波，进行复原，获取计算机中的数据。

(4) 计算机网络、存储器硬件损坏，除不可抗力造成的损坏外，环境不达标、不能定时进行保养、数据不及时备份等，都是使计算机存储数据无法读出的常见事故。

2. 电子商务交易安全问题

电子商务交易安全所遭受到的攻击可以分为以下五类(如图 7-1 所示)。

(1) 中断。

中断，是指恶意破坏网络系统中的部分组件，使其不能发挥正常工作的行为。如切断系统主机对外的网络连线使其无法使用，这是对系统的可用性做攻击。

(2) 截获。

截获或称介入，是指未经授权人授权取得系统资源的行为，其中的未经授权人可以是一台计算机、一个人或者一组程序。如利用软件窃取网络上传送的机密数据就是对数据机密性的攻击。

(3) 篡改。

篡改，是指未经授权私自篡改授权人发出的信息的行为。如在网络上传送的订单遭到任意改变就是对数据的正确性的攻击。

(4) 伪造。

伪造或称假冒，是指打着授权人的旗号，伪造授权人的信息放入系统中的行为。这是对数据的真实性的攻击,如在网络上假造身份证明文件以假冒他人。

(5) 抵赖。

抵赖或称否认,是指从事交易的一方,从本人和本单位的利益出发,对作出的交易承诺,肆意否认或者歪曲的行为。如由于时间或者地点的变化,对已签署的不利于自己的合同或者承诺百般抵赖、不愿履行合同的行为,这是对网络诚信的考验。

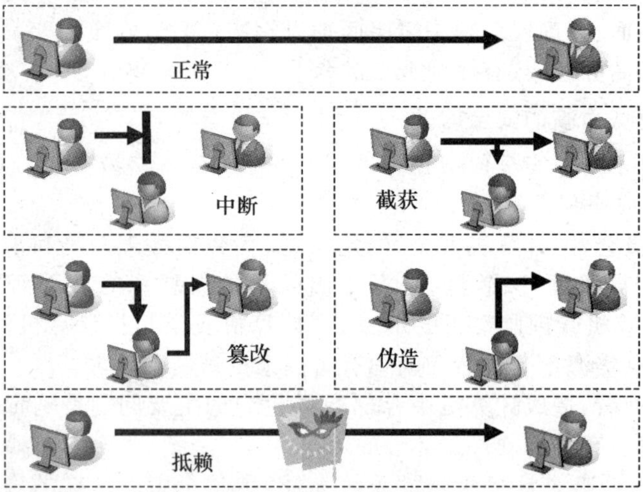

图 7-1 电子商务交易安全问题

3. 产生网络安全问题的原因

(1) 开放性。

开放性和资源共享是互联网最大的特点,也是其优点,但它的问题却不容忽视。因为,当甲用户可以轻易地访问乙用户的计算机时,如果不采取任何安全措施,乙用户也可以同样方便地访问甲用户的计算机。互联网上连接的计算机是如此之多,这种开放性所带来的隐患确实不容忽视。

(2) 传输协议。

互联网采用 TCP/IP 传输协议,这种协议本身并没有采取任何措施来保护传输内容不被窃取。大部分用于网上传输的信息均采用明文传输,未采用任何保护措施,致使黑客和别有用心者可以恶意截取交易单、双方的信息,进而造成交易损失。

(3) 操作系统。

互联网底层的操作系统多是基于 Unix 操作系统,而 Unix 的诞生并不是出于商业目的,所以其源代码是公开的,这样就很容易被发现漏洞,给互联网用户带来安全问题。如木马程序主要就是利用操作系统的漏洞展开攻击的。当然使用微软 Windows 系统的电子商务网站也有很大的比例,由于研究的人员很多,不断有发现漏洞的报道。

(4) 信息电子化。

与传统的书面信函相比,电子化信息的固有弱点就是缺乏可信度,因为电子信息是否正确完整是很难由信息本身来鉴别的。另外,电子信息还存在着难以确认信息的发出者,以及信息是否被正确无误地传递给接收方的问题。

7.1.2　电子商务对安全的基本要求

1. 电子商务安全的性质

电子商务的安全不仅仅是狭义上的网络安全，如防病毒、防黑客、入侵检测等，从广义上讲还包括交易安全。从这种意义上来说，电子商务的安全涵盖面比一般的网络安全要广泛得多，其要求也就超过了网络安全的要求范围。

首先，电子商务的安全是一个复杂的管理问题。管理企业内部的网络环境很复杂，当把企业网与互联网相连时，其性能、安全、可管理性等方面就面临挑战。

其次，电子商务的安全是一个技术安全问题。电子商务应由合法的系统进行确认和支持。文件上的数字签名在法律上与书面签字具有同等效力。电子商务是通过信息网络传输商务信息和进行贸易的，与传统的有纸贸易相比减少了直接的票据传递和确认等商业活动，因此要求电子商务比有纸贸易更安全、更可靠。这首先需要技术上的保证，如电子签名等技术手段的使用。

最后，电子商务的安全是一个法律问题，电子商务安全问题的真正解决需要通过法律的完善来加以保证。

2. 电子商务安全的基本要求

(1) 授权合法性。

授权合法性要求既能保证合法用户对信息和资源的使用不会被不正当地拒绝，同时又能控制使用资源的人或者实体的使用合法性。

(2) 不可抵赖性。

不可抵赖性要求能建立有效的责任机制，防止参与交易的实体否认其行为。

(3) 保密性。

电子商务也是一种交易行为，参加交易的双方在交易过程中的交易信息属于商业秘密，不希望未经授权的第三方看到。由于网络的开放性，故如何保证交易双方的交易信息的保密、安全至关重要。

(4) 身份的真实性。

网络是一个虚拟的环境，参与交易的双方经常互不相识，如何确定跟己方交易的是一个现时社会中真实存在的人或者团体是双方都关心的问题，这就需要有关权威部门给上网交易的双方颁发一个网上大家认可的“身份证”，让大家放心地在网上做生意。如果没有网上“身份证”，大家就不知道跟谁做生意，出了问题也不知道投诉谁。

(5) 信息的完整性。

完整性要求也就是要保证数据的一致性，防止数据被非授权访问、修改和破坏。要预防对信息的随意修改和删除，同时要防止数据传送过程中信息的丢失和重复，并保证信息传送顺序的统一。

(6) 存储信息的安全性。

所有的交易信息都是以电子的形式存储于计算机中的，一旦人为的破坏和自然灾害的破坏发生，造成交易信息的丢失，则对交易双方都是致命的损失，所以确保信息存储安全是参与交易的双方(特别是商家和信息中介方)必须解决的问题。

7.1.3 电子商务安全对策

1. 完善各项管理制度

安全管理制度是用文字形式对各项安全要求所作的规定，企业在参与电子商务初期，就应当形成一套完整的、适应于网络环境的安全管理制度。

(1) 人员管理制度。

为了保障计算机系统的安全，首先要从体制和管理上下工夫，要建立完善的安全管理的体制和制度，建立一套行之有效的安全管理措施和手段。

(2) 保密制度。

建立完善的保密体系，提出相应的保密措施，加强对密钥的管理。

(3) 跟踪审计制度。

跟踪，是指企业建立网络交易系统日志机制，记录系统运行的全过程。审计包括对系统日志的检查、审核，以便及时发现故意入侵系统行为的记录和违反系统安全要求的记录等。

(4) 系统维护制度。

系统维护制度包括软、硬件的日常维护工作，做好数据备份工作。

(5) 病毒防范制度。

要有较强的病毒防范意识，要安装防病毒软件，注意不打开来自陌生地址的电子邮件，建立病毒清理制度等。

(6) 应急措施。

在紧急事故发生时，利用各项应急措施来保障计算机信息系统继续运行或者紧急恢复，确保信息存安全。如采用瞬时复制技术、远程磁盘镜像技术和数据库恢复技术等。

2. 技术对策

技术对策，是指通过各种产品和技术来保证网络的安全。

(1) 网络安全检测设备，如可以通过网络安全监控系统找出安全隐患，提供堵住安全漏洞所必需的校正方案，监控各种变化情况，从而使用户可以找出经常发生问题的根源所在。

(2) 开发各种具有较高安全性的访问设备，如安全磁盘、智能卡等。

(3) 通过认证中心进行证书的认证和发放。

(4) 保护传输线路安全，传输线路应当有露天保护措施或者埋于地下，并要求远离各种辐射源，以减少由于电磁干扰引起的数据错误。

(5) 要有较强的防入侵措施，利用报警系统检测违反安全规程的行为，对在规定次数内不正确的安全密码使用者，网络系统可以采取行动锁住该终端并报警。

(6) 加强数据加密的工作，网络中的数据加密方式有链路加密、节点加密和端对端加密等方式。

(7) 进行严格的访问控制，当一主体试图非法使用一个未经授权的资源时，访问控制机制将拒绝这一企图。

(8) 建立合理的鉴别机制，包括报文鉴别、数字签名和终端识别技术，以便查明某一个实体的身份。

(9) 进行通信流的控制，使网络中的数据流量比较平衡，以防止破坏者通过分析网络中的某一路径的信息流量和流向来判断某事件的发生。

(10) 数据完整性的控制，包括数据是否来自正确的发送方而非假冒，数据接收的内容与发送时是否一致等。

7.2　防火墙

计算机网络的防火墙是指一个由软件和硬件设备组合而成的设施，在内部网和外部网之间、专用网和公共网之间的界面上构造的保护屏障(如图 7-2 所示)。"防火墙"的概念是借用了建筑学上的一个术语。计算机网络的防火墙是用来防止互联网的损坏，如黑客攻击、病毒破坏、资源被盗用或者文件被篡改等波及内部网络的危害。

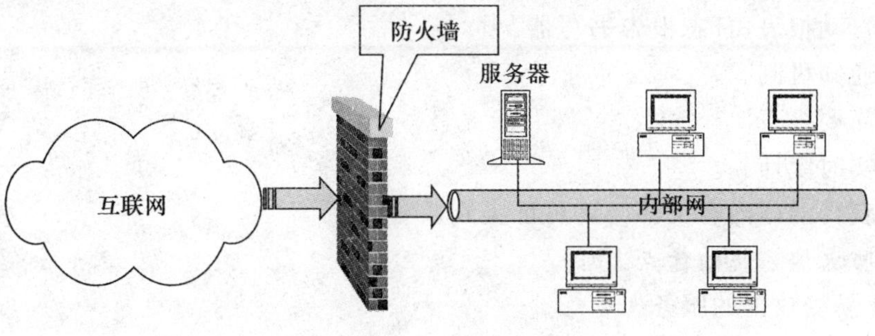

图 7-2　防火墙示意图

7.2.1　防火墙的基本概念

1. 防火墙技术

防火墙是一种安全有效的防范技术，是访问控制机制、安全策略和防入侵措施。从狭义上来讲，防火墙是指安装了防火墙软件的主机或者路由器系统；从广义上讲，防火墙还包括了整个网络的安全策略和安全行为，在被保护网络和互联网之间，或者和其他网络之间限制访问的软件和硬件的组合。

2. 防火墙技术的功能

(1) 安全功能。

① 支持转发和跟踪网络报文控制协议 ICMP(ICMP 信息通常报告在处理数据报过程中的错误)。

② 提供入侵实时警告。

③ 提供实时入侵防范。

④ 识别、记录、防止企图进行 IP 地址欺骗。

(2) 防御功能。

① 支持病毒扫描。

② 提供内容过滤。

③ 能部分防御 DOS 攻击。

④ 阻止未经允许的动态网页技术 ActiveX、Java 等的侵入。

(3) 管理功能。

① 通过集成策略集中管理多个防火墙。

② 应当提供基于时间的访问控制。

③ 应当支持简单网络管理协议(SNMP)监视和配置(SNMP 事实上是指一系列网络管理规范的集合)。

④ 本地管理。

⑤ 远程管理。

⑥ 支持带宽管理。

⑦ 负载均衡特性失败恢复特性。

(4) 记录报表。

① 防火墙处理完整日志的方法。

② 提供自动日志扫描。

③ 提供自动报表、日志报告书写器。

④ 报警通知机制。

⑤ 提供简要报表。

⑥ 提供实时统计。

⑦ 列出获得的国内有关部门许可证类别及号码。

3. 采用防火墙系统的优点

(1) 防止易受攻击的服务。

(2) 控制访问网点系统。

(3) 集中安全性。

(4) 增强保密性,强化私有权。

(5) 有关网络使用、滥用的记录和统计。

7.2.2 防火墙技术

防火墙技术一般分为网络级防火墙、应用级网关、电路级网关和规则检查防火墙四种。

1. 网络级防火墙(包过滤型)

网络级防火墙采用的是包过滤技术,又称分组过滤技术。它作用在网络层和传输层(TCP/IP 层),根据分组包头源地址、目的地址和端口号、协议类型等标志确定是否允许数据包通过。只有满足过滤逻辑的数据包才被转发到相应的目的地出口端,其余数据包则被从数据流中丢弃。

一个设备采取的是有选择地控制来往于网络的数据流的行动。数据包过滤可以发生在路由器或者网桥上。

2. 应用级网关(代理服务器)

应用级网关也称应用代理,它作用在应用层,其特点是完全“阻隔”了网络通信流,通过对每种应用服务编制专门的代理程序,实现监视和控制应用层通信流的作用。实际中的应用级网关通常由专用工作站实现。

代理服务是运行在防火墙主机上的应用程序或者服务器程序。它在幕后处理所有互联网用户和内部网之间的通信以代替直接交谈。

3. 电路级网关

电路级网关又称线路级网关,它工作在会话层。电路级网关在两个主机首次建立 TCP 连接时创立一个电子屏障。它作为服务器接收外来请求,转发请求;与被保护的主机连接时则担当客户机角色,起代理服务的作用。电路级网关的防火墙的安全性比较高,但它仍不能检查应用层的数据包以消除应用层攻击的威胁。

4. 规则检查防火墙

规则检查防火墙结合了网络级防火墙、应用级网关和电路级网关的特点。同网络级防火墙一样,规则检查防火墙能够在OSI网络层上通过IP地址和端口号,过滤进出的数据包。它也像电路级网关一样,能够检查SYN和ACK标记和序列数字是否逻辑有序。当然它也像应用级网关一样,可以在应用层上检查数据包的内容,查看这些内容是否能符合内部网络的安全规则。

规则检查防火墙虽然具有前三者的特点,但是不同于一个应用级网关的是,它并不打破C/S模式来分析应用层的数据,它允许受信任的客户机和不受信任的主机建立直接连接。规则检查防火墙不依靠与应用层有关的代理,而是依靠某种算法来识别进出的应用层数据,这些算法通过已知合法数据包的模式来比较进出数据包,这样从理论上就能比应用级代理在过滤数据包上更有效。

目前在市场上流行的防火墙大多属于规则检查防火墙,因为该防火墙对于用户透明,在应用层上加密数据,不需要去修改客户端的程序,也不需对每个需要在防火墙上运行的服务额外增加一个代理。

未来的防火墙将位于网络级防火墙和应用级防火墙之间,也就是说,网络级防火墙将能够变得更加清晰地识别通过的信息,而应用级防火墙在目前的功能上则向"透明"、"低级"方面发展。最终防火墙将成为一个快速注册稽查系统,可保护数据以加密方式通过,使所有的组织可以放心地在网络上的计算机间传送数据。

7.2.3 防火墙的局限性

防火墙是提供信息安全服务、实现网络和信息安全的基础设施,本身具有较强的抗攻击能力,但是它也存在局限性。

防火墙不能防范不经过防火墙的攻击。没有经过防火墙的数据,防火墙无法检查,如拨号上网。

防火墙不能解决来自内部网络的攻击和安全问题。"外紧内松"是一般局域网络的特点,一道严密防守的防火墙其内部的网络也有可能是一片混乱。如通过发送带木马的邮件、带木马的URL等方式,然后由中木马的机器主动对攻击者连接,将瞬间破坏像铁壁一样的防火墙。另外,对于防火墙内部各主机间的攻击行为,防火墙也只能如旁观者一样冷视而爱莫能助。

防火墙不能防止最新的未设置策略或者错误配置引起的安全威胁。防火墙的各种策略,也是在该攻击方式经过专家分析后给出其特征进而设置的。如果世界上新发现某个主机漏洞的黑客把第一个攻击对象选中了用户的网络,那么防火墙也没有办法帮到用户。

防火墙不能防止可接触的人为的或者自然的破坏。防火墙是一个安全设备,但防火墙本身必须存在于一个安全的地方。

防火墙无法解决TCP/IP等协议的漏洞。防火墙本身就是基于TCP/IP等协议来实现的,因此无法解决TCP/IP操作的漏洞。

防火墙对服务器合法开放的端口的攻击大多无法阻止。如利用开放了3389端口取得没打过sp补丁的Windows 2000(Win2k)的超级权限、利用Asp程序进行脚本攻击等。由于其行为在防火墙一级看来是"合法"的,因此就被简单地放行了。

防火墙不能防止受病毒感染的文件的传输。防火墙本身并不具备查杀病毒的功能,即使集成了第三方的防病毒软件，也没有一种软件可以查杀所有的病毒。

防火墙不能防止数据驱动式的攻击。当有些表面看来无害的数据邮寄或者拷贝到内部网的主机上并被执行时，可能会发生数据驱动式的攻击。

防火墙不能防止内部的泄密行为。如果防火墙内部的一个合法用户主动泄密，防火墙对此是无能为力的。

防火墙不能防止本身安全漏洞的威胁。防火墙保护别人有时却无法保护自己，因为目前还没有企业能绝对保证防火墙不会存在安全漏洞。防火墙也是一个 OS，也有其硬件系统和软件，因此依然存在着漏洞，所以其本身也可能受到攻击。

7.3 数据加密与信息安全技术

使用数据加密技术可以有效地解决信息的安全传输问题。

7.3.1 数据加密技术的基本概念

1. 数据加密技术发展的历程

1930 年，美国电话电报公司发明了弗纳姆密码，利用电传打字机的五单位码与密钥进行模 2 相加，并首次用机器完成加密工作。1949 年，香农发表“保密系统的通信理论”，提出了通用的密钥密码体制模型，该模型主要用于军事。1977 年，美国颁布了数字加密标准(Data Encryption Standard，DES)。

1978 年，麻省理工学院研制出了 RSA 非对称算法，又称 RSA 公钥加密算法，它是由 Ron Rivest、Adi Shamirh 和 LenAdleman 开发的，RSA 取名来自于他们三个人的名字。RSA 是目前最有影响力的公钥加密算法，它能够抵抗到目前为止已知的所有密码攻击，已被国际标准化组织推荐为公钥数据加密标准。

高级加密标准(Advanced Encryption Standard，AES)又称 Rijndael 加密法，是美国联邦政府采用的一种区块加密标准。这个标准用来替代原先的 DES，已经被多方分析且广为使用。经过五年的甄选流程，高级加密标准由美国国家标准与技术研究院(NIST)于 2001 年 11 月 26 日发布于 FIPS PUB 197，并在 2002 年 5 月 26 日成为有效的标准。2006 年，高级加密标准已然成为对称密钥加密中最流行的算法之一。

2. 加密实例——恺撒密码

恺撒密码又称循环移位加密，是一种简单的加密方法，其加密原理是把明文对应的字母，逐个向后(或者向前)移动固定的个数(密钥)，形成密文完成加密，如 a 向后移 10 位变成 k，p 向后移 10 位变成 z 等。密文传输给对方后，再以相反的方向移动相同的位数，把密文翻译成明文，完成解密工作。以下是明文 apen，用密钥 10 进行加密解密的过程。

字母及代码：

a	b	c	d	e	f	g	h	i	j	k	l	m	n	o	p	……	x	y	z
0	1	2	3	4	5	6	7	8	9	10	11	12	13	14	15	……	23	24	25

明文加密解密：

明文	用密钥 10 加密	密文	用密钥 10 解密	明文
a p e n	➡	k z o x	➡	a p e n

3. 维吉利亚(Vigenere)加密方法

(1) 假设,明文 M=data security,密钥 K=best,求密文 C=?

(2) 制作维吉利亚方阵如图 7-3 所示。

(3) 按照密钥的长度(这里是 4)将 M 分解为若干节(如下表所示)。

密钥	b	e	s	t
明文	d	a	t	a
	s	e	c	u
	r	i	t	y

明文	a	b	c	d	e	f	g	h	i	j	k	l	m	n	o	p	q	r	s	t	u	v	w	x	y	z
a	A	B	C	D	E	F	G	H	I	J	K	L	M	N	O	P	Q	R	S	T	U	V	W	X	Y	Z
b	B	C	D	E	F	G	H	I	J	K	L	M	N	O	P	Q	R	S	T	U	V	W	X	Y	Z	A
c	C	D	E	F	G	H	I	J	K	L	M	N	O	P	Q	R	S	T	U	V	W	X	Y	Z	A	B
d	D	E	F	G	H	I	J	K	L	M	N	O	P	Q	R	S	T	U	V	W	X	Y	Z	A	B	C
e	E	F	G	H	I	J	K	L	M	N	O	P	Q	R	S	T	U	V	W	X	Y	Z	A	B	C	D
f	F	G	H	I	J	K	L	M	N	O	P	Q	R	S	T	U	V	W	X	Y	Z	A	B	C	D	E
g	G	H	I	J	K	L	M	N	O	P	Q	R	S	T	U	V	W	X	Y	Z	A	B	C	D	E	F
h	H	I	J	K	L	M	N	O	P	Q	R	S	T	U	V	W	X	Y	Z	A	B	C	D	E	F	G
i	I	J	K	L	M	N	O	P	Q	R	S	T	U	V	W	X	Y	Z	A	B	C	D	E	F	G	H
j	J	K	L	M	N	O	P	Q	R	S	T	U	V	W	X	Y	Z	A	B	C	D	E	F	G	H	I
k	K	L	M	N	O	P	Q	R	S	T	U	V	W	X	Y	Z	A	B	C	D	E	F	G	H	I	J
l	L	M	N	O	P	Q	R	S	T	U	V	W	X	Y	Z	A	B	C	D	E	F	G	H	I	J	K
m	M	N	O	P	Q	R	S	T	U	V	W	X	Y	Z	A	B	C	D	E	F	G	H	I	J	K	L
n	N	O	P	Q	R	S	T	U	V	W	X	Y	Z	A	B	C	D	E	F	G	H	I	J	K	L	M
o	O	P	Q	R	S	T	U	V	W	X	Y	Z	A	B	C	D	E	F	G	H	I	J	K	L	M	N
p	P	Q	R	S	T	U	V	W	X	Y	Z	A	B	C	D	E	F	G	H	I	J	K	L	M	N	O
q	Q	R	S	T	U	V	W	X	Y	Z	A	B	C	D	E	F	G	H	I	J	K	L	M	N	O	P
r	R	S	T	U	V	W	X	Y	Z	A	B	C	D	E	F	G	H	I	J	K	L	M	N	O	P	Q
s	S	T	U	V	W	X	Y	Z	A	B	C	D	E	F	G	H	I	J	K	L	M	N	O	P	Q	R
t	T	U	V	W	X	Y	Z	A	B	C	D	E	F	G	H	I	J	K	L	M	N	O	P	Q	R	S
u	U	V	W	X	Y	Z	A	B	C	D	E	F	G	H	I	J	K	L	M	N	O	P	Q	R	S	T
v	V	W	X	Y	Z	A	B	C	D	E	F	G	H	I	J	K	L	M	N	O	P	Q	R	S	T	U
w	W	X	Y	Z	A	B	C	D	E	F	G	H	I	J	K	L	M	N	O	P	Q	R	S	T	U	V
x	X	Y	Z	A	B	C	D	E	F	G	H	I	J	K	L	M	N	O	P	Q	R	S	T	U	V	W
y	Y	Z	A	B	C	D	E	F	G	H	I	J	K	L	M	N	O	P	Q	R	S	T	U	V	W	X
z	Z	A	B	C	D	E	F	G	H	I	J	K	L	M	N	O	P	Q	R	S	T	U	V	W	X	Y

密钥

图 7-3 维吉利亚方阵

(4) 对每一节明文,用密钥 best 对应的每个字母,参照维吉利亚方阵进行变换,得到的加密结果(密文)为:

C=EELT TIUN SMLR

7.3.2 对称密钥加密技术

对称密钥加密技术利用一个密钥对数据进行加密,对方接收到数据后,需要用同一密钥来进行解密。对称密钥加密技术中最具有代表性的算法是 IBM 公司提出的 DES 算法,该算法于 1977 年被美国国家标准局颁布为商用数据加密标准。

DES 算法综合运用了置换、代替、代数等多种密码技术,把消息分成 64 位大小的块,使用 56 位密钥,加密算法的迭代轮数为 16 轮。提供 72×1 015 个密钥,每微秒一次的 DES 加密机器破译需 2000 年。

对称密钥加密技术在电子商务交易过程中存在以下四个问题:

(1) 要求提供一条安全的渠道,使通信双方在首次通信时协商一个共同的密钥;

(2) 密钥的数目多难于管理;

（3）对称密钥加密算法一般不能提供信息完整性的鉴别，抵赖行为无法判别；

（4）对称密钥的管理和分发工作是一件具有潜在危险的和烦琐的过程。

7.3.3 非对称密钥加密技术

非对称密钥加密技术需要两个密钥，即公开密钥和私有密钥。因为加密和解密使用的是两个不同的密钥，所以这种算法也叫做非对称加密算法。

这对密钥中的任何一把都可以作为公开密钥（加密密钥）通过非保密方式向他人公开，而另一把则作为专用密钥（解密密码）加以保存。公开密钥用于对机密性的加密，专用密钥则用于对加密信息的解密。

交易双方利用该方案实现机密信息交换的基本过程如下：

（1）交易方甲生成一对密钥，将其中的一把作为公开密钥向其他的交易方公开；

（2）得到了该公开密钥的交易方乙使用该密钥对机密信息进行加密后再发送给交易方甲；

（3）交易方甲再用自己保存的另一把专用密钥对加密后的信息进行解密；

（4）交易方甲只能用其专用密钥解密由其公开密钥加密后的任何信息。

非对称加密算法主要有 RSA、DSA、Diffie-Hellman、PKCS、PGP 等。

在公钥密码系统中，加密密钥与解密密钥不同，并且从其中一个密钥推出另一个密钥在计算上非常困难。其中一个密钥称为私钥，必须保密；而另一个密钥称为公钥，应该公开。这样就不必考虑如何安全地传输密钥。

Epuk(M)＝C，表示明文 M 用公钥加密得到密文 C。

Dprk(C)＝Dprk(Epuk(M))＝M，表示密文 C 用私钥解密后得到明文 M。

（注：puk 表示公钥，prk 表示私钥。）

公钥加密机制根据不同的用途有以下两种基本模型。

（1）公钥加密模型，即收方公钥加密，收方私钥解密（如图 7-4 所示）。

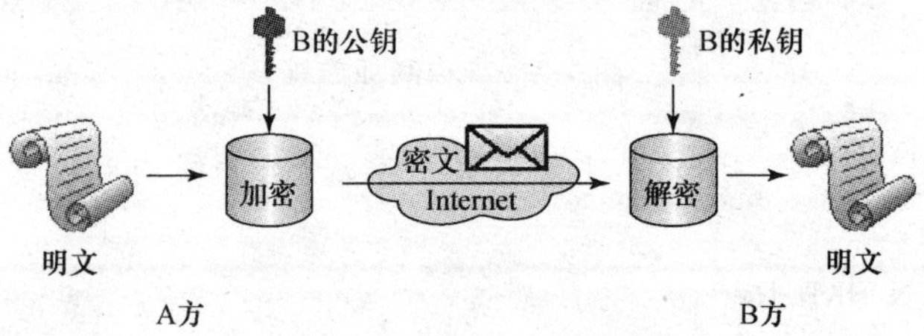

图 7-4　公钥加密模型

（2）认证模型，即用发方私钥加密的内容，可用发方公钥解密，使发出信息的人不能抵赖，这就是数字签名的原理（如图 7-5 所示）。

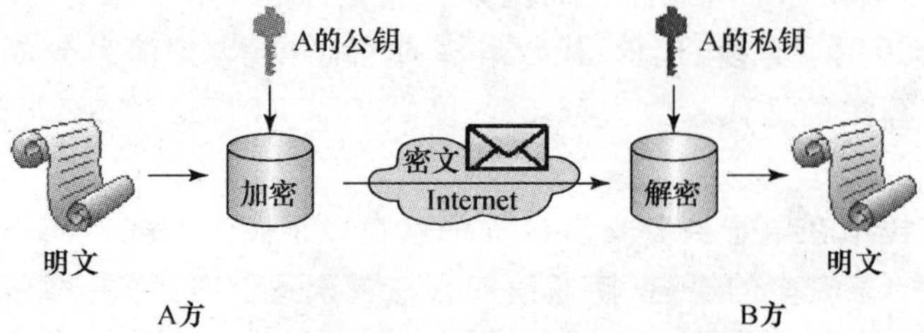

图 7-5　公钥认证模型

RSA是最有名也是应用最广的公钥系统。其原理是使用两个不同的密钥来加密、解密。它利用两个很大的质数相乘所产生的乘积来加密。这两个质数无论哪个先与原文件编码相乘，对文件加密，均可由另一个质数再相乘来解密。但要用一个质数来求出另一个质数则是十分困难的，计算量大到甚至在计算机上也不可能实现。

用RSA算法进行加密、解密的过程如下。

(1) 秘密地选择两个100位的十进制大素数p和q。

(2) 计算出$N=p.q$，并将N公开。

(3) 计算N的欧拉函数$\varphi(N)=(p-1)(q-1)$。

(4) 从$[0,\varphi(N)-1]$中任选一个与$\varphi(N)$互素的数e。

(5) 根据下式计算d：$e \cdot d=1 \bmod \varphi(N)$（注：mod是取余运算符，如5 mod 2=1）。

这样就产生了一对密钥：公钥$PK=(e,N)$，私钥$SK=(d,N)$。

若用X表示明文，Y表示密文，则加密和解密过程如下。

加密：$Y=X^e \bmod N$　　解密：$X=Y^d \bmod N$

举例如下：

(1) 产生一对密钥。

① 选择两个素数，如$p=7$，$q=17$。

② 计算$N=p.q=7\times17=119$。

③ $\varphi(N)=(p-1)(q-1)=6\times16=96$。

④ 从[0,95]选一个与96互素的数$e=5$。

⑤ 根据$5 \cdot d=1 \bmod 96$得$d=77$（因为$5\times77=4\times96+1$）。

⑥ 得到公钥$PK=(5,119)$，私钥$SK=(77,119)$。

(2) 用这对密钥进行加密解密实验。

① 将明文分组，使每组明文的二进制值不超过N，即不超过119。现在设明文为$X=19$。

② 用公钥$PK=(5,119)$加密。先计算$X^e=19^5=2\,476\,099$；再除以119，商20 807，余数为66，密文即为66。

③ 用私钥$SK=(77,119)$解密。先计算$Y^d=66^{77}$。

④ Y^d再除以119，得余数为19，即明文为19。

RSA算法的安全性取决于大合数分解的困难性。其优点是不必考虑如何安全地传输密钥，缺点是实现速度比DES算法慢。

对称密钥加密与非对称密钥加密的过程参见表7-1，其不同的特性参见表7-2。

表7-1　对称密钥加密与非对称密钥加密的过程对比(以Alice发信息给Bob为例)

加密过程	对称密钥加密	非对称密钥加密
第一步	Alice和Bob协商一个密码系统	Alice和Bob选用一个公开密码系统
第二步	密钥是秘密的Alice和Bob协商同一密钥	Alice和Bob分别获得各自的公钥和私钥
第三步	Alice用协商的加密算法和密钥加密她的消息，得到消息的密文	Bob将她的公开密钥传送给Alice

续表

加密过程	对称密钥加密	非对称密钥加密
第四步	Alice发送密文消息给Bob	Alice用Bob的公开密钥加密她的消息，然后发送给Bob
第五步	Bob用同样的密钥和算法解密密文，得到原始明文，然后阅读明文	Bob用他的私人密钥解密Alice的消息，然后阅读消息

表 7-2 对称密钥加密与非对称密钥加密特性对比

特　性	对称密钥加密	非对称密钥加密
密钥的数目	单一密钥	密钥是成对的
密钥种类	密钥是秘密的	一个私有、一个公开
密钥管理	简单不好管理	需要数字证书以及可靠的第三者
相对速度	非常快	慢
用　途	用来做大量资料的加密	用来做加密小文件或者对信息签字等不太严格保密的应用
缺　点	密钥必须秘密地分配密钥的数量大、管理困难	公开密钥算法速度很慢，大约只有对称密码算法的1/1 000到1/100，公开密钥算法对选择明文攻击很脆弱

7.3.4 数字签名

对文件进行加密只解决了传送信息的保密问题，而防止他人对传输的文件进行破坏，以及如何确定发信人的身份还需要采取其他的手段，这一手段就是数字签名。

在电子商务安全保密系统中，数字签名技术有着特别重要的地位，在电子商务安全服务中的源鉴别、完整性服务、不可否认服务中都要用到数字签名技术。

在电子商务中，完善的数字签名应当具备签字方不能抵赖、他人不能伪造、在公证人面前能够验证真伪的能力。

1. 数字摘要

数字摘要即对所要传输的明文用某种算法计算出最能体现这份报文特征的数来，一旦明文有变化，这个数就会随之而改变。数字摘要通常采用单向的Hash函数，或叫SHA(Secure Hash Algorithm)编码法，将需要加密的信息原文变换成128bit的密文，也叫数字指纹。不同的信息原文经过Hash变换后所形成的密文是不同的，而相同的信息原文经Hash变换而来的密文必定是相同的。因此，利用数字摘要就可以验证经过网络传输的文件是否被篡改，从而保证了信息传输的完整性，以解决信息的完整性问题。

2. 数字签名的基本原理

数字签名主要用来解决信息的不可抵赖性和完整性问题。数字签名的具体过程如下：

(1) 被发送文件用SHA编码加密产生128bit的数字摘要；

(2) 发送方用自己的私用密钥对摘要再加密，这就形成了数字签名；

(3) 将原文和加密的摘要同时传给对方；

(4) 对方用发送方的公共密钥对摘要解密，同时对收到的原文用SHA编码加密产生又一摘要；

(5) 将解密后的摘要和收到的文件在接收方重新加密产生的摘要相互对比，如果两者一致，则说明传送过程中的信息没有被破坏或者被篡改过，否则则不然。

以 Alice 向 Bob 发送信息为例，数字签名过程如图 7-6 所示。

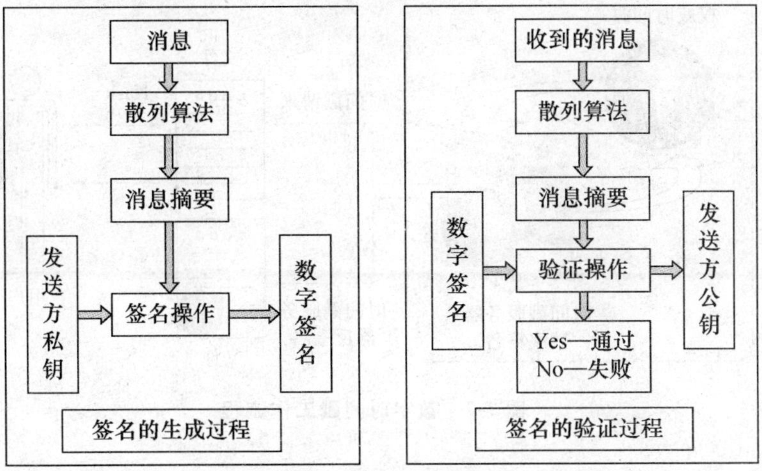

图 7-6　数字签名过程

鉴别真伪的过程如下：假如 Alice 要抵赖曾发报文给 Bob 或者抵赖发文的内容，Bob 可以将 Alice 发来的明文、摘要以及摘要密文出示给第三者，由第三者很容易地用 Alice 的公开密钥去证实 Alice 确实发消息给 Bob。

如果是 Bob 伪造了 Alice 的消息，进一步伪造了 Alice 摘要明文，Bob 就不能在第三者的面前出示正确的 Alice 的摘要密文，因为摘要密文使用的是 Alice 的私钥加密的，Bob 不会有 Alice 的私钥，也就不可能伪造出 Alice 的摘要密文，从而 Bob 也就不能抵赖和伪造 Alice 发给自己消息的内容。

7.3.5　数字时间戳

商务文件和知识产权都是有实效性的，过时的协议约定和知识产权都是无效的，为了避免出现时效性的纠纷，解决网络上第三方知识产权的保护问题，需要在相应的法律文书上添加体现时效性的属性。书面签署文件的时间是由签署人自己写上的，而电子文件则需要数字时间戳。

数字时间戳(Time-stamp)是一个经加密后形成的凭证文档，它包括三个部分：需加时间戳的文件的摘要(Digest)；收到文件的日期和时间；数字签名。这期间需要用到提供数字时间戳服务(Digital Time-stamp Service，DTS)的网上专门服务机构，数字时间戳的加盖是由 DTS 认证机构来完成的，其中的数字签名是由 DTS 用自己的私钥生成的。

时间戳产生的过程为：用户首先将需要加时间戳的文件用 Hash 编码加密形成摘要，然后将该摘要发送到 DTS 认证机构，DTS 认证机构在加入了收到文件摘要的日期和时间信息后再对该文件加密(数字签名)，然后送回用户(如图 7-7 所示)。

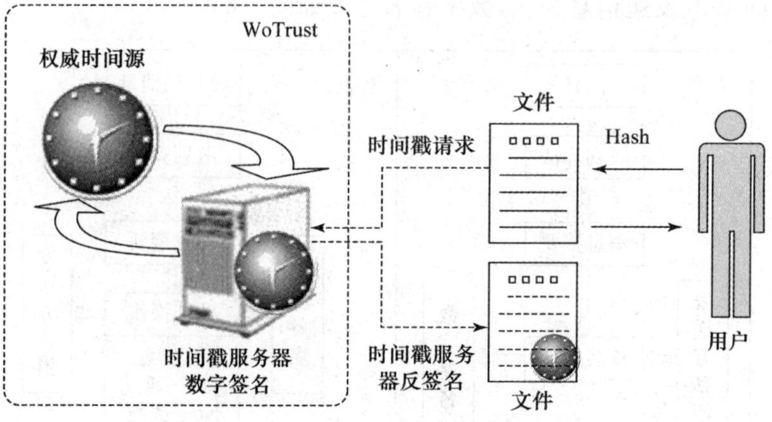

图 7-7　数字时间戳工作流程

7.3.6　数字信封

数字信封是数据加密技术的又一类应用，发送端使用对称密钥来加密数据，然后将此对称密钥用接收者的公钥加密，称为加密数据的数字信封，将其和加密数据一起发送给接收者，接收者先用自己的私钥解密数字信封，得到对称密钥，然后使用对称密钥解密数据。数字信封很好地解决了对信息保密性的问题。

数字信封的生成和打开过程如图 7-8 和图 7-9 所示。

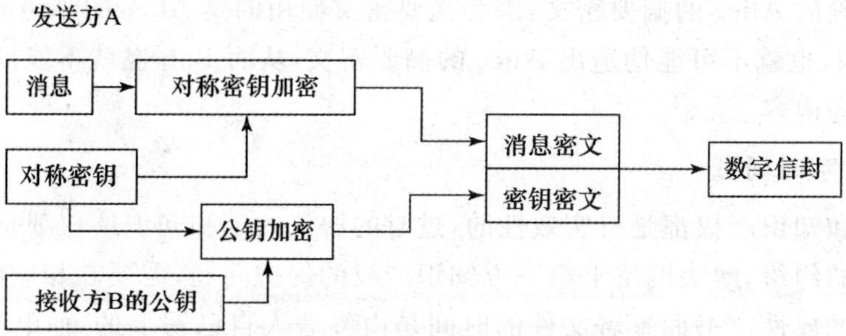

图 7-8　生成数字信封的过程

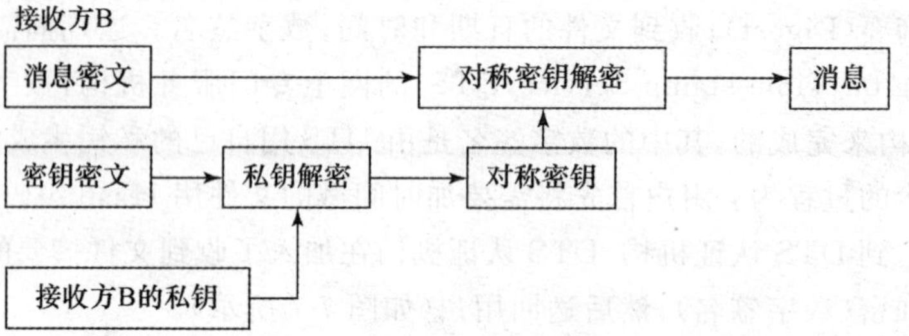

图 7-9　解开数字信封的过程

7.4 数字证书

在网上进行交易在多数情况下都是匿名的，当交易内容比较重要、交易数额比较大时，除了谨慎之外，用户还需要知道与自己交易的人和单位是谁，他（或者他们）是否是真实存在的，即使不知道他（或者他们）的真实存在，也希望有权威部门或者组织替自己证明对方的真实存在，这就是数字证书希望达到的目的。

7.4.1 什么是数字证书

数字证书是由权威机构——CA 证书授权(Certificate Authority)中心发行的，能提供在互联网上进行身份验证的一种权威性电子文档。人们可以在互联网交往中用数字证书来证明自己的身份和识别对方的身份。

由于互联网电子商务系统技术使在网上购物的顾客能够极其方便轻松地获得商家和企业的信息，但同时也增加了对某些敏感或者有价值的数据被滥用的风险。为了保证互联网上电子交易以及支付的安全性、保密性等，防范交易以及支付过程中的欺诈行为，必须在网上建立一种信任机制。这就要求参加电子商务的买方和卖方都必须拥有合法的身份，并且在网上能够有效无误地被进行验证。数字证书是一种权威性的电子文档。它提供了一种在互联网上验证用户身份的方式，其作用类似于司机的驾驶执照或者日常生活中的身份证。它是由一个由权威机构——CA 证书授权中心发行的，人们可以在互联网交往中用它来识别对方的身份。当然在数字证书认证的过程中，数字证书认证中心（CA）作为权威的、公正的、可信赖的第三方，其作用是至关重要的。如何判断数字证书认证中心公正第三方的地位是权威可信的，国家工业和信息化部以资质合规的方式，向符合资质要求的相关机构颁发了从业资质，这些机构发放的 CA 认证证书就是合法的、权威的，是值得信赖的。

数字证书也必须具有唯一性和可靠性。为了达到这一目的，需要采用很多的技术来实现。通常，数字证书采用公钥体制，即利用一对互相匹配的密钥进行加密、解密。每个用户自己设定一把特定的仅为本人所有的私有密钥（私钥），用它进行解密和签名；同时设定一把公共密钥（公钥）并由本人公开，为一组用户所共享，用于加密和验证签名。当发送一份保密文件时，发送方使用接收方的公钥对数据加密，而接收方则使用自己的私钥解密，这样信息就可以安全无误地到达目的地了。通过数字的手段保证加密过程是一个不可逆过程，即只有用私有密钥才能解密。公开密钥技术解决了密钥发布的管理问题，用户可以公开其公开密钥，而保留其私有密钥。

数字证书的颁发过程一般为：用户首先产生自己的密钥对，并将公共密钥及部分个人身份信息传送给认证中心。认证中心在核实身份后，将执行一些必要的步骤，以确信请求确实是由用户发送来的；然后，认证中心将发给用户一个数字证书，该证书内包含用户的个人信息和他的公钥信息，同时还附有认证中心的签名信息。用户就可以使用自己的数字证书进行相关的各种活动。数字证书由独立的证书发行机构发布。数字证书各不相同，每种证书可提供不同级别的可信度。用户可以从证书发行机构获得自己的数字证书。

认证中心颁发的数字证书均遵循 X.509 V3 标准。X.509 标准是国际电信联盟制定的标准，等同于国际标准化组织（ISO）和国际电工委员会（IEC）联合颁布的 ISO/IEC95944-195 标准。

数字证书主要由以下两部分组成。

1. 证书数据

(1) 版本信息,用来与 X.509 的将来版本兼容。

(2) 证书序列号,每一个由 CA 发行的证书必须有一个唯一的序列号。

(3) CA 所使用的签名算法。

(4) 发行证书 CA 的名称。

(5) 证书的有效期限,它的计时范围为 1950—2049。

(6) 证书主题名称。

(7) 被证明的公钥信息,包括公钥算法、公钥的位转换成的字符串表示。

(8) 包含额外信息的特别扩展。

2. 发行证书的 CA 签名

该签名是由 CA 证书发行机构所签,具有法律效力。

7.4.2 CA 认证中心简介

CA 认证中心是数字证书认证中心的简称,是指发放、管理、废除数字证书的机构。CA 认证中心的作用是检查证书持有者身份的合法性,并签发证书(在证书上签字),以防证书被伪造或者被篡改,以及对证书和密钥进行管理。CA 认证中心是检验管理密钥是否具有真实性的第三方,它是一个权威机构,专门验证交易双方的身份。

CA 认证中心的职责包括:(1) 证书的颁发;(2) 证书的更新;(3) 证书的查询;(4) 证书验证;(5) 证书的作废;(6) 证书的归档;(7) 提供密钥托管和密钥恢复服务。

CA 认证中心的分级结构如图 7-10 所示。

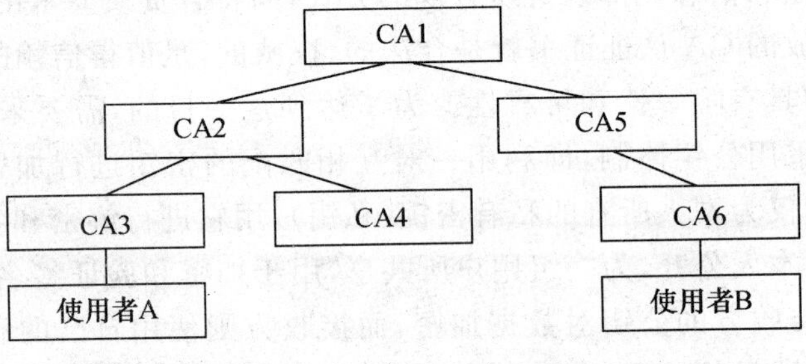

图 7-10　CA 认证中心的分级结构图

7.4.3　数字证书的种类

从数字证书的应用角度分类,数字证书主要有以下三种。

1. 服务器证书

服务器证书被安装于服务器设备上,用来证明服务器的身份和进行通信加密。服务器证书可以用来防止假冒站点。

在服务器上安装服务器证书后,客户端浏览器可以与服务器证书建立 SSL(Secure Sockets Layer,安全套接层)连接,在 SSL 连接上传输的任何数据都会被加密。同时,浏览器会自动验证服务器证书是否有效,验证所访问的站点是否是假冒站点,服务器证书保护的站点多被用来进行密码登录、订单处理、网上银行交易等。全球知名的服务器证书品牌有 Verisign、Thawte、Geotrust 等。

SSL证书主要用于服务器(应用)的数据传输链路加密和身份认证,绑定网站域名,不同的产品要求不同的身份认证。超真SSL和超快SSL在颁发时间上已经没有什么区别,主要区别在于:超快SSL只验证域名所有权,证书中不显示单位名称;而超真SSL需要验证域名所有权、营业执照和第三方数据库验证,证书中显示单位名称。

2. 电子邮件证书

个人电子邮件安全证书,是指个人用户收发电子邮件时采用证书机制保证安全所必须具备的证书。它是用来颁发给个人用户的,用户使用此证书在互联网上向对方表明邮件发送者的身份。

个人电子邮件安全证书中包含证书持有者的电子邮件地址、公钥以及CA的签名。使用个人电子邮件安全证书的用户可以收发加密和数字签名邮件,保证用户在电子邮件传输中的机密性、完整性和不可抵赖性,确保电子邮件通信双方身份的真实性。

个人电子邮件安全证书的密钥位长一般为512位,也可以是1 024位。证书装载到浏览器或者邮件客户端中后,在配制邮件账户的时候进行对应的证书选择,即可实现电子邮件数字签名和邮件加密(需要对方的证书公钥),也可作为浏览器与Web站点建立安全SSL连接的客户端证书。

当然,证书安全加密功能的实现决定于用户使用的浏览器是否支持相应功能。目前,Firefox和Internet Explorer等主流浏览器都支持相应功能。不过有一点需要说明的是,这些主流浏览器在默认情况下仅信任各自收录的权威认证机构发布的数字证书,所以如果是组织自建的CA根认证中心,则需要先在对应的浏览器上导入安装其根证书,这样用户在使用的过程中就如同权威机构认证一样,在安全性上也没有什么差别。

3. 客户端个人证书

客户端个人证书主要被用来进行身份验证和电子签名。

安全的客户端证书一般被存储于专用的USBkey中(如工商银行叫U盾)。存储于Key中的证书不能被导出或者被复制,且Key使用时需要输入Key的保护密码。使用该证书需要物理上获得其存储介质USBkey,且需要知道Key的保护密码,这也被称为双因子认证。这种认证手段是目前在互联网最安全的身份认证手段之一。Key的形式有多种,如指纹、口令卡等。

客户端个人证书的工作原理是,数字证书里存有很多的数字和英文,当使用数字证书进行身份认证时,它将随机生成128位的身份码,每份数字证书都能生成相应但每次都不可能相同的数码,从而保证数据传输的保密性,即相当于生成一个复杂的密码。

数字证书绑定了公钥及其持有者的真实身份,它类似于现实生活中的居民身份证,所不同的是数字证书不再是纸质的证照,而是一段含有证书持有者身份信息并经过认证中心审核签发的电子数据,可以更加方便灵活地运用在电子商务和电子政务中。

7.5 安全技术协议

交易双方进行网上商务信息交流时不希望第三方知道,也不希望交易的某一方抵赖。要确保网上交易和资金支付的安全可靠,实际执行过程中就需要安全技术协议来保障。本节主要介绍目前常用的安全套接字协议和安全电子交易协议。

7.5.1 安全套接字协议

1. 安全套接字协议简介

安全套接字(SSL)协议是由网景公司提出的,用于 Web 安全通信的协议。SSL 协议实现服务器认证、客户端认证、数据在链路上传输的完整性和保密性等功能。

2. SSL 协议的功能

(1) 在客户端和服务器端加密数据,使在网络上传输的数据只有客户端和服务器端能相互认得,即使数据在网络上被窃听或者被截取,攻击者也无法得到正确的数据,还原不出明文,从而保证传输的数据的安全。

(2) 实现客户端和服务器端的身份验证。

SSL 协议可以被理解成一条受密码保护的通道。通道的安全性取决于协议中采用的加密算法。目前,SSL 协议标准已经成为网络上保密通信的一种工业标准,在 C/S 和 B/S 的构架下都有广泛的应用(如图 7-11 所示)。

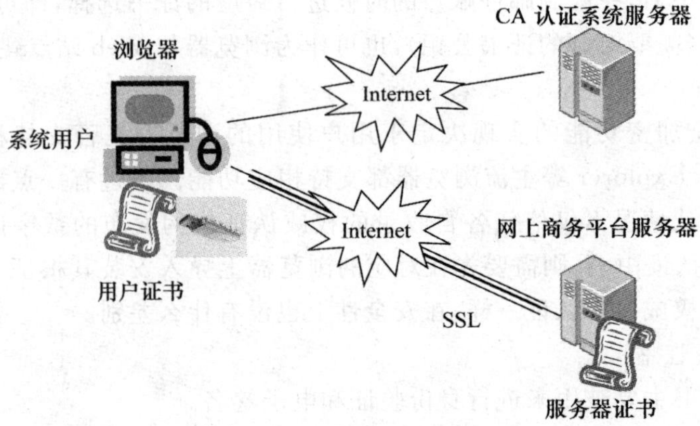

图 7-11 SSL 协议原理示意图

3. SSL 握手协议

SSL 握手协议的工作原理如下。

(1) 客户端发送客户端的信息,包括客户端支持的 SSL 的版本、客户端支持的密码对和客户端支持的数据压缩方法,消息中还有一个 28 位的随机数。

(2) 服务器回复一个“Hello”消息,该消息包括使用的密码方法(密码对)和由服务器选择的数据压缩方法,以及会话标识和另一个随机数。

(3) 服务器发送它的 SSL 证书,如果需要对客户端进行验证(SSL 3.0 版本开始支持客户端验证),客户端也需要发送数字证书请求消息。

(4) 服务器发送完成消息,等待客户端响应。

(5) 当客户端接收到服务器端的完成消息之后,客户端会检查服务器端 SSL 数字证书的有效性。如果服务器端需要验证客户端的身份,客户端就会发送其数字证书给服务器端;如果客户端没有对应的数字证书,就会弹出一个警告的窗口;如果服务器端强制客户端的身份认证的话,客户端没有相应的证书的时候,服务器就会结束该会话。

(6) 客户端发送“客户端密钥交换”消息,此消息包含 pre-master secret (一个用在对称加密密钥生成中的 46 字节的随机数字)和消息认证代码(MAC)密钥(用服务器的公用密钥加密的)。服务器端对客户端发送的消息进行验证,没有通过的话,那么服务器将结束此次会话。

(7) 客户端发出“更改密码规范”消息。

(8) 服务器以自己的“更改密码规范”和“已完成”消息响应。

(9) 握手结束,服务器端和客户端可以进行加密通信。

SSL 协议的执行过程如图 7-12 所示。

图 7-12　SSL 协议

4. SSL 的部署

服务器上安装证书的过程参见相应的 Web 服务器证书安装向导进行。成功安装证书后,就可以输入“https: //网站路径”进行访问,要注意,超文本传输协议由“http”改成了超文本安全传输协议“https”。

5. SSL 的缺点

在通信的过程中,要求客户端和服务器都要对传输的数据进行加密和解密,这样会增加很多的系统开销,特别是 CPU 的资源,比不使用 SSL 协议的通信要慢很多。此外,使用 SSL 协议的通信所占用的流量可能是不使用 SSL 协议时流量的 3 倍。当然比下面介绍的 SET 协议还是要快的。

此外,在电子商务交易过程中,SSL 存在以下缺点:(1) 客户信息先到商家,客户资料的安全性无法保障;(2) SSL 只负责信息传递安全,商家的抵赖行为无法克服。

7.5.2　安全电子交易协议

为了克服 SSL 协议在电子商务交易方面的缺点,满足电子交易持续不断地增加的安全要求,并达到交易安全以及合乎成本效益的市场要求,VISA 国际组织及其他公司(如 Master Card、MicroSoft、IBM 等)共同制定了安全电子交易(Secure Electronic Transactions, SET)协议。其实质是一种应用在互联网上、以信用卡为基础的电子付款系统规范,目的是为了保证网络交易的安全。SET 协议妥善地解决了信用卡在电子商务交易中的交易协议、信息保密、资料完整以及身份认证等问题。特别是在保留对客户信用卡认证的前提下,又增加了对企业身份的认证,这对于需要支付货币的交易来讲是至关重要的。SET 协议已获得 IETF 标准的认可,是电子商务支付的发展方向。

1. SET 支付系统的组成

SET 支付系统主要由消费者、商家、发卡行(是指消费者的开户银行)、收单行支付网关(银行系统对外的支付接口)和认证中心等六个部分组成。相应地,基于 SET 协议的网上购物系统至少包括电子钱包软件、商家软件、支付网关软件和签发证书软件。

2. SET 协议的工作流程

(1) 消费者利用自己的电脑通过互联网选定所要购买的物品，并在计算机上输入订货单，订货单上需包括在线商店、购买物品名称和数量、交货时间和地点等相关信息。

(2) 通过电子商务服务器与有关在线商店联系，在线商店作出应答，告诉消费者所填订货单的货物单价、应付款数、交货方式等信息是否准确、是否有变化。

(3) 消费者选择付款方式，确认订单签发付款指令。此时 SET 开始介入。

(4) 在 SET 中，消费者必须对订单和付款指令进行数字签名，同时利用双重签名技术保证商家看不到消费者的账号信息。

(5) 在线商店接受订单后，向消费者所在银行请求支付认可。信息通过支付网关到收单银行，再到电子货币发行公司确认。批准交易后，返回确认信息给在线商店。

(6) 在线商店发送订单确认信息给消费者。消费者端软件可记录交易日志，以备将来查询。

(7) 在线商店发送货物或者提供服务并通知收单银行将钱从消费者的账号转移到商店账号，或者通知发卡银行请求支付。在认证操作和支付操作中间一般会有一个时间间隔，如在每天的下班前请求银行结一天的账。

第一步和第二步与 SET 无关，从第三步开始 SET 起作用，一直到第六步，在处理过程中通信协议、请求信息的格式、数据类型的定义等 SET 都有明确的规定。在操作的每一步，消费者、在线商店、支付网关都通过 CA 认证中心来验证通信主体的身份，以确保通信的对方不是冒名顶替，所以，也可以简单地认为 SET 协议充分发挥了认证中心的作用，以维护在任何开放网络上的电子商务参与者所提供信息的真实性和保密性。

SET 协议交易的流程如图 7-13 所示。

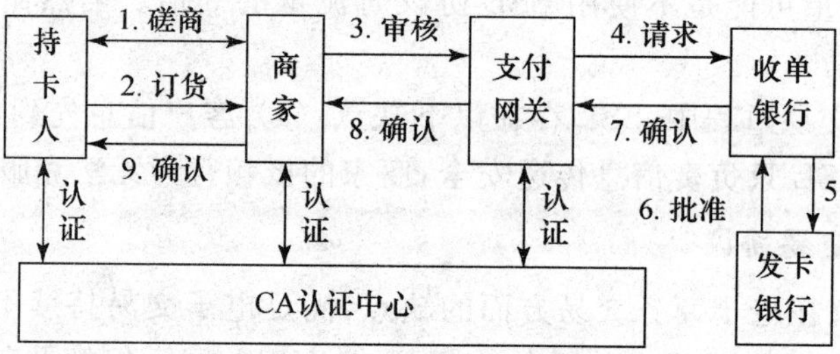

图 7-13　SET 协议的交易流程

3. SET 协议中数据加密与解密过程

(1) 加密过程。

发方发送信息(即明文)时，先用哈希算法产生信息摘要，然后用发方的私钥对其进行加密，产生数字签名。该数字签名连同发方的数字证书(注意其中含有发放的公钥)和明文一起用对称加密技术进行加密，产生密文。发方要注意保存好对称密钥，并用收方的公钥对其加密，产生数字信封。该数字信封连同前面的密文一起发送到收方。

(2) 解密过程。

收方收到发方的数字信封和密文后，先从数字信封中用收方自己的私钥解密，得到对称密钥，然后用对称密钥对密文进行解密，得到发方的数字签名、数字证书和明文，通过包含在数字证书当中的发方公钥，从数字签名中解出信息摘要来，保存好这个摘要。然后通过明文和哈希算法，再产生一个信息摘要，这两个信息摘要进行比较，如果相同则安全接收明文，证明明文就是发方发送的信息；如果不同就说明一是传输过程中出现了信息被篡改的问题，二是发方或者收方有一方有抵赖行为，故意曲解发出或者接收的信息，这时，发方或者收方都可以通过向第三方出示来往明文或者密文信息来证明自己的清白，保护自己的利益不受侵犯。用SET协议加密与解密流程如图7-14所示。

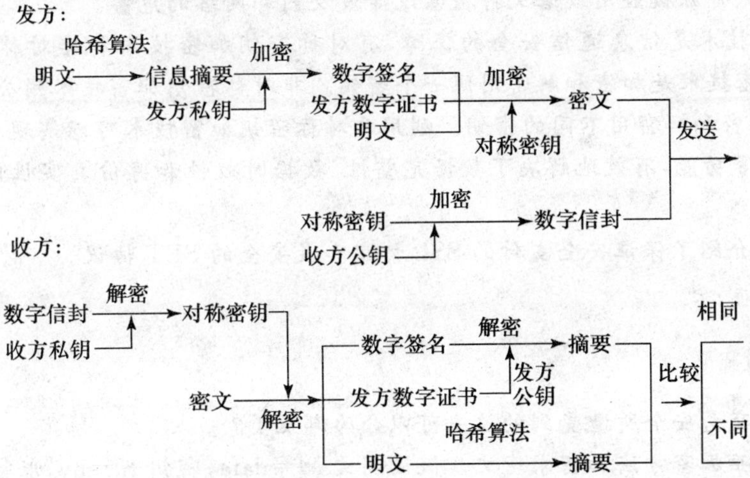

图7-14　用SET协议加密与解密流程

7.5.3　SSL协议和SET协议的对比

SSL协议和SET协议是两个不同安全级别的协议，其不同之处参见表7-3。

表7-3　SSL协议与SET协议的不同之处

序　号	项　目	SSL协议	SET协议
1	用户接口	浏览器、服务器内置	客户端、商家服务器、银行网络安装专门软件
2	处理速度	简单快速	复杂、庞大、处理速度慢
3	认证要求	3.0版后要求数字签名、数字证书进行身份认证。商家服务器必须认证	客户、商家、银行等参与方都必须相互认证
4	安全性	只对持卡人与商家的信息进行加密保护	采用公钥加密、数字摘要、数字签名、身份认证等技术，确保保密性、可鉴别性、完整性、不可否认性
5	协议层次和功能	传输层，只能进行客户和服务器的双向认证	应用层，流程规范、严格具备商务性、协调性、集成性，确保支付安全

本章小结

1. 本章介绍了电子商务的安全问题、防火墙技术、数据加密与信息安全技术、数字证书、安全技术协议等内容。

2. 电子商务由于其开放的特性，造成了许多安全问题，概括为中断、截获、篡改、伪造、抵赖，解决这些问题除了需要加强监管外，还需要用不同的技术来保障。

3. 计算机网络的防火墙是一个由软件和硬件设备组合而成的设施，在内部网和外部网之间、专用网和公共网之间的界面上构造的保护屏障。防火墙用来防止互联网的损坏，如黑客攻击、病毒破坏、资源被盗用或者文件被篡改等波及内部网络的危害。

4. 数据加密技术是信息通信安全的保障，有对称密钥加密技术和非对称密钥加密技术。对称密钥加密技术是加密和解密用同一个密钥。非对称密钥加密技术用公开密钥和私有密钥来实现，加密和解密用不同的密钥。利用非对称密钥加密技术可以实现信息加密、数字签名、CA 认证等功能，有效地解决了数据完整性、数据时效性和身份真实性问题，确保交易安全。

5. 本章最后介绍了保证安全支付的 SSL 协议和最安全的 SET 协议。

思考题

1. 电子商务交易安全所遭受到的攻击可以分为哪几类？
2. 用维吉利亚加密方法加密求密文。假设明文 M=data，密钥 K=by，求密文 C=？
3. 电子商务对安全的要求主要体现在哪些方面？
4. 对称密钥加密技术和非对称密钥加密技术的基本原理是什么？它们有哪些区别？
5. 数字签名使用的主要技术有哪些？
6. 数字信封加密的过程是如何进行的？
7. 什么是数字证书？
8. SSL 协议和 SET 协议的工作流程是如何进行的？两者有何区别？

第8章 电子支付

学习目标

1. 了解电子支付的概念。
2. 掌握网上支付工具及其应用。
3. 掌握第三方支付和移动支付的概念和应用。
4. 了解网上银行及其主要业务。

引导案例

支付宝发展故事①

诞生于淘宝的支付宝，与同期大多数凭借独门的技术优势进军第三方支付产业的逐浪者最大的不同是，支付宝从诞生之初就紧密结合了应用场景，即网络购物，而且是基于清晰的客户需求，破解了网上购物的信任问题。

当时，刚刚创立不久的淘宝网发现，支付的瓶颈是阻碍网上购物发展的重要因素之一，无论是线下的银行汇款还是货到付款的方式，都很难解决买卖双方的互信问题，买方担心给钱之后收不到货，卖方担心发货之后收不到钱，正是双方不安的心理，将大多数人阻挡在网络购物之外。

鉴于此，于2003年10月18日，淘宝就成立了支付部门，推出了现在成为第三方支付的标杆模式之一的“担保交易”。如果买家在淘宝网上看到了一件喜欢的商品拍下后，他可以先表示同意把购买商品的款项打到支付宝账户中，并通知卖家发货，等到收到商品之后，确认无疑再通知支付宝把钱打到卖家的账户中。

在整个过程中，货款会在支付宝的平台上停留最长7天，这是由支付宝作为一个买卖双方都愿意信任的中间方，代为保管货款，而且如果货品有问题，支付宝还承担赔付责任。作为淘宝网上交易双方信用的第三方担保平台，支付宝由此应运而生。

随着支付宝成为交易双方普遍接受的标准，中国网络购物市场的成长大大加速了，淘宝网的交易量一路高歌猛进，短短两年时间内，就成为行业领先者。

在支付宝的管理团队看来，支付宝在创立之初并没有什么宏伟的目标，不过是基于一个简单的想法，从用户需要、互联网交易环境需要出发，反而切准了第三方支付平台最核心的

① 资料来源：《21世纪商业评论》，柴静。

价值，这也让支付宝在诞生之初就具有了客户价值基因。这也是为什么后来大多数与支付宝差不多同时起步的技术派支付公司都消失在人们的视野中的原因。其生于淘宝的优势，最重要的并不是因为在血缘上它能够成为亚洲最大的网购平台的近亲，而是因为作为一个支付公司它能够贴近高速成长中的应用场景，近水楼台之势为支付宝带来了源源不断的客户流。

据艾瑞咨询的统计数据显示，2011 年中国支付行业互联网支付业务交易规模达到22 038亿元，同比增长 118.1%。艾瑞分析认为，第三方互联网支付交易规模呈现高速增长（如图 8-1 所示）。

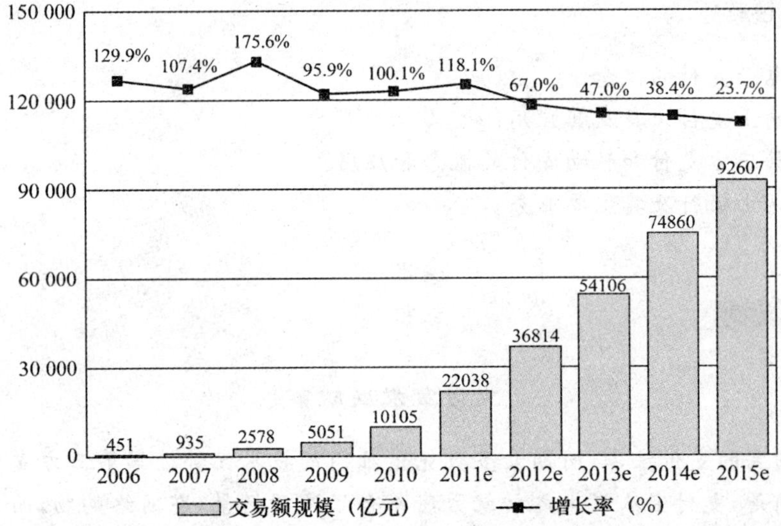

图 8-1　2006—2015 年中国支付行业互联网支付业务交易规模统计与预测图

从支付企业互联网支付业务的整体发展状况来看，2011 年全年，支付宝以 49.0%的市场份额居于市场首位，占据了互联网支付市场的半壁江山；财付通以 20.4%的市场份额位居第二；银联在线、快钱和汇付天下，分别以 8.4%、7.5%和 7.4%的市场占比分居三至五位（如图 8-2 所示）。

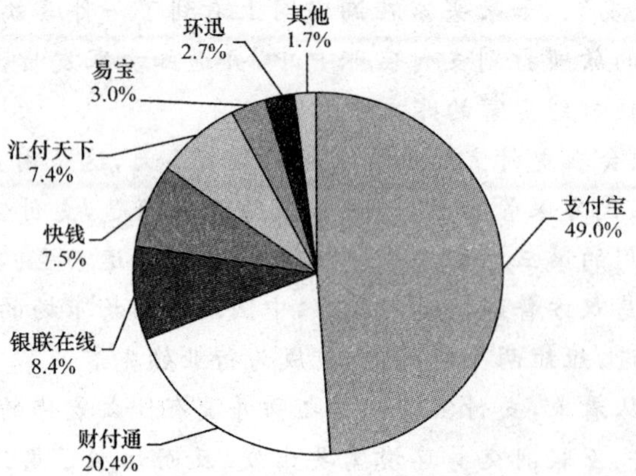

图 8-2　2011 年中国第三方支付核心企业交易规模比例图

理论与实务

8.1 电子支付概述

商品送到消费者手中、货款支付给商家是商务活动的重要环节，电子支付是组成电子商务的重要因素。随着电子商务的不断推进，电子支付呈现多样化趋势。

8.1.1 电子支付的概念

电子支付，是指电子交易的当事人，包括消费者、厂商和金融机构，使用安全电子支付手段，通过网络进行的货币支付或者资金流转。电子支付是电子商务系统的重要组成部分。与传统的支付方式相比，电子支付具有以下特征。

(1) 电子支付是采用先进的技术通过数字流转来完成信息传输的，其各种支付方式都是采用数字化的方式进行款项支付的；而传统的支付方式则是通过现金的流转、票据的转让以及银行的汇兑等物理实体的流转来完成款项支付的。

(2) 电子支付的工作环境是基于一个开放的系统平台(即互联网)之中，而传统支付则是在较为封闭的系统中运作。

(3) 电子支付使用的是最先进的通信手段，如互联网、外联网；而传统支付使用的则是传统的通信媒介。电子支付对软、硬件设施的要求很高，一般要求有联网的计算机、相关的软件以及其他一些配套设施，而传统支付则没有这么高的要求。

(4) 电子支付具有方便、快捷、高效、经济的优势。用户只要拥有一台上网的计算机，便可足不出户，在很短的时间内完成整个支付过程。支付费用仅相当于传统支付的几十分之一，甚至更低。

8.1.2 电子支付的发展阶段

电子支付是通过电子信息化的手段实现交易中支付与结算的过程。电子支付方式的出现要早于互联网的出现，银行采用信息技术进行电子支付的形式有五种(如图 8-3 所示)，实际上也分别代表了电子支付发展的五个不同阶段。

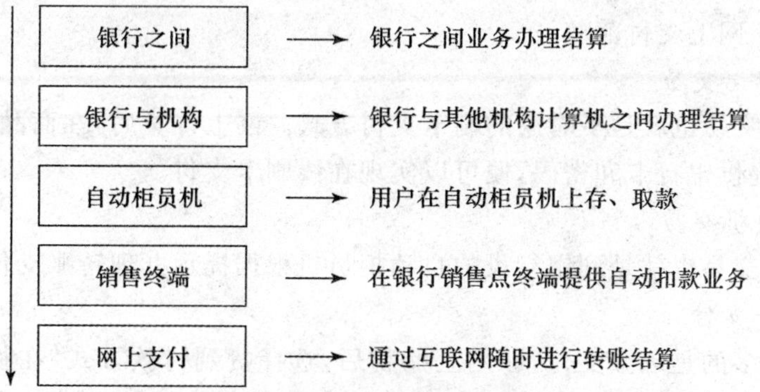

图 8-3 电子支付发展的五个不同阶段

第一阶段是银行利用计算机处理银行之间的业务，办理结算。

第二阶段是银行计算机与其他机构计算机之间资金的结算，如代发工资，代交水电费、煤气费、电话费等业务。

第三阶段是利用网络终端向用户提供各项银行服务，如用户在自动柜员机（ATM）上进行存、取款操作等。

第四阶段是利用银行销售点终端（POS）向用户提供自动扣款服务，这是现阶段电子支付的主要方式。

第五阶段是最新发展阶段，电子支付可随时随地通过互联网进行直接转账结算，形成电子商务环境。这是发展中的形式，也将是21世纪的主要电子支付方式。该阶段的电子支付称为网上支付。网上支付的形式称为网上支付工具，主要有银行卡支付、第三方支付和移动支付等。

8.1.3 电子支付的类型

根据发起电子支付指令终端的不同，电子支付可以分为以下六种类型。

1. 网上支付

网上支付是目前应用比较多的一种电子支付类型。它是以互联网为基础，利用银行所支持的某种数字金融工具，发生在购买者和销售者之间的金融交换，从而实现从买者到金融机构、商家之间的在线货币支付、现金流转、资金清算、查询统计等过程，由此为电子商务和其他服务提供金融支持。相对于其他类型的电子支付，网上支付虽然也"摸不着"，但至少能够"看得见"款项的来龙去脉，因为比传统支付方式简单快捷，而且又能随时查询，因此被广泛采用。

2. 电话支付

电话支付也就是通过电话银行支付。这是电子支付的一种线下实现形式，是指消费者使用电话（固定电话、手机、小灵通）或者其他类似电话的终端设备，通过银行系统就能从个人银行账户里直接完成付款的方式。

3. 移动支付

移动支付是使用移动设备通过无线方式完成支付行为的一种新型的支付方式。移动支付所使用的移动终端可以是手机、PDA、移动PC等。移动支付有两种含义：最常见的是通过移动短信确认来完成的支付，款项直接从手机话费中扣除；另外是指利用手机上网进行支付，严格来说属于网上支付范畴。

4. 销售点终端交易

销售点终端交易也就是平时用的刷卡支付方式。网上订货后，在商品交付时，通过手持支付终端，只要提供银行卡和密码，便可以实现在线刷卡支付。

5. 自动柜员机交易

自动柜员机交易也就是到银行设的自动柜员机根据提示办理转账支付。

6. 其他电子支付

现在使用最多的是现金支付，即网上购物后，选择货到付款方式，在物流公司的发货员把货物送到客户手上时，客户用现金支付给发货员，由发货员为电子商务企业代收货款。当然还有一些虚拟货币支付方式，如游戏币、QQ币等。

8.1.4 电子支付的工具

随着计算机技术的发展，电子支付的工具越来越多。这些支付工具可以分为三大类：

(1) 电子货币类,如现金、电子现金、电子钱包等;(2) 电子支票类,如电子支票、电子汇款(EFT)、电子划款等;(3) 电子信用卡类,如智能卡、借记卡、电话卡等。

这些方式各有自己的特点和运作模式,适用于不同的交易过程。

1. 电子现金

电子现金是一种以数据形式流通的货币。它把现金数值转换成为一系列的加密序列数,通过这些序列数来表示现实中各种金额的市值,用户在开展电子现金业务的银行开设账户并在账户内存钱后,就可以在接受电子现金的商店购物了。

2. 电子钱包

电子钱包是电子商务活动中网上购物顾客常用的一种支付工具,是在小额购物或者购买小商品时常用的新式钱包。

电子钱包一直是全世界各国开展电子商务活动中的热门话题,也是实现全球电子化交易和互联网交易的一种重要工具。全球已有很多国家正在建立电子钱包系统以便取代现金交易的模式,目前,我国也正在开发和研制电子钱包服务系统。使用电子钱包购物,通常需要在电子钱包服务系统中进行。电子商务活动中的电子钱包的软件通常都是免费提供的,用户可以直接使用与自己的银行账号相连接的电子商务系统服务器上的电子钱包软件,也可以从互联网上直接调出来使用,采用各种保密方式利用互联网上的电子钱包软件。目前,世界上有 Visa Cash 和 Mondex 两大电子钱包服务系统,其他的电子钱包服务系统还有惠普公司的电子支付应用软件、微软公司的电子钱包 MS Wallet、IBM 公司的 Commerce Point Wallet 软件、Master Card Cash、Euro Pay 的 Clip 和比利时的 Proton 等。

3. 电子支票

电子支票是一种借鉴纸张支票转移支付的优点,利用数字传递将钱款从一个账户转移到另一个账户的电子付款形式。这种电子支票的支付是在与商户及银行相连的网络上以密码方式传递的,多数使用公用关键字加密签名或者个人身份证号码(PIN)代替手写签名。

用电子支票支付,其事务处理费用较低,而且银行也能为参与电子商务的商户提供标准化的资金信息,故而可能是最有效率的支付手段。

4. 智能卡

智能卡是在法国问世的。20 世纪 70 年代中期,法国 Roland Moreno 公司采取在一张信用卡大小的塑料卡片上安装嵌入式存储器芯片的方法,率先开发成功 IC 存储卡。经过 20 多年的发展,真正意义上的智能卡,即在塑料卡上安装嵌入式微型控制器芯片的 IC 卡,已由摩托罗拉和 Bull HN 公司于 1997 年研制成功。

近十几年来,中国的"金卡工程"取得了令人瞩目的成绩。目前,IC 卡已在金融、电信、社会保障、税务、公安、交通、建设及公用事业、石油石化、组织机构代码管理等许多领域得到广泛应用,像第二代居民身份证(卡)、社会保障 IC 卡、城市交通 IC 卡、电话 IC 卡、三表(水、电、气)IC 卡、消费 IC 卡等行业 IC 卡应用已经渗透到百姓生活的方方面面,并取得了较好的社会效益和经济效益。

根据博思数据研究中心发布的《2011—2016 年中国智能卡芯片行业市场分析与投资前景研究报告》称,2010 年全球 IC 卡市场,亚太地区约占 71.5%的市场份额,其中中国市场占据全球 IC 卡销售收入的 1/3。2010 年中国智能卡销售量为 21.35 亿张,同比增长 8.4%;中国 IC 卡片销售额约 81 亿元,同比增长 13%。在传统领域,二代身份证已经基本发放完毕;

在移动通信市场，2010 年中国移动通信卡销售量同比增长 3.2%；在新兴应用领域，如全国统一社保卡和手机支付卡等，市场增长迅猛。2010 年中国社保卡销量增长高达126.3%。社保卡市场将成为继二代身份证之后的又一重量级智能卡应用。

中国本土智能芯片上游提供商主要包括大唐微电子、复旦微电子、同方微电子(2011 年被晶源电子收购)和上海华虹等。

8.2 网上支付方式与流程

目前，用于网上支付的方式主要有银行卡支付、电子现金支付、电子支票支付、第三方支付、现金支付、移动支付和虚拟货币支付等，下面分别进行具体分析。

8.2.1 银行卡支付

目前，国内网上购物大部分是使用信用卡和借记卡来进行支付的。信用卡和借记卡是银行或者金融公司发行的，是授权持卡人在指定的商店或者场所进行记账消费的凭证，是一种特殊的金融商品和金融工具。银行卡分类汇总表参见表 8-1。用户通过提供有效的卡号、密码和有效期，商店就可以通过银行计算机网络与顾客进行结算。

表 8-1 银行卡分类汇总表

分 类	类 型	使用特点
结算方式	借记卡(储蓄卡)	持卡人在开立卡账户时按规定向发卡行交一定的备用金，持卡人完成消费后，银行会自动从其账户上扣除相应的消费款项，一般不可以透支，只能在卡上存有的金额内支付
	贷记卡(信用卡)	发卡行允许持卡人"先消费，后付款"，提供给持卡人短期消费信贷，到期依据有关规定完成清偿
使用权限	普通卡	透支限额低
	金卡	允许透支限额相对较大
	白金卡	比金卡允许透支限额还大
	无限卡	透支限额不限
持卡对象	个人卡	持有者是有稳定收入来源的社会各界人士，其信用卡账户上的资金属持卡人个人存款
	公司卡	又称单位卡，是各企事业单位、部门中指定人员使用的卡，其信用卡账户资金属公款
使用范围	国际卡	可以在全球许多的国家和地区通行使用，如著名的 Visa 卡和 Master 卡等
	地方卡	只局限在某地区内使用，如我国各大商业银行发行的人民币长城卡、牡丹卡、太平洋卡等均属地方卡
载体材料	磁 卡	在信用卡背面贴有的磁条内存储有关信用卡业务所需的数据，使用时必须有专门的读卡设备读出其中所存储的数据信息
	IC 卡	IC 卡又称集成电路卡。IC 卡的卡片中嵌有芯片，信用卡业务中的有关数据存储在 IC 芯片中，既可以脱机使用也可以联机使用

信用卡和借记卡都是比较成熟的支付方式，在全世界范围内得到了广泛的应用。银行卡的最大优点是持卡人可以不用现金，凭卡购买商品和享受服务，其支付款项由发卡银行支付。银行卡支付通常涉及三方，即持卡人、商家和银行。支付过程包括清算和结算，前者完

成支付指令的传递，后者完成与支付相关的资金转移。

目前，信用卡的支付包括无安全措施的信用卡支付、通过第三方代理的信用卡支付、简单加密信用卡支付、基于 SET 协议的信用卡支付等类型。

1. 无安全措施的信用卡支付

无安全措施的信用卡支付即消费者从商家订货，信用卡信息通过电话、传真等非网上传送手段进行传输；也可以在网上传送信用卡信息，但无安全措施。商家与银行之间使用各自现有的授权来检查信用卡的合法性，其流程如图 8-4 所示。

图 8-4 无安全措施的信用卡支付流程

该支付方式的风险由商家承担。由于卖方没有得到买方的签字，如果买方拒付或者否认购买行为，卖方将承担一定的风险。信用卡信息可以在线传输，但无安全措施。买方(即持卡人)将承担信用卡信息在传输过程中被盗取以及卖方获取信用卡信息的风险。

无安全措施的信用卡支付的特点包括：(1) 风险由商家承担；(2) 信用卡信息可以在线传送，但无安全措施；(3) 商家完全掌握消费者的信用卡信息；(4) 存在安全风险。

2. 简单加密信用卡支付

使用这种模式付费时，消费者的信用卡号码被加密。这种加密的信息只有通过银行系统的支付网关进行识别。消费者在线购物时只需要给出一个信用卡号，使用方便，但需要一系列加密、授权、认证及相关信息的传送。这里需要说明的是消费者的开户银行成为发卡行，商家的开户银行成为收单行。

简单加密信用卡支付的流程是：消费者从商家订货后，将信用卡信息加密后传给商家；商家接收到信用卡支付信息，再通过银行系统提供的支付网关传给收单行；收单行验证商家的身份后，将消费者加密的信用卡信息通过银行系统的支付网关送到发卡行，发卡行对消费者支付信息进行确认后，回复给收单行，收单行再通知商家，实现顺利支付或者拒付。随后，发卡行和收单行之间实现资金结算(如图 8-5 所示)。

简单加密信用卡支付的特点：一是部分信息或者全部信息都使用对称加密技术和非对称加密技术；二是可以使用身份验证证书；三是交易过程的每一步，各方都采用防伪造的数字签名来确认身份。

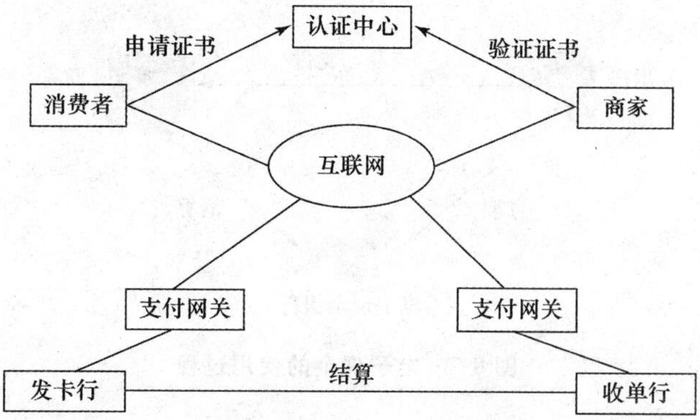

图 8-5 简单加密信用卡支付流程

3. 通过第三方代理的银行卡支付

在采用无安全措施的信用卡支付模式中，由于商家完全掌握消费者的信用卡信息，存在着信用卡信息在网上多次公开传输而导致的信用卡信息被窃取的风险。为了降低这一风险，采取在买方和卖方之间启用第三方代理人支付的方式(简称第三方支付)就不失为一种好的选择：用户在第三方代理人处开账号；第三方代理人持有用户账号和信用卡号；用户用账号从商家订货；商家将用户账号提供给第三方代理人；第三方代理人验证商家身份，给用户发送电子邮件，要求用户确认购买和支付后，将信用卡信息传给银行，完成支付过程，其流程如图 8-6 所示。

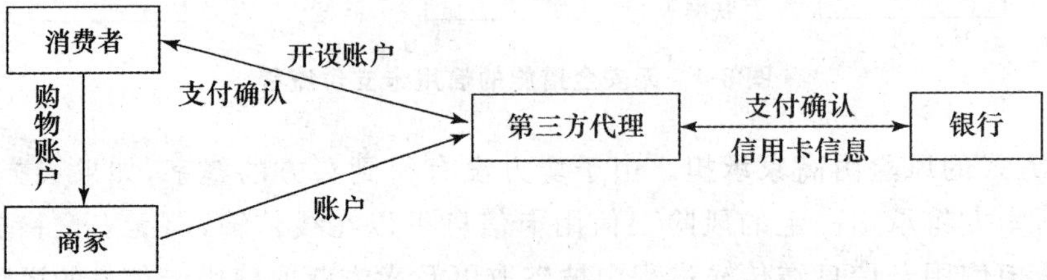

图 8-6　通过第三方代理的银行卡支付流程

通过第三方代理的银行卡支付的特点是：用户账号的开设不通过互联网；信用卡信息不在开放的网络上传送；使用电子邮件来确认用户的身份，防止伪造；商家自由度大，无风险；支付是通过双方都信任的第三方代理人完成的。

8.2.2　电子现金支付

在电子商务活动中，有大量的小额支付和需要匿名支付的情况，这时信用卡等其他的支付方式并不十分适合。这样就出现了电子现金支付方式。

要使用电子现金，用户只需在开展电子现金业务的银行开设账户并在账户内存钱，在用户对应的账户内就生成了具体的电子现金，在承认电子现金的商店购物，从账户划拨电子现金即可。如现在的游戏账户、QQ 账户等都是常见的电子现金。

1. 电子现金的特性

一般而言，电子现金具有有价值、可交换性、可存储性、不可重复性的特点。

2. 电子现金的使用步骤

这里以电子现金系统的使用为例来简单介绍电子现金的使用步骤，如图 8-7 所示为电子现金的使用过程。

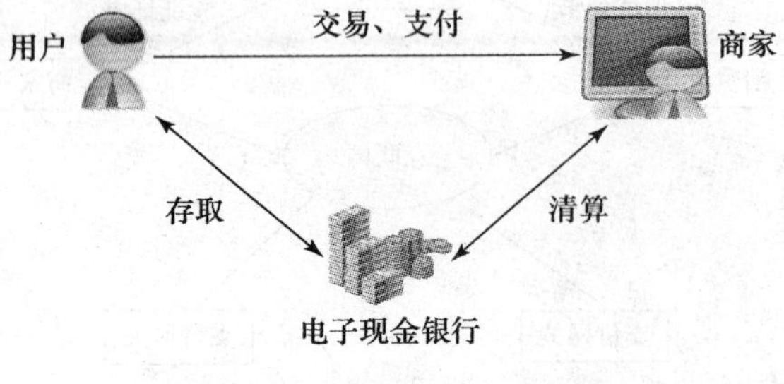

图 8-7　电子现金的使用过程

(1) 购买电子现金。

买方在电子现金发布银行开通电子现金。要从网上的货币服务器(或者银行)购买电子现金,首先要在该银行建立一个账户,将足够的资金存入该账户以支持今后的支付。

(2) 存储电子现金。

使用PC E-Cash终端软件从电子现金银行取出一定数量的电子现金存在硬盘上。一旦建立起账户,买方就可以使用电子现金软件产生一个随机数,它是银行使用私钥进行数字签名的随机数,通常少于100美元作为货币,再把货币发回给买方。

(3) 用电子现金购买商品或者服务。

买方同意接收电子现金的卖方订货,用卖方的公钥加密电子现金后,传送给卖方。

(4) 资金清算。

接收电子现金的卖方与电子现金发放银行之间进行清算,电子现金银行将买方购买的钱支付给卖方。这时可能有两种支付方式,即双方的和三方的。在许多情况下,双方交易是不可行的,因为可能存在重复使用的问题。为了检验是否重复使用,银行将从卖方获得的电子现金与已经使用电子现金的数据库进行比较,但是,这种检验方式十分费力,尤其是对于小额支付。

(5) 确认订单。

卖方获得付款后,向买方发送订单确认信息。

8.2.3 电子支票支付

电子支票是一种借鉴纸张支票转移支付的优点,利用数字传递将钱款从一个账户转移到另一个账户的电子付款形式。将支票改变为带有数字签名的电子报文或者利用其他数字电文代替传统支票的全部信息,这就是电子支票。

1. 电子支票的功能与用途

电子支票使买方不必使用写在纸上的支票,而是用写在屏幕上的支票进行支付的活动。电子支票几乎和纸质支票有着同样的功能。电子支票既适合个人付款,也适合企业之间的大额资金转账,故而可能是最有效率的电子支付手段。

2. 电子支票支付方式的特点和优势

早期开发的电子支票系统(如Netcheck、NetBill)主要适用于小额支付,但近期开发的电子支票系统(如E-Check)主要向大额支付的方向发展,以满足B2B交易的支付需求。

(1) 电子支票支付方式的特点。

① 使用简便。电子支票与传统支票的工作方式相同,易于理解和接受。

② 易于流通。加密的电子支票比电子现金更易于流通,双方银行只要用公钥认证支票即可。

③ 适用性广。电子支票适用于各种市场,可以很容易地与EDI应用结合,从而推动EDI基础上的电子订货和电子支付。

④ 不承担财务风险。财务风险由提供服务器的第三方承担。

⑤ 安全性好。通过简单、成熟的加密工具可以保证电子支票的安全性。

(2) 电子支票支付方式的优势。

① 处理速度快,处理成本低。电子支票的支付是网络上高速传递以及整个处理过程自动化,这一支付过程在数秒内即可实现。它为客户提供了快捷的服务,减少了在途资金,减

少时间成本和财务成本，减轻了银行处理支票的工作压力，节省了人力，降低了事务处理费用。

② 安全性能好。电子支票是以加密方式传递的，使用了电子签名或者个人身份证号码(PIN)代替手写签名，还运用了数字证书，这三者成为安全可靠的防欺诈手段。

③ 可为新型的在线服务提供便利。它支持新的结算流(收款人可证实付款人在银行里有足够的资金)。它可以自动证实交易各方的数字签名，增强每个环节上的安全性。它可以与基于EDI的电子订货集成来实现结算业务的自动化。

④ 简化了客户学习的过程，易于理解和接受。电子支票基本上保留了传统支票的基本特性和灵活性，又加强了其功能。

⑤ 可以为企业市场提供服务。企业运用电子支票在网上进行结算，可比现在采用的其他方法更方便、更快捷。

⑥ 充分发挥金融设施和公共网络的作用。电子支票要求把公共网络与金融专用网连接起来，这就充分发挥了现有的金融结算基础设施和公共网络的作用。

⑦ 给金融机构带来了效益。第三方金融服务者不仅可以向交易双方收取固定的交易费用或者按照一定比例抽取费用；它还可以作为银行身份，提供存款账目，且电子支票存款账户很可能是无利率的，因此给第三方金融机构带来了收益，也能为参与电子商务的商户提供标准化的资金信息。

3. 电子支票使用的基本流程

(1) 客户到银行注册开设账户，存入存款申请电子支票的使用权。

(2) 开户行审核申请人的资信情况，决定是否给予电子支票使用权。

(3) 顾客网上购物，填写订单完毕，使用电子支票生成器和开户行发放的授权证明文件生成此笔支付的电子支票，用户用自己的私钥在电子支票上进行电子签名，用卖方的公钥加密电子支票，形成电子支票文档，一同发往商家。

(4) 商家将电子支票信息通过支付网关发往收单行请求验证，收单行将通过银行专用网络验证后的信息传回商家。

(5) 支票有效，商家则确认客户的购物行为，并组织发货。

(6) 在支票到期前，商家将支票向收单行背书提示，请求兑付。

4. 电子支票交易步骤

电子支票交易的过程可分以下几个步骤：

(1) 消费者和商家达成购销协议并选择用电子支票支付；

(2) 消费者通过网络向商家发出电子支票，同时向银行发出付款通知单；

(3) 商家通过验证中心对消费者提供的电子支票进行验证，验证无误后将电子支票送交银行索付；

(4) 银行在商家索付时，通过验证中心对消费者提供的电子支票进行验证，验证无误后即向商家兑付或者转账。

电子支票交易流程如图8-8所示。

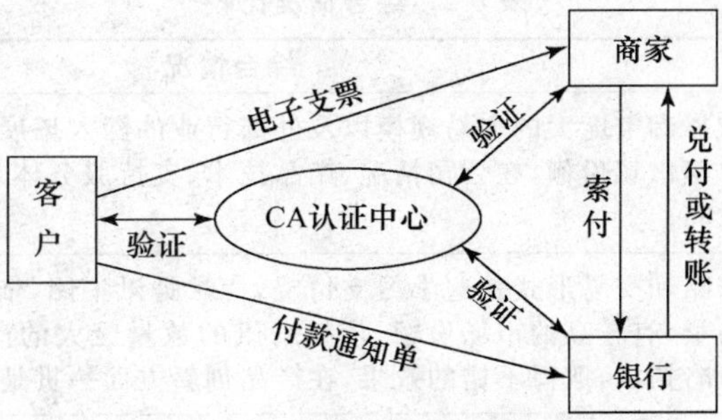

图 8-8 电子支票交易流程

8.2.4 第三方支付

所谓第三方支付,又称第三方代理支付,是指通过和国内银行以及国外银行签约,并具备一定实力和信誉保障的第三方独立机构提供的交易支持平台。在通过第三方支付平台的交易中,买方选购商品后,使用第三方平台提供的账户进行货款支付,由第三方通知卖家货款到达、进行发货,从而避免了买方收货不付款的现象发生,保护了卖家的利益;买方检验物品后,就可以通知付款给卖家,第三方再将款项转至卖家的账户,从而避免了卖家收钱不发货情况的发生,也保护了买家的利益。第三方支付流程如图 8-9 所示。

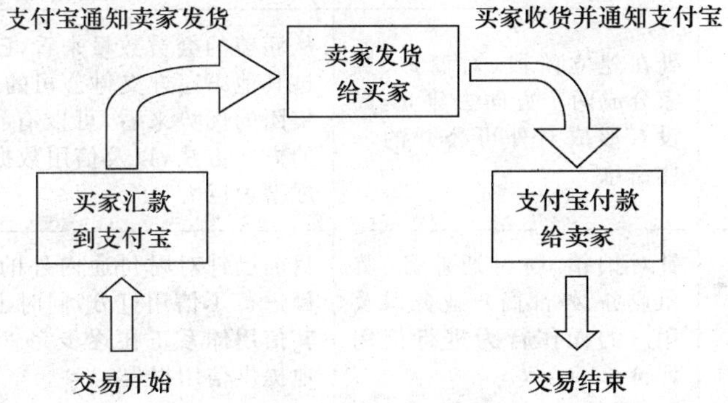

图 8-9 第三方支付流程

在实际的操作过程中,这个第三方机构也可以是发行信用卡的银行本身。在进行网络支付时,信用卡号以及密码的披露只在持卡人和银行之间转移,降低了通过商家转移而导致的风险。

在第三方支付交易流程中,支付模式使商家看不到客户的信用卡信息,同时又避免了信用卡信息在网络上多次公开传输而导致信用卡信息被窃。以 B2C 交易为例:第一步,客户在电子商务网站上选购商品,最后决定购买,买卖双方在网上达成交易意向;第二步,客户选择利用第三方作为交易中介,客户用信用卡将货款划到第三方账户;第三步,第三方支付平台将客户已经付款的消息通知商家,并要求商家在规定时间内发货;第四步,商家收到通知后按照订单发货;第五步,客户收到货物并验证后通知第三方;第六步,第三方将其账户上的货款划入商家账户中,交易完成。

国内常见的第三方支付有支付宝、财付通、银联在线、快钱、易宝和网银在线等支付工具,它们的综合情况、信用体系建设、个人服务、行业表现与安全解决方案参见表 8-2 至表 8-5。

表 8-2 综合情况比较

序号	企业名称	综合情况
1	支付宝	支付宝依靠淘宝庞大的交易规模以及外部行业的深入拓展，占据第三方支付 58% 以上的交易额市场份额，在公司情况、产品技术、支持服务体系上处于领先地位，并尚有提升的空间
2	财付通	财付通产品和交易形式普遍学习支付宝，背靠腾讯集团，依靠拍拍交易规模和外部商户的交易量，有较高的市场份额，依托腾讯的数量庞大的潜在用户，在商户推广上利用免费策略拓展，取得不错的效果，在产品创新方面一贯是跟随策略，模仿能力较强
3	银联在线	中国银联有银联背景，在品牌和资金流上有较大优势，成立较早有不错的商户积累，但个人和企业增值服务较少，在激烈的市场竞争环境下份额有所下降
4	快　钱	快钱虽进入市场较晚，但发展速度较快，个人用户服务、行业拓展、资金流创新表现都非常突出
5	易　宝	易宝以电话支付为主打的差异化进入市场，但该市场并未出现爆发式增长的势头，各方面表现比较均衡，在网上支付市场份额上没有优势
6	网银在线	网银在线在创新上无明显表现，支付业务和产品结构比较单一

表 8-3 信用体系比较

序号	企业名称	有无	现状	发展潜力、计划
1	支付宝	有	处在建立阶段，对商户、买家分成两个方向去建立，尚没有形成对外可公开的一些信息	从涵盖的会员数量来看，已经超过 1 亿，远远超过其他第三方支付公司的会员数。从背靠阿里集团的优势来看，可以有很大的信用数据提取的方式方法，以及信用数据应用的场景，未来发展潜力巨大
2	财付通	有	针对拍拍、财付通业务、腾讯业务、外部商户业务以及用户的操作行为进行信用评价	目前已针对财付通内外的交易，按照交易和金额进行了信用打分，同时也考虑了欺诈等行为，其信用体系正在逐步完善，未来也可以很容易地提供信用报告
3	银联在线	无	无(网关支付)	有发展计划
4	快　钱	无	无	有潜力
5	易　宝	无	无，用于积分换购	有计划建立信用体系，但缺乏场景
6	网银在线	无	暂无	有潜力

表 8-4 个人服务比较

序号	企业名称	信用卡还款	手机充值	手机语音支付	公共缴费	账户支付	收款	付款	非银行卡付款
1	支付宝	√	√	√	√	√	√	√	√
2	财付通	√	√	×	×	√	√	√	√
3	银联在线	√	√	√	√	×	×	×	×
4	快　钱	√	√	√	√	√	√	√	×
5	易　宝	×	√	√	×	√	√	√	√
6	网银在线	×	√	√	×	√	√	√	√

表 8-5 行业表现与安全解决方案比较

序号	企业名称	行业表现	安全支撑服务体系
1	支付宝	C2C 依托淘宝,在实物 B2C、网游、机票等行业有一定优势,并拓展基金、保险、运营商、公共事业缴费等行业	双密码,安全控件,加密 URL (https),数字证书/硬证书
2	快 钱	重点发展 B2C、网游、机票等行业,提供行业解决方案,同时拓展酒店、缴费、物流等行业,对行业创新性较强,集团账户管理,产品非常切合市场需求	双密码,加密 URL(https),数字证书/硬证书
3	财付通	C2C 依托拍拍,外部重点拓展游戏机票等行业,在 B2C、酒店、运营商、彩票、保险等行业也有涉及,采用免费(低价)策略占领市场。	双密码,安全控件,加密 URL (https),数字证书/硬证书
4	银联在线	重点行业是基金,机票、游戏行业有很好的商户积累,电视购物、B2C 等行业也有拓展	双密码,加密 URL(https),数字证书/硬证书
5	易 宝	为易趣提供支付服务,机票、游戏等行业切入较早,已经进入教育、慈善等行业	双密码,加密 URL(https)
6	网银在线	B2C、旅游、教育等行业	加密 URL(https)

8.2.5 现金支付

现金支付方式对消费者来说是最安全的方式之一,主要有两种现金付款方式可供选择。

1. 货到付款

货到付款服务是商家推出的一个新的支付方式,快递公司送货到家门口,先验货再付款。

货到付款的付款流程是:选择支付货到付款的商品→确认订单→等待快递公司送货→验货付款,交易完成。

选择货到付款一般需要买家支付一定的服务费,也有些商家是免费的。收费使用货到付款服务时,买家收到货,验货后确认无误,当面付款给快递公司时,还需要支付一定的服务费,该服务费是付给快递公司的。买家支付给快递公司的金额(货款+运费+服务费)会四舍五入按元取整。

2. 网点支付

网点支付是一种全新的支付方式。以支付宝为例,用户只需到与支付宝合作的营业网点,以现金或者刷卡的方式即可完成账户充值和网上交易订单付款。本服务同样支持支付宝担保交易方式。用户可以直接去带有标志的营业网点,购买支付宝充值码,或者为网上交易的订单直接付款。网点支付有现金和刷卡两种收款方式。

这些网点设在用户身边的邮局、便利店和药店等支付宝合作地点,覆盖了北京、上海、广州、深圳、杭州和成都等 25 个大中城市的 10 万个网点。

网上支付的流程是:拍下商品,选择"网点支付"付款→记下交易号和交易金额→去合作网点付现金→完成付款。

8.2.6 移动支付

移动支付也称手机支付,是指基于无线通信技术,通过移动电话终端实现的非语音方式的货币资金的转账和支付,即允许用户使用其移动终端(通常是手机)对所消费的商品或者服务进行账务支付。整个移动支付价值链包括移动运营商、支付服务商(如银行、银联等)、应用提供商(公交、校园、公共事业等)、设备提供商(终端厂商、卡供应商、芯片提供商等)、系统集成商、商家和终端用户。

1. 移动支付分类

根据完成支付所依托的技术条件,移动支付可分为远程支付和近端支付。

远程支付,是指通过移动网络,利用短信、GPRS等空中接口和后台支付系统建立连接,实现各种转账、消费等支付功能。远程支付包括通过移动终端发送SMS短信的方式实现的支付行为和通过移动终端登录移动互联网完成的支付行为。其用于支付的资金来源包括话费账户、银行账户和支付机构提供的专门支付账户。

近端支付,是指通过具有近距离无线通信技术的移动终端实现本地化通信进行货币资金转移的支付方式。近端支付主要的技术依托包括NFC、RFID射频等近程通信技术,终端形式包括特制SIM卡、手机贴片、SD卡或者定制的移动终端等。

在具体的实现和操作过程中,远程支付和近端支付在交易场景、硬件安全要求、支付金额和资金账户的类型等方面具有明显差异(参见表8-6)。

表8-6 移动远程支付和移动近端支付对比

	远程支付	近端支付
依托技术	信息通信技术和移动互联技术	近距离无线通信技术
支付场景	线上支付	线下支付
支付金额	无额度限制,由资金来源账户的余额和规定时间内限额决定	额度较小,国内目前的相关产品对其账户余额均设上限,最高1 000元
硬件安全级别要求	无特别要求,可使用移动网络本身的SIM授权	要求较高,需金融机构进行授权
资金账户	话费账户、银行账户和支付运营商提供的专门支付账户	使用支付运营商提供的专门支付账户居多
应用场景	电子化程度高,购买过程简单的产品、服务	价格较低,购买行为频繁的产品、服务

2. 移动支付应用行业

(1) 网络购物,仅指用户在网络上购买实物的行为,不包括购买航空客票、游戏点卡、手机充值卡等物品的行为。

(2) 电信缴费,是指缴纳手机费、固定电话费和网络接入等费用。

(3) 生活缴费,是指缴纳水费、电费、燃气费、供暖费和公交费等费用。

(4) 网上订票,是指通过网络订购各类门票、火车票和飞机票等。

3. 支持移动支付的银行

中国移动、中国电信、中国联通的手机支付(含手机钱包)业务网银充值目前可通过支持银联卡的银行完成,如中国工商银行、中国建设银行、中国银行、中国农业银行、招商银行、交通银行、中国邮政、浦发银行、中信银行、中国民生银行、中国光大银行、兴业银行、广东发展银行和华夏银行等。

4. 移动支付流程与业务资费

(1) 移动支付的流程。

移动支付的流程是:购买请求→收费请求→认证请求→认证→授权请求→授权→收费

完成→支付完成→支付商品。

(2) 移动支付的业务资费。

手机支付(含手机钱包)是一项通过手机安全鉴权的移动支付功能,该功能免费注册,除购买商品、消费凭证的费用外,按各品牌收取上行短信费用,无其他的信息费,接收短信免费。

5. 移动支付的使用方法

(1) 电话支付。

用户在支持电话支付的网站上购物或者接受服务时(如点歌、下载收费软件、看收费电影等),可以使用手机支付账户完成交易,费用从手机费中扣除。

(2) 短信支付。

上网购物,用户选定商品后,将“商品编号”发送到商户指定的手机号码,下订单,回复“Y”直接支付,支付成功后用户会收到手机支付平台发送的确认信息。费用从手机费中扣除。

(3) 网上支付。

如果手机能够上网,又通过开户银行开通了网上银行功能,则可以上网进行网上支付,费用从相关联的银行卡中扣除。

6. 移动支付的发展历程

移动支付的发展经历了以下四个阶段(参见表 8-7)。

表 8-7 移动支付的四个发展阶段

阶 段	时间段	技术演进	移动支付发展情况
移动支付 1.0	2000—2005 年	2G/短信	电信增值业务提供商主导,银行零星参与,短信支付广泛应用于互联网和移动互联网的小额支付领域,结算资金以话费为主
移动支付 1.5	2006—2008 年	2.5G/GPRS	短信代收费遭到工信部的严厉打击,银行和第三方支付迅速进入到移动支付产业链中,银行资金和第三方资金参与结算,SMS 和 WAP 使用率不相上下
移动支付 2.0	2009 年	3G/WCDMA	移动近端支付进入局部试运行阶段,移动互联网支付开始多方布局,手机短信与支付配合更为密切,银行资金参与结算的比重稳步增加
移动支付 2.5	2010 年至今	3G、Wifi、NFC 并行	移动近端支付国标制定提上日程,读取终端布局开始;移动互联网支付应用场景日趋广泛;支付牌照颁发,移动支付行业迎来产业链上横向合作和纵向合作高潮

8.2.7 虚拟货币支付

虚拟货币主要指网游虚拟货币,它是指由网游运营企业发行,游戏用户使用发行货币按一定比例直接购买或者间接购买,存在于游戏程序之外,以电磁方式存储于游戏企业提供的服务器内,并以特定数字单位表现的一种虚拟兑换工具。网游虚拟货币用于兑换发行企业所提供的指定范围、指定时间内的网游服务,表现为网游的预付充值卡、预付金额或者点卡等形式,其中游戏道具不在其列。

虚拟货币不得支付购买实物。文化部、商务部 2009 年 6 月联合下发的《关于网络游戏虚拟货币交易管理工作》的通知中明确指出,同一企业不能同时经营虚拟货币的发行与交易,并且虚拟货币不得支付购买实物,防止网络游戏虚拟货币对现实金融秩序可能产生的冲击。该通知明确指出,网络游戏虚拟货币的适用范围仅限于兑换发行企业自身所提供的虚拟服务,不得用以支付、购买实物产品或者兑换其他企业的任何产品和服务。

8.3 网上银行

在电子商务中,交易双方都需要寻找一个可靠的信用中介来完成交易的支付过程,双方自然把目光投向了商业银行。作为商业银行涉足电子商务领域,除了交易双方的需求外,更重要的原因是商业银行发现了电子商务活动中蕴藏着的巨大的商业利润。因此,银行网络化将是一种必然的趋势,网上银行的出现也将改变企业和商业银行传统的经营模式,这将在电子商务中起到举足轻重的作用。

8.3.1 网上银行概述

网上银行又称在线银行、网络银行,是指银行利用互联网或者其他专用网络,为银行客户在网上提供开户、销户、支付、转账、查询、汇款、网上证券和投资理财等传统服务项目。客户足不出户就能够安全快捷地办理银行业务。

网上银行是通过互联网这一公共资源以及使用相关技术来实现银行与消费者之间安全、方便、友好连接的虚拟银行。它可以为消费者提供各种金融服务产品,真正实现家庭银行、企业银行的服务。网上银行在电子商务中的作用,归纳起来包括:(1) 提高了服务的准确性和时效性;(2) 降低了银行服务成本,提高服务质量;(3) 降低银行软、硬件开发和维护费用;(4) 降低消费者成本,消费者操作更加生动、友好。

8.3.2 网上银行的产生与发展

1995 年 10 月 18 日,美国的"安全第一"网上银行(Security First Network Bank,SFNB)正式在互联网上对外营业,成为世界上第一家网络银行。与传统银行的服务方式明显不同,它没有营业大厅,没有营业网点,却可以开展传统银行的所有银行业务。顾客只要通过一台与互联网相连的计算机,就可以在任何时间、任何地点获得该银行的所有银行业务。在短短一年时间内,该银行就吸引了 4 000 多名客户,业务遍及美国 50 个州,并且以每月 650 户的速度递增,存款达 900 万美元。

该银行业务量巨大并且急剧增长,但其业务人员仅仅 15 人。美国"安全第一"网上银行的高效、快捷及其良好的前景给金融界带来了巨大的震撼,于是不断有银行开设网上银行,网络银行走进了人们的生活。

中国第一家网上银行是中国银行开设的,1996 年中国银行在互联网上建立和发布了自己的主页,成为全国第一家在互联网上向全世界发布信息的银行。1997 年 10 月,中国银行率先创建了中国第一家网络银行,建立了中国银行在线服务系统,推出了企业理财、银证快车和网上支付三大类网上银行服务。

目前,网上银行的发展正从账户信息向在线交易全面转变。我国的招商银行、农业银行、工商银行、中国银行和建设银行等都已推出比较完善的网上银行服务。

8.3.3 网上银行的业务介绍

此处以中国建设银行的网上银行为例,对网上银行业务进行介绍。图 8-10 为中国建设银行的网上银行登录页面。

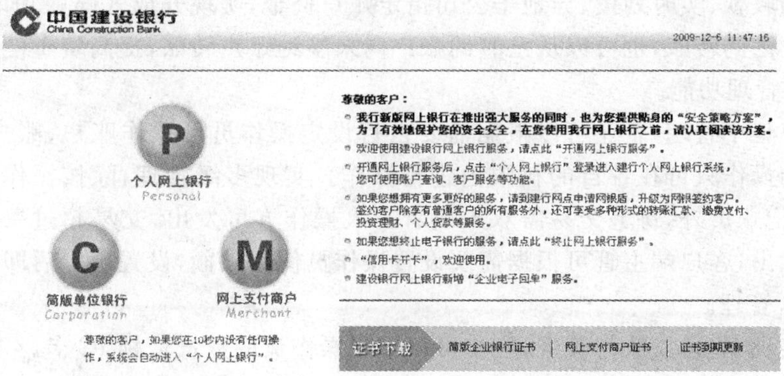

图 8-10　中国建设银行网上银行的登录页面

1. 个人网上银行

中国建设银行网上银行个人客户服务系统是建立在银行业务系统之上，利用公共网络资源以及网络技术，实现客户自助交易服务，开展网上电子商务的全新业务渠道和客户服务平台。中国建设银行网上银行的主要业务如下。

(1) 查询，即提供“账户余额”、“账户明细”、“消费积分”等查询功能，可以进行多账户、多币种的查询，还可以对他人授权的账户进行查询。

(2) 转账，提供“本人名下转账”、“转账给他人”的转账服务。

(3) 汇款，提供将活期账户资金汇入外地建设银行活期账户的功能。

(4) 外汇买卖，通过此项功能，客户可以随时随地进行外汇买卖和查询交易，包括“行情查询”、“交易查询”、“实时交易”、“委托挂单”、“追加挂单”、“委托撤单”等功能。

(5) 代理缴费，可以直接利用网上银行来办理银行代理的各项缴费业务，如水费、电费、煤气费、电话费和交通罚款等。

(6) 网上支付，客户可以直接通过网上银行，使用建行龙卡储蓄卡、信用卡、贷记卡或者活期存折账户，在网上购买商品或者服务。

(7) 银证业务，包括银证转账业务和银证通业务。银证转账业务，是指客户通过网上银行，在账户与证券资金账户之间进行实时划转的业务。银证通业务，是指客户通过网上银行，在指定的证券交易机构进行股票买卖、查询等实时交易的义务。

(8) 证券业务，即客户通过网上银行进行债券或者基金的申购、买卖、查询等交易的业务。

(9) 短信定制查询业务，即客户通过手机短信的方式，查询个人相关账务信息的业务。

(10) 贷记卡业务，为客户提供贷记卡开卡、账单查询、购汇还款、贷记卡还款、补发密码函、贷记卡挂失等服务。

2. 企业网上银行

(1) 账户查询功能。

用户可以随时随地登录中国建设银行网上企业银行，实时查询其管辖内异地账户余额、当日明细、历史明细、支付结果等信息，使企业可以实时监控账户资金。

(2) 账户交易功能。

B2B系统提供集团内部资金划拨、同城付款、异地付款以及授权账户主动收款功能，客户可使用主动收款、实时划拨、异地子公司指定账户资金，实现开放式转账功能，客户既可以在已签约账户之间转账，也可以从已签约账户向未签约账户转账，提高资金使用效益。

(3) 财务管理功能。

实现账户集中管理，企业可以根据需要自行设定操作员可操作账户、账户用途及限额，使不同权限的操作只可在各自的权限内进行操作。实现多级管理，除按操作员性质分为主管、复核员和记账员外，每笔交易需双人或者三人操作方可发出，交易超过一定金额需由主管审批方可发出，客户端主管可根据需要设置操作员使用限额，设置确定后即时生效。

(4) IC 卡管理。

在分行实现 IC 卡发放与管理，客户可以根据操作员的数量请领 IC 卡。

3. 重要客户服务系统

重要客户服务系统基于中国建设银行的骨干网络，将位于总行和分行的客户服务中心连接起来，组成了贯穿全行的客户信息服务系统，为 VIP 客户提供个性化、专业化和现代化的金融服务。客户通过该系统可以灵活调度银行账户资金，动态查询银行账户状况，实时监控分支机构资金动向，迅速实现集团资金的理财管理，有效强化内部管理，提高资金利用率，降低资金使用成本。同时，针对电子商务活动的开展，该系统可为客户提供资金异地实时结算、投资咨询、代客理财和代理结算等全方位服务。该系统以高效快捷的服务效率、"量身定做"的服务功能，深受客户的青睐。重要客户服务系统是中国建设银行为 VIP 客户提供的信息直通车。该系统倡导"信息直通，业务联动"的服务理念，将银行搬到客户自己的终端上，让客户共享中国建设银行网点、网络和服务资源，实时联动处理本、异地资金转账和查询业务，真正实现"客户一点接入，建设全行服务"。在安全措施方面，采用国内专业机构权威认证的加密措施，通过权限管理、身份认证、数字签名、传输加密等手段，充分保证了银行和客户资金的安全。

8.4 我国电子支付市场的发展情况以及存在的安全问题

我国的电子支付市场发展得较好，但也存在一些值得关注的安全问题。

8.4.1 我国电子支付市场的发展情况

在电子交易过程中，电子支付是必不可少的组成部分。目前，电子支付方式主要为网上支付、第三方支付、电话支付和移动支付等。相对于现金支付而言，电子支付具有方便、快捷、高效、经济的优势。

电子支付工具在金融信息化的推动下蓬勃发展，我国电子支付产业的整体格局为：以银行卡支付为主；网上支付成为新兴增长点；移动支付等新兴形式成为有益补充。电子支付主要应用于商业流通领域，公用事业和行业支付，城市医疗卫生、公交、旅游，文化教育事业以及电子政务、税收和财政非税收入五大领域。由于目前我国电子支付参与主体较多，因而出现市场多方竞争的态势，既有不同支付方式内部的竞争，又有不同支付方式之间的竞争。银行、运营商、第三方支付企业和银联之间竞争激烈。

艾瑞咨询整理美国移动支付机构 Intuit 发布的报告数据时发现，截至 2011 年年底，全球移动支付交易规模将达到 2 410 亿美元，其中用于购买数字产品的消费总额将达到 18 亿。Intuit 预计，到 2015 年，全球移动支付交易规模和通过移动支付购买数字产品的消费总额将分别达到1万亿美元和25亿美元。艾瑞咨询认为，在全球范围内，移动智能终端的迅速普及和通信技术的飞速发展带动了移动互联网经济的爆发式增长，实体类移动电子商务将成为未来一至两年移动支付的首要增长动力。受益于全球移动电子商务市场迅猛发展的同时，新兴市场对多元化支付方式的需求也将对全球移动支付的高速增长起到巨大的推动作用。

8.4.2 电子支付的安全问题

尽管网上支付的发展普遍被人们看好，但近来暴露出来的一些网上安全问题仍然使网上支付蒙上了阴影。美国《电脑安全威胁报告》显示，目前美国制造的恶意电脑攻击数量远超过其他任何一个国家。由于犯罪团伙之间激烈的竞争，被盗金融信息的售价也在日益下跌。

不安全根源的一个重要原因就在于一些不法之徒十分猖獗，他们盯上了互联网，通过设立仿冒网站、发送伪造电子邮件甚至利用电脑病毒等手段，骗取用户的银行账户和密码等信息。

1. 网络钓鱼

网络钓鱼是近来出现的一种比较典型的诈骗方式。顾名思义，网络钓鱼就是骗子利用一些不被人注意的诱饵来骗取用户的账号和密码，从而坐收渔翁之利。通常骗子都是利用向别人发送垃圾邮件，将受害者引导到一个假网站，这个假网站会做得与某些电子银行网站一模一样，粗心的用户往往会将自己的账户和密码乖乖送到骗子那里。

2. 鸡尾酒钓鱼术

网络"鸡尾酒钓鱼术"更让人防不胜防。与使用仿冒站点和假链接行骗的"网络钓鱼"不同，"鸡尾酒钓鱼术"直接利用真的银行站点行骗，即使是有经验的用户也可能会陷入骗子的陷阱。根据光华反病毒中心的专家介绍，"鸡尾酒钓鱼术"是通过用户点击邮件中包含这种技术的链接触发。当用户点击邮件中的链接以后，的确能登录网上银行的正常站点，但是骗子的恶意代码会让网上银行的站点上出现一个类似登录框的弹出窗口，毫无戒心的用户往往会在这里输入自己的账号和密码，而这些信息就会通过电脑病毒发送到骗子指定的邮箱中。由于骗子利用了客户端技术，银行方面也很难发现自己的站点有异常。

3. 手机支付安全问题

在商场消费，使用手机支付时用户需要输入密码完成消费，但商场人来人往，这样输入密码是否安全？智能手机的普及率越来越高，手机病毒也越来越多，黑客使用病毒盗取用户的手机PIN码、网银密码，导致用户的账户被盗刷，这样的案例比比皆是。如何保证手机支付账户的安全成为目前手机支付的一个重要难题。手机支付目前还没有一个机构推出统一的安全标准，各家企业各自采取自己的方式进行安全设置，推出了多种安全标准，这给用户带来了很大的不便，也正是各家企业安全标准不同给了黑客以可乘之机。

本章小结

1. 电子支付是通过电子信息化的手段实现交易中的支付与结算的交换过程。

2. 网上支付，是指以互联网为基础，利用银行所支持的某种数字金融工具，发生在购买者和销售者之间的金融交换，从而实现从购买者到金融机构、商家之间的在线货币支付、现金流转、资金清算、查询统计等过程，由此为电子商务和其他服务提供金融支持。网上支付是在电子支付的基础上发展起来的，它是电子支付的一个最新发展阶段。与传统支付方式相比，以互联网为主要平台的网上支付结算方式表现出更多的优点和特征。

3. 网上支付的方式主要有银行卡支付、电子现金支付、电子支票支付、第三方支付、现金支付、移动支付和虚拟货币支付等。信用卡和借记卡是银行或者金融公司发行的，是授权持卡人在指定的商店或者场所进行记账消费的凭证，是一种特殊的金融商品和金融工具。第三方支付是保护买卖双方利益的很好的一种支付方式，得到多数网民的青睐。

4. 移动支付，是指基于无线通信技术，通过移动电话终端实现的非语音方式的货币资金的转账和支付。作为一种崭新的支付方式，移动支付具有方便、快捷、安全、低廉等优点，将会有非常大的商业前景，而且将会引领移动电子商务和无线金融的发展。

5. 网上银行，是指银行利用互联网或者其他专用网络，为银行客户在网上提供开户、销户、支付、转账、查询、汇款、网上证券和投资理财等传统服务项目。目前，网上银行的发展正从账户信息向在线交易全面转变。我国的招商银行、农业银行、工商银行、中国银行和建设银行等都已推出比较完善的网上银行服务。

6. 由于互联网本身的匿名性，网络交易的隐蔽性，网上支付的真实性，支付安全问题依然存在，故在进行网上支付时一定要谨慎行事。

思考题

1. 简述电子支付的概念和电子支付的发展阶段。
2. 网上支付方式有哪些优点和特征?
3. 简述网上常用支付工具的用法和特点。
4. 简述移动支付的概念和优点。
5. 简述移动支付的流程。
6. 简述网上银行在电子商务中的作用。

第 9 章 电子商务网站建设

学习目标

1. 了解电子商务网站的建站方式。
2. 了解常用的电子商务网站建站技术。
3. 了解静态网页和动态网页的区别。
4. 掌握电子商务网站的设计流程。

引导案例

网络带来的变化[①]

1994 年 4 月 19 日，中国社会科学院计算机网络中心正式接入国际互联网，中国成为第 77 个接入国际互联网的国家。如果从那时算起，到今年正好是第 18 个年头。18 年前，为了购买一双称心的鞋子，你需要走遍全城的商场，现在你可以轻松地在网上买到；18 年前，为了沉醉在“天王”的音乐专辑中，你要在整个市区的影像店费时费力地找音乐卡带，现在你可以轻松地到互联网上下载；18 年前，为了查询达尔文的环球考察历程，只能去文献浩繁的图书馆，而现在你同样可以上互联网找到答案。

互联网已经改变了我们信息获取的方式和沟通方式。传统的商业、娱乐业、通信业和传媒业等，都因此不情愿地对旧有的游戏规则进行自我调整与自我重写，与此同时又怯生生地开始接受互联网时代的新规则。一个崭新的电子商务时代走进我们的生活，并给社会经济的各个方面带来深远的影响。就在 2012 年，18 岁的中国互联网给中国带来了翻天覆地的变化。

正因为如此，如何使网络真正成为企业提高管理效益、开拓市场实施利润最大化的有力武器，如何建设一个能带来经济效益的电子商务网站是摆在企业经营者面前的一个全新的紧迫的课题。

理论与实务

9.1 创建电子商务网站的目的

企业创建电子商务网站的目的，就是要实现企业新的增长与新的盈利，这是企业创建电

① 根据人民网的文章改编而成。

子商务网站的出发点和落脚点。

建立一个怎样的电子商务网站？电子商务网站经营何种业务？电子商务网站如何实现盈利？这些问题企业在建设电子商务网站前都需要经过仔细的考量、反复的论证方能实施。

1. 了解企业的建站意图

企业不可能将所有的业务都搬到网上，也不能依靠电子商务网站解决所有的问题，因此需要对企业业务进行调查分析，获知哪些业务是企业最迫切、最需要、最有价值且能在网上实施的，这些业务是构建电子商务网站的基础。

2. 了解目标客户

电子商务网站不仅要满足企业的要求，也要满足目标客户的要求，使目标客户获得对自己有用的信息和服务。因此，企业在建设电子商务网站之前还应该做目标客户调查，了解客户最希望电子商务网站提供什么信息、什么服务、什么功能。了解目标客户需求的方式多种多样，在电子商务网站上可以使用电子邮件、留言板或者在相关网站发布调查问卷等形式进行。

3. 确定预期目标

在掌握了企业的建站要求和目标客户的要求之后就可以形成建设电子商务网站的目标。

4. 电子商务网站的主要类型

(1) 进行 B2B(B2C 或者 C2C)交易，开展网站交易业务。

(2) 用于企业形象建设，提高知名度，拓展企业的联系渠道。

(3) 接受用户反馈，提供用户服务以及其他的应用等。

9.2 电子商务网站的建站方式

一个电子商务网站的建站方式一般有两种选择：一是将项目全部外包(包括具体的系统分析规划和设计)；二是自行开发整个系统。外包，是指将企业内部人员所不能实现的服务委托给外部的软件公司来做。目前市场上有一些系统设计、建设和主机托管服务的软件公司，而有的软件商只提供系统建设或者主机托管服务，图 9-1 显示了各种建设系统的选择。

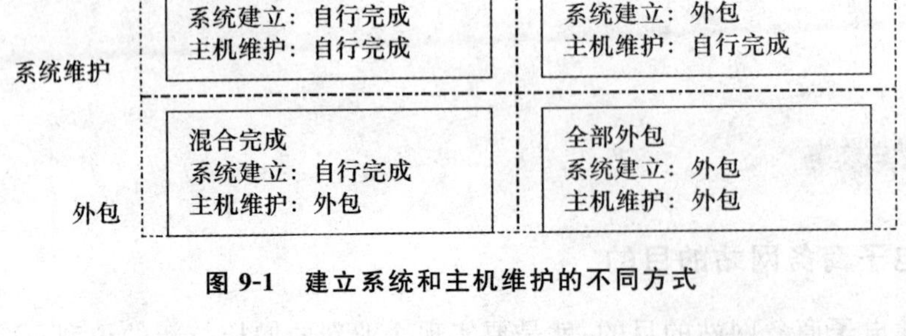

图 9-1　建立系统和主机维护的不同方式

1. 自行建立系统与外包

首先是系统建立方式的选择问题。如果企业选择自行建立整个电子商务系统，则需要由一支具备各种技能的人员组成的开发团队，包括网站设计人员、程序员和系统管理人员等。此外，还要选购各类硬件设备和软件工具。建立电子商务系统可供选择的工具有很多，有可帮助用户从零开始的软件(如 Dreamweaver 和 FrontPage)，也有可定制复杂功能的高级专业软件包等。

完全由企业自行开发电子商务系统有很多的风险，系统的各种复杂功能(如购物车、信用卡验证和结算、库存管理和订单处理等)的开发成本高，而最终开发出来的系统有时会无法满足企业的需求。但从另一方面来看，自行建立系统可以更好地满足企业的需求，一旦市场环境发生变化，企业可以依靠自己的力量迅速改变系统。

2. 自行维护系统和外包

现在大多数的企业选择虚拟主机服务，即向提供虚拟主机服务的企业支付费用，由这些企业来确保系统 24 小时正常运行。这样企业就不必考虑服务器设备或者维护的技术细节，也不需要雇佣专门的人员。

企业还可以选择主机托管，即企业购买或者租用 Web 服务器(由企业自己完全控制服务器的运行)等，再把服务器放置在主机托管服务商提供的场所中，由服务商提供场所、通信线路以及机器设备的维护工作。建立自营主机的总成本会包括采购硬件、WWW 服务器软件、EC 软件、TI 网络连接以及维护工作费用。

9.3 常用的电子商务网站建站技术

目前流行的电子商务网站建站技术多种多样，本节将介绍七种常见的建站技术。企业可以根据自己的喜好和建站的软件、硬件资源，选择其中的一种或者几种来建设自己的电子商务网站。

9.3.1 静态网页和动态网页

网页包括静态网页和动态网页。静态网页，是指客户端浏览器发送 URL 请求给 WWW 服务器，服务器查找需要的超文本文件不加以处理直接返回给客户端，在客户端浏览器显示的页面是由网页设计师事先制作完成存放在服务器上的网页。对于静态网页而言用户基本上不能参与。静态网页的浏览过程如图 9-2 所示。

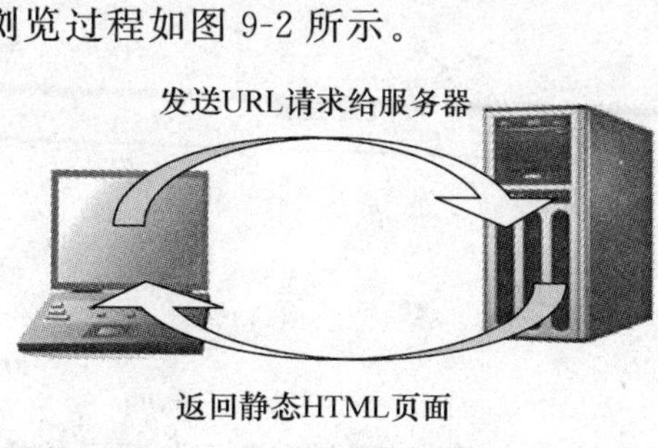

图 9-2 静态网页的浏览过程

制作静态网页主要使用超文本标记语言 HTML(Hyper Text Markup Language)，如果配合客户端脚本语言 JavaScript，也能产生丰富的动态效果，从而可以满足大多数个人网站的需要。而如今互联网上常见的计数器、聊天室、讨论区 BBS、校友录和网上购物等服务则必须得到动态网页技术的支持。动态网页技术根据程序运行的地点不同，又分为客户端动态技术和服务器端动态技术。客户端动态网页技术不需要与服务器进行交互，实现动态功能的代码往往采用脚本语言的形式直接嵌入网页中，服务器把网页发送给客户以后，网页在客户端浏览器中直接响应用户的动作，有些应用还需要浏览器安装组件支持。常见的客户端动态技术包括 JavaScript、ActiveX、Flash 等。

服务器端动态技术需要服务器和客户端的共同参与。用户通过浏览器发出页面请求后，服务器根据 URL 携带的参数运行服务器端程序，产生结果页面，再将它返回给客户端（如图 9-3 所示）。动态网页一般涉及数据库操作，如注册、登录、查询、购物等都需要设计强大的服务器端动态程序，并考虑各种可能出现的出错情况，以保证网站的交互性和安全性。典型的服务器端动态技术包括 ASP、PHP、JSP、CGl 等。

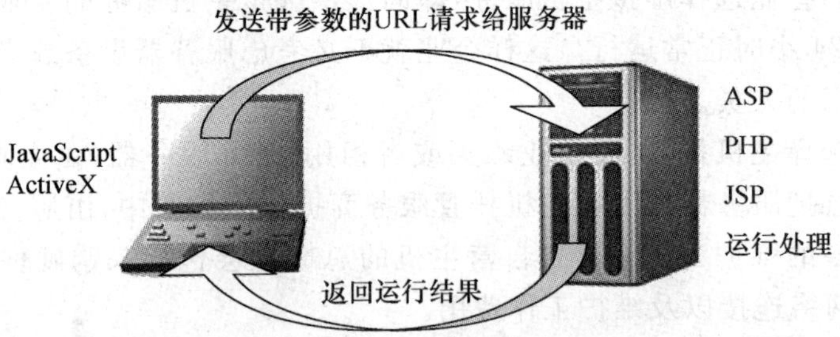

图 9-3　服务器端动态网页的浏览过程

9.3.2　HTML 语言

HTML 是超文本标记语言，也是 WWW 的描述语言。HTML 文本是由 HTML 标记命令组成的描述性文本，HTML 标记可以说明文字、图形、动画、声音、表格和链接等。HTML 文档的结构包括开头和结尾的〈html〉标记、头部〈head〉标记、主体〈body〉标记三大部分，头部描述浏览器所需的信息，主体包含所要说明的具体内容。下面是一段最简单的 HTML 语言程序，它主要在页面标题部分显示“青岛滨海学院欢迎你!”，在网页内显示“Hello World!”。通过扩充〈head〉和〈head〉部分内容，可见网页内容丰富多彩。

```
〈html〉
    〈head〉
      〈title〉青岛滨海学院欢迎你!  〈/title〉
    〈/head〉
    〈body〉
      Hello World!
    〈/body〉
  〈/html〉
```

可以看出 HTML 源代码是由一些尖括号“〈〉”标志标记的文本内容，这些标记在浏览器浏览网页文件时负责解释执行，显示各类预计的效果。有关 HTML 的知识可参阅“网页设计”的相关教材。

9.3.3　Java 与 JavaScript

虽然 JavaScript 与 Java 有紧密的联系，但却是两个公司开发的不同的产品。Java 是 Sun 公司推出的新一代面向对象的程序设计语言，特别适合于 Internet 应用程序开发；而

JavaScript 是 Netscape 公司的产品，其目的是为了扩展 Netscape Navigator 的功能而开发的一种可以嵌入 Web 页面中的基于对象和事件驱动的解释性语言。对 Java 和 JavaScript 这两种语言的异同说明如下。

1. 基于对象和面向对象

Java 是一种真正的面向对象的语言，即使是开发简单的程序也必须设计对象。JavaScript 是一种脚本语言，它可以用来制作与网络无关的、与用户交互作用的复杂软件。它是一种基于对象和事件驱动的编程语言，因而它本身提供了非常丰富的内部对象供设计人员使用。

2. 解释和编译

两种语言在其浏览器中所执行的方式不一样。Java 的源代码在传递到客户端执行之前必须经过编译，因而客户端上必须具有相应平台上的仿真器或者解释器，它可以通过编译器或者解释器实现独立于某个特定的平台编译代码的束缚。

JavaScript 是一种解释性编程语言，其源代码在发往客户端执行之前不需经过编译，而是将文本格式的字符代码发送给客户端，由浏览器解释执行。

3. 强变量和弱变量

两种语言所采取的变量是不一样的。Java 采用强类型变量检查，即所有变量在编译之前必须作声明。

4. 代码格式不一样

Java 是一种与 HTML 无关的格式，必须通过像 HTML 中引用外媒体那样进行装载，其代码以字节代码的形式保存在独立的文档中。JavaScript 的代码是一种文本字符格式，可以直接嵌入 HTML 文档中，并且可动态装载。编写 HTML 文档就像编辑文本文件一样方便。

5. 嵌入方式不一样

在 HTML 文档中，两种编程语言的标识不同，JavaScript 使用〈Script〉...〈/Script〉来标识，而 Java 使用〈applet〉...〈/applet〉来标识。

6. 静态联编和动态联编

Java 采用静态联编，即 Java 的对象引用必须在编译时进行，使编译器能够实现强类型检查。JavaScript 采用动态联编，即 JavaScript 的对象引用在运行时进行检查。

9.3.4 Flash

Flash 是目前颇受欢迎的一款优秀的网页设计软件，因而各种 Flash 作品在网上也极为流行。Flash 是美国的 Macromedia 公司于 1999 年 6 月推出的优秀网页动画设计软件，它可以让许多没有多少动画专业知识的人简单方便地制作出动画和互动的网页。为了适应网络传输的特点，使用 Flash 制作的动画和网页文件特别小，从而可以让更多的用户进行浏览或者下载。

9.3.5 ASP

ASP(Active Server Page)是动态服务器页面的英文缩写，是微软开发的动态网页技术标准。ASP 的原理是：在原来的 HTML 页面中加入 JavaScript 或者 VBScript 代码，服务器在送出网页之前首先执行这些代码，完成如查询数据库一类的任务，再将执行结果以 HT-

ML 的形式返回浏览器。

ASP 不需要重新编译成可执行文件就可以直接运行，而且 ASP 内置的 ADO 组件，允许用户通过客户端浏览器访问各种各样的数据库。此外，ASP 与 CGI（Common Gateway Interface，公共网关接口）最大的不同在于对象向导和组件重用，ASP 除了内置的 Request、Response、Server、Session、Application、Object 和 Connection 等基本对象外，还允许用户以外挂的方式使用 ActiveX 控件。目前，一大部分的网站仍然使用 ASP 技术来建设电子商务网站。

9.3.6 PHP

ASP 虽然功能强大，但是只能在微软的服务器软件平台上运行，而大量使用 Unix/Linux 的用户要制作动态网站则首选 PHP 技术。PHP（Personal Home Page）是一种跨平台服务器解释执行的脚本语言，与 ASP 类似，它也是基于服务器端用于产生动态网页而且可嵌入 HTML 中的脚本程序语言。PHP 用 C 语言编写，可运行于 Unix/Linux 和 Windows 9x/NT/2000 下。

在 HTML 文件中，PHP 脚本程序可以使用特别的 PHP 标签进行引用，这样网页制作者就不必完全依赖 HTML 生成网页。由于 PHP 在服务器端执行，所以客户端是看不到 PHP 代码的。PHP 可以完成任何 CGI 脚本可以完成的任务，但它的功能的发挥取决于它和各种数据库的兼容性。PHP 除了可以使用 HTTP 进行通信外，也可以使用 IMAP、SNMP、NNTP 和 POP3 协议。随着 Linux 操作系统的快速发展，已经出现了大量用 PHP 设计的网站，如 RedHat 公司网站和搜狐网站的聊天室等都是用 PHP 制作的。

9.3.7 JSP

同 Java 一样，JSP 也是由 Sun 公司开发的，它是一种新的 Web 应用程序开发技术，是 ASP 技术强劲的竞争者。它是由 Sun 公司提出、多家公司参与制定的动态网页技术标准。它通过在传统的 HTML 网页中加入 Java 代码和 JSP 标记，最后生成后缀名为“.jsp”的 JSP 网页文件。Web 服务器在遇到访问 JSP 页面的请求时，首先执行其中的程序代码片断，然后将执行结果以普通 HTML 方式返回给客户端浏览器。JSP 页面中的程序代码在客户端是看不到的，这些内嵌的 Java 程序可以完成数据库操作、文件上传、网页重定向、发送电子邮件等功能，所有的操作均在服务器端执行，客户端得到的仅仅是运行结果，因此，JSP 对客户浏览器的要求较低。

JSP 也是一种很容易学习和使用、在服务器端编译执行的 Web 设计语言，其脚本语言采用 Java，完全继承了 Java 所有的优点。自从 Sun 公司正式发布 JSP 之后，这种新的 Web 应用程序开发技术便很快成为市场瞩目的对象，它以其强大的功能、稳定的性能、高可靠安全性和平台可移植性成为微软 ASP 技术的强劲竞争者。JSP 为 Web 应用提供了独特的开发支持，它能够适应目前市场上绝大多数的服务器产品，包括 Apache Web Server、IIS5.0、Resin、Tomcat 等，ASP 可以实现的功能 JSP 都能胜任。从发展趋势看，JSP 大有取代 ASP 之势。

JSP 和 ASP 的不同之处体现在以下两个方面：

(1) JSP 技术基于开发平台和服务器的互相独立，采用 Java 语言开发；

(2) ASP 技术主要依赖于微软的平台支持，采用 VBScript 和 JavaScript 语言开发，作为当今流行的动态网页制作技术，JSP 得到许多商业网站的支持。

9.4 电子商务网站的策划及设计

在选择了电子商务网站的建设技术之后，就应该对网站进行总体策划。策划包括电子商务网站的主题、内容和风格等，这些都必须在动手建设网站之前确定。策划不仅包括内容组织，还包括页面的目录结构、链接设计、导航设计和布局设计等。

9.4.1 电子商务网站总体规划

作为信息双向交流和通信的工具，互联网已经成为商家青睐的传播媒介，被称为继广播、报纸、杂志和电视后的第五种媒体——数字媒体。传统媒体的价格昂贵，又受到时间、地区等多方面因素的限制，效果不能令人满意。相比之下，网络宣传的费用是低廉的，能帮用户把握广阔的国际发展空间和众多潜在的商业伙伴，是24小时的广告窗口。越来越多的公司、企业单位建立了自己的网络站点，使企业本身不再局限于某个地区，而是直接面向全世界，它的广泛性、高效性为企业带来了不容置疑的效益和效率。是否拥有自己的网站已经成为衡量一个企业综合素质的重要标志。

1. 确定电子商务网站的建站目的

(1) 迎合客户的需要。

(2) 树立企业形象的需要。

(3) 产品宣传的需要。

(4) 与客户沟通的桥梁。

(5) 降低企业运作成本的需要。

(6) 优化工作提高效率。

(7) 开拓国际市场。

2. 确定电子商务网站的内容结构

(1) 网站的一般功能。

① 企业简介。介绍企业的发展历程、企业的概况、组织结构、员工队伍等企业的基本信息，多采用图文并茂的网页来表现。现在很多的企业也将网站的这个部分做成中英文两种版本，以方便企业与国外的联系。

② 产品展示。详细地介绍企业的产品。向客户提供最新的企业产品介绍，一般都有详细的产品展示图。有些实力网站还利用多媒体技术，使客户更直观地了解产品的全貌。

③ 企业的最新动态。即介绍企业的一些最新决策、促销活动等。

④ 售后服务。将企业详细的售后服务方案公布在网上，提供客户意见反馈表单，便于更好地为客户提供优质服务。

⑤ 网站导航。很多的网站为了让客户浏览网站方便，特别设计了网站导航图。

⑥ 企业的联系方式。将企业的网站地址、电子邮件、电话和传真等多种联系方式公布在网上，方便与新老客户的联系。

(2) 网站的高级功能。

① 自动网上客服系统。采用交互技术，可以针对客户反馈的意见，自动进行回复和处理，并及时汇总，传输到企业的决策部门，为企业决策提供依据。

② 电子交易功能。通过和国家有关部门合作，建立电子交易系统，客户可以在网上订

货、付款，企业也可以自动处理订单、自动配货。

③ 数据库检索功能。很多网站的内容丰富，产品种类繁多，希望客户能在第一时间找到自己想要浏览的信息，就必须提供强大的检索功能。

3. 确定电子商务网站的表现形式

(1) 定位企业的CI形象。

所谓CI，是借用的广告术语。CI是英文Corporate Identity的缩写，意思是通过视觉来统一企业的形象。现实生活中的CI策划比比皆是，杰出的案例如可口可乐公司，它有全球统一的标志、色彩和产品包装，给我们的印象极为深刻。更多的案例如索尼、三菱、麦当劳等。一个杰出的网站和实体公司一样也需要整体的形象包装和设计。准确的、有创意的CI设计，对网站的宣传推广有事半功倍的效果。在网站主题和名称定下来之后，需要思考的就是网站的CI形象。

(2) 设计网站的标志。

首先需要设计制作一个网站的标志(Logo)。就如同商标一样，Logo是站点特色和内涵的集中体现，看见Logo就让大家联想起相应的站点。Logo标志可以是中文、英文字母，可以是符号、图案，也可以是动物或者人物等。如新浪网用字母"sina"+眼睛作为标志。标志的设计创意来自网站的名称和内容。网站是有代表性的人物，动物和花草可以用它们作为设计的蓝本，加以卡通化和艺术化，如迪斯尼的米老鼠、搜狐的卡通狐狸。网站是专业性的，可以以本专业有代表的物品作为标志，如中国银行的铜板标志、奔驰汽车的方向盘标志。最常用和最简单的方式是用自己网站的英文名称作标志。采用不同的字体和字母的变形，字母的组合可以很容易制作好网站的标志。

(3) 设计网站的标准色彩。

标准色彩，是指能体现网站形象和延伸内涵的色彩。如IBM的深蓝色、肯德基的红色条型、Windows视窗标志上的红蓝黄绿色块，这些都使我们觉得很贴切、很和谐。一般来说，一个网站的标准色彩不宜超过3种，太多会让人感觉眼花缭乱。标准色彩要用于网站的标志、标题、主菜单和主色块，给人以整体统一的感觉。至于其他的色彩也可以使用，但只是作为点缀和衬托，绝不能喧宾夺主。适合于网页标准色的颜色有蓝色、黄色/橙色、黑色/灰色/白色三大系列色。

(4) 设计网站的标准字体。

和标准色彩一样，标准字体是指用于标志、标题和主菜单的特有字体。一般来说，网页默认的字体是宋体。为了体现站点的与众不同和特有风格，可以根据需要选择一些特别字体。如为了体现专业性可以使用粗仿宋体，体现设计精美可以用广告体，体现亲切随意可以用手写体等。

(5) 设计网站的宣传标语。

网站宣传标语可以说是网站的精神、网站的目标。宣传标语可以用一句话甚至一个词来高度概括，类似实际生活中的广告金句，如雀巢的"味道好极了"。

9.4.2 电子商务网站的设计流程

1. 网站策划

网站策划包括主题策划、内容策划、风格策划、网站创意、目录设计和布局策划等。

2. 绘制网站草图

绘制网站草图，就是把网页的平面效果图画在一张纸上，便于以后的设计和排版。绘制网站草图说起来很容易，但实际上较为复杂，这往往是一个网站成功的关键因素。当浏览网站时，网页的精彩度是把握也是吸引浏览者的关键。在做网站之前一定要先设计好平面效果图，把所有栏目摆放的具体位置和将用到的一些图片计划好，这样便于收集和制作。

3. 收集建站资源

收集网络资料、针对网站平面效果图以及版块内容准备好所要用到的资料，然后存放在对应的文件夹中，以便在建站时调用。

4. 创建网站站点

在企业设置专门的服务器，开辟网站存储空间，如果需要配套的数据库服务器，还需要一并建设。设立站点时要充分考虑网站运行后信息的增加量，根据日增加量来预计服务器的使用时间，当然在服务器空间耗尽时要有应对预案，以免因服务器空间不足致使系统瘫痪，这需要引起相关人员的高度重视。

5. 设计网站前台与后台的功能

设计网站时前台和后台要分开实现。前台通常是让用户看到的界面，要尊重用户的使用习惯，简单明了，易操作。后台是为电子商务网站管理人员专门设计而成，主要用于管理和维护前台信息、接受用户订单、回答用户咨询、安排商品物流、进行账务结算等管理工作。

6. 网站测试

网站在开通前务必进行上网测试，网上测试有功能测试和压力测试。功能测试主要测试网站提供的功能的正确性和完整性。压力测试主要测试在极限人数使用时，系统的可靠性和稳定性，确保在众多的用户同时使用网站时，网站能正常运行。

7. 申请购买域名与空间

企业可以向域名服务机构注册自己的网上域名，每年交纳一定的域名服务费，以此来维持和确保域名的正常解析。对一些小企业而言，购置专用的服务器代价较高，因此可以采用空间租用的方式来建设自己的网站，一般网络服务供应商(Internet Service Provdier，ISP)都会提供这种服务。等业务扩大后无法满足客户需要时，企业再专门建设自己的服务器。

8. 网站发布

网站建设和维护工作全部到位后，企业可择机对外发布网站，供客户浏览。通常的做法是企业借机对网站进行媒体宣传，扩大网站的影响面和知名度。

9. 网站宣传维护及管理

网站建设发布只是网站运营的开始，日常的经营维护不可停止，企业需要进行网站建设推介，需要对网站的内容不断进行更新，按照网站的经营目标，有目的、有计划、有分工地进行网站格式和内容的维护和更新，时刻保持网站有旺盛的生命力。

9.4.3　商业网站设计实例分析

海尔商城是一个B2C类的电子商务网站，网址为 http://www.ehaier.com/。如图9-4所示是海尔商城的首页。

图 9-4 网站主页栏目规划

1. 导航栏目

海尔商城网站导航栏目如图 9-5 所示。

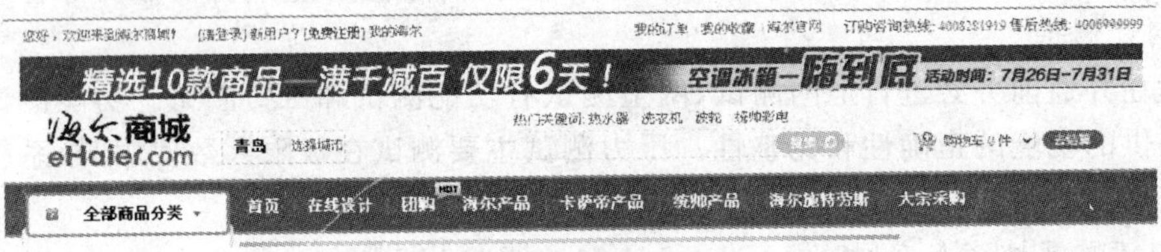

图 9-5 网站导航设计

2. 中上部导航栏设计

(1) 首页，打开网站看到的第一页。

(2) 在线设计，可以与海尔工作人员一起设计你的厨房和卫生间、卧室等整体化方案。

(3) 团购，实现在线团购，让利给消费者。

(4) 海尔产品，详细的海尔产品展示。

(5) 卡萨帝产品，高端冰箱和洗衣机产品展示。

(6) 统帅产品，专门由海归设计的家电品牌展示。

(7) 海尔施特劳斯，高端智能饮水机产品展示。

(8) 大宗采购，一单超过 50 万元的集体采购。

3. 主页左侧栏目规划

全部商品分类，其目的是方便消费者选购，因为到海尔商城选购商品的客户主要关心的是海尔产品，除用上述“海尔产品”导航查询以外，还可以按照以下分类进行选择：

(1) 冰箱、空调、洗衣机；

(2) 电视、电脑；

(3) 厨房、卫浴；

(4) 手机、数码；

(5) 水家电;

(6) 生活家电。

4. 主页内容区中下部栏目规划

(1) 海尔商城快讯。

(2) 不同风格成套家电方案:简约客厅、田园卧室、自然风浴室等。

(3) 五星级产品展示(图中未展示)。

(4) 热销排行榜、评价排行榜、价格排行榜(图中未展示)。

(5) 服务承诺(图中未展示)。

本章小结

1. 电子商务网站的建设目的是实现企业新的增长与新的盈利。

2. 电子商务网站的建站方式一般有两种选择:一是将项目全部外包;二是自行开发整个系统。

3. 常用的电子商务网站建站技术有静态网页和动态网页、HTML语言、Java和JavaScript、Flash、Asp、PHP和JSP等。

4. 电子商务网站的策划包括网站主题、内容和风格等。

5. 电子商务网站的设计流程包括网站策划、绘制网站草图、收集建站资源、创建网站站点、设计网站前台与后台的功能、网站测试、申请购买域名与空间、网站发布、网站宣传维护及管理。

思考题

1. 常见的电子商务网站建站技术有哪些?

2. 静态网页和动态网页有什么区别?

3. 简述电子商务网站的设计流程。

4. 完成以下主题的内容、风格、栏目和布局设计:

(1) 家电超市;

(2) 保健品市场;

(3) 信息咨询公司,如房屋、求职及其他分类信息。

5. 企业的电子商务网站是自己建设好还是外包建设好?

第10章 电子商务法律问题

学习目标

1. 理解电子商务法的含义及其特征。
2. 熟悉电子商务法律的任务。
3. 了解电子商务相关法律问题和基本法律制度。
4. 了解国外电子商务立法现状。
5. 了解目前我国的电子商务法的立法现状。

引导案例

首例游戏虚拟财产纠纷案[①]

丢失财物后诉诸法律追回损失本是件很正常的事，但假如丢失的东西是网络游戏中的虚拟物品，事情就变得有点复杂了。北京市朝阳区人民法院曾受理了这样一个案件，游戏玩家李宏晨在过去的两年时间里，花费了几千个小时的精力和上万元的现金，在一个名叫“红月”的游戏里积累和购买了各种虚拟的武器装备几十种，这些装备曾使他一度在虚拟的世界里所向披靡，使他的精神受到了莫大的满足。然而在2003年2月17日，当他坐在电脑前进入游戏时却发现自己的ID武器内的所有武器装备都不翼而飞了，其中包括自己最心爱的3个头盔、1个战甲和2个毒药等物品。

事后他与“红月”游戏的运营商北京北极冰科技发展有限公司进行交涉，该公司仅告知他，这些装备被一个叫SHOILIOOOII的游戏玩家给盗走了，但是该公司以玩家的真实资料属个人隐私为由拒绝提供该玩家的具体情况。李宏晨又向公安机关报案，但因为我国对虚拟财产的保护尚未立法而没有结果。于是李宏晨一纸诉状将北京北极冰科技发展有限公司告上了法庭，他认为自己为获得这些装备付出了大量的时间、金钱和感情，要求被告赔偿他丢失的各种装备，并赔偿精神损失费。

① 该案例摘编自大家论坛。

理论与实务

10.1　电子商务法律概述

电子商务的发展之所以引发了空前规模的社会问题和法律问题，与电子商务本身的特点有很大的关系。计算机技术和电子商务的特点突破了现有的商务和法律关系，以及人们对这些关系的理解。

10.1.1　电子商务法的调整对象及重要性

法律是调整特定社会关系或者社会行为的行为规范。电子商务的发展和自身的规范要求导致电子商务法的产生。顾名思义，电子商务法就是调整电子商务活动或者行为的法律规范的总和。

电子商务法的调整对象包括以下两个方面的内容。

(1) 调整以数据电讯(Data Message)为交易手段而形成的因交易形式所引起的商事关系的规范体系，解决的问题主要集中于计算机网络通信记录与电子签字效力的确认、电子鉴别技术的选定、安全标准与认证机构的确立及其权利和义务的确定等方面。

(2) 调整交易本身和交易引起的特殊法律问题，如在线货物买卖交易、在线信息产品交易、在线特殊交易、在线服务，以及由此而引起的法律问题。

电子商务立法的重要性体现在以下四个方面：(1) 电子商务立法是社会发展和电子商务快速发展的本质要求；(2) 电子商务立法为电子商务的健康、快速发展创造一个良好的法律环境；(3) 电子商务立法是保障网络交易安全的重要手段；(4) 电子商务立法鼓励利用现代信息技术促进交易活动，促进了社会发展。

10.1.2　电子商务法的概念及其特征

1. 电子商务法的概念

电子商务法，是指调整电子商务活动中所产生的社会关系的法律规范的总称，是一个新兴的综合法律领域。

国际电子商务相关法规包括《计算机记录法律价值的报告》、《电子资金传输示范法》、《电子商务示范法》、《电子商务示范法实施指南》以及《统一电子签名规则》等。

2. 电子商务法的特征

电子商务法作为商事法律的一个新兴的领域，与其他的商事法律制度相比较还存在着一些具体的特点，大致有以下四个方面。

(1) 程式性。

电子商务法作为交易形式法，它是实体法中的程序性规范，主要解决交易的形式问题，一般不直接涉及交易的具体内容。电子交易的形式，是指当事人所使用的具体的电子通信手段。而交易的内容则是交易当事人所享有的利益，表现为一定的权利和义务。

(2) 技术性。

在电子商务法中，许多的法律规范都是直接或者间接地由技术规范演变而成的。如一些国家将运用公开密钥体系生成的数字签名规定为安全的电子签名。这样就将有关公开密钥的技术规范转化成了法律要求，对当事人之间的交易形式和权利义务的行使都有极其重要的影响。

(3) 开放性。

从民商法原理上讲,电子商务法是关于以数据电讯进行意思表示的法律制度;而数据电信在形式上是多样化的,并且还在不断发展之中。因此,必须以开放的态度对待任何技术手段与信息媒介,设立开放型的规范,让所有有利于电子商务发展的设想和技巧都能容纳进来。

(4) 复杂性。

这一特点是与口头以及传统的书面形式相比较而存在的。首先,其技术手段上的复杂性是显而易见的。其次,其交易关系具有复杂性,它表现在通常当事人必须在第三方的协助下完成交易活动。如在合同订立中,需要有网络服务商提供接入服务,需要由认证机构提供数字证书等。此外,在线合同的履行可能需要第三方加入协助履行,如在线支付往往需要银行的网络化服务,这就使得电子交易形式具有复杂化的特点。

10.2 电子商务交易中存在的法律问题

传统的商业活动涉及社会的方方面面,所以作为新型的贸易方式,电子商务所涉及的法律问题非常广泛,包括:电子商务交易中的相关法律问题;互联网的知识产权问题;电子商务涉及的税法问题;安全与隐私问题;电子商务公证法律问题等。本书就电子商务交易的法律问题进行探讨。

10.2.1 电子商务交易

就一般的商品交易而言,电子商务交易可以分为以下三个阶段。

第一阶段,即交易前,主要是指交易双方在交易合同签订之前所进行的一些活动,包括互联网及其他各种商务网络上,卖方发布自己的产品和交易的有关信息。

第二阶段,即交易中,主要是指签订合同、进行交易的过程。这一过程涉及面很广,如电子合同的签订,与金融机构、运输部门、税务机关、海关等方面进行电子单证的交换。

第三个阶段,即交易后,主要是指在交易双方完成各种交易手续后,向用户提供方便、即时、优质的售后服务,对交易数据的保存等。

10.2.2 电子商务交易所涉及的法律问题

根据前述的交易不同阶段,电子商务交易所涉及的法律问题如下。

1. 交易前电子商务交易涉及的法律问题

交易前电子商务交易涉及的法律问题主要是电子商务主体及其主要权利和义务。

(1) 核心参与者的主体资格及其主要权利和义务。

卖方的主体资格及其主要权利和义务如下。

① 卖方的市场准入。

为了确保交易安全,有必要对卖方进入市场予以规范,采用准则制,只要符合了法律规定的条件就可以作为卖方参与交易。

② 卖方的义务。

按照合同的规定交付标的物和单据的义务,对标的物承担担保义务,对标的物的质量承担担保义务。

买方的主体资格及其主要权利和义务如下。

① 买方的市场准入。

对作为电子商务经营者的买方应当按照准则制，进行相关登记；对非经营者的买方，任何人只要具备网上交易的能力和有效的网上支付工具，能为自己的交易决定承担相应的法律责任便可作为买方参与交易。

② 买方的义务。

按照网络规定的方式支付货款的义务，按照合同规定的时间、地点和方式接受标的物的义务，对标的物进行验收的义务。

买卖双方不履行合同义务的救济：按照合同法的救济方法进行救济。

(2) 交易双方之外的第三方的主体资格及其主要权利和义务。

ISP和ICP(Internet Content Provider，网络内容服务商)通过网络提供信息，获取相应的服务报酬，其在电子商务交易中应当承担以下职责。

① 市场准入资格。ISP应当根据我国《互联网信息服务管理办法》、《经营性网站备案登记办法》等法律、法规取得合法资格。

② ISP应当控制好信息源，对境外有害的网站进行隔离、屏蔽；对委托发布信息的单位和个人进行登记，并对其所提供的信息内容依法审查。

③ 对自己提供的信息负有担保义务。即担保其提供的网络信息不侵害任何第三方的权利，在被许可期间被许可人的利益不会因为任何第三人对该信息主张权利而受到损害。

④ 相关法律责任，如对因其过错而造成他人损失的，应当承担赔偿责任。

电子银行在电子商务交易中应当承担以下职责。

① 市场准入资格。电子银行必须要建立强大的、动态的、可伸缩的、灵活的、安全的和可靠的系统。符合此要求的银行，经过登记后才可以在网络上开办服务系统，取得收益。

② 电子银行的基本义务是根据其与网络客户之间的协议，依照客户的指示准确、及时地完成电子资金划拨，准确、快捷地提供市场信息、金融产品信息及其他金融服务。

③ 相关法律责任，如对因其过错而给客户造成损失的应当承担赔偿责任。

认证机构是一个承担网上安全电子交易认证服务，能签发数据证书，并能确认用户身份的服务机构。1999年12月23日，我国第一家认证中心——上海认证中心成立。认证机构主要的规范内容如下。

① 市场准入资格。根据目前我国的信用体系，应当强调政府机构的主导作用。

② 主要权利。认证机构的主要权利是按交易标的额收取一定比例的认证费。

③ 主要职责。认证机构的主要职责是受理数字证书的申请、签发及对数字证书的管理，保证证书的通用性和权威性。对交易各方负责，对交易秩序和交易安全负责。

④ 法律责任。如因其过错给他人造成损失的，应当承担赔偿责任。

2. 交易中电子商务交易涉及的法律问题

(1) 电子记录和电子签名的法律效力问题。

电子商务合同的无纸化形式，是当事人在合同上亲笔签名或者加盖印章是不可能的。随着以电子数据密码表示的密钥作为“电子签章”，再配合认证机构发送“数字证书”对个人持有的私人密钥作认证，实现了合同当事人签字的功能。电子商务交易法应当确认电子记录和电子签章的效力。

（2）电子合同的效力问题。

合同法对合同生效的形式要件一般采取“不要式主义”，但对有些合同法律法规强制规定应当具有“书面形式”。《中华人民共和国合同法》（以下简称《合同法》）对电子合同订立和有效问题有相关规定。按照我国《合同法》的规定，要约和承诺采用数据电文形式是符合法律规定，具有法律效力。同时规定：“承诺生效时合同成立。”该法在这个问题上基本符合电子商务的需求。判断已经成立的合同是否有效的因素有：合同主体的缔约能力；意思表示真实、一致；合同不违反强制性规定。

（3）电子合同履行中使用数据电文的问题。

在电子商务交易中，合同义务都可以通过数据电文形式来履行。在完全的电子商务的交易中（如计算机软件、娱乐内容的联机订购合同），其付款、交付等合同义务的履行都完全在电子信息网络上通过数据电文完成。在不完全的电子商务交易中，有许多的合同义务要通过数据电文形式履行，尤其是合同履行中的通知或者声明更适合以数据电文形式作出。

（4）电子商务交易中的网上支付问题。

目前流行的网上支付工具和支付手段主要有银行卡支付、电子支票、电子现金以及网上银行等。银行卡的支付和网上银行在我国已经有了重大发展，其效力已得到认可。但电子支票和电子现金在我国几乎是空白，也阻碍了电子商务的发展。但网上支付的问题不是电子商务交易法所能包含和解决的问题，应当由专门的电子金融方面的立法来解决。

3. 交易后电子商务交易涉及的法律问题

（1）网上进行售后服务的问题。

目前，在电子商务交易中，售后服务的问题比较突出，如物流速度慢、产品质量差、伪劣和假冒产品多等很多问题。因此，需要出台相关的法律法规来规范电子商务交易中的售后服务问题，同时和现有法律法规相结合。

（2）交易数据的保存问题。

出于税收等相关需要，交易文件的保存形式必定受法定要求的制约。数据电文形式如果想要等同于纸质文件的保存作用，就需要符合以下两个条件：一是数据电文最终状态首次形成时起，确切地反映了所记录信息的内容及其形式、发送和接收的情况（包括数据电文的发件人和收件人以及发送和接收的日期和时间）；二是数据电文具有可访问性，以供日后参照之用。只有满足了这两个条件，交易数据才能在必要时作为证据出示。《电子商务示范法》对数据电文的保存作了规定，具有一定的参考价值。

10.3 电子商务中的知识产权问题

在互联网上的一些商业行为和非商业行为都会涉及公民、法人和其他组织享有的知识产权，这些商业行为和非商业行为包括对知识产权的出售和许可使用。知识产权的权利人非常关心他们的知识产权有没有被盗取。因此网络知识产权法律问题就成为突出的问题，保护以信息为内容的知识产权的法律手段成为电子商务法律中的重要组成部分。

下面将从狭义的知识产权方面进行分析，狭义的知识产权则包括著作权、域名、商标权、专利权及商业秘密等。

10.3.1 著作权

著作权（也称版权）是基于特定作品的精神权利以及全面支配该作品并享受其利益的经

济权利的合称。著作权的客体是指著作权法所认可的文学、艺术和科学等作品。1990年我国制定的《中华人民共和国著作权法》(以下简称《著作权法》)明确地将计算机软件作为作品来加以保护，并制定了《计算机软件保护条例》。目前，我国越来越重视对著作权的保护，并且已经根据现有法律对网络著作权进行了详细的补充。

1. 著作权人的权利

著作权人的权利包括作品的复制权、发行权、出租权、传输权等权利。复制权，是指对作品的复制权，即防止他人未经许可而复制权利人的智力成果。发行权是向公众提供复印件的专有权，发行就是经过权利人许可向公众提供复制件的行为。出租权，是指将作品的原件和复制件向公众进行商业性出租的专有权。传输权是著作权人享有的将作品以有线或者无线方式向公众提供，让公众在选定的地点和时间获得这些作品的权利。

2. 网络上的著作权侵权

未经作者或者其他权利人许可而以任何方式复制、出版、发行、改编、翻译、广播、表演、展出、摄制影片等均构成对著作权的直接侵犯。除去侵犯作品传输、复制等使用权和获得报酬权的行为外，网络还会涉及侵犯作品发表权、署名权、修改权和保护作品完整权等其他侵权行为。

在我国的司法实践中遇到的网络著作权侵权行为主要有以下三种类型：

(1) 传统媒体与网络站点间相互发生抄袭、未经许可使用、拒付报酬等行为；

(2) 网络站点间相互发生抄袭、未经许可使用、拒付报酬等的行为；

(3) 网络使用者与著作权人间发生抄袭、未经许可使用、拒付报酬等行为，网络站点违反法律规定或者行业经营义务作为或者不作为地实施了导致前者的侵权行为的发生等。

3. 网络著作权纠纷的法律适用

根据《著作权法》的规定，认定向公众传播作品侵害使用权的，可以适用该法第45条第5项的规定，民事责任承担的形式为停止侵害、消除影响、公开赔礼道歉、赔偿损失等；不适用行政处罚和民事制裁。对于已刊登的作品，除著作权人声明不得转载、摘编的以外，网络可以传输(转载)或者作为文摘、资料刊登，但应当注明出处，并按照规定向著作权人支付报酬；认定侵害获得报酬权的，可以适用该法第45条第6项的规定；认定故意去除或者改变著作权管理信息而导致侵权后果的行为构成侵权的，可以适用该法第45条第8项的规定；认定剽窃、抄袭他人作品的，可以适用该法第46条第1项的规定。对网络服务商涉及著作权侵权，有时不能从《著作权法》中找到所适用法律的条款，而应当并只能适用《中华人民共和国民法通则》(以下简称《民法通则》)的有关法律规定。

10.3.2　域名与商标权

互联网在区分所有与之相连的网络和主机时，采用了一种唯一的、通用的地址格式，即每一个与互联网相连接的网络和主机都被指派了一个独一无二的地址。互联网中的地址方案分为两套，即IP地址系统和域名地址系统。

1. 域名的法律特征

在互联网快速发展的今天，域名由于其特有的商业价值，日益成为代表一个企业的无形资产，越来越受到人们的重视，法律对域名的保护也逐渐被提到了议事日程，并被纳入知识产权保护的范畴。域名的法律特征在很大程度上取决于它的技术特征，其主要内容如下。

(1) 标识性。

互联网上的不同用户是通过各自的域名来标识自身从而相互区别的。

(2) 唯一性。

域名必须在全球范围内具有唯一性，即每个域名在全球范围都必须是独一无二的。

(3) 排他性。

域名在全球范围内是排他的，即一个域名的出现就意味着其他的域名不能使用与之相同的名称，这主要体现在域名的注册问题上。

在互联网上申请域名注册要遵循"先申请先注册"的原则，即只有欲申请注册的域名不与已注册的所有域名相同，才能获得有效的注册；而域名一旦获得注册就必然排斥此后欲申请注册的与此相同的域名。

2. 域名的商业价值

域名虽然与企业、商标、产品名称并无直接的关系，但由于域名在互联网上是唯一的，一个域名一经注册，其他的任何机构就不能再注册相同的域名。任何用户都想拥有一个好听的、简明易记和能给他人深刻印象的域名，所以大部分机构和企事业单位都愿意采用自己单位名称的缩写或者自己所有的商标来定义自己的域名，这样便于别人认识自己，消费者或者其他人在网上查找该单位也会很方便。

在商业竞争激烈的时代，域名的作用越来越大，而且还牵涉许多至关重要的商业机会。有人把域名地址又称为"网络商标"，认为域名是传统意义上的知识产权(如商标或者商号等)在网络空间的延伸，所以，域名使用人总希望选择登记的域名与自己的商标接近，因为这样的域名有让其转变为潜在商标的功能。一个商业实体的域名根据该实体的商号或者产品商标进行命名，还能够成为提高特定商家或者产品知名度的一种手段。商业实体在互联网上注册域名和设立网址，可以被全世界一亿多用户随时访问、随时查询。如果域名能够使访问的用户联想到某一商家的名称或者某一个商品，这无异于在给商家或者商品做广告。互联网域名就像网络空间的商标，潜藏着巨大的商业价值和广告效应。

3. 域名与商标冲突及域名抢注纠纷

常见的纠纷是由于互联网用户使用的域名恰好是另一企业的注册商标，更难处理的纠纷是同一商标的两个合法拥有者都在以他们的商标做域名。更能刺激企业战略神经的是从资源的角度来看，好听、简明易记的域名是有限的。网络用户与日俱增，每个域名不能重复，域名的需求也就与日俱增。当有限的供给与无限的需求发生矛盾时，一些投机者就以抢注来强占那些热门域名资源。

域名恶意抢注而引起的纠纷，是指有些动机不纯的人专营抢注域名然后出卖给商标权人。行为人明知属于他人享有权利的知名商标、商号或其他标识的文字组成，却故意将他人的知名商标、商号涵盖的文字注册为自己的域名，再以高价将这些域名卖给该知识产权所有人。有人称此种行为是域名的"劫持"或者"囤积"。曾有一段时间此种抢注风盛行，引起了国际社会的关注和不安。域名侵权案涉及美国、欧洲、澳洲和亚洲以及其他国家的著名商标、品牌和企业。如瑞士的一家公司就抢注了包括英国广播公司(BBC)、法国《世界报》、瑞士军刀和印度航空公司等在内的数十个域名。

4. 域名的管理及域名纠纷的法律适用

中国国务院信息化工作领导小组办公室是我国互联网络域名系统的管理机构，负责制定中国互联网络域名的设置、分配和管理的政策及办法；选择、授权或者撤销顶级域名和二级域名的管理单位；监督、检查各级域名注册服务情况。而中国互联网络信息中心(CNNIC)

工作委员会协助国务院信息办管理互联网络域名系统。中国互联网络信息中心是中国互联网络信息中心工作委员会的日常办事机构,《中国互联网络域名注册实施细则》就是中国互联网络信息中心根据《中国互联网络域名注册暂行管理办法》制定的。

近年来我国国内出现大量的知名企业名称、驰名商标和其他特定称谓被他人抢注成网络域名的现象。关于抢注其他企业的名称和商标名称作为域名的禁止性限制在《中国互联网络域名注册暂行管理办法》已经进行了规定:当某个三级域名与在我国境内注册的商标或者企业名称相同,并且注册域名不为注册商标或者企业名称持有方拥有时,注册商标或者企业名称持有方若未提出异议,则域名持有方可以继续使用其域名;若注册商标或者企业名称持有方提出异议,在确认其拥有注册商标权或者企业名称权之日起,各级域名管理单位为域名持有方保留30日域名服务,30日后域名服务自动停止,其间一切法律责任和经济纠纷均与各级域名管理单位无关。《中国互联网络域名注册暂行管理办法》还规定,注册域名可以变更或者注销,不许转让或者买卖。

10.4 电子商务中的隐私权保护

网络技术的迅猛发展使电子商务以其便利、快捷的优势逐渐为人们所接受。美国某著名调查机构在消费者中进行的一项调查表明,网上购物已经成为美国消费者的第三种购物的主要方式,仅次于名牌专卖店与折扣商店。但是,由于电子商务较之传统的商业运作更具开放性,网络资源滥用的情况层出不穷,消费者的隐私权也难以避免地受到了威胁。对隐私权受到侵害的担忧成为阻碍消费者参与电子商务活动的重要因素。在电子商务环境下,如何保护隐私权成为法学界、经济界和技术界普遍关注的问题。

10.4.1 电子商务中的隐私权

"隐私权"概念和理论是由美国法学家首次提出的。但是迄今为止,各国对"隐私权"这一概念并无一个统一的定义。国外大部分学者认为,隐私权是个人对其私人领域的一种控制状态,包括是否允许他人对其进行亲密接触的决定和他对自己私人事物的决定,它强调的是任何人均应有不受干扰的权利。而我国的民法学家则认为,隐私权是指"公民享有的私人生活安宁与私人信息依法受到保护,不被他人非法侵犯、知悉、收集、利用和公开的一种人格权"。

电子商务是采用电子方式开展的商务活动,包括在供应商、客户、政府机关及其他参与方之间,通过任何电子工具共享商务信息来完成商务活动、行政活动和消费活动的各种交易。因此,电子商务中的隐私权也就将传统隐私权升华到了电子商务这个大环境下。

10.4.2 电子商务隐私权保护的内容

保护隐私权在于维护人的尊严,而隐私权保护的实质在于控制个人资料的使用。因此,电子商务时代隐私权的保护主要包括以下三个方面。

1. 个人资料的隐私权保护

一般来说,只有具有识别性的个人资料才受到隐私权的保护。被纳入保护范围的个人资料主要包括:特定的个人信息(如姓名、性别、出生日期、身份证编号等);敏感性信息(如宗教信仰、婚姻、家庭、职业、病历、收入、经历等);电子邮件地址;IP地址;曾用名和密码等。经营者收集以上个人资料必须取得资料主体的同意,使用合法的手段收集。未经同意,不得将资料用作收集目的说明以外利用,其对个人资料的披露和公开也必须经过资料主体的同意。

2. 通信秘密与通信自由的保护

通信秘密和通信自由是宪法规定的公民享有的权利。电子邮件是网络世界最常见的通信手段,其内容的安全取决于邮件服务器的安全、邮件传输、网络安全以及邮件接收系统的安全。因为电子邮件的安全与上述方面密切相关,保护电子邮件的安全更加复杂和迫切。除了采用技术手段,如采用加密邮件外,采用法律手段制约经营者和黑客偷窥就至关重要了。

3. 个人生活安宁的保护

用电子邮件发广告促销商品因成本低廉而日益泛滥成灾。大量的商业性电子邮件已成为消费者的沉重负担,其耗费时间和金钱下载、清理而且占用邮箱空间,影响正常信件的传送,这已经构成对消费者个人生活安宁的侵害。对这种垃圾邮件的治理,除了自律外,也需要运用法律手段进行限制。

10.4.3 电子商务中侵犯消费者隐私权的行为

电子商务的发展很快,同时上网的人越来越多,从而带来了消费者在网上消费时个人隐私受到侵犯的现象。下面详细介绍一下消费者隐私权的侵权行为。

1. 过度收集消费者的个人数据

在电子商务中,过度收集个人数据是指为了商业上的需要,企业采用多种形式收集个人信息。一是通过让消费者填写各类表格来收集个人数据。当个人在网上浏览、咨询或者购物时,总要填写一系列确定浏览者身份的表格,如姓名、生日、身份证号、银行账号、家庭住址、电话号码、工作单位、邮箱地址等内容。由于互联网的方便和快捷,这些资料就有可能被网上的任何机构获得。二是通过利用先进的电脑追踪技术收集个人数据。一些企业拥有先进的电脑追踪技术,以识别网际网络使用者,在未经同意的情况下收集网络浏览的个人信息。

2. 消费者个人数据的分析利用

个人数据分析利用,是指企业利用自己所掌握的个人信息建立起的综合数据库,从中分析出一些个人未透露的信息,从而获得有商业价值的信息并用于生产经营。许多人有这样的经历,如果曾经在网上购物,那么接下来相关的广告邮件几乎占用了整个邮箱,造成了不必要的麻烦。

3. 将消费者的个人数据做交易

个人数据交易目前有两种形式。第一种形式是企业之间相互交换个人信息。两个企业通过协商各取所需,互相交换双方所掌握的个人信息。在一般情况下,企业的合作伙伴不止一个,如果共享范围得不到有效控制的话,个人信息极有可能被众多的企业知晓。第二种形式是个人资料买卖。在网络上,有提供各种商品与服务的企业,其中有一类就是出售个人资料的企业,它们通过各种渠道收集了许多的个人资料,然后明码标价公开出售。

10.4.4 我国隐私权的现行法律保护①

我国现行法律体系建立的时间较短,对隐私权没有明文规定。我国关于隐私权保护的

① 内容摘自中顾法律网。

内容包含在其他的相关法律法规之中。

1.《中华人民共和国宪法》关于隐私权保护的规定

《中华人民共和国宪法》(以下简称《宪法》)并没有明确的隐私权概念,但是《宪法》中仍然隐含了对个人生活隐私利益的关注,如公民的人身自由不受非法侵犯,人身自由包括政治自由、民主权利自由、私生活自由以及婚姻自由、通信自由等。这些规定都囊括了隐私权的内容。

2. 我国刑事法律关于隐私权保护的规定

《中华人民共和国刑法》(以下简称《刑法》)第 245 条第 1 款规定:"非法搜查他人身体、住宅,或者非法侵入他人住宅的,处 3 年以下有期徒刑或者拘役。"第 252 条规定:"隐匿、毁弃或者非法开拆他人信件,侵犯公民通信自由权利,情节严重的,处 1 年以下有期徒刑或者拘役。"第 253 条第 1 款规定:"邮政工作人员私自开拆或者隐匿、毁弃邮件、电报的,处二年以下有期徒刑或者拘役。"《中华人民共和国刑事诉讼法》第 152 条第 1 款规定:"人民法院审判第一审案件应当公开进行,但是有关国家秘密或者个人隐私的案件不公开审理。"

3. 我国民事法关于隐私权规定

《民法通则》第 101 条规定:"公民、法人享有名誉权,公民人格尊严受法律保护,禁止用侮辱、诽谤等方式损害公民、法人的名誉。"该条规定虽然没有直接规定隐私权的保护,但由于一般性地规定了公民人格尊严受法律保护,一般认为,隐私权属于人格尊严一部分。最高人民法院《关于贯彻执行〈中华人民共和国民法通则〉若干问题的意见》第 140 条第 1 款规定:"以书面、口头形式宣传他人的隐私或者捏造事实公然丑化他人人格以及用侮辱、诽谤等方式损害他人名誉,造成一定影响的,应当认定为侵害公民名誉权的行为。"由此可以看出,在民事法领域,隐私权是以名誉权来加以保护。

4. 其他法律关于隐私权保护的规定

除了上述法律以外,《中华人民共和国妇女权益保障法》(以下简称《妇女权益保障法》)、《中华人民共和国未成年人保护法》(以下简称《未成年人保护法》)、《银行管理条例》等也有相关的规定,相关从业人员有对国家机密和公民个人隐私保密的义务。如《妇女权益保障法》第 42 条第 1 款规定:"妇女的名誉权、荣誉权、隐私权、肖像权等人格权受法律保护。"《未成年人保护法》第 39 条规定:"任何组织和个人不得披露未成年人的个人隐私。"此外,《中华人民共和国残疾人保障法》和《中华人民共和国老年人权益保障法》中都设置了保护残疾人和老年人合法权益的条文,其中都包含隐私权保护的内容等。

10.5 电子商务中的税收问题

电子商务极大地促进了世界经济贸易的发展,显示出越来越强大的生命力。但同时电子商务也对传统的商业经济管理模式和方法形成了巨大冲击,特别是对现行税收制度、税收管理模式提出了全面挑战。我们必须密切关注电子商务的发展,认真分析电子商务发展带来的税收问题,及时研究制定合理的电子商务税收政策,并积极探索和构建电子商务税收对策框架。

10.5.1 电子商务征税面临的难题

电子商务在其迅猛发展过程中所表现出来的快捷、便利、开放、超越时空限制等特性,在给经营者带来巨大商机和给消费者带来空前便利的同时，也使税收工作遇到了前所未有的制度难题、征管难题和技术难题。

1．“无址化”带来的税收难题

由于电子商务活动建立在一个虚拟的市场上，网上的经营没有有形的“场所”、“基地”或者人员“出场”，即无“址”，使得在传统经济模式下的常设机构、经营活动所在地、劳务活动发生地等概念变得模糊不清。如一个企业通过在多个网络服务商提供的服务器上设立网址从事网上交易活动，该企业机构所在地和网络服务商提供的服务器所在地多数情况是不一致的，而且该企业并没有在服务器所在地设立固定基地或者有人员“出场”。按现行税法和国际税收惯例中关于常设机构的规定，尽管该企业事实上已通过异地服务器从事了应税交易活动，但仍无法确定异地服务器为该企业的常设机构，对其征税缺乏法律依据。同样，根据现行税法关于经营活动所在地的规定，类似地通过异地服务器从事的经营活动，也无法确定服务器所在地为企业经营活动所在地。对于劳务活动发生地问题，由于人们完全可以足不出户地通过网络为异地(异国)的部门、企业或者个人提供远程教育、咨询、设计等服务，而无须在异地设立固定基地或者停留许多天，这也使得现行税法和国际税收惯例中关于独立个人劳务和非独立个人劳务的“固定基地”和“停留时间”的规定显得有些“尴尬”，确定劳务活动发生地成为十分困难的事情。

2．“无纸化”带来的税收难题

通过电子商务形式进行交易活动是以“无纸化”操作为主要特征的。在网上交易活动中，企业通过网络与客户联系，利用电子货币支付货款，账户和报表等均可以按电子形式编制，也可以轻易地进行修改，并且不留下任何痕迹和线索。同时由于采取了电子加密技术，使税务机关无法获取真实和充分的管理信息。可以说，电子商务的“无纸化”操作客观上使税收征收管理失去了最直接的依据；网上交易资料的隐匿性和保密性，使税务机关对经营者的交易情况无法追踪、掌握、审计和监控，造成税收征收管理在电子商务领域的“盲区”。

3．“无形化”带来的税收难题

电子商务的出现使很多的商品从“有形”变为“无形”。一些产品以数字化的形式通过网上电子信息的传递实现销售，使传统的以产品实物形式确定征税对象的有关税法规定遇到了难题。首先是通过网络销售数字化产品(无形产品)，对现行的按照实物形态征税的制度提出挑战。最常见的方式是各种书籍、音像制品等通过网上交易完成下载，形成数字化产品。判定其属于销售商品还是提供服务，视其为有形商品销售征收增值税，还是将其视为无形产品、著作权转让征收营业税，不好确定。其次，税务机关很难发现、把握和监控通过网络销售数字化产品的情况，即使经营者主动申报或者税务机关能够发现数字化产品的销售，也不易掌握其真实的经营、转化数量或者“字节”，无法按现行规定确定其征税对象的性质、适用税种、税率等，并据以征税。

4．“无界化”带来的税收难题

电子商务的“无界化”使税收管辖权的界定与协调遇到难题。在网络空间中，很难确定活动者的国籍或者每次远程登录者的准确地点，无法确定经营者所在地或者经济活动的发生地，也无法确认劳务提供者所在地，从而割断了与税收管辖权相关的“属地”或者“属人”两个方面的联结因素，使得确定由哪一个国家或者地区行使哪一种税收管辖权进行征税成为难题。

10.5.2　适时确立应对电子商务的税收政策

我国目前对电子商务税收政策问题研究还处于起步阶段，有部分学者认为电子商务离我们还远，现在急于提出电子商务税收政策为时尚早。我国电子商务系统环境的完善还有相当长一段路要走。由于电子商务发展的趋势很快，相关的税收政策不应消极等待和消极应对，只有而且必须超前研究，并相应提出积极稳妥的税收政策才是可取的思路。我国目前应当确立鼓励、公平、技术和协调等四个方面的应对政策。

1. 鼓励政策

在发展电子商务方面，我们不仅要重视私营、工商部门的推广作用，同时也要加强政府部门对发展电子商务的宏观规划和指导作用。因此，我们拟定的应对电子商务的税收政策要突出体现鼓励政策，特别是在我国电子商务发展的初级阶段，尤其要注意鼓励问题。如对现行税收制度和征管制度的改革和调整应当以不阻碍电子商务的发展为基本前提，即使是在电子商务发展到一定规模时，建立和完善电子商务税制也要顺应电子商务发展的方向。

2. 公平政策

在解决电子商务税收问题时，特别要注意不能对不同的商务形式造成税收歧视。对相类似的经营收入在税收上应当公平对待，不应当考虑其收入是通过电子商务形式还是通过一般商务形式取得的。电子商务税收公平政策的基本取向应该是，使传统贸易主体与电子商务主体之间的税收负担相对公平合理。

3. 技术政策

要以高技术手段解决由于高技术的发展带来的税收问题。要紧跟电子商务技术发展的步伐，研制开发跟踪、监控和自动征税系统。采取技术政策，以技术开发与应用为先导，实施智能化征管，这是我国未来税收征收管理模式的发展方向。

4. 协调政策

目前，我国电子商务活动在电子商务合同、电子商务支付规则以及网上知识产权保护、安全和标准等方面亟须规范。必须在总的原则框架下，主动同有关部门和行业协商，使电子商务的有关政策互相协调，有关措施互相配套。同时注意尊重国际税收惯例，主动参与电子商务税收政策的国际协调。

10.5.3　积极研究构建我国电子商务税收政策框架

我国的电子商务税收对策框架应当主要从修改现行税制、强化税收征管、开发智能软件、加快信息化进程、协调配套运作和推进素质教育等六个方面进行构建。

1. 修改完善现行税制，补充有关应对电子商务的条款

以现行税制为基础，对由于电子商务的出现而产生的税收问题有针对性地进行税法条款的修订、补充和完善，对网上交易暴露出来的征税对象、征税范围、税目、税率等方面的问题适时进行调整。对现行的增值税、营业税、消费税、所得税以及关税等税种增加电子商务税收方面的规定，明确网上销售商品与提供劳务所适用的税种和税率。同时研究确定电子商务的网址和服务器视同为常设机构所在地或者经营活动所在地等问题。

2. 强化税收征管工作，堵塞或者减少税收漏洞

建立专门的电子商务税收管理制度。扩大税务登记范围，规定所有从事电子商务活动的单位和个人都必须及时办理税务登记，主动将有关材料报送主管税务机关，并及时报送有

关业务内容变动情况资料。制定物流监控管理办法。对经营者的进销存等情况通过开发使用税控设施设备进行有效的管理,在特定的场所(如港口、车站、机场以及仓库等地)还可以设置远程电子监控系统,以掌握经营者的物流情况。制定资金流监控管理办法。要求纳税人及时向税务机关报送现金流量表,分析研究纳税人资金流动与物资流向的关系。

3. 研制开发智能征税软件,形成网上自动征税系统

智能征税软件的基本要求是:能自动识别通过网络实现交易的应税商品或者劳务;确定所适用的税种、税目、税率;自动计算税额,并自动将税款划入税务机关指定的账户之中。智能征税软件要强制加装在所有提供电子商务活动的ISP的服务器上,要求所有提供电子商务的ISP必须在网上贸易活动中运行该智能征税软件。要做到所有的客户在网上达成交易、签订电子交易合同前,必须点击纳税按钮才能实现交易。对于直接使用电子货币支付交易款项的,点击纳税按钮后则自动计算税款并划入指定的账户。

4. 加快税务系统信息化进程

要加快实现税收征管电子化,着力提高税收征管技术含量,努力提高征管质量和征管效率。要加紧税务系统计算机网络体系的建设,迅速增加税务系统"信息高速公路"总里程,抓紧形成覆盖全国税务系统的计算机广域网。要逐步实现税务机关与相关部门以及大中型企业的网上连接,形成开放型的税务信息化网络体系,早日实现我国管理信息系统的网络化。

5. 加强与有关部门、组织或行业的协调配套运作

电子商务要加强与财政、金融、外汇、外贸、统计、工商行政管理、质量技术监督管理、海关和公安等部门或者行业的协调配合,共同研究电子商务运行规则以及应对电子商务税收问题的法律法规,并通过纵横交错的管理信息网络,实现电子商务信息共享。电子商务的"四化"特征在国家间的电子商务交易活动中表现得更为明显,加上国家间电子商务信息不对称的现实情况,使得电子商务税收的国际性协调显得尤为必要。

6. 推进素质教育,切实提高税务系统国家公务员队伍的整体素质

电子商务的出现和迅猛发展对税务人员的素质提出了新的更高的要求,要着重抓好素质教育工作的两个面向,即面向高层次税务信息管理人才和技术人才的培养,面向全系统公务员的计算机及网络知识的普及性培训。要提出适应信息社会化要求的税务人才素质标准,加快培养一批适应信息社会化发展所需要的,既精通计算机及网络知识,精通外语,又精通税收业务的复合型高级税务管理人才,为我国税收信息化的建设和发展提供充足的智力支持。

10.6 网络侵权案件的管辖

电子商务的发展离不开网络,同时网络的无时空限制也带来了网络侵权案件的管辖权的问题。下面将详细介绍网络侵权案件的管辖权问题。

10.6.1 网络空间的特性

要探讨网络案件的管辖问题,首先应当了解网络空间的特性。当然,这里所列举的特性并未囊括了网络所有的特性,而是侧重于与网络案件的管辖或者知识产权保护有关的一些特征。

1. 全球性

互联网是连接全球的网络,全球性是其最主要的特性。可以看出,网络这一特性与知识

产权的地域性的特点相冲突，同时也是对传统的管辖理论以及法律适用的考验。

2. 客观性

网络空间虽然看不见，也摸不着，但它是客观真实存在的，而非虚幻的。网络空间不能脱离这个社会独立存在，而应当受到现实社会的传统价值和标准的约束。

3. 交互性和实时性

网络上的行为是互动的，通过网络，用户可以主动地发出信息、作出响应，也可以被动地接收信息。这与传统的媒体如电视、电影、广播不同。另外，网络可以实时地发送新闻和各种信息，这一点与书刊、报纸等不同，其方便快捷又胜电视、广播一筹。

4. 管理的非中心化

在网络空间里，没有中心，没有集权，网络上的每一台计算机彼此相连，没有哪一台是其他计算机的中心枢纽，所有的计算机都是平等的。

10.6.2 传统管辖理论和网络管辖新理论

由于电子商务的特殊性，从而使得传统的侵权管辖理论无法适用于网络环境下电子商务的侵权行为，所以我们需要详细了解网络侵权管辖的新理论。

1. 传统管辖理论

传统的司法管辖理论是以地域、当事人的国籍和当事人的意志为基础的。《中华人民共和国民事诉讼法》(以下简称《民事诉讼法》)第29条对侵权案件的管辖是这么规定的，"因侵权行为提起的诉讼，由侵权行为地或者被告住所地人民法院管辖"。

2. 网络侵权案件的管辖新理论

网络侵权案件与一般侵权案件相比，既有共性，又有一定的差异。一方面，网络侵权案件要考虑网络空间有前述特性；另一方面，网络只是一种工具、手段或者新的方式，在诉讼的实体和程序上要与已有的审判实践相一致。在管辖问题上，也应当考虑上述思路，做到共性和个性的统一。针对网络的特性，在网络案件的管辖问题上产生了一些新的理论。

(1) 新主权理论。

该理论认为，网络的非中心化倾向表现在每个网络用户只服从他的ISP的规则，ISP之间以技术手段、协议方式来协调和统一各自的规则。网络成员的冲突由ISP以仲裁者的身份来解决并由ISP来执行裁决。新主权理论认为在网络空间中正形成一种全新的全球性市民社会，这一社会有其自己的组织形式、价值标准和规则，完全脱离于政府而拥有自治的权利，网络之外的法院的管辖当然也被否定。

(2) 管辖相对论。

在网络空间内发生纠纷的当事人可以通过网络的联系在相关的法院出庭，法院的判决也可以通过网络手段予以执行。管辖相对论和新主权理论相似，也过分夸大了网络空间的自由度，社会发展要求网络客观、有序，依靠技术解决网络管辖问题，仅是少数技术领先国家所欢迎的，而不能从根本上解决问题。

(3) 网址作为新的管辖基础论。

该理论认为，网址存在于网络空间中，它在网络中的位置是可以确定的，且在一定时间内也具有相对的稳定性。网址受制于其ISP所在的管辖区域，是比较充分的关联因素。

(4) 取消侵权行为地作为识别因素的理论。

该理论认为，网络侵权案件中侵权行为地的确定性很弱。如果从扩大一国主权范围的角度来考虑,将网络中的行为直接解释进已有的规则是可以的,这是各国尤其是技术强国愿意采取的做法,但势必造成国际司法管辖权的冲突,不利于案件的解决,也不利于建立国际司法秩序。

(5) 技术优先管辖论。

该理论主要指在国内的管辖中,由于网络发展的不平衡性,使得一些大城市的网络发展明显快于其他地方,像北京、上海和广东的一些地区ISP、ICP集中,网络技术比较发达,有能力处理有关的技术问题,因此应当由这些城市和地区的人民法院优先管辖网络侵权案件。

10.6.3 网络案件侵权行为地的分析及应当注意的问题

网络侵权案件的特点,使传统司法管辖权的基础受到了冲击,传统的管辖理论虽囿于其产生的时代背景,但其理论精髓在网络案件中仍具有生命力,只是在适用中需要结合网络空间的特性加以考虑。分析《民事诉讼法》关于侵权案件的管辖规定,其中所述的被告住所地比较容易理解和适用。按照该法相关的司法解释,侵权行为地包括侵权行为实施地和侵权结果发生地。下面是分析网络案件侵权行为地时四个需要注意的问题。

1. 侵权行为应当区分积极接触和消极接触两种情况

积极接触是指把侵权信息发送到他人网址上由其读取的情况,消极接触是指将侵权信息放于网站之上任人读取的行为。该行为可以是上传、发电子邮件等,对于积极接触案件的管辖认识比较一致,发送信息的所在地人民法院和被告住所地人民法院拥有管辖权。对于消极接触则认识不一。消极接触与积极接触的情况不同,如果原告在诉讼所在地以"消极接触"的方式访问被告有侵权内容的网址,人民法院不能以此认定对案件享有管辖权。人民法院如果把消极接触作为最低限度接触的标准来受理,势必会造成网络上任何网址的所在地都可以作为管辖地,当事人可以任意选择人民法院——他只要在某地上网即可。因此,这种认定显然是不合适的。

2. 仅存在交互性网址不能确定管辖

将上述的消极接触再进一步分类,可分为依靠被动网站的接触和依靠交互性网站的接触。对于被动网站,与上述消极接触的意见一致,访问者所在地的人民法院无法获得管辖权。对于交互性网站,意见不太统一,交互网址只能作为管辖的参考,因为涉及交互网址的行为各不相同,性质千差万别,应当区分各类案件的具体情况分别加以考虑。另外,由于一些案件的侵权行为是在交互网站的基础上还分别增加了实际接触的行为或者网络接触的行为,从而使得判断侵权行为更加困难。故不应一概而论。

3. 正确理解侵权行为的性质是确定管辖的基础

侵权行为是网址复制的行为还是内容上传的行为,这成为确定案件管辖的分水岭。在网络侵权管辖问题上,正确理解网络中经常出现的"复制"、"临时复制"、"超文本链接"、"订阅邮递列表"等行为的性质,对正确掌握侵权行为地从而确定管辖权有着极其重要的意义。

4. 对网络案件侵权结果发生地的思考

侵权结果发生地是侵权行为直接产生的结果发生地,在网络侵权案件中,不能将其扩大到任何互联网能达到的地方。网络的全球性、交互性和实时性使网络侵权行为的影响扩大何止几倍,侵权后果也更为严重。

10.7 虚拟财产的法律保护

在网络迅速发展的今天,涉及虚拟物品交易纠纷也在以几何级的速度上升出现。这些纠纷涉及运营商责任的界定、虚拟物品的归属、用户权益维护等问题。所以,如何解决虚拟财产的保护问题已成为当前一项迫在眉睫的任务。

10.7.1 虚拟财产的现状

随着我国信息产业的快速发展,互联网已经进入了寻常百姓家,对于虚拟财产很多人并不陌生。小到游戏中的装备、虚拟币,大到 QQ 号码、游戏账号都属于虚拟财产的范畴。据有关部门测算,目前国内互联网虚拟货币市场规模上百亿元,而这个市场还在以每年 20%以上的速度增长。然而,硬币具有双面属性,网络自身也催生了许多前所未有的法律问题,使得人们无所适从。诸如网络盗窃、著作权的保护等方面问题不断。虚拟财产的侵权事件时有发生,但却大多因为理论上没有一个清晰统一的认识而使得司法机关对此类问题的定性模糊不清。无论民事方面还是刑事方面都存在着法律空白。由此看来,对虚拟财产的法律地位的确定才是问题的关键。

10.7.2 虚拟财产的法律地位

对于虚拟财产的法律地位,国内存在着两种截然相反的观点。否定者认为它没有价值,只存在于虚拟社会中,没必要给予保护。赞成者则认为虚拟财产是通过个人劳动获得的且能够流通,这和现实社会的财产并无本质差异,应当受保护。

1. 虚拟财产具有法律上的财产属性

(1) 作为财产,必须满足以下三个条件:第一,必须具有价值;第二,必须具有稀缺性,即不能无限量的存在;第三,必须具有合法性。虚拟财产具有价值,符合价值的要求——无差别的人类劳动。虚拟财产的价值需要综合考虑时间、金钱、智力技巧、市场供求关系、游戏周期、功能替代品的数量与价格。

(2) 虚拟财产倾注了玩家大量的时间和金钱,虽然在现实社会中摸不着、看不到,但是它确实是存在的,就像手机号码一样对数以亿计的互联网用户来说具有积极意义,可以满足人们的某种需求(包括物质的和精神的)。从这个方面来说,也符合无形财产的性质,当属知识财产。

(3) 虚拟财产可以通过人力控制,包括删除、修改、使用、转移。因此,虚拟财产具有法律上的财产属性。

2. 虚拟财产交易已经对现实社会有很大的影响

(1) 现实大量的虚拟物品交易现状。

游戏币等网络财产已经初步具备了和人民币兑换的功效,一些网络游戏运营商甚至以出售虚拟财产为营利模式。因此,我国文化部等 14 家部委联合下发《关于进一步加强网吧及网络游戏管理工作的通知》,表示"要加强对网络游戏中的虚拟货币的规范和管理,防范虚拟货币冲击现实经济金融秩序,同时要限制虚拟币的发行总量"。

(2) 针对虚拟财产的网络盗窃事件也在大量发生。

网络盗窃的现状是以集团化、产业化的盗窃模式危害互联网的生存。因此,无论是从虚拟物品交易现状还是网络盗窃都说明虚拟财产保护的紧迫性。

3. 建立诚信友爱社会的要求

如今在现实中盗窃财物的情况已经搬到了互联网上。互联网在我国发展不久，应该尽量净化这片土地。如果能有效地遏制互联网上此类行为的话，对诚信友爱社会的建设将会有很好的推动作用。遏制只能交由法律来规范。

网络虚拟财产作为用户的一种比较特殊的财产权利，是否可以将其纳入我国法律体系内，决定了司法部门是否可以直接适用我国的法律来保护公民的合法权益。因此有必要在法律中对虚拟财产正名。名正才能言顺，才有依据制定各项法律法规更有效保护公民财产。

10.7.3 虚拟财产的保护

我国在虚拟财产的保护上一直在努力寻找方式方法，但是相关的争论从来没有停止过。面对这个新的现象，以传统的法律模式来解决似乎有些力不从心。因此我们需要以创新的思维并适当借鉴国外先进的法律模式来解决这个问题。

1.《中华人民共和国物权法》解释及配套规定

我国最近通过的《中华人民共和国物权法》(以下简称《物权法》)并没有对虚拟财产方面的相关规定。对于这方面的缺失，可以考虑在随后的立法或者司法解释中得到体现，以完善《物权法》应有的功能，使得法律对公民财产的保护能够更加彻底。

2. 刑法保护方面

针对虚拟财产的特性，可以考虑在《刑法》中增加罪名或者对财产作扩大解释。如前所述，对侵犯虚拟财产的案件，司法机关对它的定性完全不同。相同的案件由于定性的不同可能会对社会发出不好的信号。在中国现有的法律框架下，根据某一新情况而作出扩大解释是完全可行的。

3. 借鉴已有案例的处理经验

中国首例网络盗窃案件经深圳的人民法院审理后，对其他的人民法院处理类似问题起到了很好的示范作用，我们看到有越来越多的人民法院承认了虚拟财产拟制财产的法律地位。某些地方人民法院在判决中就明确承认了虚拟财产属于法律保护的财产。人民法院认为，尽管我国目前对虚拟财产的认定仍无相关法律法规，但虚拟财产与现实财产在占有、使用、收益方面利益共同，同样应受到法律保护。

4. 行政管理途径

政府部门在这方面也可以有很大的作为。政府部门可以制定相关的法规加强对网络公司、网吧的管理，完善登记备案制度，明确合法网络虚拟财产受法律保护，对侵害他人合法网络虚拟财产的行为进行处罚。严格实行网络游戏实名身份制，建立针对虚拟财产侵权的举报中心等。

5. 借鉴发达国家和地区的经验

以网络游戏最发达的韩国为例，当游戏产业刚开始发展的时候也面临和我们现在一样的困惑，走了不予理睬和过分限制的两个极端，但是都没有收到好的效果。重新审视虚拟交易后，韩国最终在法律上承认了虚拟物品的合法性，虚拟交易也受法律保护，更在前不久提议进一步禁止进行虚拟货币交易的中介服务，并制定《游戏产业振兴法》。世界上很多发达国家和地区都已经明确承认了“网络虚拟财产”的价值并用刑法加以规制，且已经出现了针对侵犯网络虚拟财产的刑事判决。

法律源于生活，但高于生活。当问题到来之后我们只能积极应对，而不可逃避和放任，应当积极发挥法律的引导和维护作用。市场规模已高达数百亿的巨大市场，如果缺少法律有效管理，网络世界必将进入一种无序的混乱状态，进而波及现实社会。若不及时妥善解决这一法律问题，其对公民个人财产以及社会稳定都会有很大冲击，也违背了建设和谐社会的初衷和本质要求。

本章小结

1. 在电子商务的发展过程中，产生了许多传统法律难以解决的新问题，对传统法律、法规提出了挑战。随着电子商务成为未来商业活动的主要形式，电子商务法律的作用将日益重要。电子商务法的任务是为电子商务发展创造良好的法律环境，保障电子商务交易安全，鼓励利用现代信息技术促进交易活动。

2. 网络虚拟财产的保护需要法律的进一步完善，其中包括如何遏制侵犯消费者隐私权的行为。

3. 电子商务的出现给税收带来了极大的挑战，需要国家相关部门的配合制定合理的电子商务税收政策。

思考题

1. 简述电子商务法的概念及其特征。
2. 简述电子商务交易所涉及的法律问题。
3. 简述电子商务中侵犯消费者隐私权的行为。
4. 电子商务给国家税收带来哪些挑战？
5. 如何构建我国电子商务税收政策框架？
6. 简述网络侵权案件的管辖新理论。
7. 简述我国如何对虚拟财产进行保护。
8. 现在互联网上有哪些侵犯版权保护的问题？你如何杜绝这些不良现象？

实践篇

本篇介绍电子商务实践，通过本篇的学习使同学们掌握：

◎ 电子商务基础实训技能

◎ 电子商务应用实训技能

◎ 德意通电子商务实验平台模拟实验

一　电子商务基础实训

实训 1：知名电子商务网站访问以及搜索引擎的使用

1. 实训内容

(1) 熟悉知名电子商务网站的基本功能和界面。

(2) 掌握搜索引擎的使用技巧。

2. 实训目的及要求

(1) 对电子商务环境有一个总体了解。

(2) 掌握搜索引擎的使用方法。

3. 实训流程

(1) 访问主要的电子商务网站。

① B2B 类电子商务网站。

阿里巴巴中国站 http：//china. alibaba. com/

慧聪网 http：//www. hc360. com/

锦桥纺织网 http：//www. sinotex. cn/

② B2C 类电子商务网站。

京东商城 http：//www. 360buy. com

新蛋商城 http：//www. newegg. com. cn

当当网 http：//www. dangdang. com

③ C2C 类电子商务网站。

淘宝网 http：//www. taobao. com

拍拍网 http：//www. paipai. com

易趣网 http：//www. eachnet. com/

(2) 使用百度、谷歌等搜索自己感兴趣的话题，并比较搜索结果的差异。

4. 练习

(1) 登录上述各电子商务网站，了解这几类电子商务网站的经营项目。

(2) 使用百度、谷歌等搜索自己感兴趣的话题，并比较搜索结果的差异。

5. 相关知识

搜索引擎(Search Engine)，是指根据一定的策略，运用特定的计算机程序从互联网上收集信息，在对信息进行组织和处理后，为用户提供检索服务，将用户检索相关的信息展示给用户的系统。

搜索引擎最佳化(Search Engine Optimization)又称搜索引擎优化，是近年来较为流行的网络营销方式，其主要目的是增加特定关键字的曝光率以增加网站的能见度，进而增加销售的机会。而网站的SEO所指的是针对搜索引擎去使网站内容较容易被搜索引擎取得并接受，搜索引擎在收到该网站的资料后进行比对和运算，然后将PR值(Page Rank)较高的网站放在网络上其他使用者在搜索时会优先看到的位置，进而促使搜索者可以得到正确且有帮助的信息。

SEO的主要工作是通过了解各类搜索引擎如何抓取互联网页面、如何进行索引以及如何确定其对某一特定关键词的搜索结果排名等技术来对网页进行相关的优化，使其提高搜索引擎排名，从而提高网站访问量，最终提升网站的销售能力或者宣传能力的技术。

SEO是这样一种技术，即遵循搜索引擎科学而全面的理论机制，对网站结构、网页文字语言和站点间的互动外交策略等进行合理规划部署，以此来发掘网站的最大潜力而使其在搜索引擎中具有较强的自然排名竞争优势，从而对促进企业在线销售和强化网络品牌起到作用。

SEO用英文描述是“to use some technics to make your website in the top places in Search Engine when somebody is using Search Engine to find something”，翻译成中文就是“搜索引擎优化”，一般可简称为搜索优化。与之相关的搜索知识还有搜索引擎定位(Search Engine Positioning)、搜索引擎排名(Search Engine Ranking)。

实训2：电子邮件等互联网常用软件工具的使用

1. 实训内容

练习电子邮件等互联网常用软件工具的使用。

2. 实训目的及要求

熟练运用各类互联网常用的软件。

3. 实训流程

(1) 网易163免费邮箱的注册及使用。

第一步：注册163免费邮箱。

在163免费邮箱首页(http://mail.163.com/)单击“注册”，进入通行证注册页面(如实训图1-1所示)。

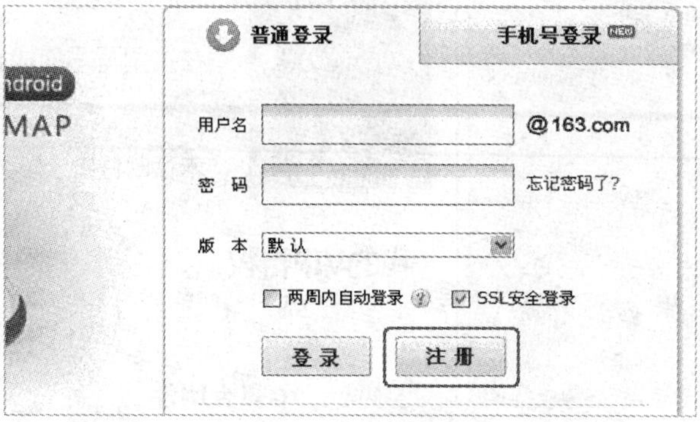

实训图1-1 163免费邮箱通行证注册页面

按照如实训图1-2所示页面提示填写“邮件地址”(填写你喜欢的用户名，由字母、数字、下划线组成)、“密码”(设定你的邮箱密码)、手机号码(可用于修复密码)等注册信息，单击“立即注册”按钮即可。

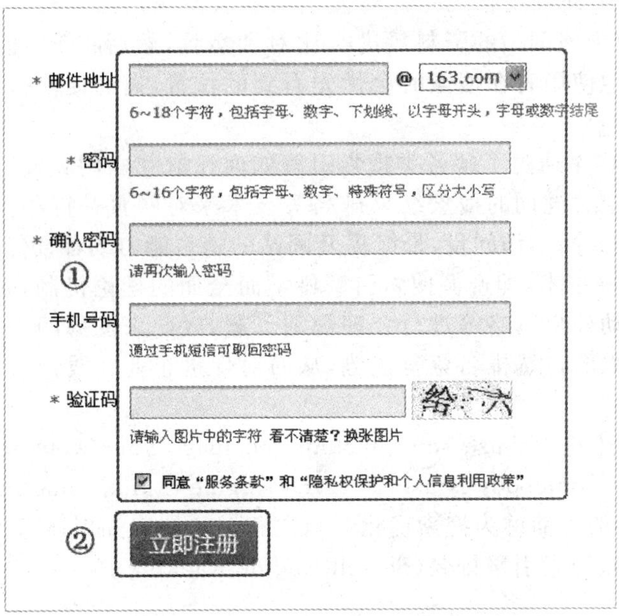

实训图 1-2　163 免费邮箱注册信息填写页面

注册成功后，你可以到通行证页面，登录后单击页面“修改个人信息”，填写你的安全密码以及注册证件号等信息。

第二步：Web 方式收信。

登录 163 免费邮箱后，单击左边主菜单上方的“收信”按钮(如实训图 1-3 所示)，你就可以进入收件箱，查看收到的邮件。

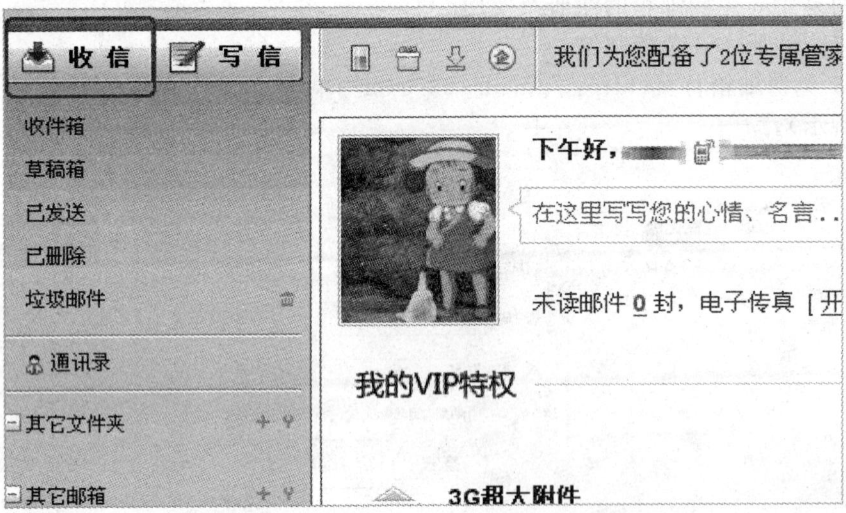

实训图 1-3　163 免费邮箱收件箱页面

第三步：客户端收信设置(以 Foxmail 为例)。

请手动配置你的客户端，具体操作步骤如下。

① 打开 Foxmail，单击“邮箱”菜单中的“新建邮箱账户”(如实训图 1-4 所示)。

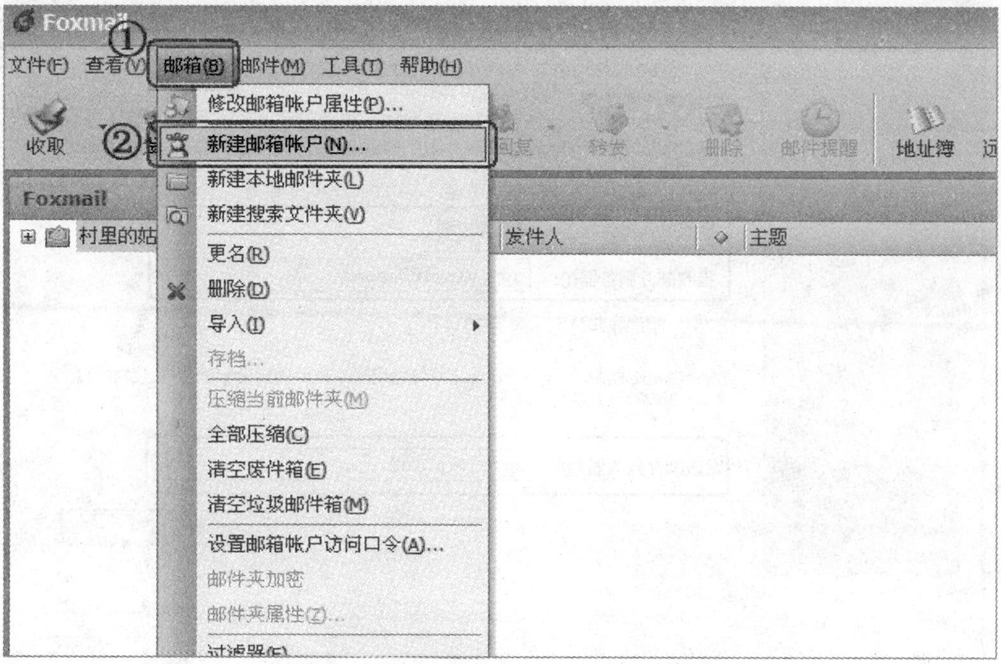

实训图 1-4　Foxmail 新建邮箱账户界面

② 进入 Foxmail 用户向导，输入“电子邮件地址”、“密码”、“账户显示名称”、“邮件中采用的名称”以及路径选择，单击“下一步”按钮(如实训图 1-5 所示)。

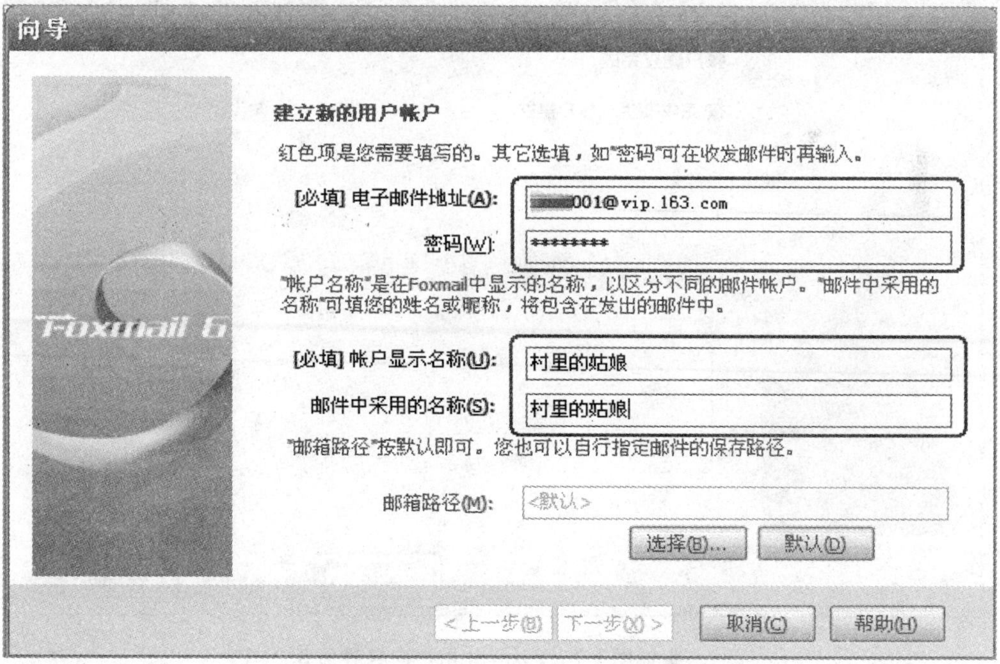

实训图 1-5　Foxmail 用户向导界面 1

③ 输入 POP3 以及 SMTP 服务器地址，然后单击“完成”按钮(如实训图 1-6 所示)。

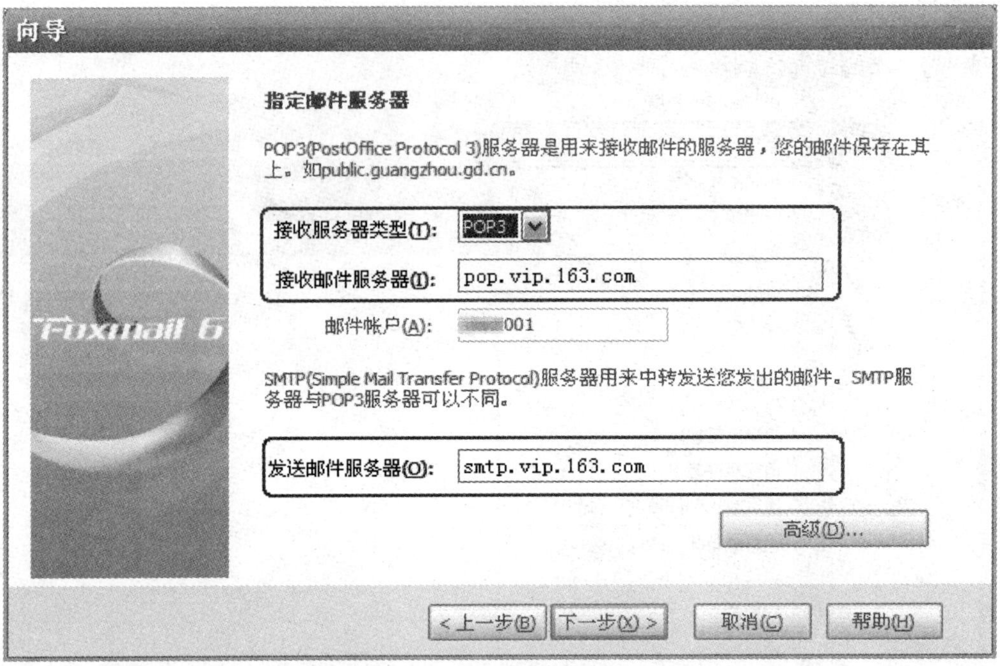

实训图 1-6　Foxmail 用户向导界面 2

④ 在弹出的“账户建立完成”页面中单击“完成”按钮(如实训图 1-7 所示)。

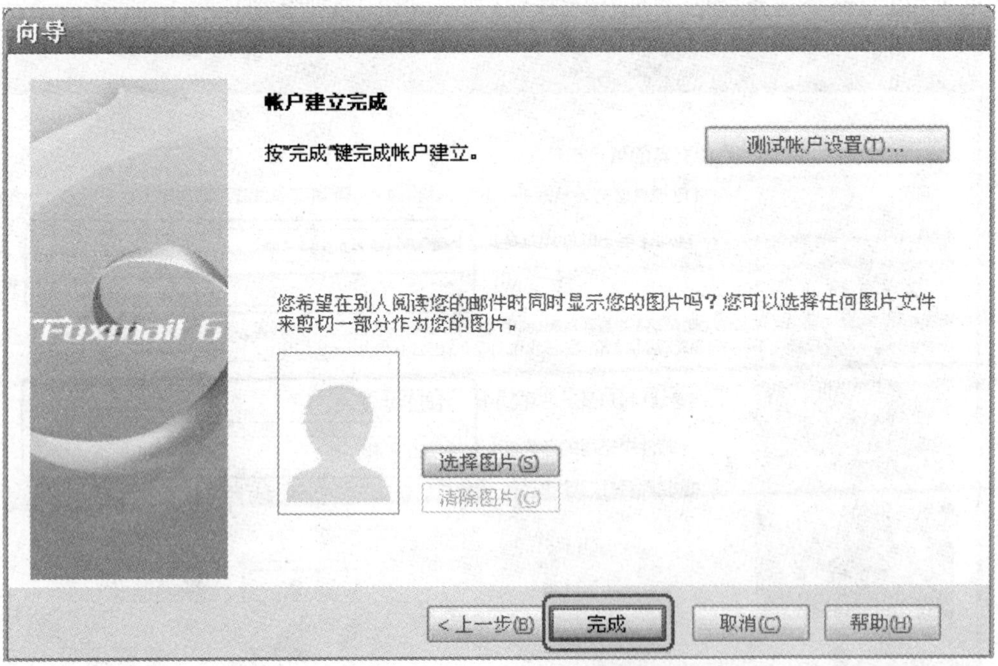

实训图 1-7　Foxmail 用户向导界面 3

⑤ 在 Foxmail 页面单击“邮箱”菜单中的“修改邮箱账户属性……”按钮(如实训图 1-8 所示)。

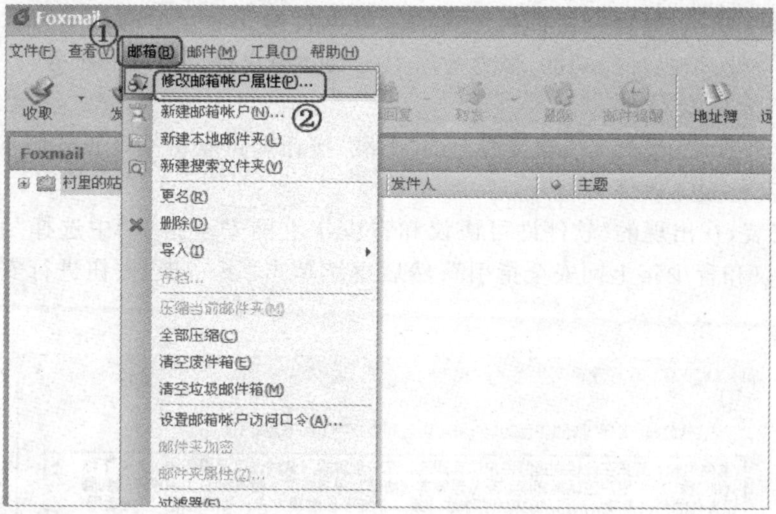

实训图 1-8 Foxmail 修改邮箱账户属性界面

⑥ 在弹出窗口"账户属性"里选定"邮件服务器"。

⑦ 在右边"SMTP 服务器需要身份验证"栏前的空格打钩,并单击旁边的"设置"按钮。

⑧ 验证选择"使用与 POP 服务器相同的信息"(如实训图 1-9 所示)。

⑨ 单击"确定"按钮。

至此你已经完成 Foxmail 客户端配置,可以收发 163 免费邮件了。

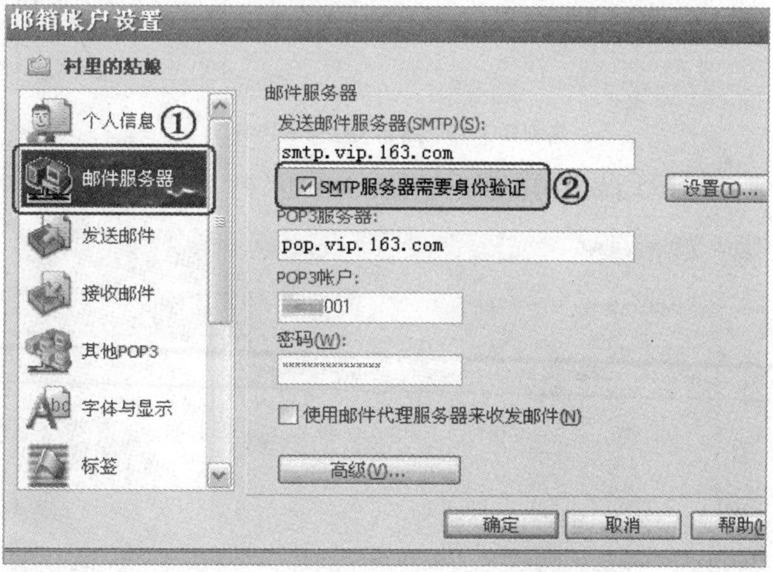

实训图 1-9 Foxmail 邮箱账户设置界面

(2) 即时通信工具的申请和使用(以 QQ 为例)。

腾讯 QQ 是深圳市腾讯计算机系统有限公司开发的一款基于互联网的即时通信软件。腾讯 QQ 支持在线聊天、视频电话、点对点断点续传文件、共享文件、网络硬盘、自定义面板、QQ 邮箱等多种功能,并可与移动通信终端等多种通信方式相连。你可以使用 QQ 方便、实用、高效地和朋友联系，而这一切都是免费的。腾讯公司凭借雄厚的技术力量和资金实力，不断研发新的特性，增强产品功能，努力为广大的 QQ 用户提供更好的服务。

第一步：下载 QQ 软件。

单击 http：//im. qq. com/qq/页面上的“下载”按钮即可获得 QQ 正式版本。

第二步：安装 QQ 软件。

① 开始安装，在出现的《软件许可协议和青少年上网安全指引》中选择“我已阅读并同意软件许可协议和青少年上网安全指引”，然后继续单击“下一步”按钮进行安装（如实训图 1-10 所示）。

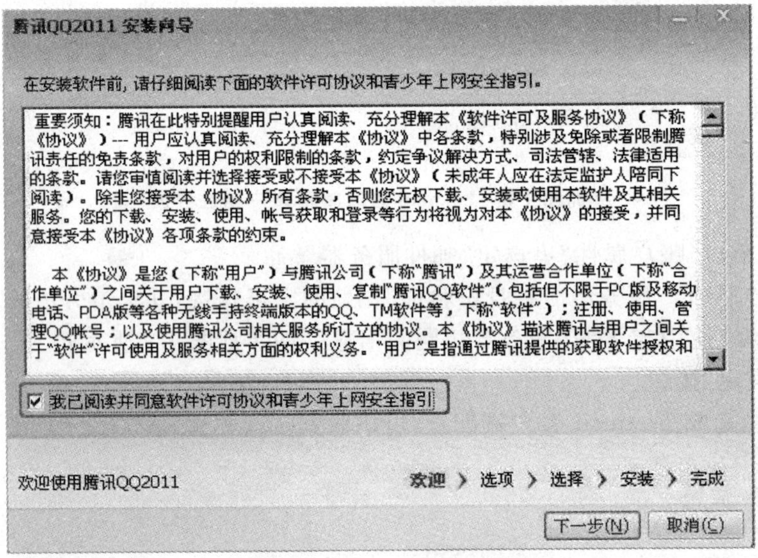

实训图 1-10　腾讯 QQ 安装向导 1

② 在以下界面选择 QQ 软件的快捷方式选项，并单击“下一步”按钮（如实训图 1-11 所示）。

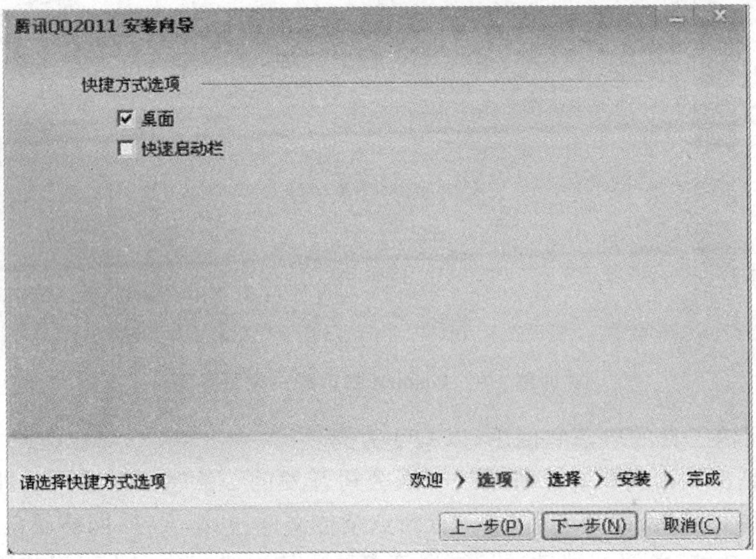

实训图 1-11　腾讯 QQ 安装向导 2

③ 在如实训图 1-12 所示界面单击“下一步”按钮，在默认目录安装 QQ 或者单击“浏览”按钮选择你的 QQ 安装目录(如实训图 1-12 所示)。

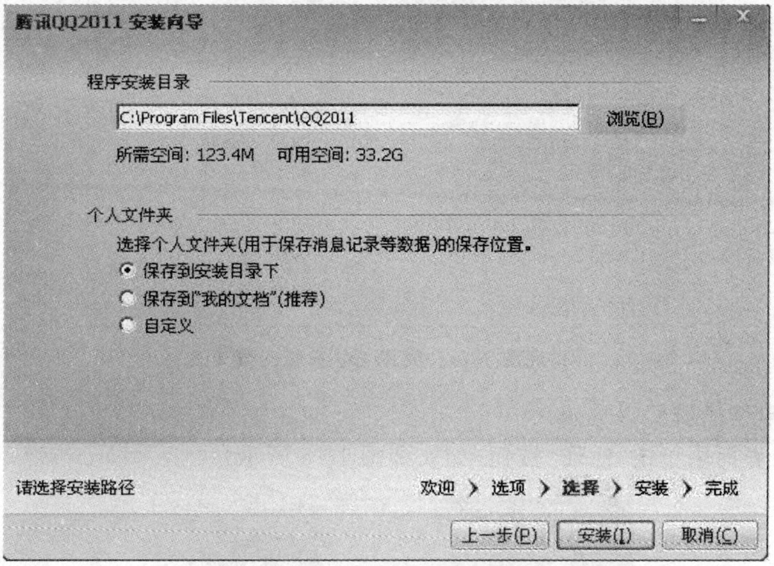

实训图 1-12　腾讯 QQ 安装向导 3

④ 等待安装向导的安装(如实训图 1-13 所示)。

实训图 1-13　腾讯 QQ 安装向导 4

⑤ 继续单击“下一步”按钮，完成安装(如实训图 1-14 所示)。

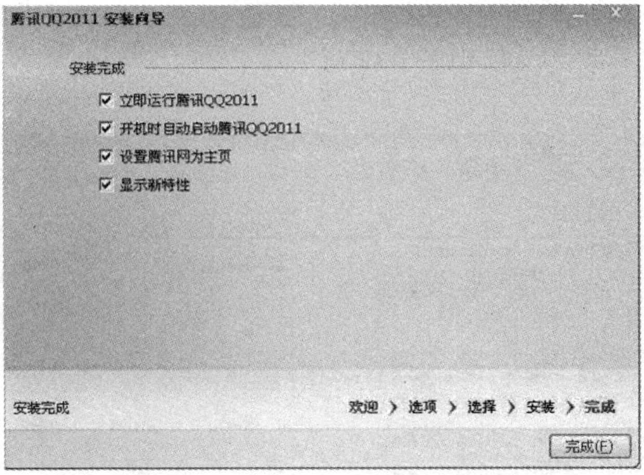

实训图 1-14　腾讯 QQ 安装向导 5

第三步：申请注册 QQ 号码。

① 在登录界面中单击“注册”按钮(如实训图 1-15 所示)。

实训图 1-15　腾讯 QQ 登录界面

② 在打开的新页面“申请 QQ 账号”中，你可以选择“网页免费申请”、“手机快速申请”、“QQ 靓号申请”等不同的方式，或者直接进入 http：//zc. qq. com/申请即可(如实训图 1-16 所示)。

实训图 1-16　腾讯 QQ 账号注册界面

4. 练习

(1) 下载移动飞信软件并熟悉其使用。

(2) 下载 MSN 即时聊天工具并熟悉其使用。

5. 相关知识

腾讯成立于 1998 年 11 月,是目前中国最大的互联网综合服务提供商之一,也是中国服务用户最多的互联网企业之一。成立十年多以来,腾讯一直秉承"一切以用户价值为依归"的经营理念,始终处于稳健发展的状态。2004 年 6 月 16 日,腾讯在香港联交所主板公开上市。

通过互联网服务提升人类生活品质是腾讯的使命。目前,腾讯把为用户提供"一站式在线生活服务"作为战略目标,提供互联网增值服务、移动及电信增值服务和网络广告服务。通过即时通信腾讯 QQ、腾讯网、腾讯游戏、QQ 空间、无线门户、搜搜、拍拍、财付通等中国领先的网络平台,腾讯打造了中国最大的网络社区,满足互联网用户沟通、资讯、娱乐和电子商务等方面的需求。截至 2011 年 9 月 30 日,QQ 即时通信的活跃账户数达到 7.117 亿,最高同时在线账户数达到 1.454 亿。腾讯的发展深刻地影响和改变了数以亿计网民的沟通方式和生活习惯,并为中国互联网行业开创了更加广阔的应用前景。

面向未来,坚持自主创新,树立民族品牌是腾讯的长远发展规划。目前,腾讯 50%以上员工为研发人员。腾讯在即时通信、电子商务、在线支付、搜索引擎、信息安全以及游戏等方面都拥有了相当数量的专利申请。2007 年,腾讯投资过亿元在北京、上海和深圳三地设立了中国互联网首家研究院——腾讯研究院,进行互联网核心基础技术的自主研发,正逐步走上自主创新的民族产业发展之路。

成为最受尊敬的互联网企业是腾讯的远景目标。腾讯一直积极参与公益事业,努力承担企业社会责任,推动网络文明。2006 年,腾讯成立了中国互联网首家慈善公益基金会——腾讯慈善公益基金会,并建立了腾讯公益网,专注于辅助青少年教育、贫困地区发展、关爱弱势群体和救灾扶贫工作。目前,腾讯已经在全国各地陆续开展了多项公益项目,积极践行企业公民责任,为"和谐社会"建设作出贡献。

实训 3: 网上银行的开通与使用

1. 实训内容

熟悉网上银行的开通和使用流程。

2. 实训目的及要求

掌握网上银行的开通和使用流程。

3. 实训流程

网上银行注册流程(以中国工商银行为例)。

(1) 请你带上身份证件去中国工商银行的柜台申请一张工商银行卡。

(2) 回到你的电脑上,点击进入中国工商银行网站(http://www.icbc.com.cn/)注册网上银行。

(3) 如实训图 1-17 所示,单击"注册"按钮。

实训图 1-17　中国工商银行首页

(4) 进入“网上自助注册须知”页面，查看须知并单击“注册个人网上银行”按钮(如实训图 1-18 所示)。

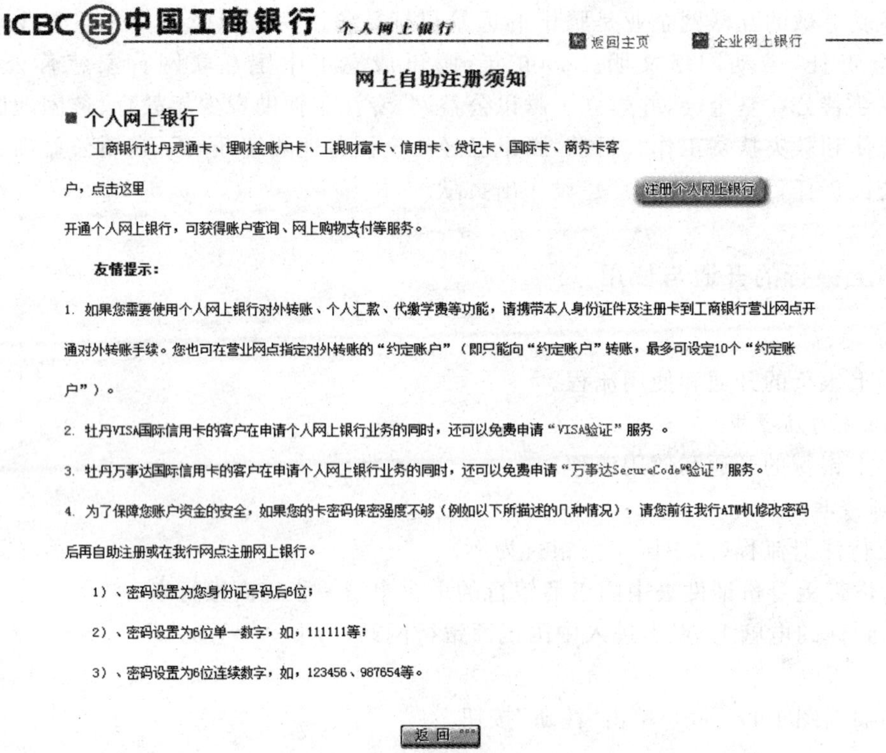

实训图 1-18　中国工商银行网上自助注册须知

(5) 进入“用户自助注册”信息填写页面，按要求如实填写你的个人信息，并单击“提交”按钮(如实训图 1-19 所示)。

特别提示：网上银行初始密码必须是字母和数字的组合。

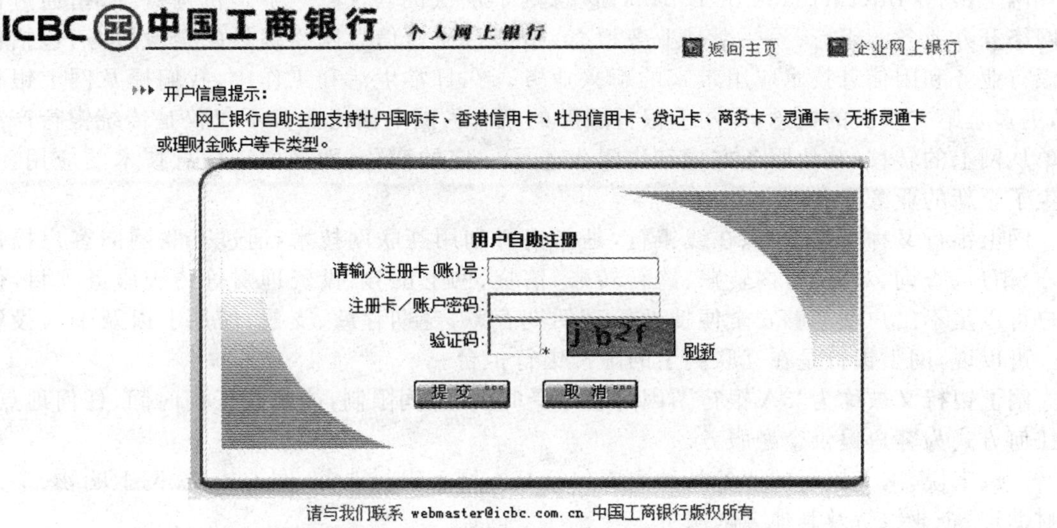

实训图 1-19　中国工商银行用户自助注册页面 1

(6) 提交以后出现“用户自助注册确认”，并单击“确认”按钮(如实训图 1-20 所示)。

实训图 1-20　中国工商银行用户自助注册界面 2

(7) 注册成功。

新注册的网上银行账户需要在第二天才能生效，所以如果注册当天不能使用不必着急，这是正常的流程。

有了网上银行的账户，你还要存一些零钱在这个账户里，有了这个电子钱包你就能很方便地进行网上购物啦。注意，请保管好你的账号和交易密码。

4. 练习

任选你所熟悉的几家商业银行之一，到柜台开通网上银行。

5. 相关知识

网上银行(Internetbank or E-bank)包含两个层次的含义：一个是机构概念，指通过信息网络开办业务的银行；另一个是业务概念，指银行通过信息网络提供的金融服务，包括传统银行业务和因信息技术应用带来的新兴业务。在日常生活和工作中，我们提及网上银行时，更多是第二层次的概念，即网上银行服务的概念。网上银行业务不仅仅是传统银行产品简单从网上的转移，其他服务方式和内涵发生了一定的变化，而且由于信息技术的应用，又产生了全新的业务品种。

网上银行又称网络银行、在线银行，是指银行利用互联网技术，通过互联网向客户提供开户、销户、查询、对账、行内转账、跨行转账、信贷、网上证券、投资理财等传统服务项目，使客户可以足不出户就能够安全便捷地管理活期存款、定期存款、支票、信用卡以及个人投资等。可以说，网上银行是在互联网上的虚拟银行柜台。

网上银行又被称为"3A 银行"，因为它不受时间、空间限制，能够在任何时间、任何地点、以任何方式为客户提供金融服务。

一般来说，网上银行的业务品种主要包括基本网上银行业务、网上投资、网上购物、个人理财助理、企业银行及其他金融服务。

(1) 基本网上银行业务。

商业银行提供的基本网上银行服务包括：在线查询账户余额；交易记录；下载数据；转账和网上支付等。

(2) 网上投资。

由于金融服务市场发达，可以投资的金融产品种类众多，国外的网上银行一般提供包括股票、期权、共同基金投资和 CDS 买卖等多种金融产品服务。

(3) 网上购物。

商业银行的网上银行设立的网上购物协助服务，大大方便了客户网上购物，为客户在相同的服务品种上提供了优质的金融服务或者相关的信息服务，加强了商业银行在传统竞争领域的竞争优势。

(4) 个人理财助理。

个人理财助理是国外网上银行重点发展的一个服务品种。各大银行将传统银行业务中的理财助理转移到网上进行，通过网络为客户提供理财的各种解决方案，提供咨询建议，或者提供金融服务技术的援助，从而极大地扩大了商业银行的服务范围，并降低了相关的服务成本。

(5) 企业银行。

企业银行服务是网上银行服务中最重要的部分之一。其服务品种比个人客户的服务品种更多，也更为复杂，对相关技术的要求也更高，所以能够为企业提供网上银行服务是商业银行实力的象征之一，一般中小网上银行或者纯网上银行只能部分提供，甚至完全不提供这方面的服务。

企业银行服务一般提供账户余额查询、交易记录查询、总账户与分账户管理、转账、在线支付各种费用、透支保护、储蓄账户与支票账户资金自动划拨、商业信用卡等服务。此外，还包括投资服务等。部分网上银行还为企业提供网上贷款业务。

(6) 其他金融服务。

除了银行服务外，大商业银行的网上银行均通过自身或者与其他金融服务网站联合的方式，为客户提供多种金融服务产品，如保险、抵押和按揭等，以扩大网上银行的服务范围。[①]

实训 4：虚拟主机、域名的注册与申请以及使用 FTP 工具上传网站

1. 实训内容

到 ICP 提供商处注册账号，申请虚拟主机和域名，使用 FTP 工具进行网站上传。

2. 实训目的及要求

熟悉主要的 ICP 提供商，学会虚拟主机和域名的注册，学会使用 FTP 上传网站。

3. 实训流程(以合租网为例)

(1) 会员注册。

① 单击“注册”按钮，进入会员注册页面(如实训图 1-21 所示)。

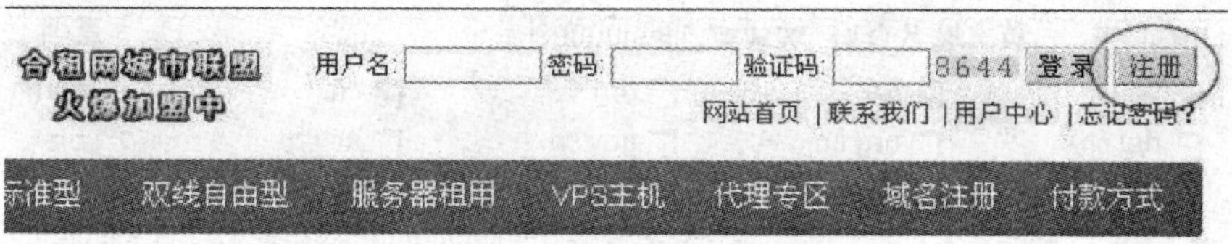

实训图 1-21 合租网会员注册 1

② 认真填写注册信息，单击“提交”按钮即可成为合租网的会员(如实训图 1-22 所示)。

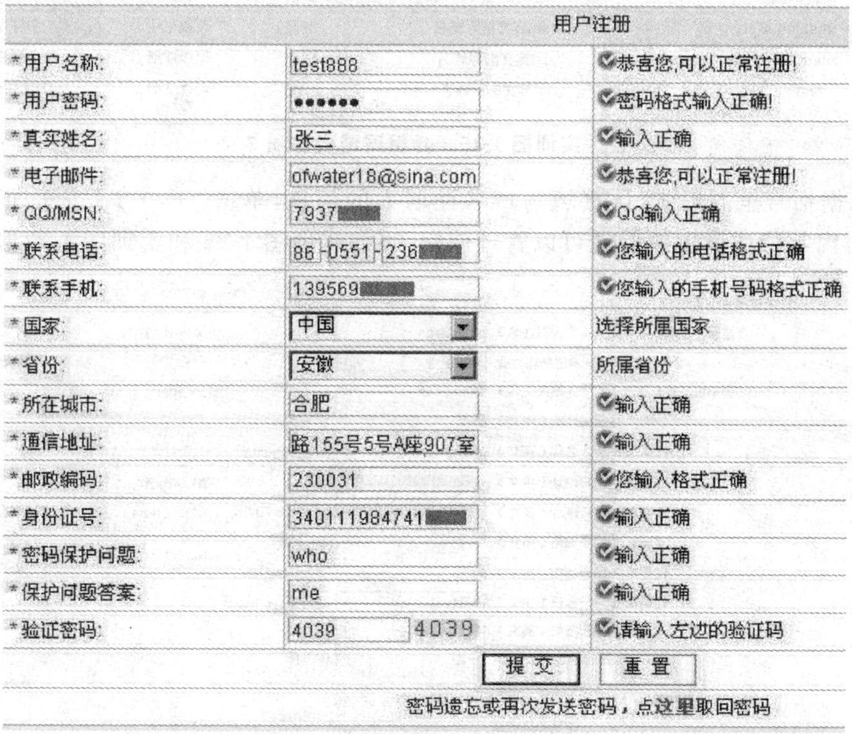

实训图 1-22 合租网会员注册 2

---

① 资料来源：根据百度百科“网上银行”整理。

③ 提交后，单击“确定”按钮。下次使用“用户名称”和“用户密码”登录即可（如实训图 1-23 所示）。

实训图 1-23　合租网会员注册 3

（2）域名注册。

① 查询你将要注册的域名有没有被别人注册（如实训图 1-24 所示）。

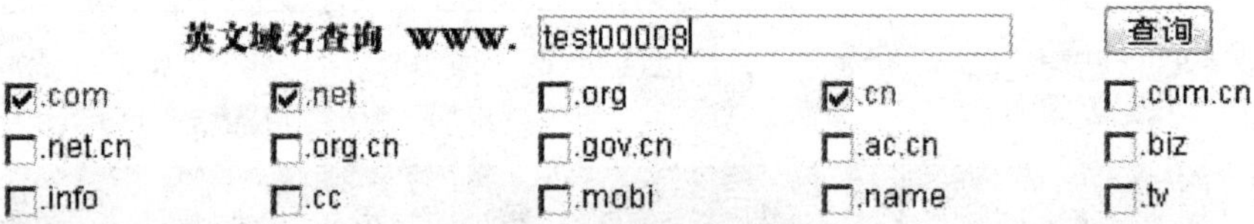

实训图 1-24　合租网域名注册 1

② 如果你的域名提示可以注册，单击“立刻注册”按钮（如实训图 1-25 所示）。

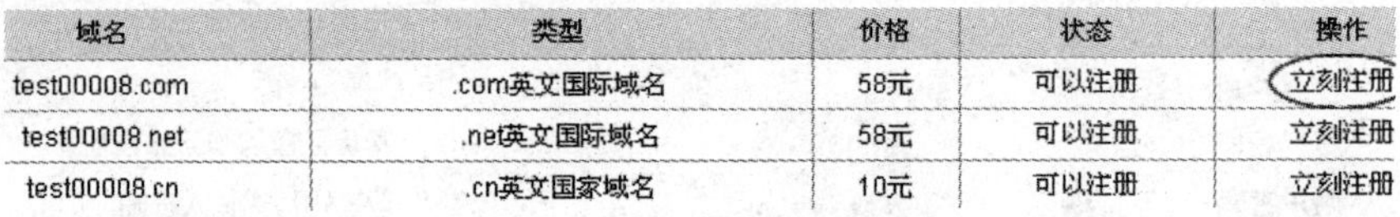

域名	类型	价格	状态	操作
test00008.com	.com英文国际域名	58元	可以注册	立刻注册
test00008.net	.net英文国际域名	58元	可以注册	立刻注册
test00008.cn	.cn英文国家域名	10元	可以注册	立刻注册

实训图 1-25　合租网域名注册 2

③ 根据括号里的提示，认真填写域名注册人的信息，单击“下一步”按钮即可。在此后的 24 小时内等待域名生效后就可以管理使用了（如实训图 1-26 和实训图 1-27 所示）。

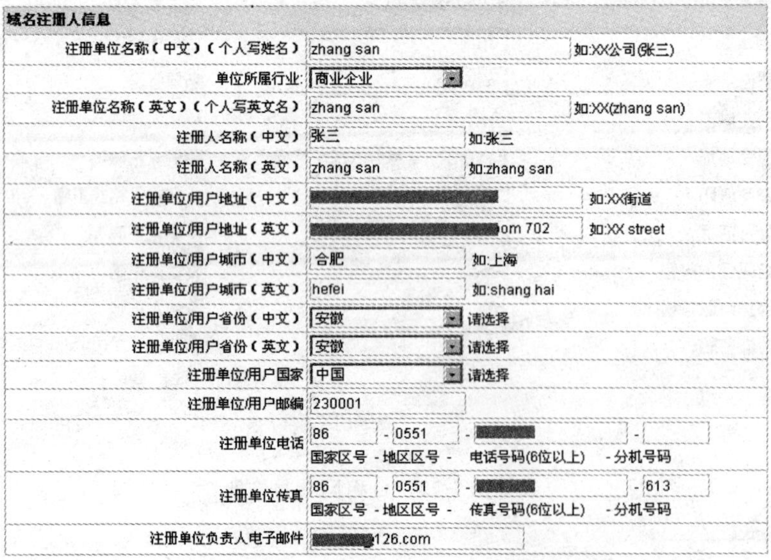

实训图 1-26　合租网域名注册 3

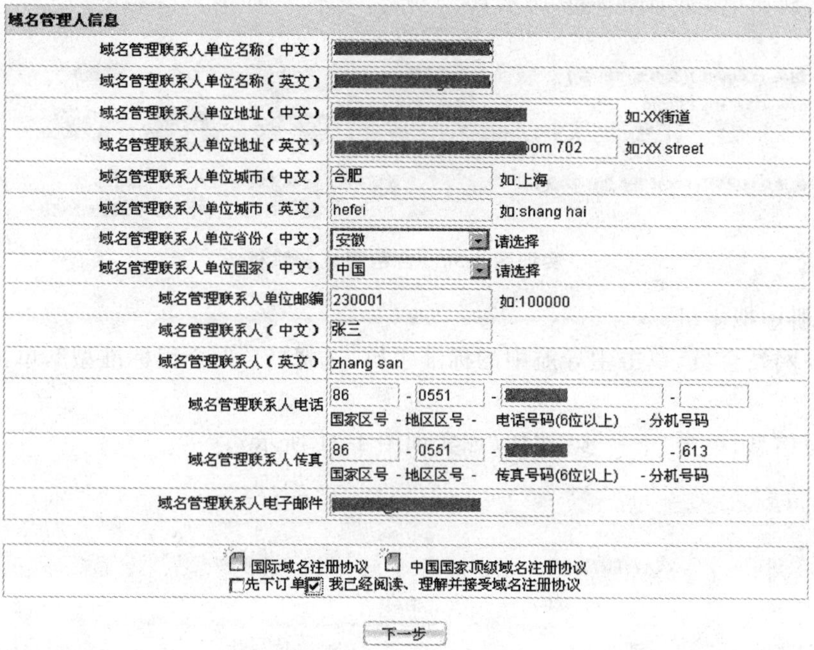

实训图 1-27 合租网域名注册 4

(3) 域名解析。

域名解析的步骤包括：登录网站—管理中心—产品管理—域名管理—My DNS 功能。

① 网站域名解析(如实训图 1-28 所示)。

实训图 1-28 合租网域名解析 1

② 添加新的主机 A 记录(如实训图 1-29 所示)。

实训图 1-29 合租网域名解析 2

③ 别名解析(如实训图 1-30 所示)。

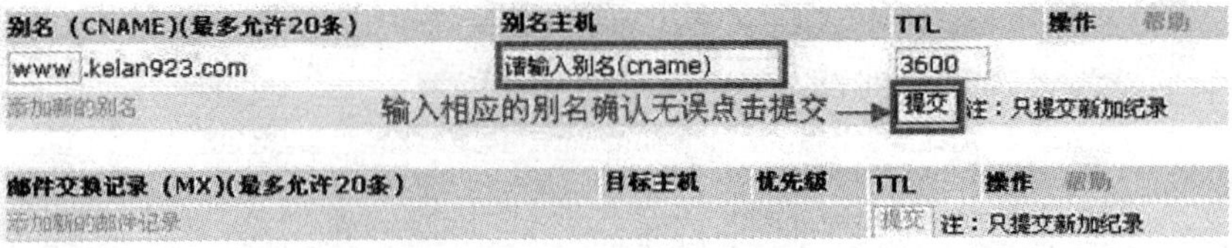

实训图 1-30 合租网域名解析 3

(4) 注册虚拟主机。

① 登录网站会员,单击主导航中的标准主机,选择“75 人合租标准型”,单击“马上购买”按钮。

② 填写信息,单击“下一步”按钮(如实训图 1-31 所示)。

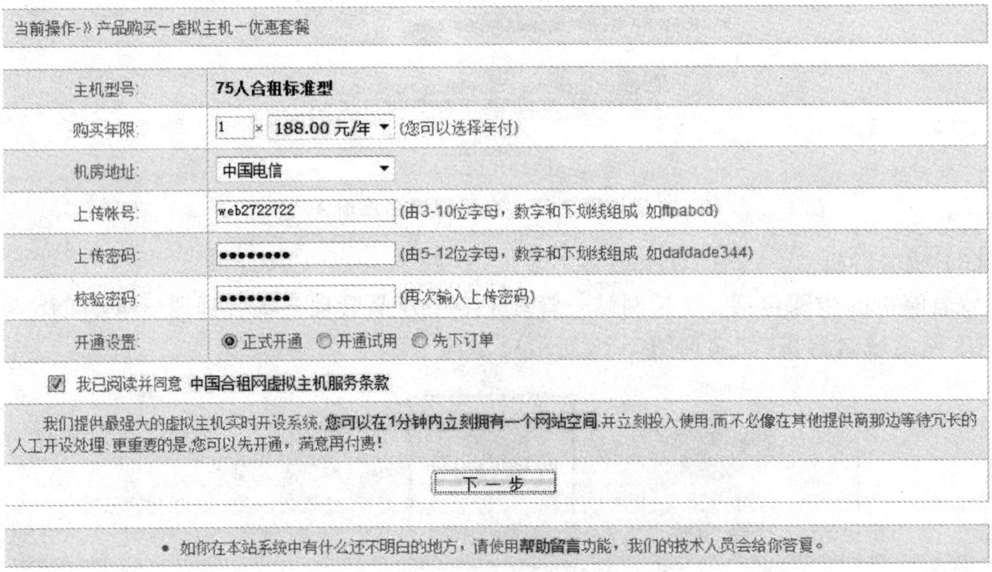

实训图 1-31 合租网虚拟主机注册 1

③ 单击“我下订单”按钮即可(如实训图 1-32 所示)。

实训图 1-32 合租网虚拟主机注册 2

(5) FTP 上传。

① 方法一：打开浏览器,在地址栏中输入 FTP：//主机 IP 地址,在弹出的窗口中输入

用户名和密码，进入相应的窗口，直接复制操作即可(如实训图 1-33 所示)。

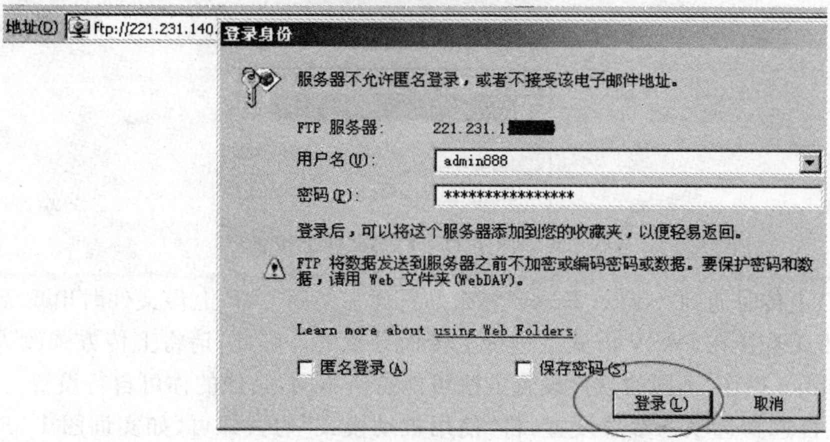

实训图 1-33 FTP 登录窗口

② 方法二：用 FTP 软件上传(这里介绍 Flashfxp)推荐打开 Flashfxp。单击连接符号输入你的主机 IP、用户名和密码，在左边找到相应的文件，单击右键传输即可。右侧是空间文件所在，一般放在“wwwroot”文件夹下就行了(如实训图 1-34 至实训图 1-37 所示)。

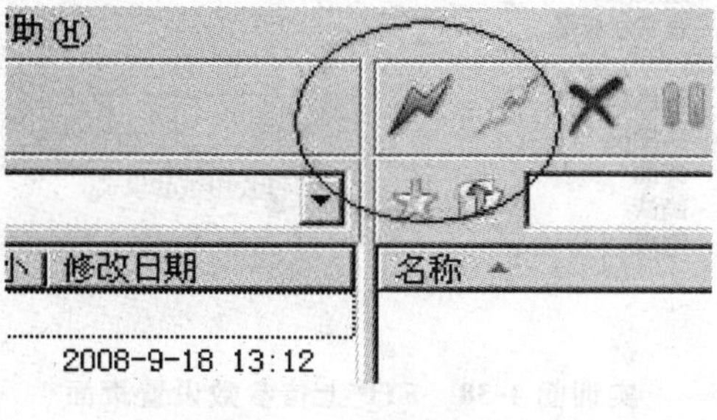

实训图 1-34 FTP 文件上传 1

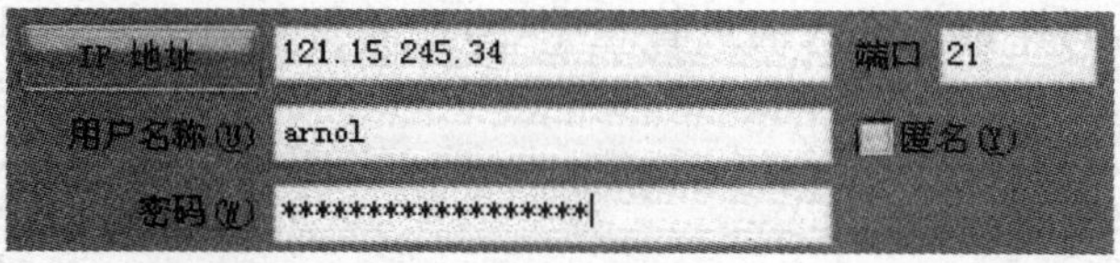

实训图 1-35 FTP 文件上传 2

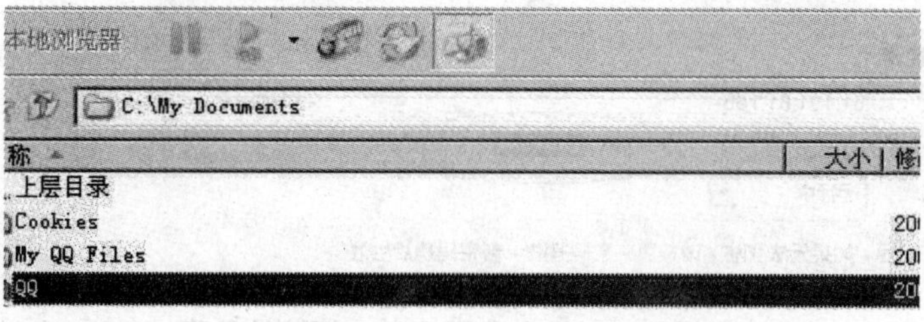

实训图 1-36 FTP 文件上传 3

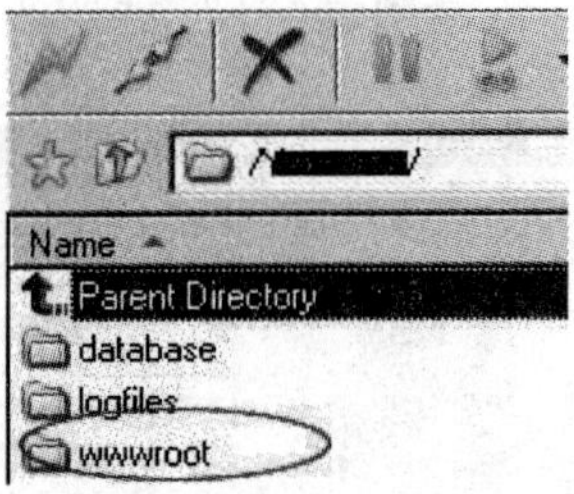

实训图 1-37　FTP 文件上传 4

③ FTP 上传时遇到"Socket Error"怎么办？你在使用 FTP 上传文件时出现无法列表的情况，可能是由于选择在 PASV 方式下进行上传而导致的。因此，请将上传方式改为 PORT。这里演示 Flashfxp 操作，不同的软件设置方法可能有所不同，其他的你可自行设置。

打开软件选择选项→参数设置，将"使用被动模式"勾去即可（如实训图 1-38 所示）。

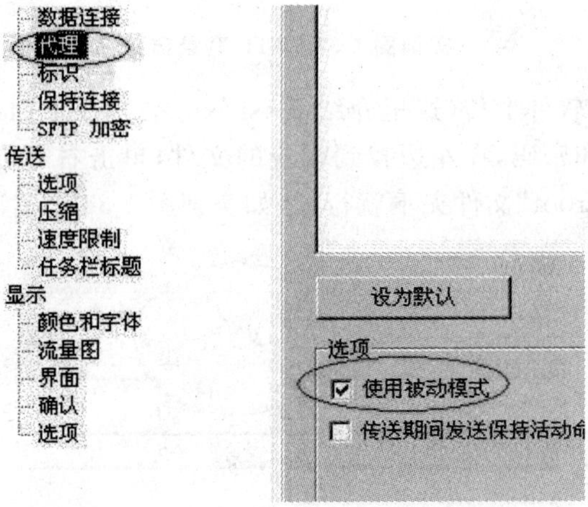

实训图 1-38　FTP 上传参数设置页面

④ 如何修改 FTP 密码？

修改 FTP 密码，同样是先进入会员管理中心，产品管理→主机管理→账号管理，修改后即时生效（如实训图 1-39 所示）。

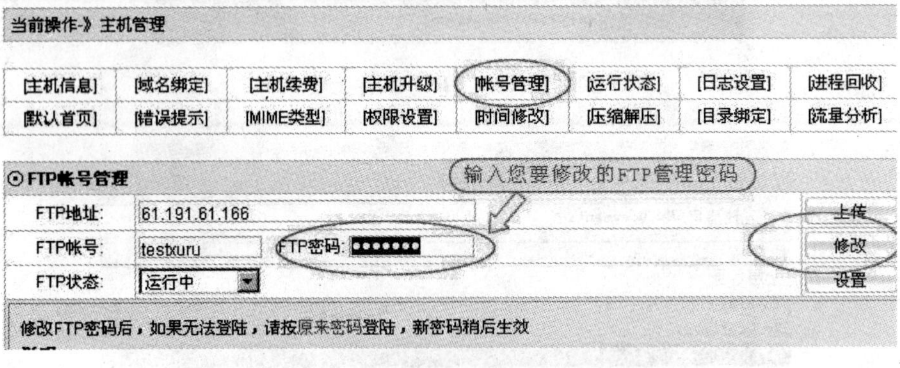

实训图 1-39　合租网 FTP 密码修改界面

4. 练习

在万网购买产品首先要注册成为万网会员，注册成为万网会员后，方便在线提交业务，也方便你管理业务。此项服务是免费服务，其具体操作步骤如下。

(1) 首先打开万网首页，单击“注册会员”按钮(如实训图 1-40 所示)。

实训图 1-40　万网会员注册 1

(2) 在会员注册页面填入你的相关信息。

第一部分：输入你的密码，注册成功后系统会分配给你一个数字 ID(如实训图 1-41 所示)。

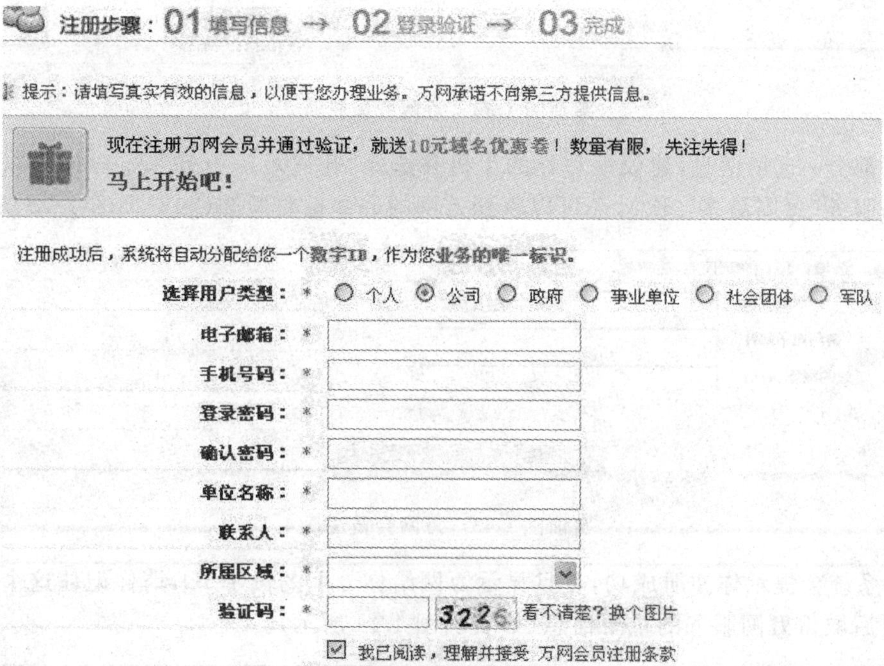

实训图 1-41　万网会员注册 2

第二部分：系统对你提交的信息准确性进行确认，如果有问题，可以返回修改；如果没有问题请单击“确定”按钮(如实训图 1-42 所示)。

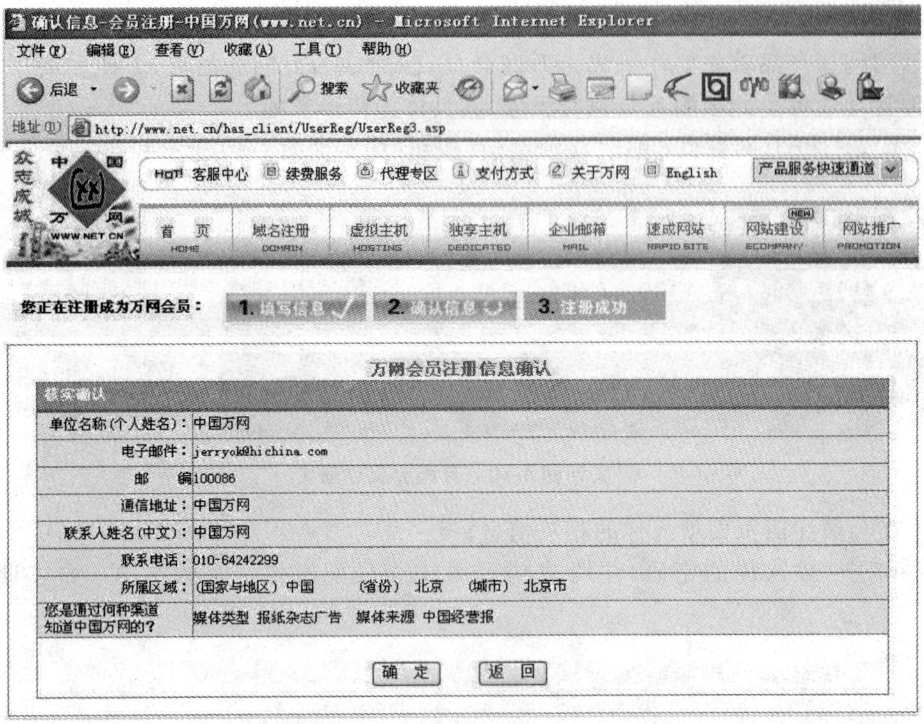

实训图 1-42　万网会员注册 3

第三部分：选填信息，建议填写你的手机并选择“开通短信服务”，这样你可以使用手机取回密码服务(每周最多二次)，还可以收到万网的一些重要通知(如实训图 1-43 所示)。

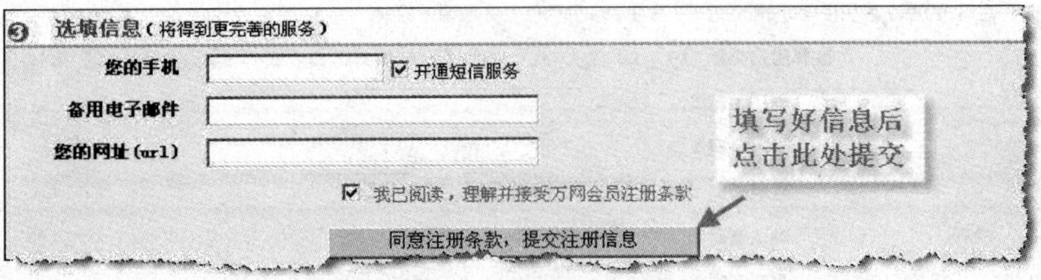

实训图 1-43　万网会员注册 4

(3) 系统会提示你注册成功，并且显示万网给你分配的数字 ID，请你记住这个 ID 号码，这是你以后取得万网服务的重要信息(如实训图 1-44 所示)。

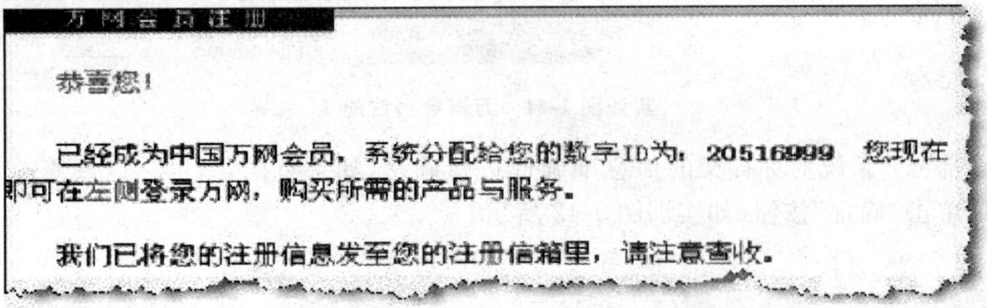

实训图 1-44　万网会员注册 5

5. 相关知识

ICP 备案具体操作步骤如下。

(1) 打开 http://www.miibeian.gov.cn/,登录进入会员管理页面。如果你不是会员,则需先注册(如实训图 1-45 所示)。

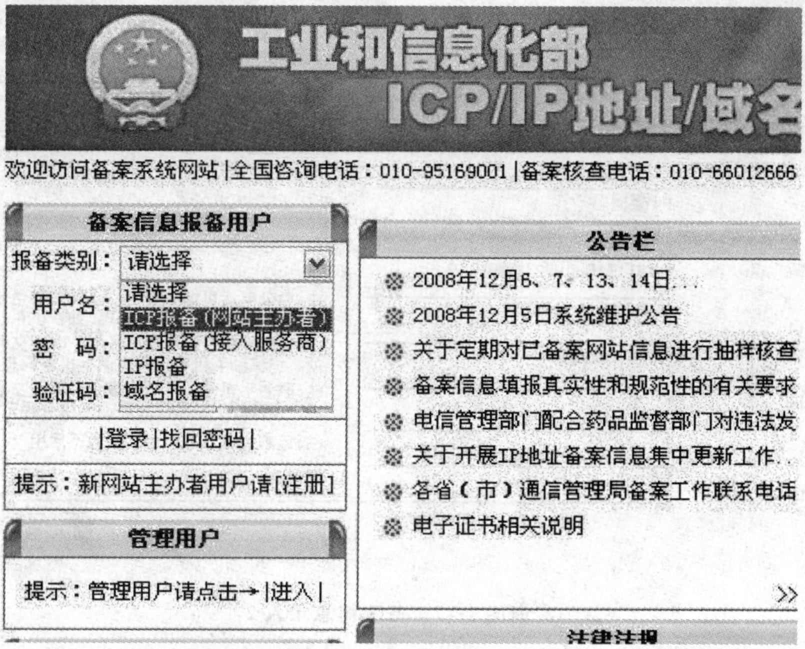

实训图 1-45 工业和信息化部 ICP/IP 地址/域名信息备案管理系统首页

(2) 单击“备案信息录入”按钮(如实训图 1-46 所示)。

实训图 1-46 备案信息录入 1

(3) 填写 ICP 备案主体信息，填写完整后单击“下一步”按钮(如实训图 1-47 所示)。

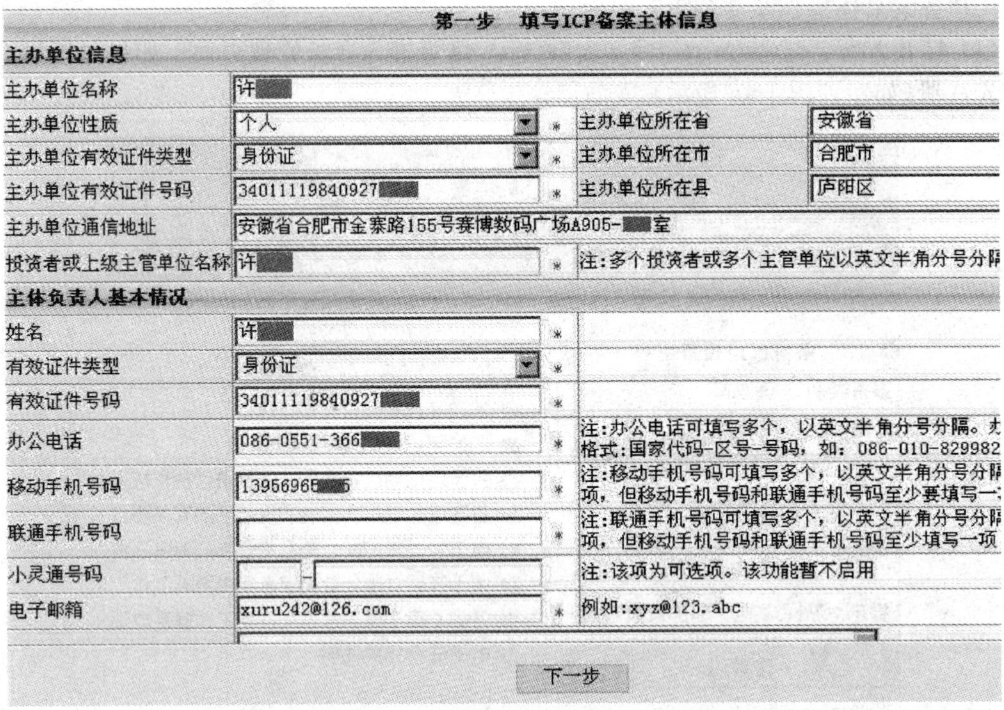

实训图 1-47 备案信息录入 2

(4) 单击“添加网站”按钮(如实训图 1-48 所示)。

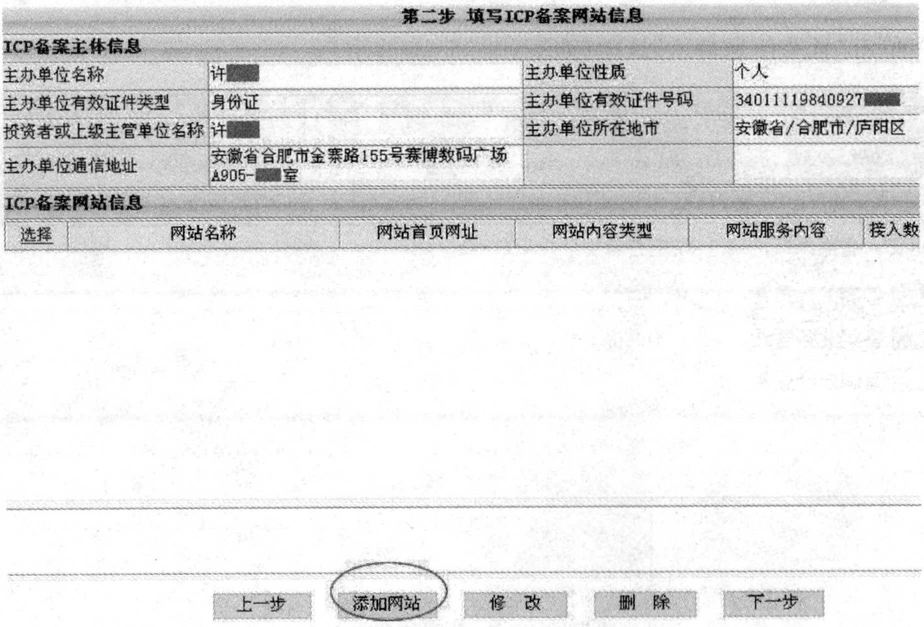

实训图 1-48 备案信息录入 3

（5）填写完整信息后单击“提交”按钮。

（6）添加“备案接入”（如实训图 1-49 所示）。

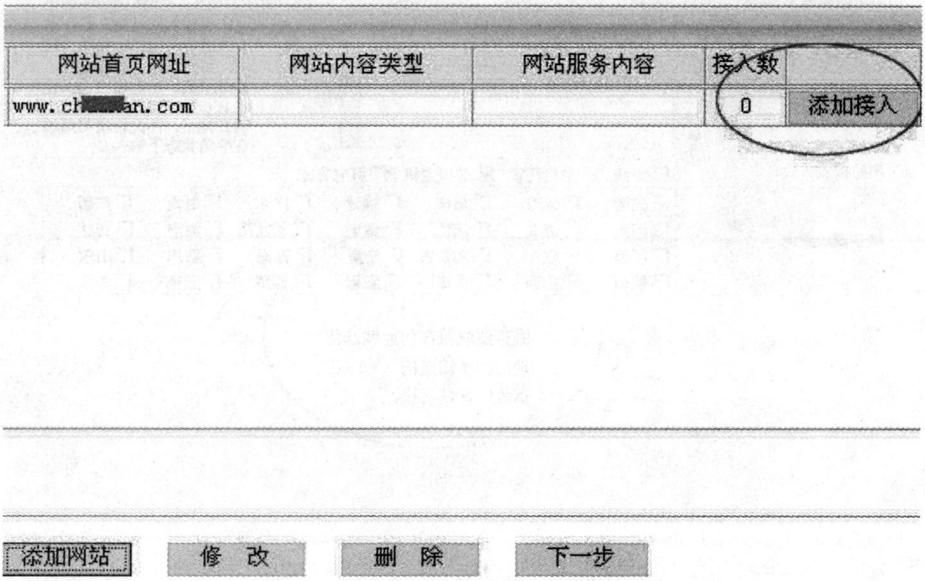

实训图 1-49 备案信息录入 4

（7）单击“添加接入”按钮录入信息（如实训图 1-50 所示）。

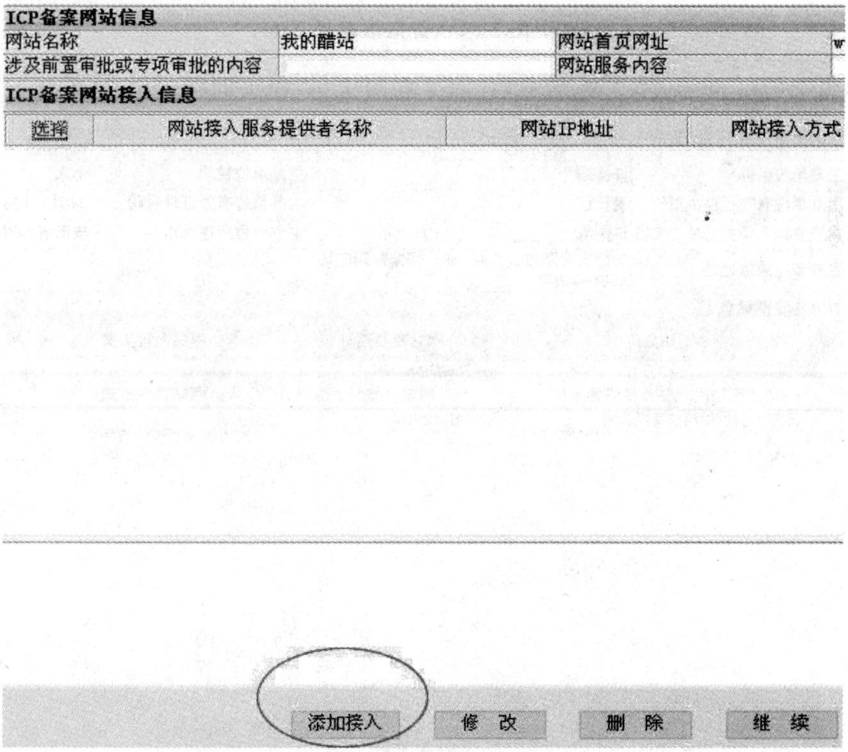

实训图 1-50 备案信息录入 5

(8) 详细填写信息后单击“提交”按钮(如实训图 1-51 所示)。

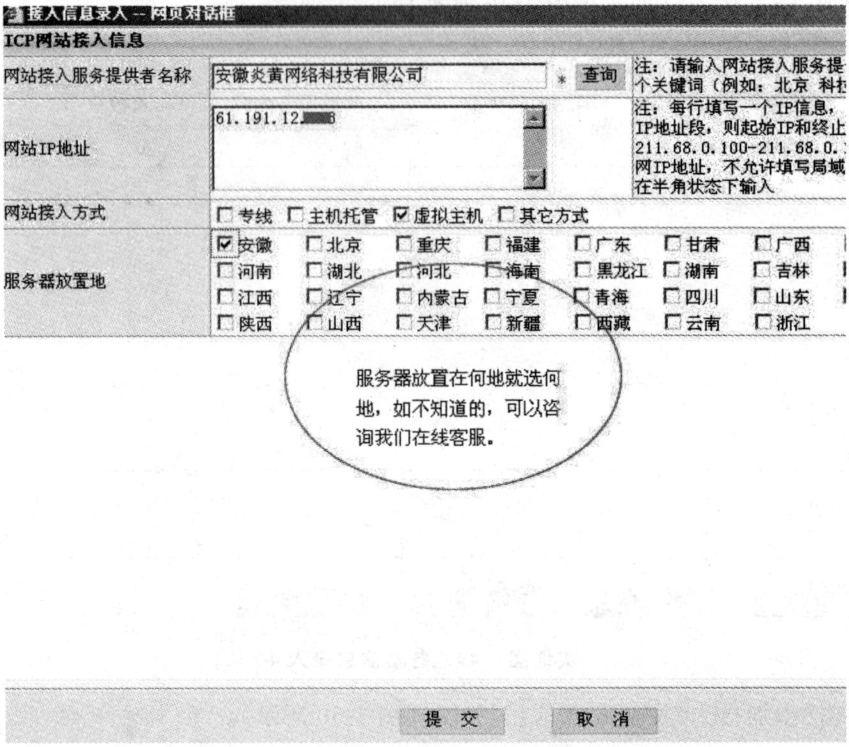

实训图 1-51　备案信息录入 6

(9) 单击“完成”按钮,结束备案申请(如实训图 1-52 和实训图 1-53 所示)。

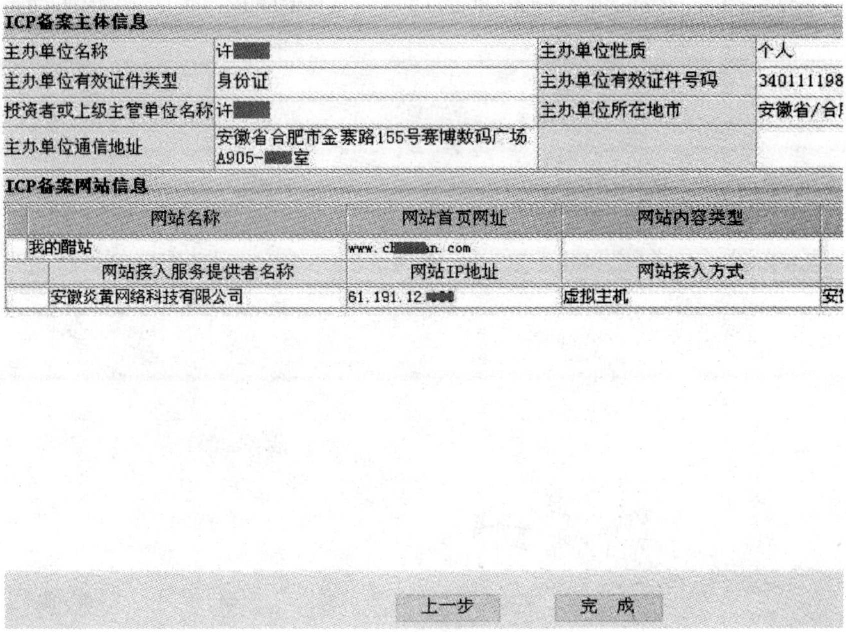

实训图 1-52　备案信息录入 7

系统提示信息

恭喜您，您的备案信息录入成功！
在接入服务商对您的信息进行核实后，该信息将转到相关部门进行审批。系统会在20个工作日内将审批结果发送到您的邮箱中，请查收！

查看备案流程

实训图 1-53　备案信息录入 8

二　电子商务应用实训

实训 1：网络营销第三方平台实训(以携手网为例)

1. 实训内容

熟悉知名的第三方网络营销平台，熟悉网络营销的一般方法。

2. 实训目的及要求

熟悉网络营销的基本方法。

3. 实训流程

携手网是第一社会化媒体传播平台。作为一个与商业经济充分结合、充满创新气息的新媒体，携手网制造互联网上品牌的事件营销，创作深入民心的营销软文，化解企业的公关危机，提供规模化的多媒体口碑营销服务。

(1) 注册。

在浏览器中输入携手网的网址 http://www.xieso.com/，然后单击“会员注册”按钮后弹出注册对话框，选择注册“普通会员”，填写相关信息后完成注册(如实训图 2-1 所示)。

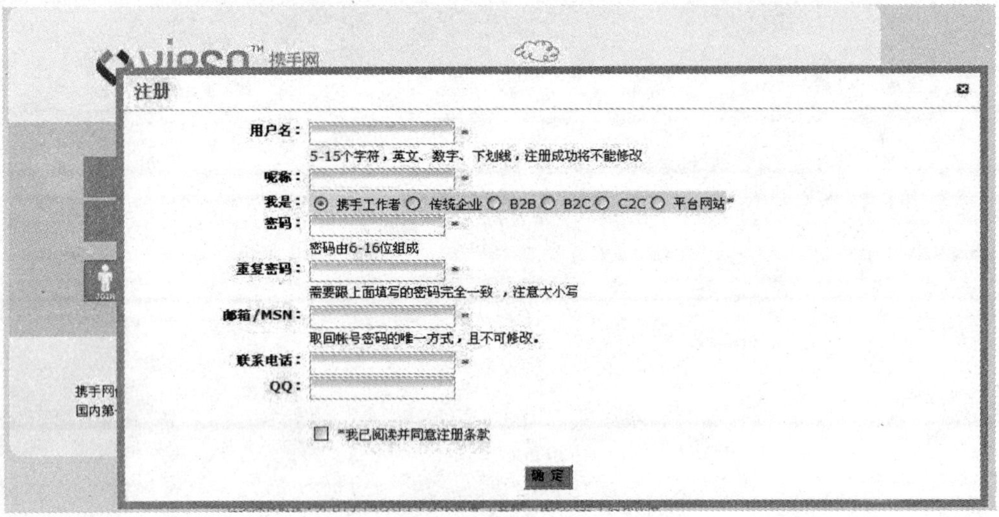

实训图 2-1　携手网会员注册页面

(2) 实名认证。

完成注册后即可进入“控制面板”页面，单击左侧的“个人资料”按钮完善相关个人信息，单击页面中的“进入认证”，进行个人实名认证(如实训图 2-2 所示)。

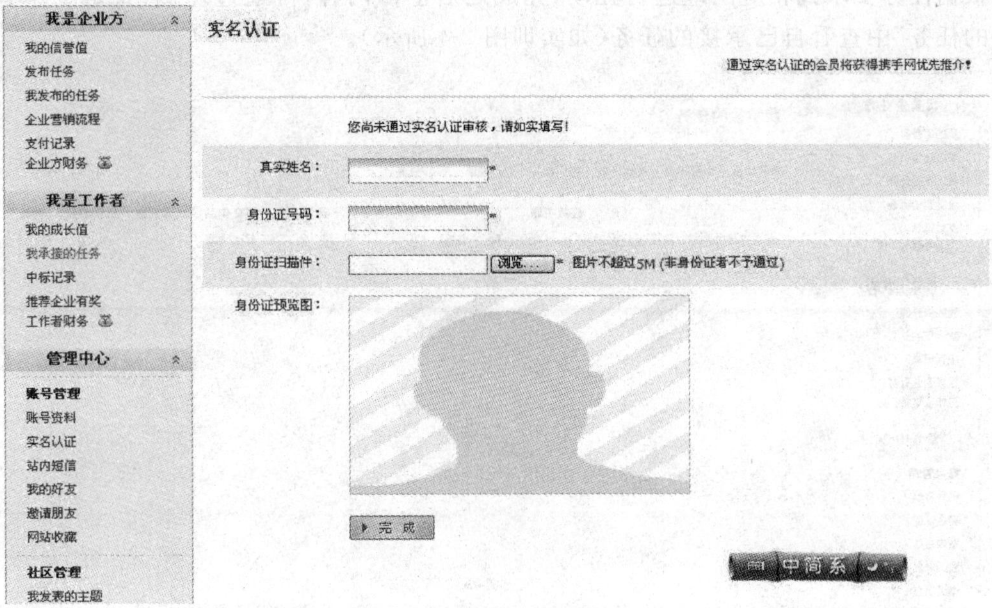

实训图 2-2 携手网会员实名认证页面

如实训图 2-2 所示,填写你的相关信息并上传身份证扫描件之后便可等待认证,通过实名认证的会员将得到携手网的优先推荐。

(3) 参与“互动任务”。

点击页面导航栏的“互动任务”进入任务列表页面,点击其中一个任务进入任务内容页面,在此可单击“参加此任务”承接任务,同时可以查看任务的相关信息(如实训图 2-3 所示)。

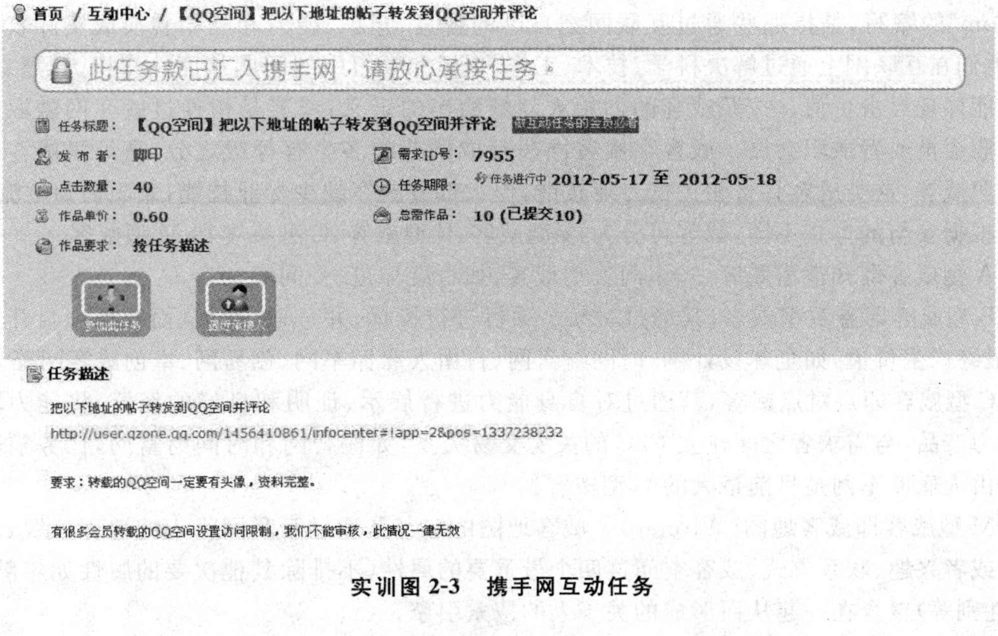

实训图 2-3 携手网互动任务

根据任务要求到相应网址进行互动，完成之后上传内容，可通过左侧“我是工作者—我承接的任务”中查看自己承接的任务(如实训图 2-4 所示)。

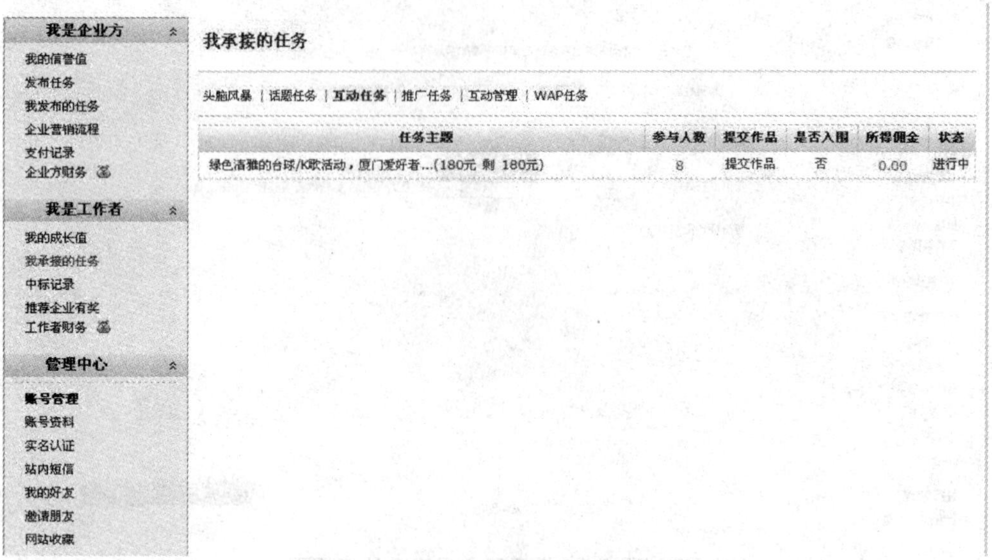

实训图 2-4　携手网作品提交页面

(4) 参与“推手任务”。

按照“互动任务”的流程承接一个“推手任务”，完成并获得相应的佣金。

4. 练习

自主承接一个互动任务和一个推广任务，并获得佣金。

5. 相关知识

威客的英文“Witkey”是由“Wit”(智慧)和“Key”(钥匙)两个单词组成，也是“The key of wisdom”的缩写，是指那些通过互联网把自己的智慧、知识、能力和经验转换成实际收益的人，他们在互联网上通过解决科学、技术、工作、生活和学习中的问题从而让知识、智慧、经验和技能体现经济价值。按照威客的创始人刘锋给出的定义：威客是指通过威客网赚取赏金的专职会员或者兼职会员。威客在威客网按赚取酬劳的多少有等级之分，高等级威客主要为专职威客，这类威客具备相关的专业技能，但大部分威客缺少专业技能，兼职仍为主流。

根据参与的方式不同，威客可分为 A 型威客、B 型威客、C 型威客和 M 型威客。

A 型威客即知道型威客、知识问答型威客，如百度知道、爱问等。

B 型威客即悬赏型威客，其通过对某个项目进行投标，并争取中标从而获得项目开发机会，最终产生价值，如全球设计网、时间财富网、自由人雇佣军网、创易网、卓创威客网等。

C 型威客即点对点威客，其通过对自身能力进行展示、证明和良好的经营，将能力转化为能力产品，与需求者之间建立 C2C 的买卖交易关系，如淘智网和时间财富网，任务猫网以及自由人雇佣军网是目前最大的 C 型威客。

M 型威客即威客地图(Witmap)。威客地图的定义是通过互联网将人的地理位置、专业特长或者兴趣、联系方式、威客空间这四个最重要的属性(不排除其他次要的属性如年龄、职业、性别等)聚合在一起从而形成的关于人的搜索引擎。

实训2：网络营销推广(以软文为例)

1. 实训内容

了解常见的网络营销推广方式。

2. 实训目的及要求

学会网络营销软文的撰写。

3. 实训流程

(1) 任务内容：软文写作实例。

(2) 任务名称：为企业写一篇电子商务报道文章。

(3) 任务描述：企业——厦门蓝图伟业工贸有限公司(以下简称蓝图伟业)。

根据以下资料，撰写一篇适合媒体发布的营销文章。

① 蓝图伟业曾获得的荣誉：阿里巴巴诚信通十大网商；中小企业服务器应用先锋人物；中国中小型电子商务应用百强企业。

② 蓝图伟业成立四周年，年销售额超千万，产品经销国内外，包括欧美、日本以及中东等国家，刚获得进出口贸易权。

③ 蓝图伟业总经理刘慧小姐是利用电子商务发家的80后女性，是阿里巴巴上的知名人物，拥有广泛的人脉资源。

(4) 任务要求：

① 文章条理清晰，言之有物，从细节着手；

② 字数1 000字以上；

③ 以第三方的角度撰写；

④ 不能抄袭或者引用过多内容。

企业网站：http：//xmltwy.cn.alibaba.com/。

企业博客：http：//xmltwy.blog.china.alibaba.com/。

奖金分配：符合要求的文章一律有不少于10～20元的奖金，写得比较好的文章(适合媒体传播的)，有机会获得200元以上的奖金。

优秀软文

电子商务的领军企业　蓝图伟业铸就时代辉煌[1]

21世纪是一个高度开放的时代，随着计算机技术和网络技术的快速发展，互联网已逐渐渗透到社会生活的各个角落。伴随着网络的普及，网络经济也渐渐兴起，企业的信息化程度成为一个企业参与市场竞争的重要砝码，而电子商务则当之无愧地成为当代企业谋求发展的必由之路。

互联网能够为企业开拓更加广阔的市场，能够更加有效地将自己的企业宣传出去。有

① 资料来源：bbs.360.cn/426/899/28787273.html。

这样的一家企业，电子商务便成为其发展的重要助推器。厦门蓝图伟业工贸有限公司是专业为客户电脑配置各种塑胶颜色，以生产塑胶色母粒、改性功能母粒、造粒及色粉为主，以助剂、特种材料为辅的企业。该企业利用互联网发展自己的业务，不仅提高了自身的企业信息化程度而且产生了巨大的经济效益。

电子商务在不断地发展完善中应用已变得越来越成熟，蓝图伟业正是在这一过程中充分感受到了电子商务对企业发展的巨大作用。电子商务的发展使得中小企业不但可获得以前他们无法获得的信息，而且可以获得和大企业一样的开拓国际市场的机会。因为它能够有效地弥补中小企业的先天不足(诸如市场狭窄、信息不灵、人才和资金匮乏等企业发展的制约因素)，而且能够降低企业从采购、生产到推广销售整个环节的成本；尤为重要的是电子商务宽领域、全天候、不间断运作的特点能够使企业获取全球范围内的商业信息，争取到全球范围内的客户并且提高交易的成功率。

作为中小企业信息化改革成功的典型代表，厦门蓝图伟业工贸有限公司用自己的实力证明了电子商务对于企业发展的巨大推动作用。马云的阿里巴巴是世界上最大的B2B网上交易平台，蓝图伟业在发展之初便看到了这里广阔的市场前景，毅然以商户的身份入驻阿里巴巴。当然，阿里巴巴没有令蓝图人失望，它借助互联网这个广阔的平台极大地促进了自身的发展。

一个企业的成功必定会有一位能干的老总来领导，蓝图伟业的总经理刘慧小姐便是这样一个颇具实力的企业家。她是利用电子商务发家的80后女性，是阿里巴巴上的知名人物，拥有广泛的人脉资源。在她的带领下，蓝图伟业在成立的四年中创造了可喜的业绩，年销售额超千万，产品远销国内外包括欧美、日本以及中东等国家，目前刚获得进出口贸易权。公司也因此获得阿里巴巴诚信通十大网商、中小企业服务器应用先锋人物、中国中小型电子商务应用百强企业等荣誉称号。

成功的背后是所有蓝图人辛勤奋斗的结果，蓝图人用自己睿智的目光选择了互联网这一广阔的发展空间。在蓝图的带动下必定会有更多的中小企业凭借电子商务获得自身的发展，蓝图的电子商务模式也成为中小企业信息化发展的范例，有很好的借鉴作用。

借用比尔·盖茨的一句话：“21世纪要么电子商务，要么无商可务。”蓝图伟业将在电子商务的推动下描绘出自己更加宽广的蓝天。

4. 练习

根据前面所学的相关知识，请你到携手网承接一个写手任务，并获得佣金。

5. 相关知识

顾名思义，软文是相对于硬性广告而言，由企业的市场策划人员或者广告公司的文案人员来负责撰写的“文字广告”。与硬广告相比，软文之所以叫做软文，精妙之处就在于一个“软”字，好似绵里藏针，收而不露，克敌于无形，等到你发现这是一篇软文的时候，你已经冷不丁地掉入了被精心设计过的“软文广告”陷阱。它追求的是一种春风化雨、润物无声的传播效果。如果说硬广告是外家的少林功夫；那么，软文则是绵里藏针、以柔克刚的武当拳法，软硬兼施、内外兼修，才是最有力的营销手段。

企业通过软文可以把自己的一些需要宣传或者广告的事件主动暴露给报纸和杂志等印刷媒体，以达到做广告的效果和提高企业知名度和美誉度的目的。软文在当前已成为企业一种非常实用的宣传方法，企业的企划部门常常把软文广告作为一项重要工作来做，往往能取得做硬性广告达不到的效果。

实训 3：C2C 平台实训（网上开店：以淘宝网为例）

1. 实训内容

在淘宝网注册会员，申请支付宝账号，开店，完成对网店的装饰和商品的发布，并实现商品的销售。

2. 实训目的及要求

(1) 掌握淘宝网会员的注册以及支付宝账号的申请。

(2) 完成对网店的装饰和商品的发布，并实现商品的销售。

3. 实训流程

(1) 淘宝网会员注册。

① 打开淘宝网，单击“免费注册”按钮（如实训图 2-5 所示）。

实训图 2-5 淘宝网首页

② 进入注册页面后，填写基本注册信息（如实训图 2-6 所示）。

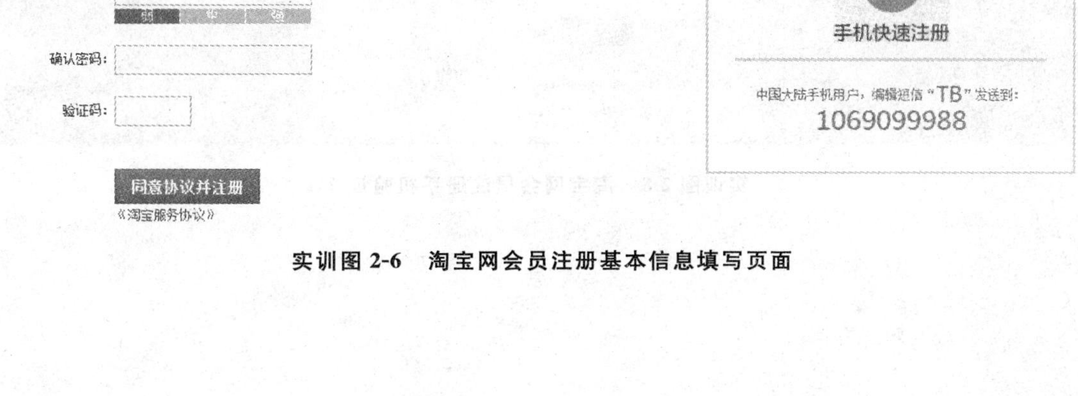

实训图 2-6 淘宝网会员注册基本信息填写页面

③ 账户激活。

账户激活可以使用手机验证(绑定手机作为联系方式)和邮箱验证(绑定电子邮箱作为联系方式)两种方法。

● 手机验证(绑定手机作为联系方式)。

你填写的手机号码必须是未被注册使用的手机号。进入该页面,说明之前提交的注册信息已成功,此时你已有了一个未激活的淘宝账户,需要输入手机收到的校验码进行激活。若你不小心把该页面关闭了,不用着急,进入登录页面输入账户名和密码,单击“登录”按钮该页面又会出现(如实训图 2-7 所示)。

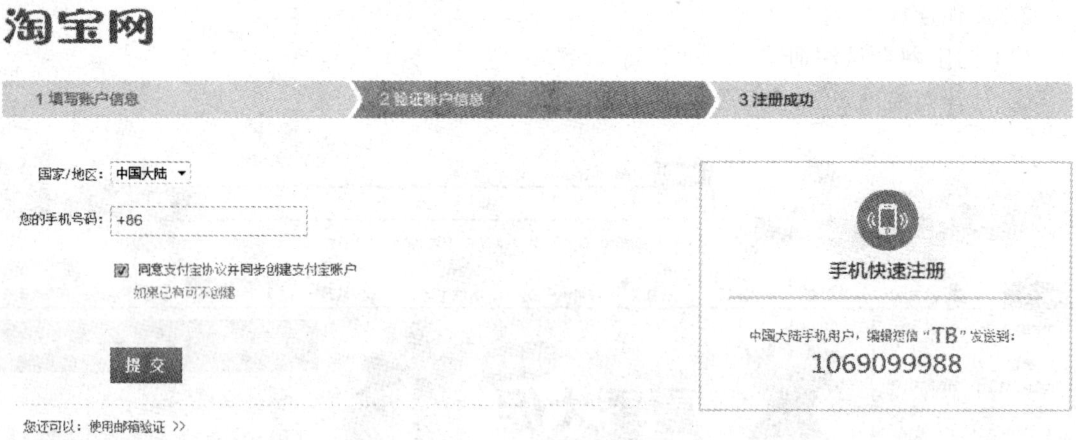

实训图 2-7 淘宝网会员注册手机验证 1

请你输入手机收到的校验码进行验证(如实训图 2-8 所示)。

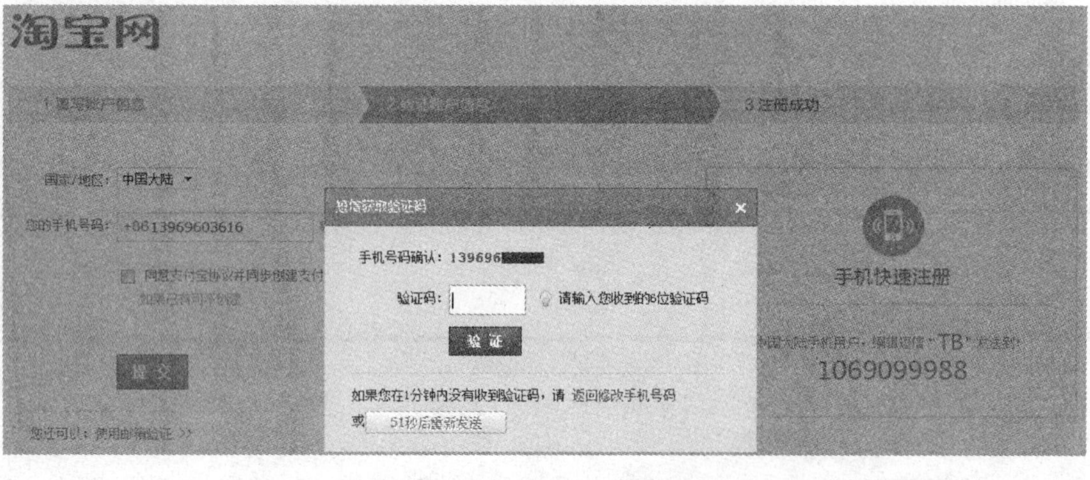

实训图 2-8 淘宝网会员注册手机验证 2

校验成功后，淘宝账户即注册成功（如实训图 2-9 所示）。

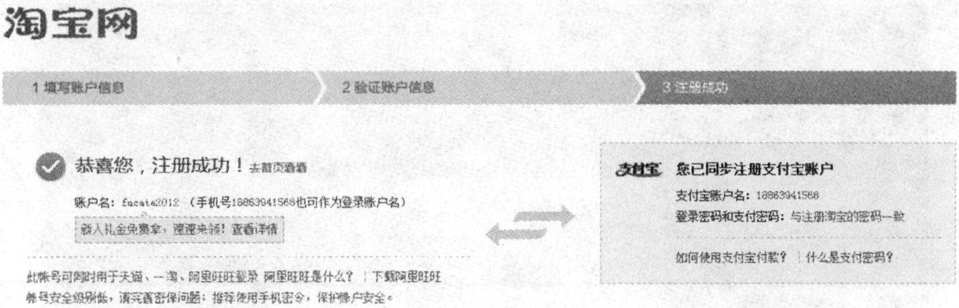

实训图 2-9　淘宝网会员注册手机验证 3

- 邮箱激活（绑定电子邮箱作为联系方式）。

请你单击“使用邮箱验证”按钮，切换至邮箱注册的方式（如实训图 2-10 所示）。

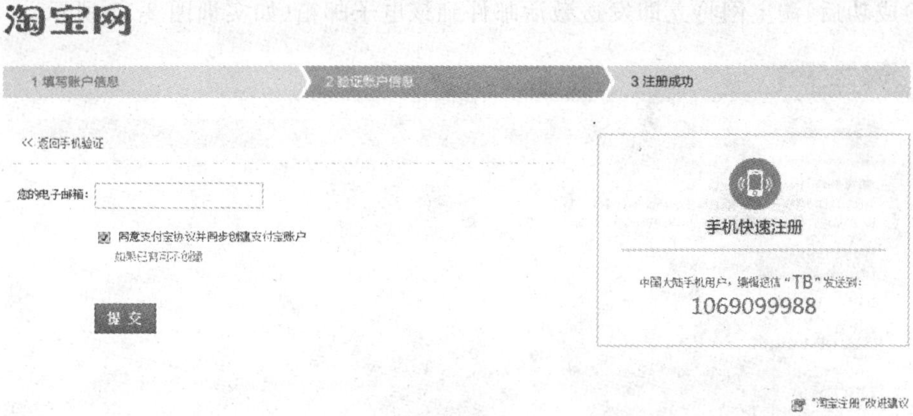

实训图 2-10　淘宝网会员注册邮箱验证 1

请你填写自己的电子邮箱，该邮箱必须是未被注册使用的电子邮箱。

当你绑定邮箱作为联系方式时，需要通过一个手机号来收取动态校验码，该手机号可以是任意手机号（包括已在淘宝网注册过的手机号，如实训图 2-11 所示）。

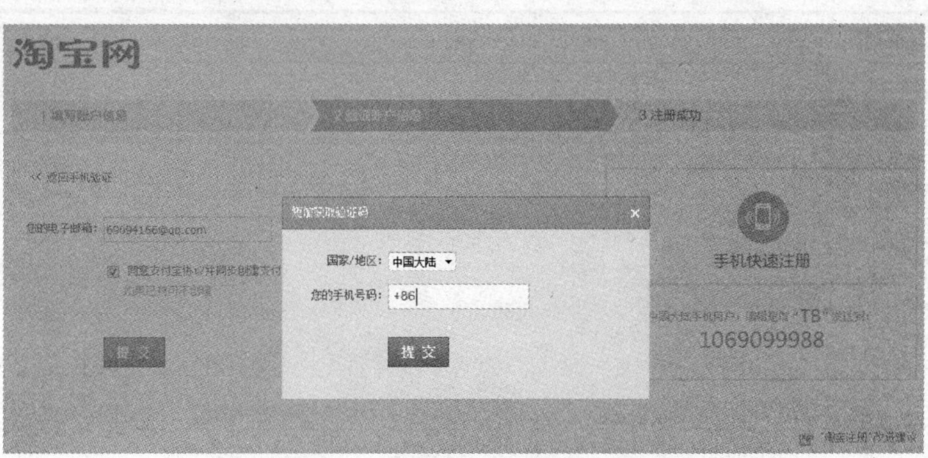

实训图 2-11　淘宝网会员注册邮箱验证 2

请你输入手机收到的校验码，进行验证（如实训图 2-12 所示）。

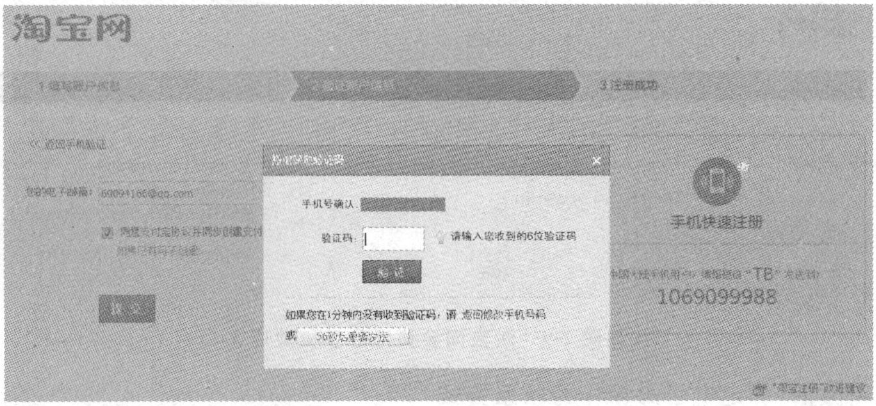

实训图 2-12　淘宝网会员注册邮箱验证 3

校验成功后，淘宝网将立即发送激活邮件到该电子邮箱（如实训图 2-13 所示）。

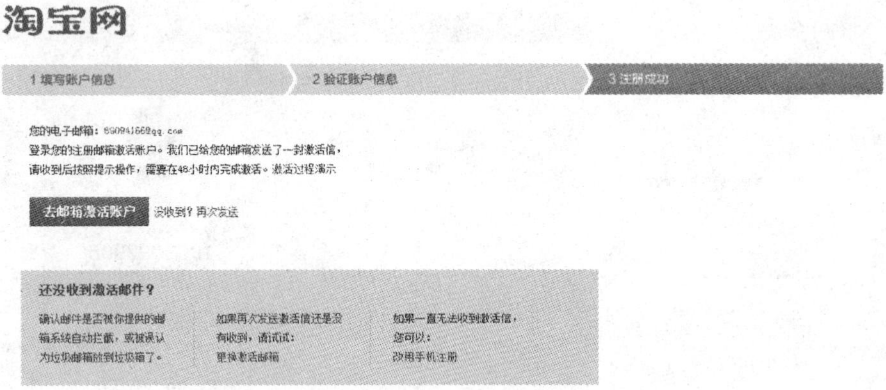

实训图 2-13　淘宝网会员注册邮箱验证 4

请你前往电子邮箱收取激活邮件（如实训图 2-14 所示）。

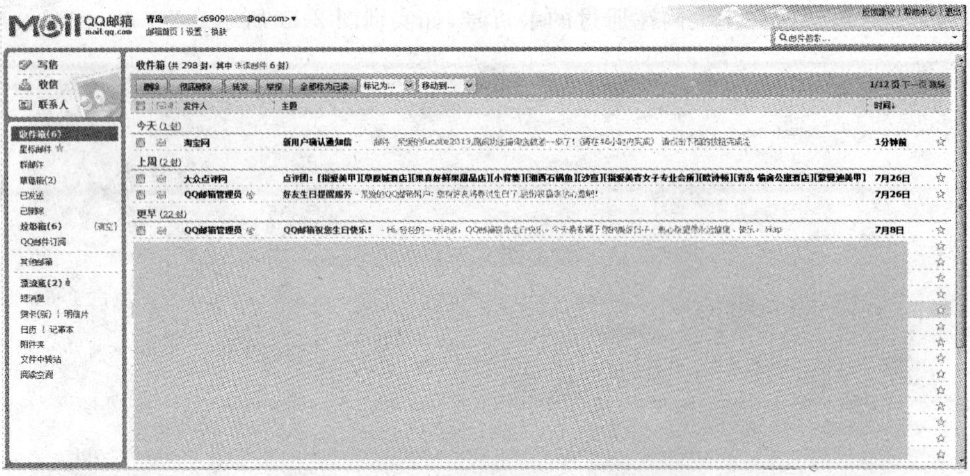

实训图 2-14　淘宝网会员注册邮箱验证 5

请你阅读激活邮件内的提示信息并完成激活(如实训图 2-15 所示)。

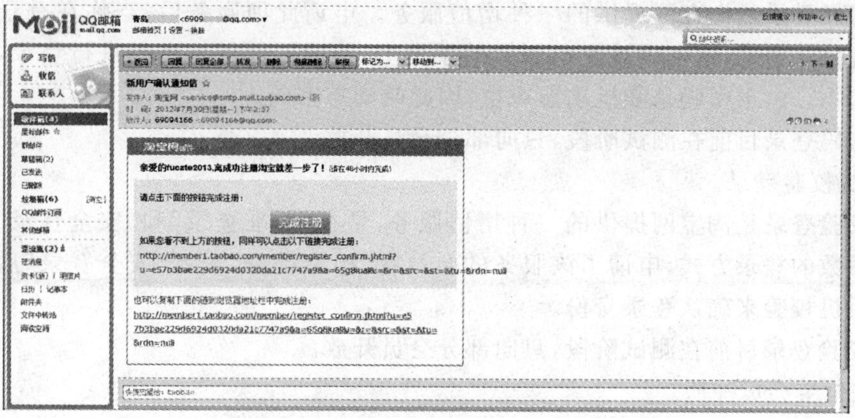

实训图 2-15 淘宝网会员注册邮箱验证 6

激活账号,单击“完成注册”按钮即注册成功。

④ 淘宝账户多种登录方式介绍。

目前,登录淘宝账户有以下四种方式:标准登录;安全登录;动态密码登录;手机校验登录。

- 标准登录。

标准登录即普通登录方式,你输入账户名和密码即可登录。如实训图 2-16 所示,未勾选“使用安全控件登录”的状态下登录为标准登录。

实训图 2-16 淘宝网会员标准登录页面

- 安全登录(推荐使用)。

安全登录是为了保障数据传输安全的 SSL 登录方式,需要安装安全控件。如实训图 2-17所示,你勾选“使用安全控件登录”的状态下登录为安全登录。

实训图 2-17 淘宝网会员安全登录页面

● 动态密码登录。

动态密码登录是淘宝网提供的一种增值服务。申请此项服务后，当你在登录时可以获取一个随机登录密码，该密码被发送到你的手机上，然后你使用该密码进行登录，让你更方便地进行购物。由于密码是随机动态产生，因此叫动态密码。

动态密码登录目前在测试阶段，只向部分会员开放。

● 手机校验登录。

手机校验登录是淘宝网提供的一种增值服务，是在“标准登录”和“安全登录”的基础上增强安全系数的登录方式，申请了该服务的会员在“标准登录”或者“安全登录”后还需要再进行一次手机校验来确认登录身份。

手机校验登录目前在测试阶段，只向部分会员开放。

(2) 支付宝会员注册。

注册申请支付宝有以下两种方法。

方法一：进入支付宝网站 https://www.alipay.com/进行注册，或者直接进入 https://memberprod.alipay.com/account/reg/index.htm 申请。

方法二：在注册淘宝账户的时候，同时注册支付宝账户。

注意，一个人可以注册多个支付宝账户，但是一个淘宝账户只能同时绑定一个支付宝账户。

我们以在支付宝网站注册个人商家账户(供网上购物、开网店的个人使用)，用手机号码注册为例，介绍支付宝的注册流程。

第一步，注册。

① 单击“用手机号码注册”按钮(如实训图 2-18 所示)。

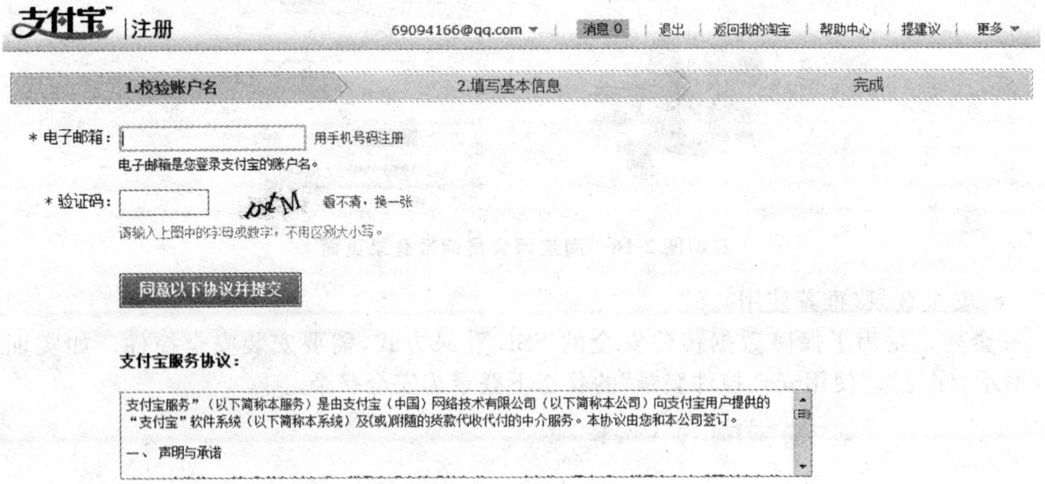

实训图 2-18　支付宝会员注册 1

② 输入手机收到的校验码。

③ 填写账户基本信息(账户创建成功，手机默认绑定，如实训图 2-19 所示)。

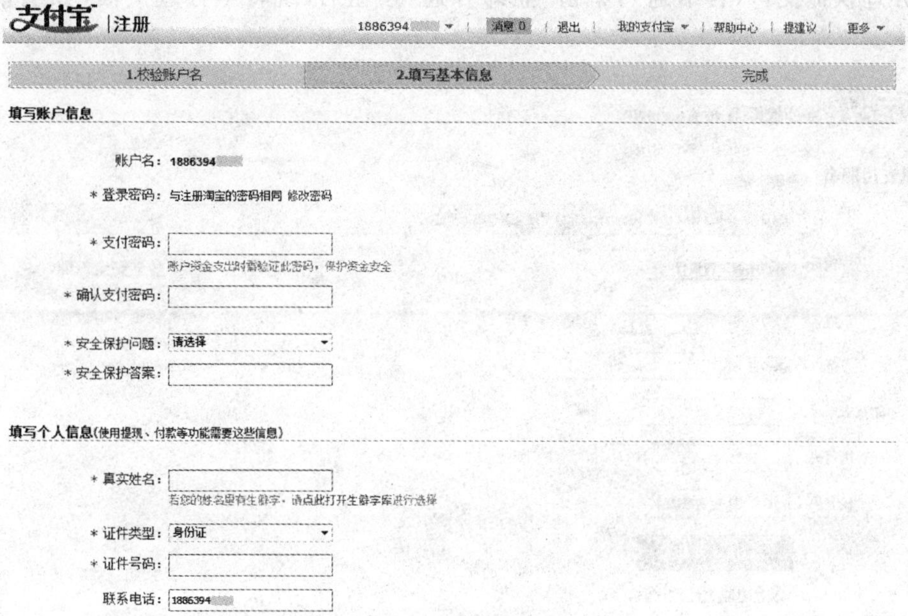

实训图 2-19　支付宝会员注册 2

第二步，设置付款方式。

① 基本信息设置成功后，引导设置付款方式，选择银行（如实训图 2-20 所示）。

实训图 2-20　支付宝付款方式设置页面

如果你选择的银行只支持信用卡或者储蓄卡其中一种的，则不用选择；如果你选择的银行信用卡和储蓄卡都支持的，你可以选择信用卡，也可以选择储蓄卡。

根据你选择的银行信息，系统会给出以下推荐结果。

a. 办理快捷支付(含卡通),单击“立即开通”按钮后,跳转至办理页面(如实训图 2-21 所示)。

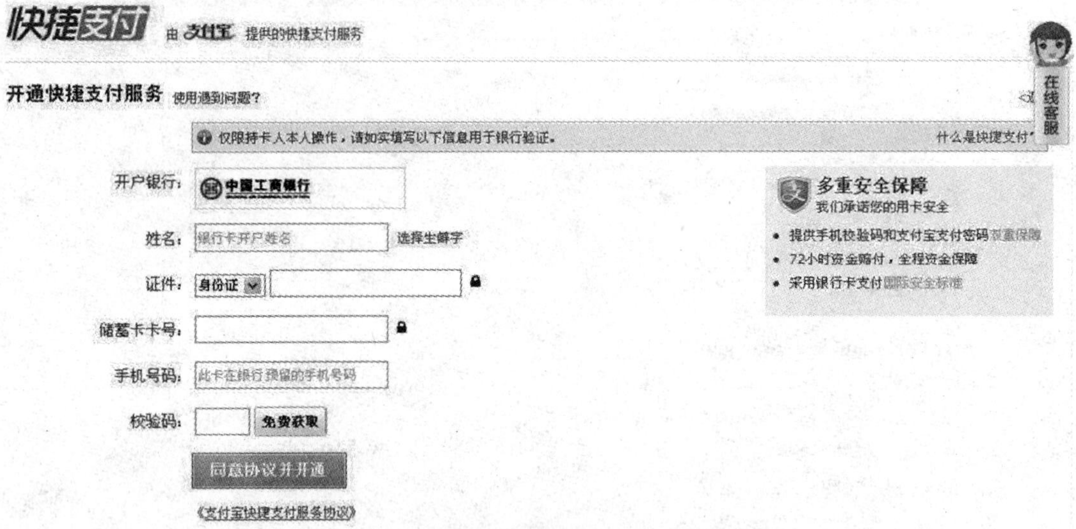

实训图 2-21　支付宝快捷支付开通页面 1

b. 如果你选择的银行支持信用卡快捷支付的,则直接进入开通信用卡快捷支付的页面(如实训图 2-22 所示)。

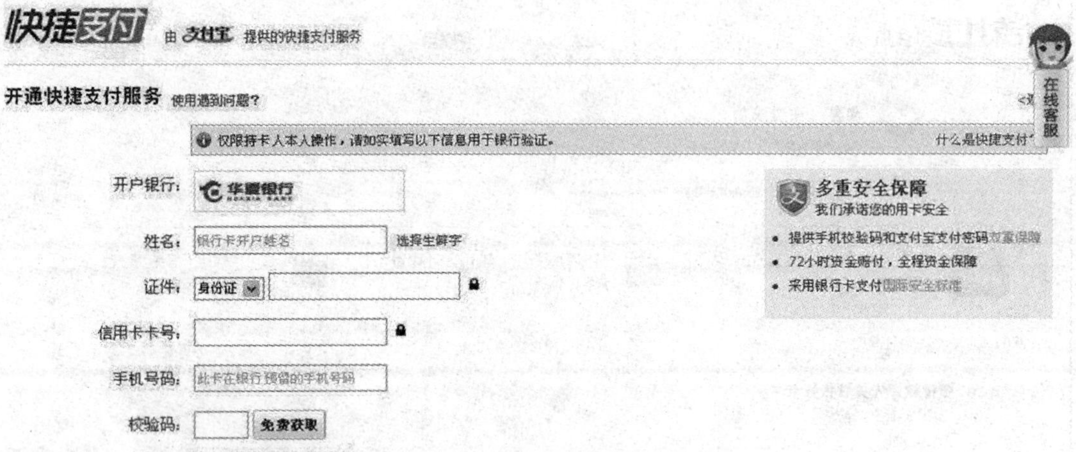

实训图 2-22　支付宝快捷支付开通页面 2

② 开通快捷支付(含卡通)成功后,进入账户成长频道,领取相应的礼包(未设置付款方式的,可在此页面点击设置,如实训图 2-23 所示)。

实训图 2-23　支付宝快捷支付开通页面 3

4. 练习

每位同学注册淘宝网会员，开设网店，实现商品的销售。

5. 相关知识

淘宝网成立于 2003 年 5 月 10 日，由阿里巴巴集团投资创办。目前，淘宝网是亚洲第一大网络零售商圈，其目标是致力于创造全球首选网络零售商圈。通过结合社区、平台、团队来增加网购人群的黏性，并且采用最新团网购模式，让网购人群乐而不返。淘宝网目前的业务跨越 C2C 和 B2C 两大部分。经过 7 年的发展，截至 2010 年年底，淘宝网拥有注册会员 3.7亿，注册用户还在不断增长；在线商品数达 8 亿，最多的时候每天 6 000 万人访问淘宝网，平均每分钟出售 4.8 万件商品。淘宝网单日交易额峰值达到 9.5 亿元，分别超过北京、上海和广州三地社会消费品零售单日额。

淘宝商城整合数千家品牌商和生产商，为商家和消费者之间提供一站式解决方案。提供 100%品质保证的商品，7 天无理由退货的售后服务，以及购物积分返现等优质服务。

淘宝网提倡诚信、活跃、快速的网络交易文化，坚持“宝可不淘，信不能弃”。在为淘宝网会员打造更安全高效的网络交易平台的同时，也为更多的网民提供就业机会。淘宝网也全力营造和倡导互帮互助、轻松活泼的家庭式氛围。每位在淘宝网进行交易的人，不但交易更迅速高效，而且还能交到更多的朋友。2010 年，淘宝网每日新开店铺数近 1.5 万，比 2009 年同期增了近 50%。IDC 根据中国目前的实际收入水平和物价状况，把月收入 2 000 元作为充分就业标准，由此估算出：至 2010 年 12 月，通过淘宝网实现直接就业的人数为 182.3 万，带动了超过 500 万人的间接就业。IDC 预计，2012 年淘宝网在线购物平台将给社会带来超过 300 万的直接就业和超过 1 000 万的间接就业。目前，每天全国 1/3 的快递业务都因淘宝网交易而产生。淘宝网的出现将为整个网络购物市场打造一个透明、诚信、公正、公开的交易平台，进而影响人们的购物消费习惯，推动线下市场以及生产流通环节的透明、诚信，从而衍生出一个“开放、透明、分享、责任”的新商业文明。阿里巴巴集团于 2011 年 6 月 16 日宣布，旗下淘宝公司将分拆为三个独立的公司，即沿袭原 C2C 业务的淘宝网、平台型 B2C 电子商务服务商淘宝商城和一站式购物搜索引擎一淘网。

实训 4：B2C 网站的建设与维护(以 ECShop 为例)

1. 实训内容

了解知名的 B2C 电子商务网站，熟悉 B2C 网站的操作流程。

2. 实训目的及要求

学会搭建一个 B2C 网站，熟悉后台管理流程。

3. 实训流程

第一步：点击进入 ECShop 下载页面 http：//www.ecshop.com/download.php，并下载本地体验包(如实训图 2-24 所示)。

实训图 2-24　ECShop 下载页面

第二步，安装本地体验包，查看使用说明。

4. 练习

登录本地体验后台进行相应的管理。

5. 相关知识

ECShop 网店系统可免费下载、免费使用、免费升级，无使用时间与功能限制。

ECShop 网店系统是一套免费开源的网上商店软件，无论在稳定性、代码优化、运行效率、负载能力、安全等级、功能可操控性和权限严密性等方面都居国内外同类产品领先地位。

ECShop 网店系统只专注于网上商店软件的开发，因为专注所以专业，已成功为数以万计的企业和个人用户提供完美网上开店解决方案，成为目前国内最受欢迎的网上购物软件之一。

ECShop 网店系统支持多种类型商品销售，实物商品销售以及虚拟商品（如电话卡、游戏点卡等）可在同一个网店中进行管理。

ECShop 网店系统提供了灵活强大的模板机制，内置多套免费精美模板，同时可在后台任意更换，让用户即刻快速建立不同的网店外观。同时用户可以对网店模板自定义设计，建立个性化网店形象。

ECShop 网店系统强大的站内商品搜索引擎，结合 Ecshop 独有的商品属性可搜索功能，买家在用户的网店可以轻松找到所需商品。

ECShop 网店系统整合了现今市面上几乎所有主流第三方支付网关（如支付宝、财付通、PayPal、环迅 IPS、快钱、网银、贝宝等）数量达十多种，更多的支付网关网站将根据用户的要求免费整合。①

① 资料来源：根据百度百科“ECShop”整理。

三 德意通电子商务实验平台模拟实验

实验 1：C2C 电子商务模式模拟实验

C2C 是在消费者与消费者之间通过互联网进行商务活动的电子商务模式，它通过互联网为消费者提供进行相互交易的环境网上拍卖、在线竞价。本模块模拟了 C2C 电子商务模式的网上拍卖网站，学生通过在网上拍卖过程中的实践操作，深刻了解 C2C 电子商务模式的内涵和本质以及该种模式的前台业务流程以及后台管理。

1. 实验内容

C2C 电子商务模式的特点和使用，在德意通实验室的 C2C 模块完成 C2C 的流程操作。

2. 实验目的及要求

(1) 了解 C2C 电子商务模式的特点。

(2) 掌握 C2C 电子商务模式的流程。

3. 实验流程

(1) 学生以教师分配的账号登录实验室。

(2) 登录得易网前台首页，单击“免费注册”按钮，注册得易网会员。

(3) 登录得易网前台首页，单击“卖东西”按钮，选择商品分类，填写商品信息，以卖家的身份发布商品。

(4) 登录得易网前台首页，单击“买东西”按钮，通过“分类”和“关键字”两项搜索要购买的商品。

点击商品名称，进入商品描述页面。单击“出价”按钮，输入要出的价格，单击“确定”按钮。

(5) 登录“我的得易”，进入后台管理页面。在此处可以分别查看作为买家的竞标中的商品、已买入的商品，作为卖家的出售中的商品，用户设置，用户信息修改，注销用户等。

请注意以下四个问题。

① 起始价，卖家设置的商品竞拍的起始价格，即无底价竞标卖法，起始价格等于底价，有买家竞标即可成交。

② 底价，即有底价竞标卖法，底价设置应当大于或者等于起始价，当竞标结束，有买家出价达到底价，即竞标成功。

③ 系统时间 10 分钟，等于在线时间一天。

④ 管理员在后台无法进行操作。

4. 练习

用教师分配的账号登录德意电子商务实验室，模拟 C2C 实验。

5. 相关知识

中国 C2C 简史介绍如下。

1999 年,邵亦波创立易趣网,创中国 C2C 先河。

1999 年 8 月,易趣网正式上线。

2002 年 3 月,eBay3 000 万美元注资易趣网。

2003 年 5 月,阿里巴巴 4.5 亿成立 C2C 网站淘宝网。

2003 年 7 月,eBay 斥资 1.5 亿美元全资收购易趣网。

2004 年 4 月,一拍网正式上线,新浪占据其中 33%的股权,原雅虎中国占 67%的股份。

2004 年 6 月,易趣网进入与美国 eBay 平台对接整合。

2005 年 9 月,腾讯推出拍拍网,2006 年 3 月 13 日运营。

2006 年 2 月 15 日,一拍网彻底关闭,阿里巴巴收购一拍网的全部股份,原属一拍网的用户将导入淘宝。

2006 年 12 月,TOM 在线与 eBay 合资,更名为 TOM 易趣。

2007 年 10 月,搜索引擎公司百度宣布进军电子商务,筹建 C2C 平台,预计 2008 年年初推出。

2008 年 5 月 5 日,易趣宣布任何用户只要在易趣开店,无论是普通店铺、高级店铺还是超级店铺,都将终身免费。

2008 年 6 月 18 日,百度网络交易平台正式在北京启动其在全国范围的巡回招商活动。

2008 年 10 月 8 日,淘宝总裁陆兆禧对外宣布,阿里巴巴集团未来 5 年将对淘宝投资 50 亿元,并将继续沿用免费政策。

2008 年 10 月 28 日,百度电子商务网站"有啊"正式上线,有望开创新的电子商务格局。

2009 年,C2C 新形式的诞生,网购导购业进驻 C2C,抢占市场份额。

2009 年 12 月,D 客商城正式上线,推动个性定制业发展。

2011 年 4 月,百度电子商务网站"有啊"宣布关闭 C2C 平台,转型提供生活服务。

实验 2:B2C 电子商务模式模拟实验

B2C 是在企业与消费者之间通过互联网进行商务活动的电子商务模式。本模块提供了一个电子商城网站,学生从申请入驻开设商店、网上模拟购物,到后台进销存管理,可以在一个完整的全真模拟环境内进行 B2C 电子商务等实际操作,从而了解网上商店的业务过程及其后台的运营、维护、管理等活动。B2C 包含消费者和商户两种角色,学生可以这两种身份模拟 B2C 电子商务活动。

1. 实验内容

B2C 电子商务模式的特点以及使用。在德意通实验室的 B2C 模块完成 B2C 的流程操作。

2. 实验目的及要求

(1) 了解 B2C 电子商务模式的特点。

(2) 掌握 B2C 电子商务模式的流程。

3. 实验流程

(1) 前台购物实验。

商户通过后台的管理功能将产品发布到前台后,消费者就通过前台电子商城购物网站订购商品。前台购物网站的功能包括搜索商品、会员注册、我的资料、购物车、订单查询等。前台购物网站如实训图 3-1 所示。

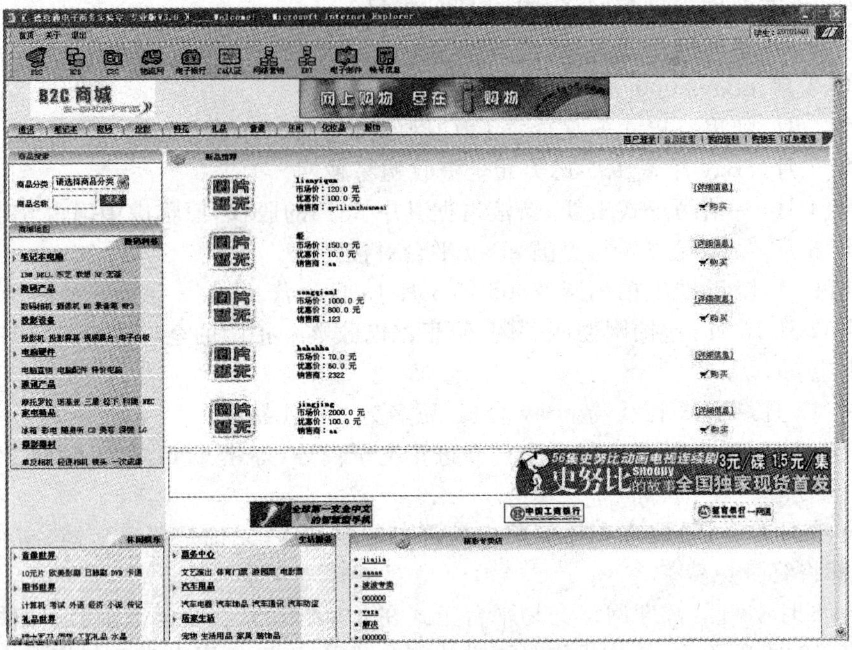

实训图 3-1　B2C 前台页面

① 申请开通个人网上银行。

② 注册成为 B2C 网站会员(如实训图 3-2 所示)。

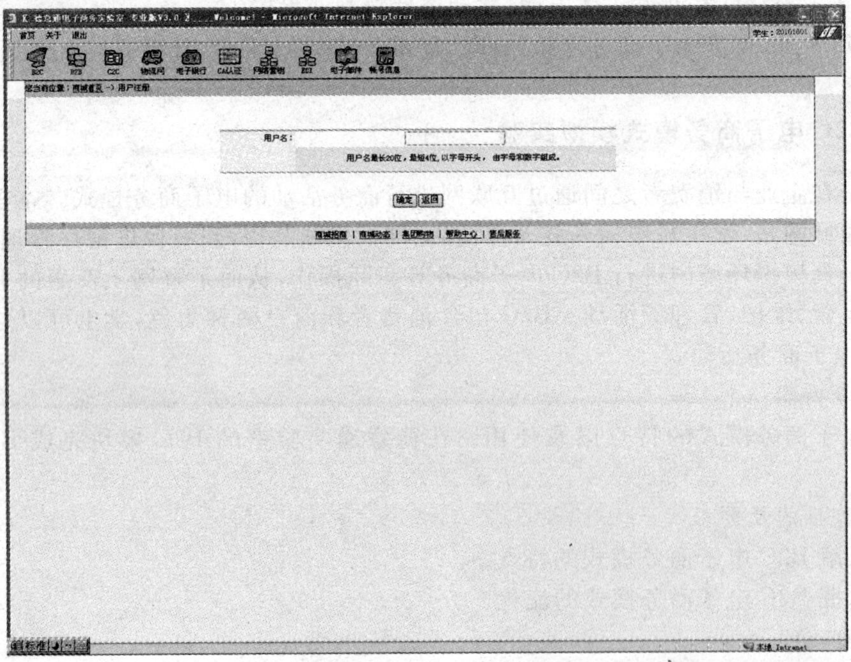

实训图 3-2　B2C 会员注册页面

③ 搜索商品。

④ 在 B2C 网站购买商品，并进入结算中心结账，选择以电子支付方式支付货款，最后生成订单。

⑤ 使用电子支付进行结算。

⑥ 查询订单。

(2) B2C 后台管理实验。

B2C 后台管理是提供给商户管理商店的“进销存”功能模块，其中包括的功能有商品管理、期初数据、采购管理、销售管理、库存管理、商店管理、客户管理、应收款明细、应付款明细和我的资料等。B2C 后台管理的整体流程如实训图 3-3 所示。

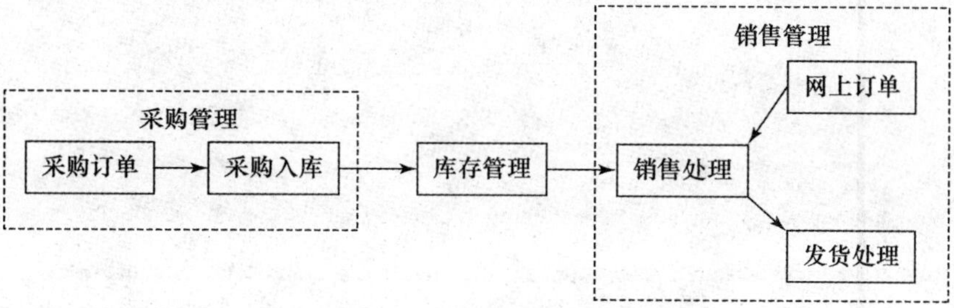

实训图 3-3　B2C 后台管理流程图

① 申请 B2C 特约商户网上银行。

② 商户入驻商城(如实训图 3-4 所示)。

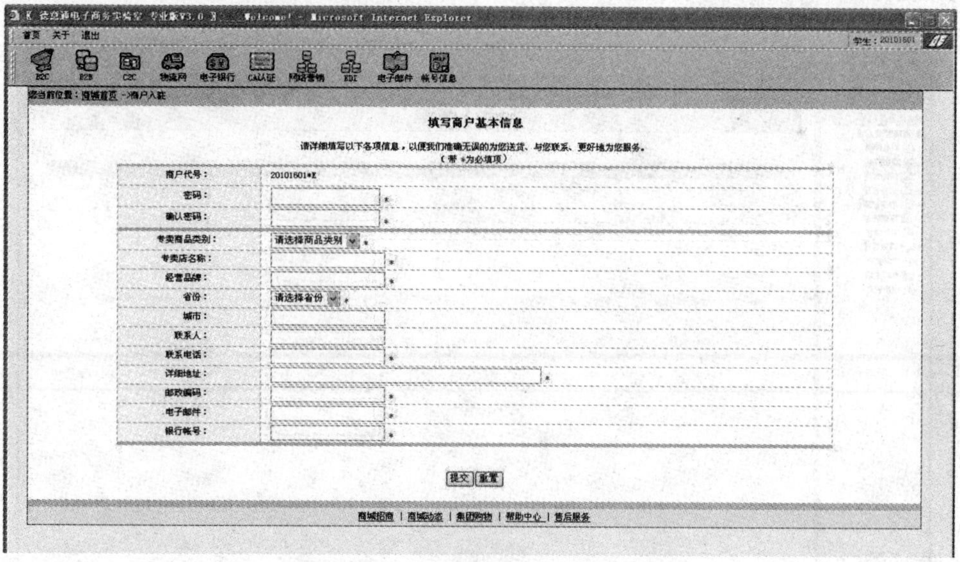

实训图 3-4　B2C 商户入驻申请页面

③ 登录商店后台管理，在商店管理里设置公司简介、支付方式说明、送货方式说明以及售后服务说明。

④ 在商店后台管理的商品管理页面，添加商品信息(如实训图 3-5 所示)。

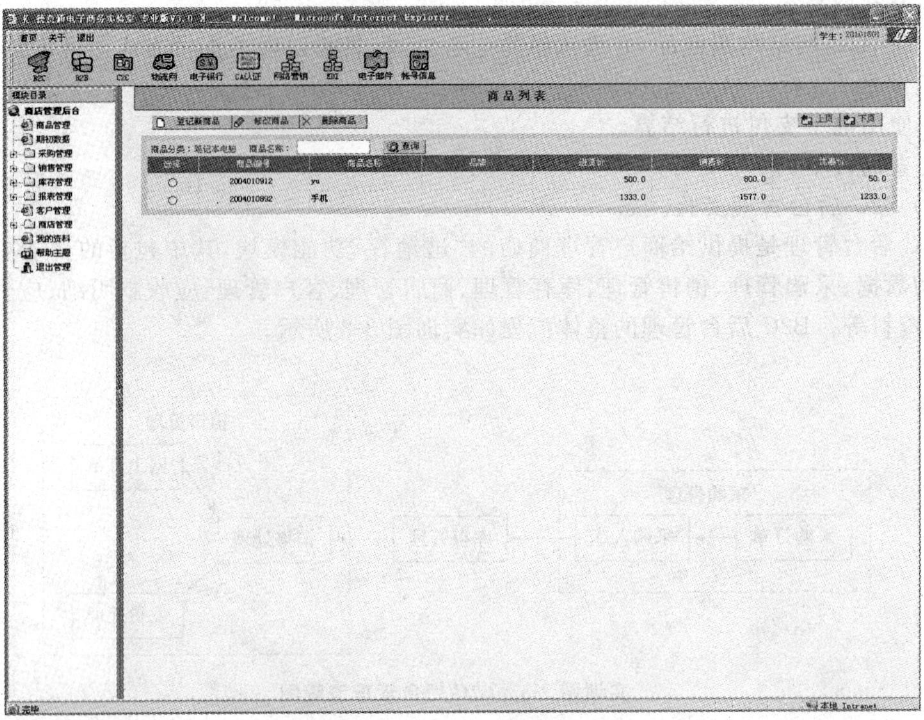

实训图 3-5　B2C 后台商品添加页面

⑤ 期初商品(即网店正式营业前,第一次对店铺现有商品的一个盘点,如实训图 3-6 所示)。

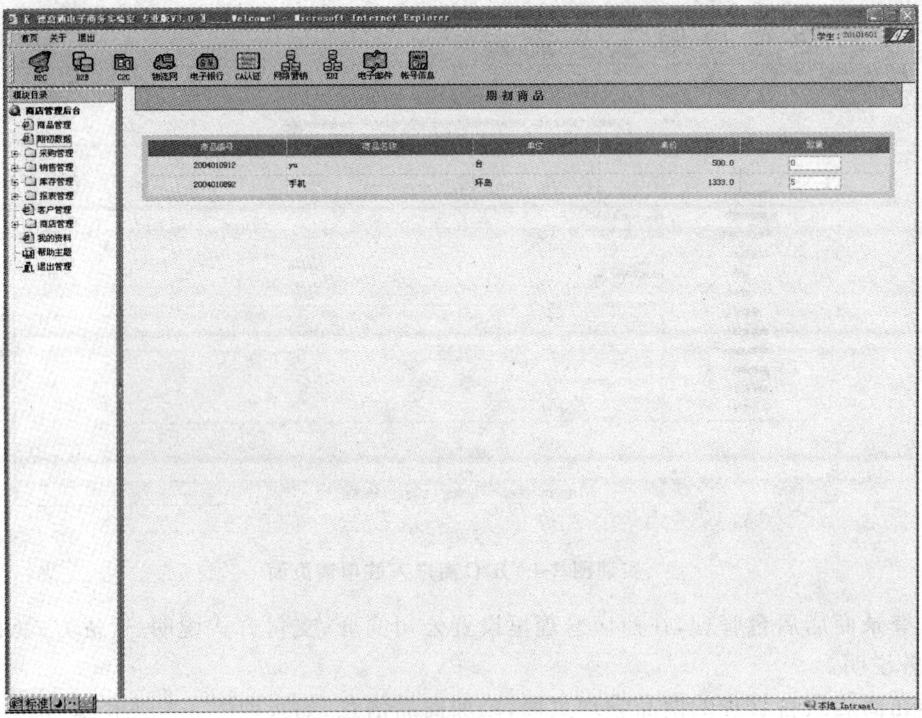

实训图 3-6　B2C 后台期初商品页面

⑥ 在采购管理的采购订单页面新建采购单，然后确认(如实训图 3-7 所示)。

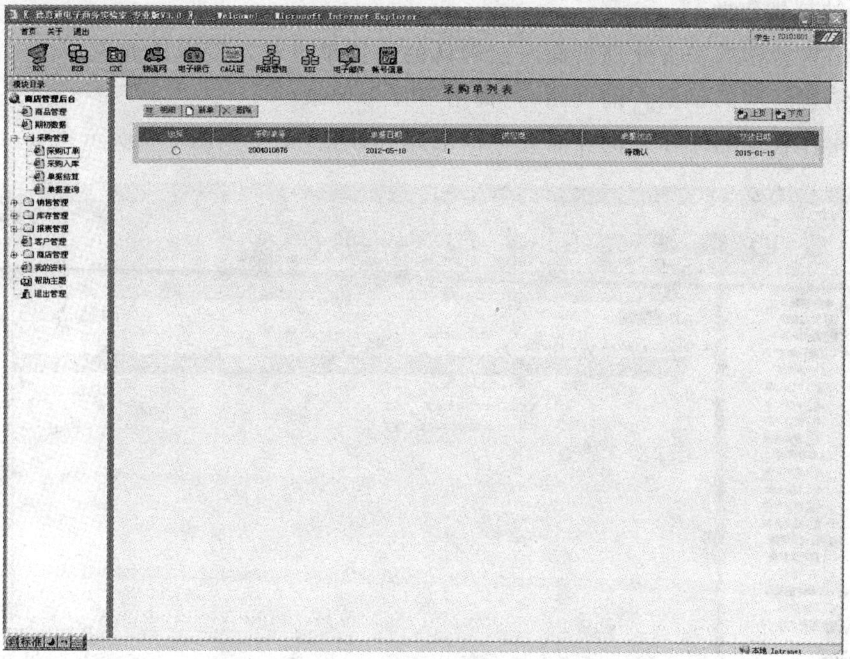

实训图 3-7　B2C 后台采购单生成页面

⑦ 在采购管理的采购入库页面对新采购单进行入库处理。

⑧ 在采购管理的单据结算页面对已确认的采购单进行结算处理。

⑨ 在采购管理的单据查询页面查询采购订单。

⑩ 在销售管理的网上订单页面受理网上订单(如实训图 3-8 所示)。

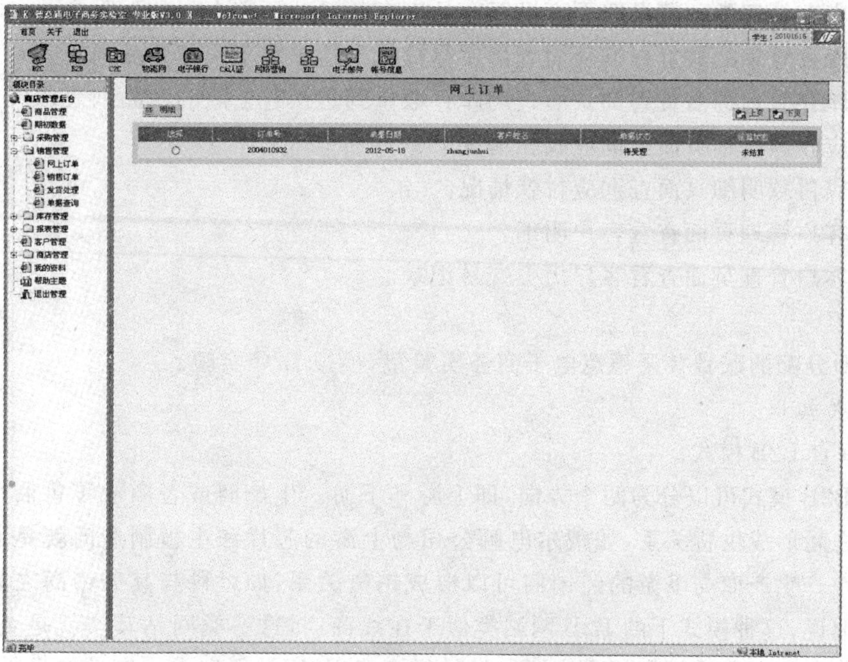

实训图 3-8　B2C 后台网上订单受理页面

⑪ 在销售管理的销售订单页面对已受理的销售单进行销售确认处理，如果销售单没有结算，则先结算销售单。

⑫ 在销售管理的发货处理页面对已确认的销售单进行发货确认处理。

⑬ 在销售管理的单据查询页面，查询历史订单记录。

⑭ 在库存管理的库存查询页面查询商品库存数量(如实训图 3-9 所示)。

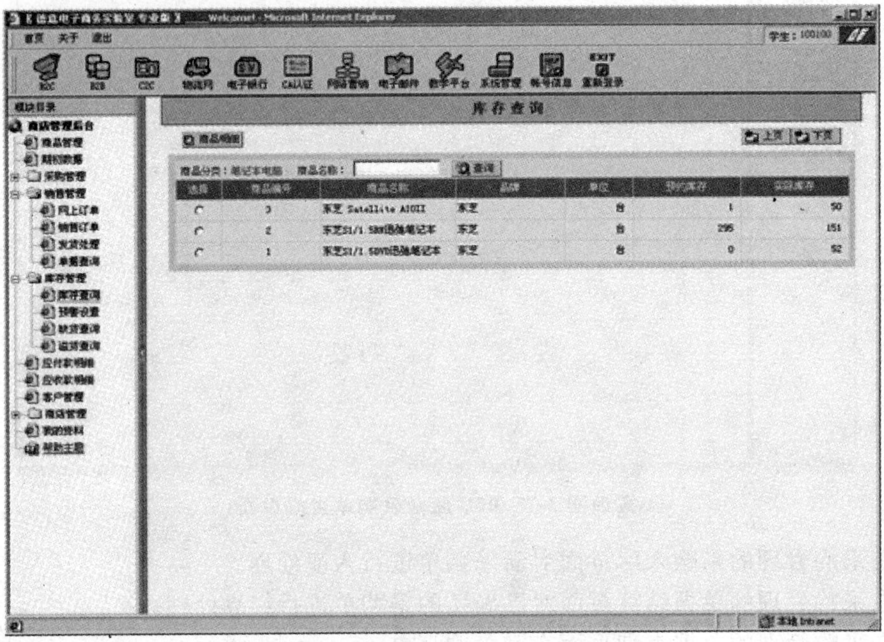

实训图 3-9　B2C 后台库存查询页面

⑮ 在库存管理的预警设置页面设置商品库存数量的预警上限和下限。

⑯ 在库存管理的缺货查询页面查询库存数量到达预警下限的商品列表。

⑰ 在库存管理的溢货查询页面查询库存数量到达预警上限的商品列表。

⑱ 在应收款明细页面查询应收款情况。

⑲ 在应付款明细页面查询应付款情况。

⑳ 在客户管理页面查看客户明细。

㉑ 在客户管理页面查看客户历史交易记录。

4. 练习

用教师分配的账号登录德意电子商务实验室，模拟 B2C 实验。

5. 相关知识

(1) 垂直 B2B 模式。

垂直 B2B 模式可以分为两个方向，即上游和下游。生产商或者商业零售商可以与上游的供应商之间形成供货关系，如戴尔电脑公司与上游的芯片和主板制造商就是通过这种方式进行合作。生产商与下游的经销商可以形成销货关系，如思科与其分销商之间进行的交易。简单地说，这种模式下的 B2B 网站类似于在线商店，这一类网站其实就是企业网站，就是企业直接在网上开设的虚拟商店，通过这样(自己)的网站可以大力宣传自己的产品，用更快捷更全面的手段让更多的客户了解自己的产品，促进交易。或者也可以是商家开设的网站，这些商家在自己的网站上宣传自己经营的商品，目的也是用更加直观便利的方法促进、扩大交易。

(2) 综合 B2B 模式。

即面向中间交易市场的 B2B。这种交易模式是水平 B2B，它是将各个行业中相近的交易过程集中到一个场所，为企业的采购方和供应方提供了一个交易的机会，像阿里巴巴、TOXUE 外贸网、环球资源网等。这一类网站其实自己既不是拥有产品的企业，也不是经营商品的商家，它只提供一个平台，在网上将销售商和采购商汇集一起，采购商可以在其网上查到销售商的有关信息和销售商品的有关信息。

(3) 自建 B2B 模式。

行业龙头企业自建 B2B 模式是大型行业龙头企业基于自身的信息化建设程度，搭建以自身产品供应链为核心的行业化电子商务平台。行业龙头企业通过自身的电子商务平台，串联起行业整条产业链，供应链上下游企业通过该平台实现通信、沟通和交易。但此类电子商务平台过于封闭，缺少产业链的深度整合。

(4) 关联行业 B2B 模式。

关联行业 B2B 模式是相关行业为了提升目前电子商务交易平台信息的广泛程度和准确性，整合垂直 B2B 模式和综合 B2B 模式而建立起来的建立跨行业电子商务平台。①

实验 3：B2B 电子商务模式模拟实验

B2B 是企业与企业之间通过互联网进行商务活动的电子商务模式。本模块提供了企业相互之间的交易服务平台，学生们通过对 B2B 交易平台的操作，可以熟悉并了解 B2B 电子商务主要的业务流程以及 B2B 电子商务的后台管理活动。

学生可以以供应商和采购商两种身份模拟 B2B 电子商务活动。其具备功能包括企业产品发布、产品查询以及产品维护、网上签约购买、在线购买、货款支付、订单交易、企业数据维护和客户管理等。

1. 实验内容

B2B 电子商务模式的特点以及使用，在德意通实验室的 B2B 模块完成 B2B 的流程操作。

2. 实验目的及要求

(1) 了解 B2B 电子商务模式的流程和特点。

(2) 掌握 B2B 电子商务模式与不同用户的结合应用。

3. 实验流程

(1) 申请注册邮箱。

(2) 以采购商的身份注册“企业银行”，并下载安装银行 CA 证书。

以供货商的身份注册“企业银行”，并下载安装银行 CA 证书。

---

① 资料来源：百度百科。

以物流商的身份注册“企业银行”，并下载安装银行 CA 证书。

(3) 进入 B2B 注册会员。

① 以采购商的身份注册会员并下载安装企业 CA 证书。

② 以供应商的身份注册会员并下载安装企业 CA 证书(如实训图 3-10 所示)。

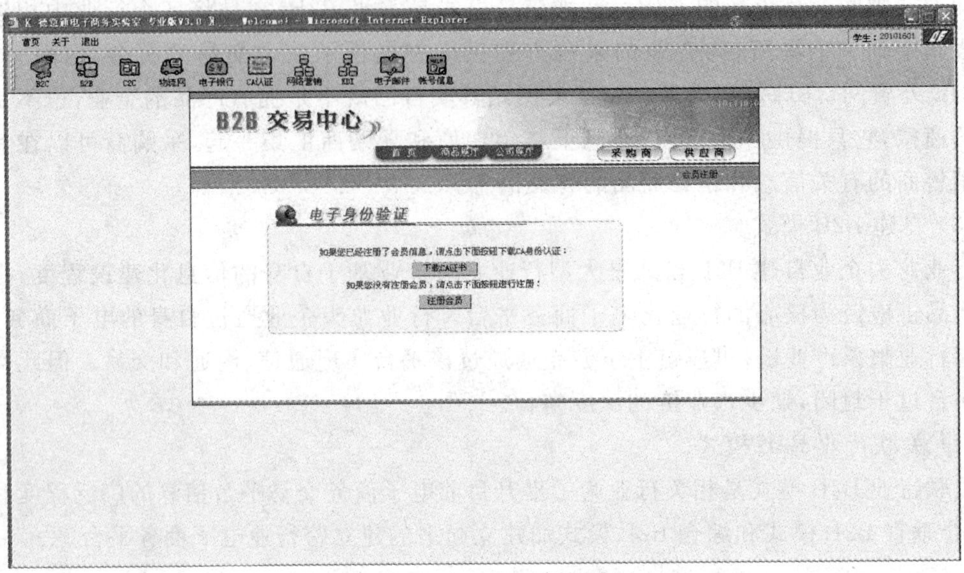

实训图 3-10　B2B 会员注册页面

③ 进入物流网，注册会员并下载安装 CA 证书(如实训图 3-11 所示)。

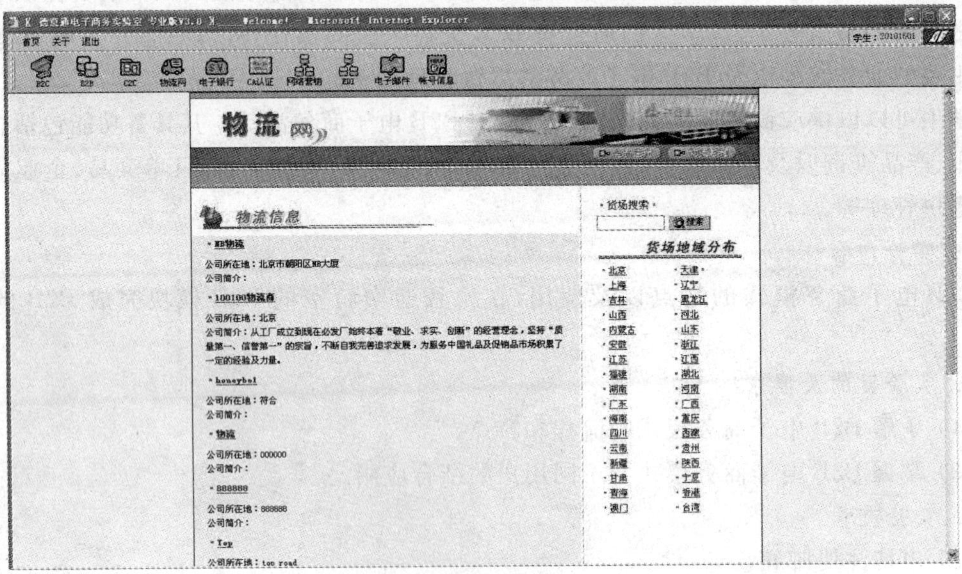

实训图 3-11　物流网首页

④ 以供应商的身份登录后台，添加新商品，并修改商品信息(如实训图 3-12 所示)。

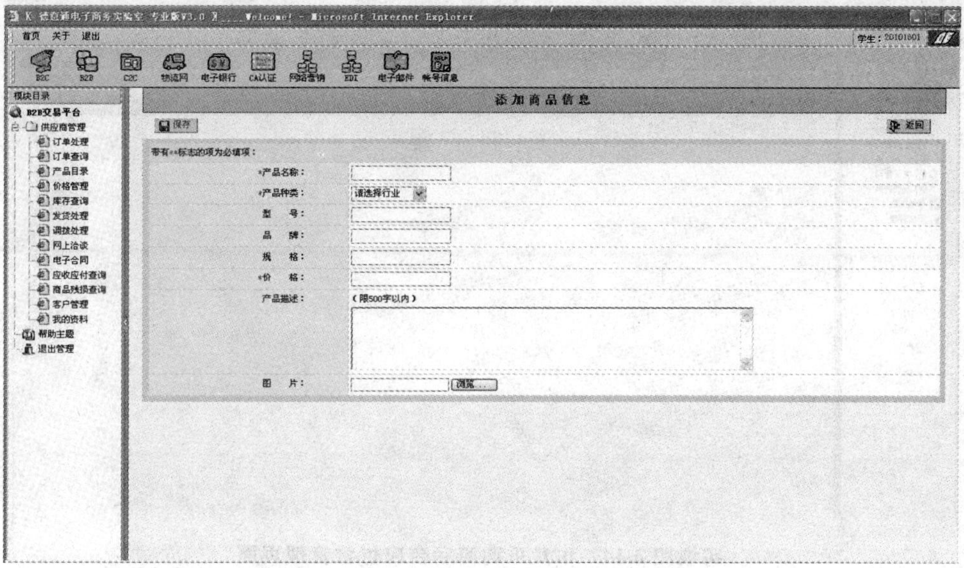

实训图 3-12　B2B 后台供应商商品添加页面

⑤ 以采购商的身份登录，选择并采购商品，生成订单(如实训图 3-13 所示)。

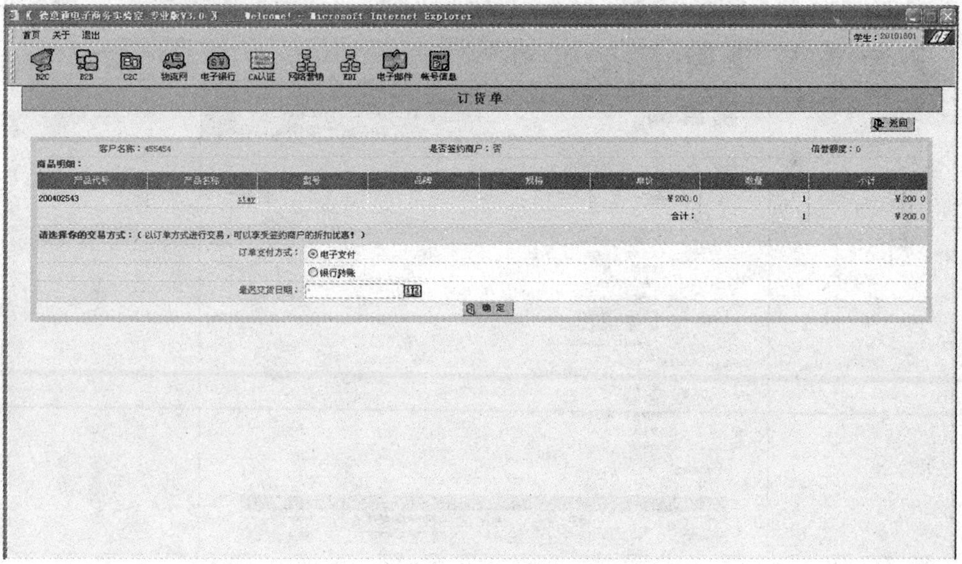

实训图 3-13　B2B 订单生成页面

⑥ 以供应商的身份登录后台受理订单(选中订单受理)，等待采购商第二次确认。

⑦ 以采购商的身份登录，在订单明细中进行第二次订单的确认，生成销售单。

⑧ 采购商在应付款项中进行付款给供应商(如实训图 3-14 所示)。

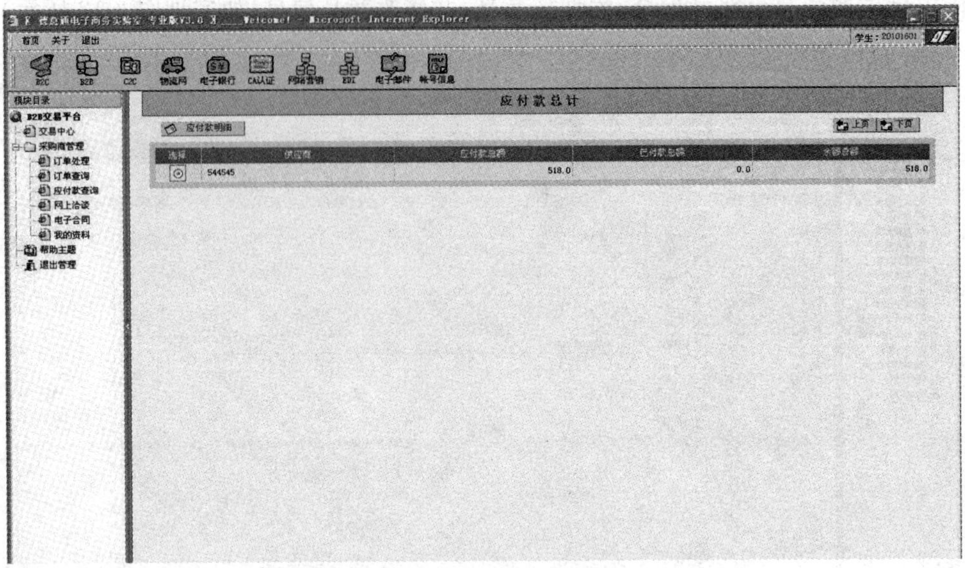

实训图 3-14　B2B 采购商后台应付款管理页面

⑨ 供应商到银行查询是否收到货款。

⑩ 供应商到物流网选择物流商申请物流服务(如实训图 3-15 所示)。

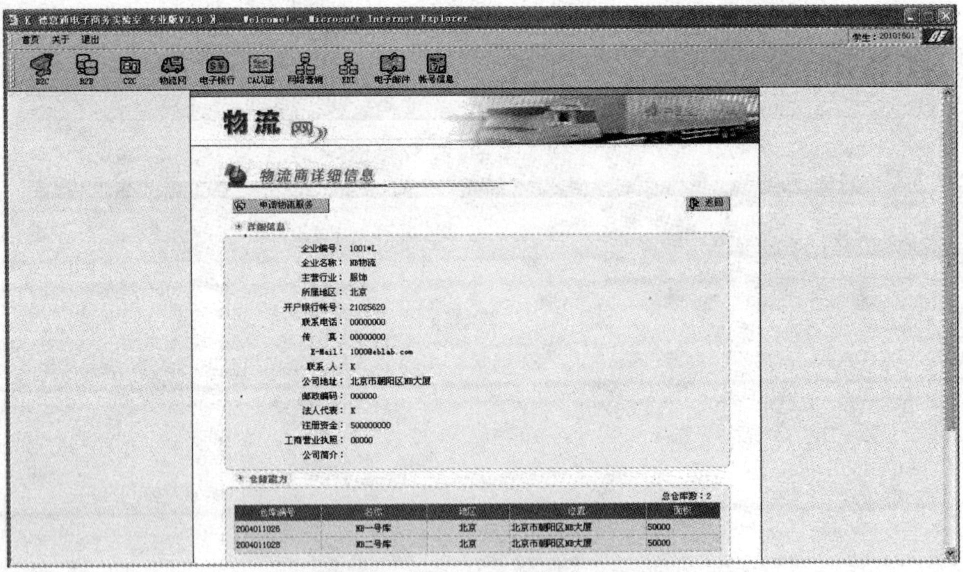

实训图 3-15　物流服务申请页面

⑪ 物流商到客户管理中确立与供应商之间的合作关系。

⑫ 物流商在仓库管理中添加仓库,在车辆管理中添加车辆(如实训图 3-16 所示)。

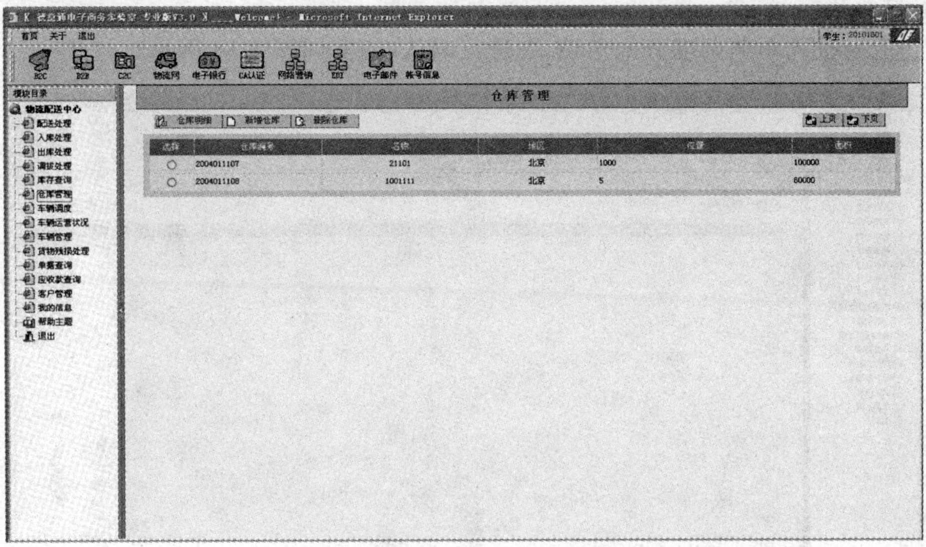

实训图 3-16 物流网后台仓库管理页面

⑬ 供应商进入后台，进行发货处理，选择发货物品，并确认发货（数量、选物流商、仓库）。

⑭ 物流商进入物流网后台进行入库管理，单击“确认入库”按钮。

⑮ 供应商在订单处理中由销售单生成配送单。

⑯ 物流商在配送处理中生成“出库单”，再进入出库处理中进行“确认出库”（如实训图 3-17 所示）。

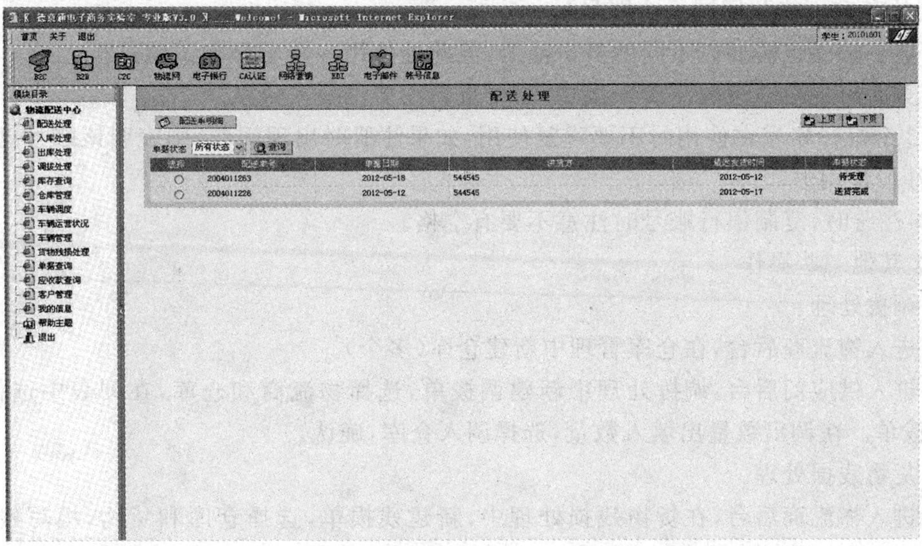

实训图 3-17 物流网后台配送处理页面

⑰ 供应商到客户管理中查询物流商银行账号，并到银行进行转账付款给物流商，若选择的是电子支付方式，则在应收应付查询中发送付款信息，并进行相应的付款工作。

⑱ 物流商到邮箱看结算信息后到银行看是否收到物流款，物流商到应收应付查询中查

询并进行结算确定。

⑲ 物流商进入车辆调度分配车辆，并进行确认(如实训图 3-18 所示)。

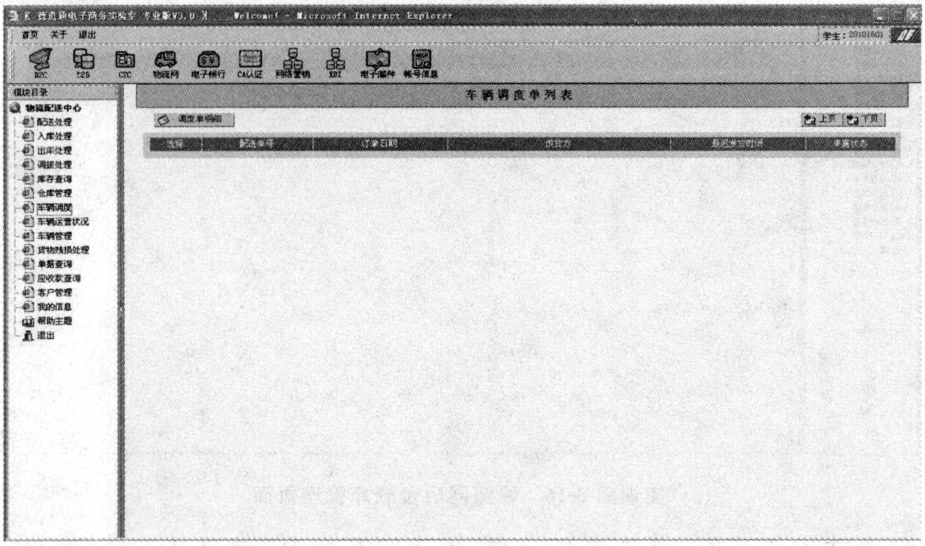

实训图 3-18　物流网后台车辆调度页面

⑳ 物流商进入配送处理，选中“送货完成”。

㉑ 采购商进入后台，订单处理中进行收货确定，完成整个 B2B 销售流程。

(4) 需要注意的问题。

① 学生必须以供应商、采购商和物流商三种不同的身份到“电子银行”注册企业银行账号(不同的商家不能共用同一个账号)。

② 电子邮件也需要以不同的身份注册，但此处使用一个不影响试验进行。

③ 页面出现白版说明注册未成功，需要重新注册。

④ 3 个银行账号在使用时不要重复使用，如果注册时出现问题，则表明该账号已被其他的用户注册使用过。

(5) 注册时，复制银行账号时注意不要有空格。

(6) 其他一些操作。

① 调拨处理。

- 进入物流商后台，在仓库管理中新建仓库(多个)。
- 进入供应商后台，调拨处理中新建调拨单，选择物流商和仓库，在列表中选择商品，生成调拨单。在调出数量出填入数量，选择调入仓库，确认。

② 货物残损处理。

- 进入物流商后台，在货物残损处理中，新建残损单，选择仓库和货物，填写残损数量(小于总数量)，填写处理人和残损说明，确认。
- 进入供应商后台，在商品残损查询中，选中残损商品，查看残损单明细。

③ 设置信誉价。

进入供应商后台，在价格管理中，单击设置信誉价格，选择信誉级别，填写信誉价和最小购买数量(所有的商品都要填写)，保存。

④ 车辆管理。

- 进入物流商后台，单击“车辆管理”按钮。
- 在“车辆管理”中，单击“新建车辆”按钮或者“报废车辆”按钮。

⑤ 网上银行。

进入供应商、物流商、采购商企业网上银行后台进行转账、存款、查询操作。

4. 练习

用老师分配的账号，模拟B2B实验。

5. 相关知识

据《中国行业电子商务网站调查报告》显示，截至2010年12月，我国电子商务服务企业达9 200家，同比增长21.3%。2007—2009年，我国电子商务网站的数量分别为4 500家、5 080家、7 580家。网站营利的主要方式如下。

(1) 会员费。

企业通过第三方电子商务平台参与电子商务交易，首先必须注册为B2B电子商务网站的会员，然后每年交纳一定的会员费，这样才能享受网站提供的各种服务，目前，会员费已成为我国B2B电子商务网站最主要的收入来源。如阿里巴巴收取中国供应商、诚信通两种会员费，中国供应商会员费分为每年4万和6万两种，诚信通的会员费每年2 300元；中国化工网每个会员第一年的费用为1.2万元，以后每年综合服务费用为6 000元；五金商中国的金视通会员费为1 580/年。

(2) 广告费。

网络广告是门户网站的主要营利来源，同时也是B2B电子商务网站的主要收入来源。阿里巴巴的广告根据其在首页位置及广告类型来收费。中国化工网有弹出广告、漂浮广告、Banner广告、文字广告等多种表现形式可供用户选择。

(3) 竞价排名。

为了促进产品的销售，企业都希望在B2B电子商务网站的信息搜索中将自己的排名靠前，而网站在确保信息准确的基础上，根据会员交费的不同对排名顺序作相应的调整。阿里巴巴的竞价排名是诚信通会员专享的搜索排名服务，当买家在阿里巴巴搜索供应信息时，竞价企业的信息将排在搜索结果的前三位，被买家第一时间找到。中国化工网的化工搜索是建立在全球最大的化工网站www.chemnet.com上的化工专业搜索平台，对全球近20万个化工及化工相关网站进行搜索，搜录的网页总数达5 000万，同时采用搜索竞价排名方式，确定企业排名顺序。①

实验4：电子数据交换：EDI

1. 实验内容

在德意通实验室的EDI模块完成EDI应用系统的模拟。

2. 实验目的及要求

(1) 通过此实训让学生了解EDI的概念。

① 资料来源：网飙数码网。

(2) 通过具体的操作，学生可以学会通过 EDI 实现商业贸易伙伴间的信息的交换。

3. 实验流程

(1) 注册电子邮件。

(2) 在 EDI 首页单击“新用户注册”按钮，注册 EDI 用户。

(3) 登录 EDI 后台，进入贸易伙伴管理。

① 单击“类型”按钮、“新增类型”按钮，输入类型名称，单击“保存”按钮。

② 单击“贸易伙伴”按钮，新增贸易伙伴，输入相关信息，单击“保存”按钮。

(4) 登录 EDI 后台，进入商品信息管理。

① 新增商品，填写商品有关信息，单击“保存”按钮。

② 选择相应商品，单击“商号明细”按钮，查看商品明细。

(5) 登录 EDI 后台，进入单证录入页面。输入交货时间，选择卖主编码，单击“添加商品”按钮，选择要添加的商品，单击“添加商品”按钮，单击“保存单证”按钮，单证录入成功。

(6) 登录 EDI 后台，进入管理平台。在此处可以对单证、回执进行管理。

(7) 登录 EDI 后台，进入报文生成处理页面。

① 单击“生成平面文件”按钮、“生成 EDI 报文”按钮，生成 EDI 报文平面文件。

② 单击“发送”按钮，完成对 EDI 报文的传输(此步也可以在通信模块完成)。

(8) 登录 EDI 后台，进入通信模块。查看要发送的 EDI 报文，单击“发送”按钮，完成对 EDI 报文的发送。

(9) 登录 EDI 后台，进入管理平台，查看 EDI 报文回执。

4. 练习

学生用老师分配的账号，模拟 EDI 实验。

5. 相关知识

(1) EDI 的概念。

EDI 是英文 Electronic Data Interchange 的缩写，中文可译为“电子数据互换”，在我国港、澳地区以及海外华人地区称作“电子资料联通”。它是一种在企业之间传输订单、发票等作业文件的电子化手段。它通过计算机通信网络将贸易、运输、保险、银行和海关等行业信息，用一种国际公认的标准格式，实现各有关部门或者企业与企业之间的数据交换与处理，并完成以贸易为中心的全部过程，它是 20 世纪 80 年代发展起来的一种新颖的电子化贸易工具，是计算机、通信和现代管理技术相结合的产物。国际标准化组织(ISO)将 EDI 描述成“将贸易(商业)或行政事务处理按照一个共认的标准变成结构化的事务处理或信息数据格式，从计算机到计算机的电子传输”。而 ITU-T(原 CCITT)将 EDI 定义为“从计算机到计算机之间的结构化的事务数据互换”。又由于使用 EDI 可以减少甚至消除贸易过程中的纸面文件，因此 EDI 又被人们通俗地称为“无纸贸易”。

从上述 EDI 的定义不难看出，EDI 包含了三个方面的内容，即计算机应用、通信、网络和数据标准化。其中，计算机应用是 EDI 的条件，通信环境是 EDI 应用的基础，标准化是 EDI 的特征。这三方面相互衔接、相互依存，构成 EDI 的基础框架。

(2) EDI 的分类。

根据功能不同，EDI 可分为以下四类。

前面所述的订货信息系统是最基本的，也是最知名的 EDI 系统。它又可以称为贸易数据互换系统(Trade Data Interchange,TDI),它用电子数据文件来传输订单、发货票和各类通知。

第二类常用的EDI系统是电子金融汇兑系统(Electronic Fund Transfer,EFT),即在银行和其他组织之间实行电子费用汇兑。EFT已使用多年,但它仍在不断的改进中。最大的改进是同订货系统联系起来,形成一个自动化水平更高的系统。

第三类常见的EDI系统是交互式应答系统(Interactive Query Response)。它可应用在旅行社或者航空公司作为机票预订系统。这种EDI在应用时要询问到达某一目的地的航班,要求显示航班的时间、票价或其他信息,然后根据旅客的要求确定所要的航班,打印机票。

第四类是带有图形资料自动传输的EDI。最常见的是计算机辅助设计(Computer Aided Design,CAD)图形的自动传输。如设计公司完成一个厂房的平面布置图,将其平面布置图传输给厂房的主人,请主人提出修改意见。一旦该设计被认可,系统将自动输出订单,发出购买建筑材料的报告。在收到这些建筑材料后,自动开出收据。如美国的一个厨房用品制造公司——Kraft Maid公司,在PC机上以CAD设计厨房的平面布置图,再用EDI传输设计图纸、订货、收据等。

(3) EDI的应用。

一个传统企业简单的购货贸易过程包括:买方向卖方提出订单;卖方得到订单后,就进行其内部的纸张文字票据处理,准备发货,纸张票据中包括发货票等;买方在收到货和发货票之后,开出支票,寄给卖方;卖方持支票至银行兑现;银行再开出一个票据,确认这笔款项的汇兑。

而一个生产企业的EDI系统,就是要把上述买卖双方在贸易处理过程中的所有纸面单证由EDI通信网来传送,并由计算机自动完成全部(或者大部分)处理过程。具体为:企业收到一份EDI订单,则系统自动处理该订单,检查订单是否符合要求;然后通知企业内部管理系统安排生产;向零配件供销商订购零配件等;有关部门申请进出口许可证;通知银行并给订货方开出EDI发票;向保险公司申请保险单等。从而使整个商贸活动过程在最短时间内准确地完成。一个真正的EDI系统是将订单、发货、报关、商检和银行结算合成一体,从而大大加速了贸易的全过程。因此,EDI对企业文化、业务流程和组织机构的影响是巨大的。①

① 资料来源:百度百科。

参考文献

[1] 苏丹，陈萱，陈光会.电子商务概论[M].北京：电子工业出版社，2006.
[2] 邵兵家.电子商务概论[M].北京：高等教育出版社，2006.
[3] 张涛，郑绮萍.电子商务概论[M].北京：机械工业出版社，2008.
[4] 蒋文杰.电子商务实用教材[M].杭州：浙江大学出版社，2006.
[5] 周曙东.电子商务概论[M].南京：东南大学出版社，2006.
[6] 宋文官.电子商务基础[M].大连：东北财经大学出版社，2008.
[7] 夏祥红.电子商务教程与案例分析[M].北京：人民邮电出版社，2008.
[8] 朱水林.电子商务概论[M].北京：清华大学出版社，2004.
[9] 宋文官.电子商务概论[M].北京：清华大学出版社，2006.
[10] 彭欣.中小企业第三方电子商务模式探究[J].中国管理信息化，2006，(1).
[11] 李全喜，马晓苗.电子商务模式其及发展趋势研究[J].情报科学，2005，(8).
[12] 田世海，翟丽丽，王晓东.中小企业电子商务应用模式研究[J].学术交流，2005，(2).
[13] 黄慧君，薛恒新.B2B——我国企业发展电子商务的主要模式[J].江苏商论，2004，(2).
[14] 黄牧，罗维，何跃.中国特色B2C及C2C电子商务支付方式研究[J].商场现代化，2006.
[15] 王惠森.我国移动C2C商务模式的构建研究[D].电子科技大学，2006.
[16] 纪玉山.网络经济[M].长春：长春出版社，2000.
[17] 方玲玉.电子商务基础与应用——“学·用·做”一体化教程[M].北京.电子工业出版社，2010.
[18] 方玲玉.网络营销实务——项目教程[M].北京.电子工业出版社，2010.
[19] 柴文静.支付宝进化论[J].21世纪商业评论.2010.
[20] 郭懿美.电子商务法律与实务[M].北京：科学出版社，2004.
[21] 张楚.电子商务法[M].北京：中国人民大学出版社，2011.
[22] 李瑞.电子商务法[M].北京：北京大学出版社，2008.
[23] 李祖明.电子商务法教程[M].北京：对外经济贸易大学出版社，2009.
[24] 尚明.电子商务国际公约与我国电子商务立法[M].北京：法律出版社，2009.
[25] 韩学平.电子商务法[M].大连：东北财经大学出版社，2008.
[26] 薛虹.知识产权与电子商务[M].北京：法律出版社，2003.
[27] 周绍安.电子商务及其基本法律问题[J].华北航天工业学院学报，2002，(2).
[28] 李富荣，张萍，赵素芹.电子商务中的法律问题探析[J].陕西经贸学院学报，2002，(6).
[29] 李江.法律：安全电子商务的重要保障[J].中国科技信息，2006，(9).
[30] 吴爽.电子商务法律问题研究[D].大连海事大学，2002.
[31] 张丽.电子商务合同订立中的法律问题[D].内蒙古大学，2004.
[32] 李华.论电子商务中的消费者权益保护[D].对外经济贸易大学，2004.
[33] 鲍永正.电子商务知识产权法律制度研究[D].中国政法大学，2002.
[34] 刘永伟.论电子商务的关税问题[J].国际贸易问题，2000，(3).
[35] 马俊玉，郭振杰.电子商务立法应注意的若干问题[J].重庆邮电学院学报，2005，(5).

[36] 腾讯公司信息[EB/OL]. http://www.tencent.com/zh-cn/at/abouttencent.shtml.

[37] 百度知道. EDI 的中心功能是什么[EB/OL]. http://zhidao.baidu.com/question/352109193.html.

[38] 百度文库. 客户关系管理案例三则[EB/OL]. http://wenku.baidu.com/ view/ 140ed6fd700abb68a982fb0b.html.

参考网站

[1] 中国互联网络信息中心(http://www.cnnic.cn/)

[2] 艾瑞市场咨询有限公司(http://www.iresearch.com.cn/)

[3] 中国电子商务协会(http://www.ec.org.cn/)

[4] 青岛电子商务协会(http://www.qdeca.org/)

[5] 中国工商银行(http://www.icbc.com.cn/)

[6] 招商银行网站(http://www.cmbchina.com/)

[7] 中国建设银行网站(http://www.ccb.cn/)

[8] 海尔网上商城(http://www.ehaier.com/)

[9] 百度(http://www.baidu.com/)

[10] 百度知道(http://zhidao.baidu.com/)

[11] 百度百科(http://baike.baidu.com/)

[12] 携程网(http://www.ctrip.com/)

[13] 新浪财经网站(http://finance.sina.com.cn/)

[14] 团 800 网站(http://www.tuan800.com/)

[15] 站长之家网站(http://www.chinaz.com/)

[16] 天勤教学网站(http://www.51eds.com/)

[17] 站长网站(www.admin5.com)

[18] 法律快车网站(http://www.lawtime.cn/)

[19] 法律教育网站(http://www.chinalawedu.com/)

[20] 110 网站(http://www.110.com/)